四川省农业科技扶贫模式研究

SICHUANSHENG NONGYE KEJI
FUPIN MOSHI YANJIU

刘强 胡旭 阿木补出 著

中国农业科学技术出版社

图书在版编目(CIP)数据

四川省农业科技扶贫模式研究 / 刘强，胡旭，阿木补出著．--北京：中国农业科学技术出版社，2023.12
ISBN 978-7-5116-6598-0

Ⅰ.①四… Ⅱ.①刘…②胡…③阿… Ⅲ.①农业技术-科技扶贫-研究-四川 Ⅳ.①F323.3

中国国家版本馆 CIP 数据核字(2023)第 250129 号

责任编辑　穆玉红
责任校对　马广洋
责任印制　姜义伟　王思文

出 版 者	中国农业科学技术出版社
	北京市中关村南大街 12 号　　邮编：100081
电　　话	(010) 82106626（编辑室）　　(010) 82106624（发行部）
	(010) 82109709（读者服务部）
网　　址	https://castp.caas.cn
经 销 者	各地新华书店
印 刷 者	北京建宏印刷有限公司
开　　本	185 mm×260 mm　1/16
印　　张	19.25
字　　数	460 千字
版　　次	2023 年 12 月第 1 版　2023 年 12 月第 1 次印刷
定　　价	88.00 元

◀━━ 版权所有·翻印必究 ━━▶

目 录

第一章 导论 (1)
第一节 研究背景 (1)
第二节 研究的意义 (1)
一、理论意义 (1)
二、实践意义 (2)
第三节 国内外相关研究综述 (2)
一、国外相关研究进展 (2)
二、国内相关研究进展 (5)
三、研究综述 (9)
第四节 本书的内容、技术路线与研究方法 (9)
一、主要研究内容 (9)
二、技术路线 (10)
三、研究特色与创新点 (11)

第二章 理论依据 (12)
第一节 相关概念 (12)
一、精准扶贫 (12)
二、产业扶贫 (12)
三、科技扶贫 (13)
第二节 相关理论基础 (13)
一、反贫困理论 (13)
二、技术扩散理论 (14)
三、新经济增长理论 (14)
四、机制理论 (14)

第三章 我国农业科技扶贫模式概述 (16)
第一节 我国农业科技扶贫的历史演变 (16)
一、科技扶贫体系的初创阶段（1978—1993 年） (16)
二、科技扶贫的稳步发展阶段（1994—2000 年） (17)
三、科技扶贫的创造提升阶段（2001—2012 年） (19)
四、科技扶贫的全面深化阶段（2013—2020 年） (21)
第二节 我国农业科技扶贫现有模式概述 (22)
一、国内普遍模式 (22)
二、我国农业科技扶贫的成功案例借鉴 (26)

第四章　四川省贫困地区现状分析 …………………………………………（32）
第一节　四川省集中连片贫困地区概述 ……………………………………（32）
一、四川省集中连片贫困地区范围 ……………………………………（32）
二、四川省集中连片贫困地区基本情况 ………………………………（33）
第二节　四川省集中连片贫困地区扶贫现状 ………………………………（34）
一、四川集中连片贫困地区扶贫历程 …………………………………（34）
二、四川集中连片贫困地区扶贫现状 …………………………………（36）
三、四川集中连片贫困地区优势特色农业产业发展情况 ……………（37）
四、四川集中连片贫困地区农业科技扶贫现状 ………………………（47）
第三节　四川省集中连片贫困地区经营主体贫困现状调研 ………………（55）
一、贫困户现状调研 ……………………………………………………（55）
二、贫困地区企业/合作社现状调研 …………………………………（57）
第四节　四川省深度贫困地区农业现状分析 ………………………………（60）
一、四川省深度贫困地区农业生态环境资源现状 ……………………（60）
二、四川省深度贫困地区农业农村经济现状 …………………………（68）
三、四川省深度贫困地区农业科技支撑现状 …………………………（76）

第五章　四川省农业科技扶贫影响因素与需求分析 ……………………（83）
第一节　四川省农业科技扶贫的影响因素分析 ……………………………（83）
一、四川省农业发展基本要素对科技扶贫的影响 ……………………（83）
二、四川省农村发展现状对农业科技扶贫的影响 …………………（104）
第二节　四川省农业科技扶贫的需求分析 ………………………………（106）
一、四川省不同贫困地区农业科技需求分析 ………………………（106）
二、四川省特殊农业产业体系对科技需求的分析 …………………（114）
三、四川省贫困地区农业科技需求影响因素分析 …………………（138）

第六章　四川省农业科技扶贫模式分析 …………………………………（147）
第一节　四川省农业科技发展现状 ………………………………………（147）
一、农业科研教学推广体系较为健全 ………………………………（147）
二、农业人才较为丰富 ………………………………………………（147）
三、农业科研教育推广基础较好 ……………………………………（148）
四、农业科研激励机制不断优化 ……………………………………（148）
五、农业科技成果丰硕 ………………………………………………（149）
六、农业科技成果转化不断加快 ……………………………………（149）
第二节　四川省农业科技扶贫模式概况 …………………………………（149）
第三节　政府主导型科技扶贫模式 ………………………………………（150）
一、公益性农技推广体系扶贫模式 …………………………………（150）
二、驻村干部科技扶贫模式 …………………………………………（158）
三、科技专项计划扶贫模式 …………………………………………（164）
四、科技特派员扶贫模式 ……………………………………………（172）

第四节 科研单位自主型 (176)
　一、院（校）地科技合作扶贫模式 (176)
　二、专家大院科技扶贫模式 (184)
　三、科研单位对口帮扶模式 (187)

第五节 市场主导型 (190)
　一、龙头企业带动型科技扶贫模式 (190)
　二、农民专业合作社科技扶贫模式 (199)

第六节 外资项目扶贫型 (204)
　一、基本概念和运行机理 (204)
　二、外资项目科技扶贫模式评析 (204)

第七章 科技支撑四川省贫困地区产业发展的主要挑战和问题 (207)

第一节 主要挑战 (207)
　一、贫困地区自然条件较为恶劣 (207)
　二、贫困地区人口文化水平较低 (207)
　三、基础配套设施环节薄弱 (207)

第二节 主要问题 (208)
　一、农业科技创新能力须不断加强，实用性成果有效供给不足 (208)
　二、农业科技支撑产业发展的机制不健全，内生动力需进一步提高 (208)
　三、基层农技推广力量薄弱，技术推广经费不足 (209)
　四、对科技支撑农业产业的认识不足，农业高质量发展意识滞后 (209)
　五、经营主体科技带动能力弱，贫困户接受程度有待提高 (210)
　六、扶贫顶层设计缺乏科学论证，重形式、轻内容 (210)

第八章 四川省农业科技扶贫模式选择路径优化和政策建议 (211)

第一节 模式选择路径优化思路 (211)
　一、充分尊重农民意愿，以新型经营主体的真实需求为根本导向 (211)
　二、与当地产业充分结合，通过科技引领产业高质量发展 (212)
　三、围绕提升贫困地区农民科技素质这个核心，稳定脱贫效果 (212)
　四、因地制宜，分类引导科技扶贫模式 (212)

第二节 完善我国农业科技扶贫的政策建议 (213)
　一、做好顶层设计，进一步提高对科技扶贫工作的认识 (213)
　二、加大财政投入力度，夯实科技扶贫关键要素基础 (213)
　三、创新农业科技扶贫机制，不断提高科技扶贫的动力和效率 (214)
　四、创新农业科技推广模式，壮大基层农业技术推广力量 (215)

第九章 四川省农业科技扶贫模式实践与案例 (217)

第一节 基于四川省贫困县农业科技扶贫的调研报告 (217)
　一、四川省贫困地区农民合作社科技需求调研报告 (217)
　二、四川省贫困地区现代农业园区科技扶贫调研报告 (225)
　三、四川省苍溪县农业（猕猴桃产业）科技扶贫调研报告 (233)

四、四川省马边县农业科技扶贫支撑乡村振兴调研报告 …………………（238）
　第二节　农业科技支撑产业扶贫的规划研究案例 ………………………（245）
　　一、布拖县生态特色农业发展总体规划 …………………………………（245）
　　二、峨边彝族自治县万坪乡产业扶贫规划 ………………………………（251）
　　三、金阳县山地特色农业产业规划 ………………………………………（258）
　　四、广元市元坝区猕猴桃产业发展规划 …………………………………（265）
　　五、叙永县现代农业发展规划 ……………………………………………（270）
　　六、金川县金眉雪梨现代农业园区建设规划 ……………………………（279）
参考文献 …………………………………………………………………………（288）

附件 …………………………………………………………………………………（293）
　附件1　农业科技精准扶贫机制研究调研问卷（农业科技主管部门）……（293）
　附件2　农业科技精准扶贫研究调研问卷（龙头企业）…………………（294）
　附件3　农业科技精准扶贫机制研究调研问卷（科技人员）……………（295）
　附件4　农民专业合作社科技需求调研问卷………………………………（296）
　附件5　农业科技精准扶贫机制研究调研问卷（农户）…………………（297）

第一章 导 论

第一节 研究背景

党的十八大以来,以习近平同志为核心的党中央把脱贫攻坚摆到治国理政突出位置,把脱贫攻坚纳入"五位一体"总体布局和"四个全面"战略布局,作为实现第一个百年奋斗目标的重点任务,作为决胜全面建成小康社会的三大攻坚战之一,脱贫攻坚力度之大、规模之广、影响之深前所未有。截至 2020 年底,我国脱贫攻坚战取得了全面胜利,现行标准下 9 899 万农村贫困人口全部脱贫,832 个贫困县全部摘帽,12.8 万个贫困村全部出列,区域性整体贫困得到解决,完成了消除绝对贫困的艰巨任务。

四川省是全国六个重点扶贫省份之一,是西部农业大省,人口多、底子薄、不平衡、欠发达,发展相对滞后,秦巴山片区、乌蒙山片区、大小凉山彝区、高原藏区"四大片区"农村贫困面宽、量大、程度深的特点非常突出。尤其是大小凉山彝区、高原藏区更是难中之难、贫中之贫、困中之困、坚中之坚,脱贫攻坚任务艰巨。在以习近平同志为核心的党中央的坚强领导下,在中央和国家机关各部委、各兄弟省份和社会各界的支持帮助下,通过全省上下的艰苦努力,截至 2020 年底,现行标准下 625 万农村贫困人口全部脱贫,88 个贫困县全部摘帽,11 501 个贫困村全部出列,区域性整体贫困得到解决,绝对贫困全面消除。

脱贫攻坚任务的完成离不开科学施策。党的十八大以来,"五个一批"(即发展生产脱贫一批、易地扶贫搬迁脱贫一批、生态补偿脱贫一批、发展教育脱贫一批、社会保障兜底一批)是习近平总书记为脱贫攻坚开出的破题药方,是我国脱贫攻坚工作取得巨大成绩的关键。在"五个一批"措施中,产业扶贫无疑是最根本和长远之计,而农业产业扶贫从根本上讲离不开农业科技,农业科技是产业扶贫最重要的支撑,是加快扶贫方式从"输血"向"造血"转变,实现精准扶贫的源动力、瞄准器、助推器,是精准扶贫的重要支撑和保障,对于全面建成小康社会、实现贫困人口和贫困地区同全国人民一道进入全面小康社会具有重要意义。

第二节 研究的意义

一、理论意义

"农业出路在现代化,农业现代化关键在科技进步"。在产业精准扶贫领域,农业科技也应发挥关键支撑作用,成为精准脱贫的重要途径之一。当前,已有的研究主要集中在科技扶贫的模式，绩效及对策的宏观研究或实证研究，对农业科技扶贫的理论逻辑和作用机制研究关注较少。本研究运用经济学、管理学等理论，结合四川贫困地区现实，基于农业科技与贫困地区社会经济融合的视角，研究农业科技创新、科技转化支撑产业发展，助推精准脱贫的模式，重点厘清农业科技扶贫的理论依据、逻辑和作用机理，为后续研究提供研究借鉴具有重要意义。

二、实践意义

本研究注重农业科技扶贫的实践总结，以四川"四大贫困片区"为重点研究范围，以大量扶贫模式案例和实践为依托，并对科技精准扶贫的利益相关者进行大量调研，获得大量一手数据，通过分析梳理四川科技扶贫的模式案例、剖析模式特点，提出科技支撑四川贫困地区产业发展、助推产业精准脱贫和产业振兴的路径和建议，为全省乃至全国科技扶贫实践提供实践参考，具有重要的实践意义。

第三节 国内外相关研究综述

一、国外相关研究进展

国外关于反贫困的研究起步较早，主要集中在贫困的内涵、原因、测度、贫困者行为以及扶贫手段等方面。

（一）关于贫困的内涵研究

关于贫困的概念，早期学者大多从收入、物质层面的角度来定义。早期学者代表主要包括西勃海姆、朗特里等人，将贫困定义为一个家庭总收入不足以支付维持家庭成员生理正常功能所需的最低量生活必需品开支的情况（Rowntree，1901）。随后逐步涉及资源、精神等层面，世界银行在《1980年世界发展报告》将贫困定义为当个人、家庭没有足够的能力或资源去获得社会公认的一般都能享受到的饮食、生活条件和参加一些活动的机会（World Bank，1980）。20世纪70年代，汤森提出相对贫困理论，认为"贫困不仅仅是基本生活必需品的缺乏；个人、家庭、社会组织缺乏获得饮食、住房、娱乐和参与社会活动等方面的基本条件，从而达不到人们的平均生活水平的一种生存状态，由于穷人缺少这些资源，他们所应该拥有的条件和机会就被相对剥夺了，故而处于贫困状态（Townsend P，1971）。"世界银行在《1990年世界发展报告》中，根据时代发展对贫困进行了进一步定义，报告认为贫困是缺少达到最低生活水平的能力，不仅考虑家庭的收入和支出，还把医疗卫生、预期寿命、文化水平以及公共物品的获得情况纳入考虑范围（World Bank，1990）。经济学家阿马蒂亚·森认为贫困的真正含义不仅仅是收入微薄，还包括贫困人口创造收入能力和机会缺乏，意味着贫困人口获取和享有正常生活的能力严重缺乏（阿马蒂亚·森，2002）。罗伯特·坎勒认为贫困不仅仅是收入和支出水平低下，而且还将其脆弱性、无话语权等作为重量考量（Chamber，1995）。迪帕·纳拉扬等从穷人的视角定义贫困，认为贫困不仅仅是缺乏基本物质，从贫困人口的角度看来，他们定义贫困的核心因子是缺乏权力和发言权（迪帕·纳拉扬，2001）。世界银行《2000/2001年世界发展报告》中进一步完善了贫困的定义，报告认为贫困不仅指极度匮乏生活的基本物质，还包括教育和健康水平低下，包括风险和面临风险时的脆弱性，以及不能表达自身的需求和影响力（世界银行，2000）。

21世纪后，国外学者大多围绕多维贫困进行研究。戈特弗里德认为应该给予贫困者重视，给予贫困者在法律上的承认和权力，并承认贫困机构（Gottfried，2014）。维克多认为贫困的概念主要包括两个方面，一是物资匮乏，二是未能开发人类的完成功能（Victor，2016）。

（二）关于贫困原因的研究

探究贫困原因是制定扶贫策略的基本前提。国外学者在反贫困方面研究起步较早，且研究成果相当丰富。

一方面是从自然资源因素的角度研究的。许多学者在联合国国际减灾战略全球减灾措施倡议提出人口的高密度和人口增长、过度的城市化、不当的土地利用和环境管理、生物多样性减少、社会不公平、贫困和短视的经济发展都是导致脆弱性的重要原因（ISDR，2002）。托马拉夫等人认为对于直接依靠自然生态资源维持生活的贫困人员来说，环境的变化和制约他们获得资源的因素是他们致贫的主要原因。（Thomalla F，2006）。也有不少学者认为气候、区域边缘化和与距离发展中心远等因素也是导致贫困的原因（Goldsmith and Blakely，1992；Dasgupta and Maler，1994）。

另一方面是从资本、物质、人力、技术、文化等社会因素的角度研究的。纳克斯认为贫困的根源在于资本的缺乏，并提出了"贫困恶性循环理论"。一是从供给方面阐述了恶性循环理论，因为贫困者收入少，从而导致其储蓄能力低，进而导致资本少，资本少会引起极低的生产率，低生产率的结果就是低产出，低产出又形成低收入的恶性循环。二是从需求方面阐述了恶性循环理论，由于贫困者收入少，从而导致其购买能力低，进而导致投资引诱不足，投资引诱不足又会引起低资本的形成，进而形成低生产率、低产出、低收入的恶性循环（纳克斯，1953）。随后，纳尔逊、谬尔达尔、莱宾斯坦等学者都对该理论进行了完善和阐述（Richard R Nelson，1956；Gunnar Myrdal，1957；Harvey Leibenstein，1957）。舒尔茨在《改造传统农业》中认为，农业技术水平发展的落后和停滞是传统农业落后和农民持续贫困的主要原因，只有推动农业技术的发展，才能改变农业落后和农民贫困的现状（舒尔茨，1964）。也有许多学者认为，贫困人口、贫困群体自身的素质、努力程度和选择也是引起贫困的主要因素（Gwartney and McCaleb，1985；Herrnstein and Murray，1994）。奥斯卡·刘易斯在《五个家庭：墨西哥贫穷文化案例研究》一书中提出了贫困文化理论，他认为在社会生活中，因为贫困，穷人在生活、居住等方面与一般的居民相比具有显著的特点，从而形成其独特的生活方式。由于独特的生活方式，促进了贫困群体内部互动，从而使得他们在社会生活中被相对隔离，产生出一种脱离当时社会主流文化的贫困亚文化。处于贫困亚文化中的人们有其独特的文化观念和生活方式，并且这种亚文化通过群体内部交往而得到强化，甚至被制度化，从而维持着这种贫困的生活（Oscar Lewis，1959）。

(三) 关于扶贫主体、反贫困策略的研究

关于扶贫策略的研究，世界各国根据不同的社会、经济和文化特征开展了大量研究。一些学者认为加强基础设施建设是反贫困的重要途径之一，公路、水利、电力、通信等基础设施建设有利于节省交易成本、增加贫困人群进入市场的机会（Binswanger等，1993）；改善基础设施有利于提高生产效率、降低生产风险，提高就业机会（Fan，Rao，2002；Escobal，2001）。刘易斯则基于"无限过剩劳动供给"概念，分析了发展中国家二元经济结构矛盾，提出了通过城市工业部门相对较高的工资吸引农村的剩余劳动力，由此缓解农村地区的贫困程度（刘易斯，1953）。特拉韦尔索通过对孟加拉国的现状分析，提出增加农产品产量、增加移民汇款、发展服装业等三条摆脱贫困的措施（Traverso S，2016）。

在扶贫主体方面，国外研究主要集中在参与式扶贫方面。他们认为通过参与式扶贫，有利于政策创新，可以使贫困者更能表达自身的利益诉求，从而制定有针对性的政策，使得贫困者分享更多的发展成果（Hjirth，2003；UNNEC，2005；Karl，2000）。

(四) 关于科技扶贫的研究

国外关于科技扶贫的研究主要围绕科技扶贫手段和过程开展。（Gidey Yirga et al.，2013）认为，电商扶贫是埃塞俄比亚农村扶贫的重要工具。随机抽取五个小区共1 000名养蜂人（500名收养者和500名非收养者）进行访谈，得出高产量、高质量、易检查和收获的产品是主要的相对优势，而高成本、高技术和配件的需求和技术的不可用性是主要的相对缺点，建议鼓励使用现代蜂箱和更多的妇女参与养蜂和需要的培训，以培养经验丰富和熟练的专家。（Shiferaw et al.，2011）认为，改良花生品种对乌干达农村作物收入和贫困的影响，该研究利用来自乌干达七个地区的2 006个家庭中的927个家庭的横截面数据分析发现采用改良花生品种（技术）显著增加作物收入和减少贫困，对农业收入的积极和显著影响与新农业技术在通过增加家庭收入来减少农村贫困方面的作用一致。（Wang J，2012）认为，谷物和其他淀粉主食作物的相对重要性正在下降，而高价值农产品的相对重要性正在增加。以苹果生产户为例对302家苹果生产企业的非中性技术选择行为对苹果生产和减贫收入差异的直接影响进行了分析。实证结果表明，采用劳动密集型技术带来更高的边际回报率低收入的苹果生产家庭，从而减少他们的贫困。（Simone Cecchini，2003）认为，信息和通信技术（ICT）可以通过改善穷人获得教育、健康、政府和金融服务的途径来减少贫困，ICT还可以帮助小农户和工匠把他们连接到市场。但是，需要很多前提保障，首先信息基础设施的低成本接入是穷人成功使用信息通信技术的必要前提，其次还需要由组织和个人来实施，这些组织和个人有适当的激励来与边缘化的群体合作。此外，基层中介机构和社区的参与被认为是培育当地所有权的关键因素，以及满足穷人最迫切需求的内容和服务的可用性。（Kassie M，2012）利用坦桑尼亚农村613户居民的面板数据，用多种经济计量技术，发现采用改良的技术显著地增加了消费支出并减少了贫困，证实了技术采纳在提高家庭福利方面的潜在作用，因为高收入转化为较低的贫困。（F. O Adereti，2005）将研究注意力集中在农

业科学教师作为农业信息传播减少贫困的手段上,以奥贡州农民为例通过研究发现:农业科学教师通过学校的活动促使农民进行创新;他们通过学校的孩子把农业信息传递给父母;建议政府和其他非政府组织努力支持农业科学教师努力减少贫困农民的贫困水平。

二、国内相关研究进展

(一) 关于贫困的内涵及反贫困意义的研究

关于贫困的定义,我国学者不同的角度进行了研究。其中国内学者比较认可的概念是世界银行关于贫困的定义,许多研究都是在此基础上根据国情进行的。国家统计局课题组认为:"贫困,一般情况下是指物质生活困难,个人或家庭的生活水平达不到社会认可的最低标准。他们缺乏一些必要的资料与服务,造成生活困难"。中国科学院可持续发展战略研究组(2006)指出:"贫困是指个人或家庭依靠劳动所得及其其他合法收入不能维持其基本生活需要"。随着时代的发展,对贫困的认知也在不断深入,产生了能力贫困、文化贫困、权利贫困等概念。关于反贫困的意义也在不断发展改变,从注重探讨贫困者的基本生存向注重生存质量的转变,从注重收入向注重能力和机会转变,从注重消费向注重人文素质转变,从注重静态变化向注重发展转变(吴理财,2003;卓爱平,2008;许源源,2011)。

(二) 关于扶贫策略和绩效的研究。

新中国成立以来,党中央、国务院就将扶贫作为一项重大历史任务。刘光辉等学者将新中国反贫困策略基本上划分为4个阶段:1949—1978年,以社会救济式扶贫为主的阶段;1978—1984年,以体制改革推动扶贫为主的阶段;1984—1994年,以开发式扶贫为主的阶段;1994年至今,以攻坚式扶贫为主的阶段(刘光辉,1999;王大超,2002;郑丽箫,2004;阿班·毛力提汗,2006;王瑞芳 等,2009;刘清荣,2011)。并对政策的实施绩效也同时进行了分析,认为,除第一阶段的扶贫效果不明显外,改革开放以来的扶贫战略还是比较成功的,取得了积极的消除贫困的效果(范小建,2009;廖富洲,2011)

(三) 关于扶贫方法、扶贫模式的研究

关于扶贫方法的研究,我国学者提出了制度扶贫、产业扶贫、教育扶贫、生态扶贫等多种观点。严瑞珍提出,农业资源丰富的贫困地区应该大力发展大农业及农副产品加工业;在矿产资源丰富的地区要主攻第二产业;在人口多资源不丰的地区应组织劳务输出(严瑞珍,1990)。刘慧、叶尔肯·吾扎提指出,改革开放以来,虽然西部地区社会经济发展水平得到了一定的提高,但与东中部地区的收入差距却在不断地扩大。并提出了实施生态扶贫战略的相关政策建议,包括以教育为核心的人力资本开发,以特色农副产品开发、特色生态旅游和绿色品牌建设为核心的特色优势产业发展,以及以生态移民制度和政府管理体制为核心的制度建设创新等(刘慧 等,2013)。徐志明认为,贫困农户内生动力不足是导致扶贫投资效率降低,减贫速度趋缓的重要原因之一,通过对自

然条件、市场需求、技术需求、经营等方面分析了贫困农户面临风险和挑战，从提高扶贫项目决策的科学性、改善农村金融服务、扶持专业组织、筹建产业化风险基金、发展政策性农业保险方面，提出了增强贫困农户的内生动力，建立产业化扶贫风险防范机制的对策（徐志明，2008）。巩前文等学者建议把跨区域扶贫产业区建设作为中央单列扶贫项目管理、探索"联合体发展模式"、普惠与特惠政策相结合以及创新参与式产业扶贫模式等措施，促进跨区域扶贫产业区建设和发展（巩前文 等，2015）。刘北桦、詹玲认为，农业产业是贫困地区的基础产业和民生产业，是贫困人口生活和收入的重要来源。并根据分析提出要树立精准理念、选准特色产业、培育新型主体、完善利益机制、编制科学规划、加大投入力度、强化保险支持，确保贫困人口通过产业发展精准受益，如期实现脱贫（刘北桦、詹玲，2016）。苏志鑫提出贫困农村资本短缺和贫困农民融资难的问题是致贫的一个重要原因。构建完善的农村扶贫性金融体系是解决贫困农民稳定脱贫问题的重要手段（苏志鑫，2008）。李静认为扶贫是当代中国急需解决的问题。扶贫工作要因地施策，要根据不同地方的资源禀赋提出不同的解决办法，对于旅游资源丰富的地方，可将大力发展旅游作为当地群众脱贫致富的重要途径。扶贫过程中要精准地找出扶贫对象和主题，明确当地的旅游优势所在并找到实施过程中需要解决的问题，再通过对其精准定位、调整产业结构发挥当地的资源特色，从而改善当地环境，以此扩宽融资渠道、完善管理机制以达到精准扶贫的效果（李静，2017）。叶晨曦提出乡村旅游扶贫是国家实施的旅游扶贫工程，取得了一定的成效，在发展中主要有景区带村、能人带户、商品促收、"企业（合作社）+农户"等多种类型的旅游扶贫模式，通过运用政府扶持策略、生态策略、品牌策略、区域合作策略等，以促进农民增收，实现脱贫致富的目标（叶晨曦，2017）。

关于扶贫模式的研究，国内学者聚焦实证形成了大量典型模式。黄承伟等分析和总结贵州扶贫模式的经验和做法（黄承伟 等，2016）。李明等研究了小额信贷扶贫项目"扶贫经济合作社"的扶贫模式，认为这种扶贫模式具有覆盖范围广、针对对象精准、成本低等优势，是一种可持续发展的模式（李明、徐志刚，2011）。高杨等对山东省扶贫互助资金合作社试点运行状况进行了分析，对扶贫互助资金合作社总体和存在的问题进行了总结（高杨、薛兴利，2013）。荣莉认为我国西南连片特困区农村地区仍是扶贫开发的重点区域，他指出基础设施薄弱、扶贫开发成本较高、相对贫困问题显现、市场体系建设不完善等是我国西南连片特困区农村扶贫面临的主要问题。现阶段分析其农村扶贫模式的现实情况，进而提出相关政策建议（荣莉，2015）。罗章等认为"木根模式通过'政府—村民—市场'三元主体联动机制的良性运转，实现了主体'角色—行动'的转变"，在协同合作中激发内生生长力，走出一条造血式的精准脱贫路径，对破解集中连片特困地区的"空间贫困陷阱"具有借鉴意义（罗章、王烁，2018）。胡宜挺等以山东省各地区的典型城市为例，在对山东省扶贫现状和扶贫模式总结的基础上，山东省主要扶贫模式进行剖析。研究发现，山东省各地区的扶贫模式比较集中，发展中各有侧重点，主要有"龙头企业+合作社+贫困户""村集体+政府+社会+商业银行"、土地流转增收、电商扶贫四种典型模式，应从统筹各类扶贫模式，并提出了完善精准识别机制、因地制宜选扶贫模式、建立与贫困户紧密利益联结机制、提高贫困人口的内在发展动力等方面建议（胡宜挺、成金鹤，2018）。

（四）关于精准扶贫的研究

精准扶贫是习近平总书记在 2013 年 11 月在湖南湘西调研时提出的重要扶贫思想，是党中央扶贫开发方式创新转变的新思维、新思路。近年来，国内学者对精准扶贫展开了大量研究。

一是研究精准扶贫的概念和内涵。"精准扶贫"顾名思义就是要让扶贫工作更精确、更准确。2013 年 11 月，习近平总书记在湖南湘西调研时指出："扶贫要实事求是，因地制宜。要精准扶贫，切忌喊口号。"2013 年 12 月 25 日，国务院扶贫办提出，"推动建立精准扶贫工作机制，建立全国扶贫信息系统，在摸清底数的基础上，逐村逐户地制定帮扶措施，切实做到扶真贫、真扶贫。"2014 年 1 月 25 日，中办、国办印发《关于创新机制扎实推进农村扶贫开发工作的意见》，明确提出建立精准扶贫工作机制，并明确了由国务院扶贫办、民政部等 7 部门负责此项工作。王思铁认为精准扶贫是"指针对不同贫困区域环境、不同贫困农户状况，运用科学有效程序对扶贫对象实施精确识别、精确帮扶、精确管理的治贫方式（王思铁，2014）。"向玉乔、李皓认为习近平精准扶贫思想蕴含着制度正义的伦理精神和财富伦理精神，体现了共同发展、共享发展成果的伦理精神，是对马克思主义扶贫理论的继承与发展，为人类解决贫困问题提供了中国方案（向玉乔、李皓，2014）。汪三贵认为习近平总书记 2015 年在贵州考察期间提出的"六个精准"要求，即扶持对象精准、项目安排精准、资金使用精准、措施到户精准、因村派人精准、脱贫成效精准是习近平精准扶贫思想的关键内涵（汪三贵，2017）。

二是研究精准扶贫的实施工作机制问题。赵武、王姣玥认为，针对我国扶贫开发工作长期存在的低质低效、造血功能弱、针对性差等问题，习近平总书记提出实施"精准扶贫"，创新扶贫开发方式，改变过去滞后的、粗放的、输血式的扶贫方法。目前中国经济进入新常态，探索精准识别、精准帮扶、精准管理的包容性创新机制，形成可持续的扶贫长效机制，实现公平和效率的统一（赵武、王姣玥，2015）。宫留记通过区分和考察新旧两种市场化扶贫模式"精准性"差异，首次对近年来的一些新型市场化扶贫模式进行了归纳和研究，发现新型市场化扶贫模式更加符合"精准扶贫"的要求，并提出了相关政策建议（宫留记，2016）。林俐认为，解决精准扶贫工作中存在的问题需要深刻认识供给侧结构性改革背景，进行机制创新。在扶贫资源的集聚、利用方面引入市场主体和市场机制，激发市场活力；把扶贫管理重点放在"投入侧"，构建政府、社会、贫困人口都积极参与的多元化扶贫机制；建立和完善扶贫主体之间的协同机制、扶贫资源整合机制及精准扶贫考核机制等（林俐，2016）。陈莉认为要构建以人民为中心的精准扶贫机制，必须以人民实际需求为基础优化精准扶贫目标和内容，注重发挥贫困地区人民群众的主体力量，创新中国精准扶贫的方式，完善人民群众共享精准扶贫成果制度保障机制（陈莉，2017）。

三是关于精准扶贫的地方实践经验的研究。邓博文（2016）、高天跃（2016）、贺海波（2018）、朱宝莉（2018）等以贵州贫困地区案例，从精准扶贫具体工作机制、金融精准扶贫、文化精准扶贫、旅游扶贫等角度进行了研究，并提出了相关建议和意见。

耿宝江、庄天慧、彭良琴（2016）从微观视角分析四川藏区旅游精准扶贫驱动机制与作用机理，认为贫困人口利益诉求的理性行为及扶贫主体的驱动是旅游扶贫可持续发展的动力源泉，贫困人口通过分享、匹配、学习三种方式实现旅游脱贫目的。陈灿平（2016）以四川省少数民族特困地区为例，在前人研究的基础上，运用实证分析方法，探讨集中连片特困地区精准扶贫机制和措施。

（五）关于科技扶贫的研究

早在19世纪80年代，学术界就开始研究农业科技扶贫，重点是研究科技对于扶贫的重要性。曹国成（1986）、时正新（1987）、杨理健（1987）认为治穷致富是一项复杂的社会经济和科学文化的系统工程，科学落后是导致贫困地区的根源，阐述了脱贫致富的动力、基础、关键、保证，以及科技扶贫的重要地位和"输血""治疗""速效""持效"作用，通过农业科学技术的推广与应用，增强劳动者的技能素质，提高贫困户的经济效益，是贫困地区改变面貌的一条根本途径。进入20世纪90年代，关于科技扶贫的个案、措施、成效的研究逐步增多。何能波等（1992）总结了中国科学院广州分院、广东省科学院在粤北石灰岩山区阳山县开展科技扶贫工作的经验和做法。安志杰等（1993）采用层次分析法，对科技扶贫成效综合评价问题进行了分析探讨，提出了综合评价原则、指标体系、评价方法及应用实例。孙世芳等（1999）总结分析河北20年山区科技扶贫的实践经验。进入21世纪后，科技扶贫研究进一步深入，主要包括科技扶贫的战略、绩效、模式等。李壁成等（2002）认为宁夏南部山区应以生态环境建设为切入点，以提高劳动者素质和致富技能为本，依靠科技进步，推进农业结构调整，合理配置水土资源和劳动力资源，形成具有区域特色和市场竞争力的民族经济体系与可持续发展模式。王艳明等（2008）总结了湖北省科技扶贫工作成效，并提出了科技扶贫工作的发展思路。刘冬梅、刘伟（2014）基于增长极理论，应该选择交通较为便利、经济实力较强、经济结构较为合理、资源较为丰富、生态情况良好、人口较多的地区作为"扶贫中心"。孙永震（2017）以印度BAIF发展研究基金会为基础，分析了印度农村科技扶贫的实践运作及启示，结合中国当前农村科技扶贫的现实状况，提出了完善中国农村科技扶贫的政策建议。

（六）关于科技扶贫模式的研究

总体来讲，国内关于科技扶贫模式的研究不多，且绝大多数研究出现在2000年以后。现有研究主要集中在以下三个方面：一是对现有科技扶贫模式的总结。例如，张峭、徐磊（2007）认为科技供给主导模式主要有科技网络推广模式、区域支柱产业开发带动模式和易地科技开发模式；科技需求主导模式主要有龙头企业扶持模式、专业技术协会服务模式和小额信贷模式。肖志扬（2010）通过对湖南20多个贫困县（市）农业新技术推广应用的实践与研究，探索总结出了基层组织建设与扶贫开发推进模式、示范基地带动模式、技术培训推进模式和科技特派员创业链推进模式等适用贫困地区农业科技扶贫主要模式。桑华（2007）以新疆生产建设兵团为例，在分析兵团农业科技扶贫存在的主要问题的基础上，提出了兵团农业科技扶贫新型模式：行政主导＋非政府组织参与的科技综合扶贫开发模式。赵华等（2014）以冀西北坝上地区为例，提出了构建"科技宣传、扶贫示范、特色促进、培训普及"的可持续发展科技扶贫开发新模式，为冀西北坝上地区相关部门开展新一轮科技扶贫工作提供理论借鉴。二是对现有模式绩效的研究。蒋萍（2012）把四川省"挂、包、帮"科技扶贫模式、龙头企业科技扶贫模式、对口科技扶贫模式和农民专业合作社科技扶贫模式等四种科技扶贫模式作为研究对象，对其科技扶贫模式效果、运行机制进行了定性定量的分析。王妍（2015）总结了重庆科技创业扶贫工作在秦巴山片区的开展模式（"农业科技示范园/基地"模式，涉农企业主导模式，创业型科技特派员模式，农业科技专家大院模式）及成效，剖析各模式的运行机制和特点。薛曜祖（2018）通过建立计量经济模型进行分析，结果表明：科技扶贫的总效应显著为正，建议在科技扶贫项目中，要充分发挥科技扶贫的联动效应，并注重农业基础设施完善与农民技能水平的提升。三是对区域农业科技扶贫的政策研究。颜玲（2015）针对陕西秦巴山片区科技扶贫中存在的科技投入不足、产业发展缓慢、农民素质偏低、集约化经营意识淡薄等问题，从增强科技资金使用效益、科技项目与示范基地结合、基层农技人员作用及龙头企业自主创新等方面，就如何更好地开展秦巴山区科技扶贫，推动贫困地区经济发展提出建议。王浴青（2011）以农业科技扶贫开发的"石柱实践"为研究对象，提出要完善和推广"石柱实践"，要进一步强化对扶贫开发中科技作用的认识，持续不断地抓好对农民培训教育工程，不断调动当地人力资源参与开发促进发展，建立健全农业社会化服务体系。赵华等（2014）以冀西北坝上地区为例，提出了构建"科技宣传、扶贫示范、特色促进、培训普及"的可持续发展科技扶贫开发新模式，为冀西北坝上地区相关部门开展新一轮科技扶贫工作提供理论借鉴。

三、研究综述

从国内外现有研究成果来看，国外关于科技扶贫模式的研究基本处于空白，少有的研究主要集中在科技扶贫的作用和绩效上，多为微观研究；国内学者对科技扶贫模式的研究相对较多，研究面较广，有对现有科技扶贫模式的经验总结和绩效评估，也有对区域农业科技扶贫的政策研究；有对某个地区科技扶贫模式进行研究的，也有以一个科研单位为例总结科技扶贫模式和绩效的研究。但是，在精准扶贫背景下，系统研究省域范围科技精准扶贫模式的研究成果还不足。此外，现有研究一方面缺乏对农业科技扶贫利益相关者的关注，缺乏对科技扶贫供给端和需求端的研究；另一方面，缺乏科技支撑产业，促进精准脱贫的理论逻辑和实证研究。

第四节 本书的内容、技术路线与研究方法

一、主要研究内容

本书围绕农业科技扶贫理论和实践开展研究，主要包括如下。
（1）国内外农业科技扶贫模式理论和现状研究。梳理了反贫困理论、技术扩散理

论、新经济增长理论等理论依据，界定了科技扶贫的相关概念和内涵。

（2）我国农业科技扶贫模式的研究。对我国农业科技扶贫的历史演变进程进行了梳理，研究了我国现有的农业科技扶贫模式和典型案例。

（3）四川省贫困地区基础现状研究。研究了四川集中连片贫困地区扶贫现状和优势特色产业发展情况；对四川农业科技扶贫现状进行了梳理和总结。

（4）四川省农业科技扶贫需求分析。从外部环境和内部需要两方面研究识别农业科技扶贫需求影响因素，并对需求进行了定量和定性分析。

（5）四川省农业科技扶贫模式现状研究。分析了四川农业科技扶贫的基本现状和四川省农业科技扶贫的主要模式，以四川省农业科学院为实例，对现有的科技扶贫模式进行了实证分析。

（6）四川省贫困地区科技支撑产业发展的主要挑战和问题研究。

（7）四川农业科技扶贫模式选择路径优化和政策建议。

二、技术路线

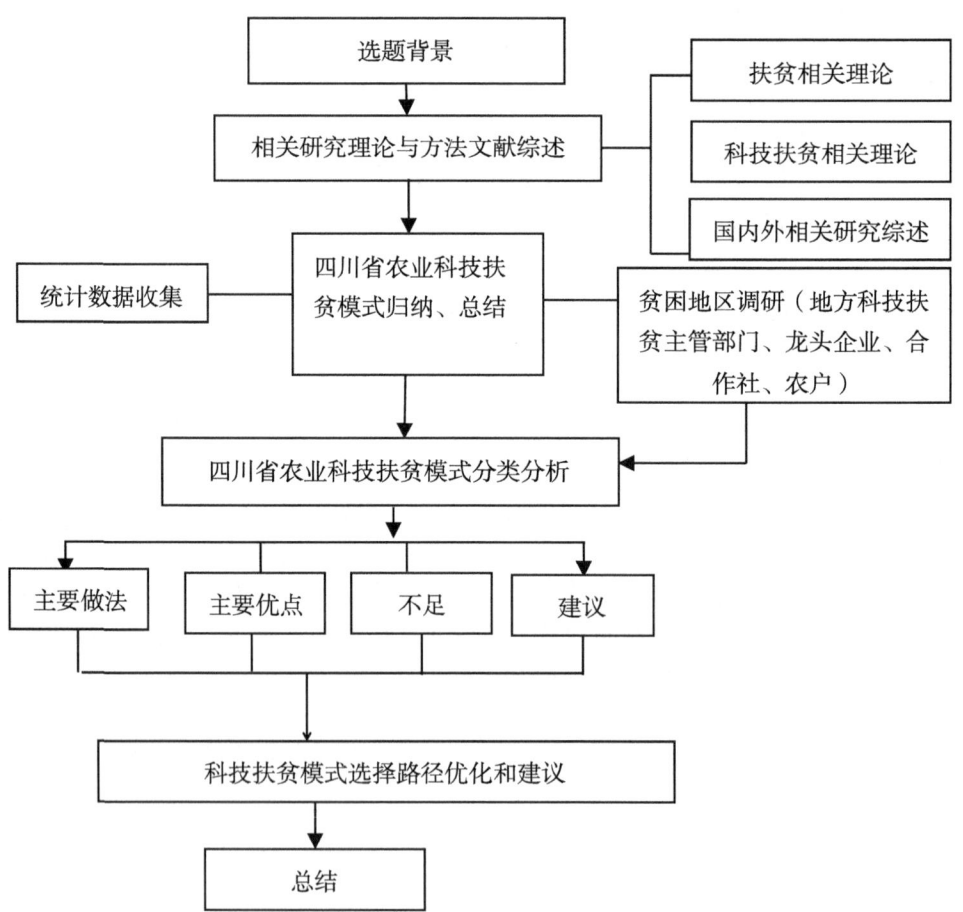

三、研究特色与创新点

（1）运用经济学、管理学理论，结合四川贫困地区实际，基于农业科技与贫困地区社会经济融合的视角，系统研究农业科技创新、科技转化支撑产业发展，助推精准脱贫的模式，进一步厘清农业科技扶贫的理论依据、逻辑和作用机理，具有一定的创新点。

（2）突出对科技扶贫供给和需求两端的基础调研，突出对农业科技扶贫利益相关者的关注，具有一定的创新性。一是对四川省从事农业科技扶贫的科技人员开展座谈交流；二是对贫困地区政府相关部门、基层科技人员开展座谈交流和问卷调研；三是对贫困地区新型农业经营主体以及小农户开展了大量调研。

第二章　理论依据

第一节　相关概念

一、精准扶贫

2013 年，党中央首次提出"精准扶贫"概念，即扶持对象精准、项目安排精准、资金使用精准、措施到户精准、因村派人精准、脱贫成效精准。精准扶贫的内涵包括三个层面：一是扶贫"对象—资源—主体"精准。在精准扶贫过程中，要回答好"扶持谁""谁来扶""怎么扶"的问题。"扶持谁"是精准扶贫的首要前提，"谁来扶""怎么扶"是精准扶贫的关键（郑宝华、晏铃，2017）。二是扶贫"目标—过程—结果"精准。郭远智等（2019）指出，相对于"漫灌式"的粗放扶贫方式，精准扶贫旨在重点聚焦区域特征、阶级特征、致贫返贫特征等方面，以贫困人口精准瞄准为源头，构建起精准识别机制、精准帮扶机制、精准管理机制及减贫考核机制，解决好"扶持谁""谁来扶""怎么扶"的问题，从根本上解决致贫、返贫等障碍性因素，激发贫困人口内生发展动力，提升贫困人口可行能力，实现自身可持续性发展。三是"微观—中观—宏观"的不同扶贫层级精准（庄天慧 等，2016）。针对省、市、县、镇（乡）、村的不同层级差异，结合区域发展、农户家庭及个体特征，以可持续脱贫为目标，制定不同层级、不同扶贫重点的精准扶贫措施。

二、产业扶贫

在脱贫攻坚阶段，因地制宜发展特色产业被视为精准扶贫的重要策略，并成为各地政府的普遍共识。产业扶贫是指依托区域自然资源禀赋、产业发展基础、社会经济条件，以市场为导向、以经济效益为中心，通过政府注入资本，引导扶持各类新型经营主体参与贫困地区产业发展，辐射带动贫困户发展，构建起多主体、多要素参与的产业扶贫机制（蒋永甫 等，2018）。产业扶贫强调从"输血式"扶贫向"造血式"扶贫转变，根植发展基因，激活内生动力，保障脱贫的可持续性。从模式来看，目前我国产业扶贫主要有两种，一是由政府主导的产业扶贫。即依托区域特定自然条件形成的区位优势、产业发展优势，通过政府产业扶贫资金，以"项目制"方式推动地区产业发展，实现脱贫。但在脱贫压力和政绩考量的压力下，政府主导的产业扶贫往往倾向于打造短平快的"典型项目"，产业项目盲目跟风，导致出现局部性产业低端化、产品同质化问题，造成"谷贱伤农"，扶贫效果不佳。二是由市场主导、社会参与的产业扶贫。即通过优惠政策引导鼓励工商资本下乡，以市场为导向，整合资金、土地、劳动力等生产要素，大力发展优势特色产业，壮大培育龙头企业、合作社、家庭农场等新型经营主体，强化产业发展与小农户的有效衔接，建立起"企业+基地+合作社+贫困户"的利益联结模式（袁树卓 等，2019；刘建生 等，2017）。产业扶贫是一种内生发展机制，目的在于提升贫困户自我发展能力。

三、科技扶贫

产业扶贫的运作依赖于农业产业，农业产业的提质增效依赖于农业科技。科技扶贫是脱贫攻坚中的关键一环。科技扶贫是指针对贫困地区农业生产方式落后、农业科技普及率低、农业技术人才匮乏、产业链条短、生产效率低下等问题，以先进、适用、实用、成熟农业技术为支撑，以产业示范带动为依托，以农户实际需求为出发点，以提升个体素质和能力为目标，通过专家指导、技术培训、科技示范、农机农艺推广应用等方式，改善贫困地区农业投入不足等问题，促进本土农业产业发展（李博 等，2019）。科技扶贫是由政府部门、企业、科技人员等多元主体参与的活动，除单一的技术推广外，还涉及各类自然资源、科技资源、市场资源等生产要素的配置，以及组织管理、运行保障机制等内容，是一个系统性工程。张华泉（2019）认为，目前我国的科技扶贫已从单一的技术推广延伸至服务体系构筑，更加强调综合开发与新型科技服务体系的构建，更加重视教育与科技的耦合效应，更加关注贫困人口可行能力的持续提升，更加注重农村科技资本、智力资本积淀，形成扩张力和增值力。从模式来看，科技扶贫模式多元化，包括科技平台宣传推广、专业技术协会扶持、龙头企业科技示范、农业专业合作社技术推广、专家大院科技指导、科研单位+地方政府合作扶贫等多种模式（陈传波 等，2020）。

第二节 相关理论基础

一、反贫困理论

反贫困理论围绕贫困界定、贫困成因、贫困类型等开展反贫困对策研究。基于贫困理论从绝对收入贫困到相对收入贫困，再到阿玛蒂亚·森的能力贫困、权力贫困的不断拓展深化，反贫困理论也经历了从单一学科迈向多学科综合研究、从单维研究迈向多维研究、从经济救济迈向人的可行能力全面发展的过程。以萨缪尔森、纳克斯、纳尔逊为代表的后凯恩斯主义经济学派认为，"贫困的恶性循环"和"低水平均衡陷阱"是发展中国家贫困的重要因素，并指出通过政府、NGO 组织等加大对贫困地区的投资规模，解决资本来源与积累问题，是实现脱贫的根本途径。1968 年，发展经济学派的瑞典经济学家缪尔达尔从经济、政治、文化、制度、习俗等领域综合研究了发展中国家的贫困成因，首次提出"反贫困"术语，并应用"循环积累因果关系"理论阐释了发展中国家贫困发生与发展的机制，指出资本形成不足和收入分配不平等是造成贫困的关键因素（姚力，2017）。舒尔茨的"人力资本理论"认为，人力资本的匮乏是贫穷国家经济落后的根本所在，并由此提出通过加强人力资本积累的反贫困策略。与传统经济学过多强调经济上的不平等和收入上的不平等不同，福利经济学派的阿玛蒂亚·森从个体全面发展角度提出了"可行能力理论"。他认为，贫困的实质是能力缺乏和社会权利的被剥夺，能力贫困和权力贫困是贫困的核心问题（蒋谨慎，2017），如何提升个体可行性能力、保障个体在就业、教育、医疗、公共服务等方面的权力，是反贫困的重要内容。

二、技术扩散理论

技术扩散的研究始于社会学领域。20世纪初，法国社会学家首先提出了技术传播遵循"S"形曲线，并把技术扩散称为模仿定律。随着经济全球化，技术扩散的研究逐渐深化。美国学者罗杰斯认为，创新、沟通渠道、时间和社会体系是技术扩散的四要素，而技术创新成果的相对优势、复杂性、兼容性、实践性、可操作性等又决定了其技术扩散速度（侯波，2017）。从技术的扩散影响因子来看，国内外学者普遍认为，距离、技术势能、扩散渠道是技术扩散的主要影响因素，其中，技术势能起决定性作用，且技术势能的强度与距离呈反比关系，距离越大，技术势能越低，导致出现空间上的"近邻效应"。从技术扩散的方式和效应来看，技术扩散大致分为波浪式空间扩散和等级空间扩散。前者是指技术创新从中心以同心圆的方式向四周扩散，并随距离衰减。此时的技术采用者在空间上表现出相对集聚状态，技术扩散展现出显著的"近邻效应"和"示范效应"。后者等级空间扩散认为，区域的技术接受能力和发展条件，促使技术在扩散中按区域等级大小呈跳跃式扩散，表现出区域的差异性（林兰，2010）。就农业领域的技术创新与扩散来看，在农业技术扩散过程中，技术供给方、技术潜在采用者、农业产业特征在社会经济系统中相互作用相互影响。一方面，产业盈利能力低下将降低农户采用新技术的积极性，农业生产周期长、风险高，技术需求动力不足，阻碍农业技术扩散；另一方面，农村信息化建设滞后、人力资本投入不足、农技推广体系不健全，将导致农业技术传播渠道不畅，制约技术扩散（董君，2012）。

三、新经济增长理论

新经济增长理论也称"内生经济增长理论"，其核心思想认为内生的技术进步是促进经济增长的决定性因素。以 Romer 和 Lucas 为代表的新经济增长理论将技术完全内生化，视为经济系统的内生变量，认为技术突破可能是随机的，但技术增长与人力、物力投入规模成正比，且具有显著的边际报酬递增效益，强调技术对经济增长的重要作用。此外，罗默模型和卢卡斯模型除保留新古典经济学的劳动和资本外，还引入了人力资本和新思想要素，即受教育程度和获得专利情况，关注研发创新。罗默和卢卡斯认为知识是经济增长的源动力，人力资本作为知识的载体具有递增效应，特殊的知识和专业化的人力资本积累将产生规模报酬递增效应，知识的积累过程中会产生外部性和知识溢出效用，促进技术创新，从而推动经济增长（高山，2009）。

四、机制理论

机制理论主要研究在自由选择、自愿交换、信息不完全、不对称及分散化决策的条件下，如何设计一套机制使得多元化参与主体的目标一致，实现既定上的目标。信息有效性和激励相容性是评价机制优劣的基本标准，由此机制设计涉及两个基本的问题，即信息效率问题和机制的激励相容问题。前者重点讨论实现某个既定目标所需的最小信息量问题，重点关注制定的机制在信息传递成本大小、消费者、生产者及其他参与主体的信息获取量，也就是机制的运行信息成本问题。在市场机制中，竞争的市场机制能够以较小信息交易成本解决资源配置最优问题。后者重点讨论在经济人假设条件下，制定的机制是否能够调动参与者的积极性问题，使得个人目标与既定的社会目标实现帕累托最优。激励相容与否受经济环境、个人自利行为策略、既定激励机制、社会目标的实施等问题影响。值得注意的是，在公共产品的经济环境中，会出现"搭便车""公地悲剧"等问题，导致激励不相容。此外，赫维兹的不可能性定理认为，在个人经济环境中，在个人理性条件下，不存在一个有效的分散化经济机制，人们没有动力显示真实信息，且存在委托代理问题，即真实显示偏好与资源帕累托最优配置通常不可能同时达到。在多数情况下，讲真话不满足激励相容约束。因此，在机制制定中必须考虑激励问题，首先要满足既定的社会目标具有技术可行性，其次要满足个人理性，激励个体参与博弈，最后要满足激励相容约束，促使个人目标与社会目标保持一致（田国强，2003）。

第三章　我国农业科技扶贫模式概述

第一节　我国农业科技扶贫的历史演变

关于科技扶贫的历史演进,很多专家学者从不同视角提出了不同的观点。如张华泉(2020)提出按照科技扶贫相关政策文件、组织演变及科技体制改革、扶贫战略调整,可将我国农业科技扶贫变迁历程凝练为"开篇探索(1949—1976年)—制度突破(1977—1986年)—职能拓展(1987—1993年)—机制耦合(1994—2000年)—内涵发展(2001—2012年)—生态集成(2013—2020年)"6个阶段。结合农业农村发展历程、科技扶贫历史演变规律,本书将我国农业科技扶贫历程分为"科技扶贫体系的初创阶段(1978—1993年)、科技扶贫的稳步发展阶段(1994—2000年)、科技扶贫的创造提升阶段(2001—2012年)、科技扶贫的全面深化阶段(2013—2020年)"四个阶段。

一、科技扶贫体系的初创阶段(1978—1993年)

党的十一届三中全会后,我国国家相关科技部门和地方科研机构、高等院校逐步开始在贫困山区探索依靠科技扶贫的路子。"六五"期间,涌现出一批科技扶贫的经典案例,其中原国家科委、河北省科委组织河北农业大学等科研院校,对太行山区10多个贫困县实施科技开发,成为科技扶贫早期的杰出代表之一。

1978—1985年,我国实施了举世瞩目的以农村经济社会体制改革为核心的减贫战略,建立了以家庭承包经营为基础、统分结合的双层经营体制,极大释放了农村生产力。随着家庭联产承包责任制在全国范围内的推进,农村基层农技需求呼之欲出,农技供给效率显得尤为重要。与之前阶段相比,该阶段除政府仍旧作为农技推广扩散主体外,还有部分集体性质的农民合作制组织也成为推动主体,该阶段农技供给突出表现在两个方面:一是"五级"农技推广体系代替了"四级农科网","五级"即从中央到乡镇,自上而下设立五级农技推广机构,村一级设立农民技术员与科技示范户;二是农村专业经济合作组织、乡镇企业等开始成为农技推广应用的主体之一,科技扶贫初步呈现多元农技服务体系,并且有了相应政策文件的保障。如1982年中央一号文件提出:"充分发挥好县级农技推广机构在植保、土肥等农业技术中的专业化引领作用,树立一批先进的县级农业推广机构典型"。该文件的出台,标志着以县级农技推广体系为核心的地方农技推广体系发展进入全新时期。同年,全国农业技术推广总站、全国植物保护总站、全国种子管理总站分别重组建立,1986年还成立了专门针对土肥推广应用的全国土壤肥料总站,各类农技推广应用机构整合及筹建标志着我国功能多元、服务多样的农技服务体系雏形初步形成。值得强调的是，该阶段"科学技术是生产力"等论述的提出，为我国科技体制改革启动提供了重要理论遵循，在以经济建设为中心的战略指引下，我国科技体系逐步恢复，中央、省、市（州）、县四级科研机构均陆续开展正常的科技活动，由此该阶段也成为我国科技扶贫制度化的开端。

1986年原国家科委提交《关于开发贫困地区建设的报告》，明确提出"依靠科学技术使贫困地区脱贫致富"，自此，我国 科技扶贫活动不断升温，并使得诸如"太行山道路"式科技扶贫"战果"以制度化的形式得以长存并延续至今。1989—1993年，科技扶贫由大别山向井冈山、陕北等重点地区扩展。党中央国务院要求各级人民政府，必须以对人民深厚的感情和高度负责的精神，下大的决心，切实采取有效措施，抓好贫困地区的工作，使其尽快改变面貌。改变贫困地区的面貌，最根本的是要依靠当地人民自己的力量。各级政府应该给予一定的扶持，这种扶持应当着眼于提高贫困地区人民依靠科学技术，自力更生发展经济的能力。做好贫困地区的工作，必须全面规划、各级动手、重点帮助。要按照当地的特点，因地制宜，确定明确的目标，制订出符合实际的计划。同时，要继续放宽政策，给贫困地区群众以更大的经营自主权；在税收、信贷方面，继续给以优惠；在招工、劳务输出等方面，给予更多的照顾。提倡发达地区在技术、信息、人才等方面对贫困地区实行对口支援，包括与贫困地区联营合办企业等。为了切实加强对贫困地区工作的指导，国务院已成立贫困地区经济开发领导小组。国务院希望经过全国上下3~5年的共同努力，力争使几千万人的温饱问题基本解决，使贫困地区的面貌能有显著改变。

二、科技扶贫的稳步发展阶段（1994—2000年）

1994年，国家科委启动了"振华科技扶贫奖励基金"，鼓励科技人员投身科技扶贫事业，1994—2000年共奖励1 640名优秀科技扶贫人员。1996年，国家科委印发《1996—2000年全国科技扶贫规划纲要》。1997年，国家科委、中国科学院、中国科协联合印发《关于依靠科技进步加快扶贫攻坚进程的意见》。《关于依靠科技进步加快扶贫攻坚进程的意见》提出了五个方面的意见。

（1）大力推广普及农业先进实用技术，努力促进科技成果向贫困地区转化。贫困地区相对落后的一个重要原因，就是科技滞后，劳动者素质较低。推广普及农业先进实用技术是贫困地区解决温饱问题、增加农民收入实现可持续发展三大战略任务的关键。各地要因地制宜制定和组织实施不同层次的农业技术推广计划，有重点、有步骤地把先进实用的农业技术，推广应用到生产中去，真正送到农民手里，加速推动农业和农村科技全面进步。要以直接解决群众温饱问题的种植业、养殖业和以当地农副产品为原料的加工业为重点，推广普及先进实用技术，努力促进科技成果向贫困地区的转化。要特别重视和切实抓好粮棉油大田增产技术以及畜牧业、水产业、林果业增产技术为主要内容的农业技术推广，重点推广普及成熟配套的综合技术及增产增收潜力大、辐射面广的重大农业新技术。要加强种植业、养殖业品种改良繁育基地建设、搞好农作物和畜禽品种的提纯复壮和更新换代工作，为当地农业生产提供优良品种以及配套的技术服务。

（2）优化支柱产业结构，努力提高产业的技术水平。多年来，广大贫困地区依托资源，依靠科技，发展了一批卓有成效的区域性支柱产业，辐射和带动了一大批贫困农户走上脱贫致富的道路，有力地促进了贫困地区经济的发展。但是，随着市场经济体制的建立和完善，贫困地区的支柱产业由于其产品质量差，品种单一，市场竞争力弱，产业布局分散，低水平重复等结构性矛盾突出因而受到市场经济的强烈冲击。优化这些产业的结构，努力提高其技术水平，将会对扶贫开发工作产生积极而深远的影响。各地都要在深入调查研究的基础上，组织有关专家对产业发展进行科学的规划，并根据资源特点和国内外市场趋势，帮助贫困地区改造现有支柱产业和技术设备，提高资源的加工深度，改进产品质量，形成拳头产品，带动产品的系列开发。要加强生产、加工、包装、储藏、运输等环节的技术的集成。要以现有支柱产业为基础，培育和发展新兴产业，包括支柱产业提供各种生产、销售、服务的第三产业。要以提高劳动生产率和市场竞争力为主要目标，引进、开发针对性强的先进技术及设备，为贫困地区扶持和培育一批科技型龙头企业，以此形成贫困地区合理、有序、高效的产业分工和布局。

（3）组织科技力量解决扶贫攻坚中的关键技术难题。我国每年都有大量的科技成果问世。但对解决生态条件恶劣、地理环境复杂的贫困地区的关键性技术难题的研究成果不多，而现有的通用技术又很难在这些贫困地区推广。因此，加强对这些贫困地区针对性强、影响力大的关键共性技术的研究，是当前扶贫攻坚工作的当务之急。要组织多学科领域的科技力量，实施"科技扶贫攻关计划"，在制约贫困地区生产和经济发展的关键性技术上联合攻关，尽快解决一批"瓶颈"技术问题，为扶贫攻坚开辟新的突破口。对已有的科技成果和实用技术要注重进行组装配套，并在不同攻坚区域内开展综合研究，作出示范样板，形成完整、系统、成熟的技术体系。

（4）广泛开展技术培训及科普宣传活动。提高劳动者科学文化素质，是贫困地区实现稳定脱贫的一项战略措施。只要坚持用科学的思想启发农民，用科学的手段和方法武装农民，才能加速贫困地区脱贫致富的步伐。在农业技术培训和科普宣传等方面要采取更大的力度和行之有效的办法，并一年一年地抓下去，抓出大的成效来。要组织、动员各级各类科技人员深入贫困地区乡村，通过举办实用技术培训班等多种形式，向农民传授科技知识，帮助解决生产中遇到的技术问题。要通过培训使每个农户至少掌握1~2项脱贫致富的实用技术和技能。要配合科技、文化、卫生"三下乡"及扶贫开发与计划生育相结合活动，通过报告会、技术现场会、科普讲座、专题科普培训班、夜校和广播函授等形式，组织开展"科普周""科普之春""科普之冬"，开展"讲精神文明，比科技致富，建科普文明乡村"等一系列丰富多彩的活动形式，大力宣传普及科学知识、科学思想和科学方法，引导干部群众树立现代科技意识、市场意识和发展意识，坚决破除封建迷信和伪科学的消极影响，树立科学、文明、健康的社会风尚，为贫困地区人口、经济、社会和资源环境的持续发展奠定坚实的基础。

（5）切实健全社会化科技服务体系。为了保障科技成果向贫困地区生产的顺利转化，各地都必须高度重视社会化科技服务工作，采取各种有效措施健全社会化科技服务体系。基层农业技术推广机构要进一步转换运行机制，拓宽服务领域，扩大服务内涵。通过兴办各种技术经济实体，实行有偿技术服务等形式，逐步引入市场机制，不断增强自我积累、自我发展的能力。要大力扶持技工农贸一体化的经济实体，围绕农业和区域性支柱产业建立和发展各种专业化服务网络,为当地农户和企业提供全程的生产、技术、经营服务。对各种形式的民办科技服务组织要积极予以鼓励和支持。特别是要发挥农民技术员、农村营销人员、能工巧匠和技术能人组成的各类农村专业技术协会或技术服务组织作用,提高农民自我服务能力。科研、教育和推广机构要打破部门分散管理和条块分割体制的影响,加强相互间的协调配合,共同为贫困地区各业生产提供科技服务。

三、科技扶贫的创造提升阶段(2001—2012年)

进入新世纪后,我国科技扶贫迈入创新提升阶段。2001年,科技部印发《"十五"科技扶贫发展纲要》。2002年,科技部在西部五省区开展科技特派员试点工作。2004年,科技部、人事部联合印发《关于开展科技特派员基层创业行动试点工作的若干意见》。2009年,科技部、人力资源和社会保障部、农业部、教育部、中宣部、国家林业局、共青团中央、中国银监会联合出台《关于深入开展科技特派员农村科技创业行动的意见》。

(1)《"十五"科技扶贫发展纲要》。提出坚持以邓小平理论和"三个代表"重要思想为指导,以改革开放和科技进步为动力,以农民增收、农业增效、农村发展为主攻目标,加快先进适用技术向贫困地区推广,加速适应社会主义市场经济和有利于科技进步的环境与机制建设,为全面建设小康社会和实现现代化作出新的贡献。通过增强农村贫困人口的科技文化素质,提高贫困地区技术创新与自我发展能力,加快解决贫困人口温饱问题,巩固温饱成果,尽快实现贫困地区经济、社会、生态的可持续发展,为达到小康水平提供科技支撑。提出科技扶贫6个基本原则。一是坚持开发式扶贫原则。要通过技术创新、技术推广和技术应用,开发资源、发展生产,从而改善生产和生活条件,脱贫致富。二是坚持以人为本,提高素质的原则。要坚持不断提高贫困地区农民的综合素质,特别是科技文化素质,增强他们接受和应用现代科技的能力,从而造就一批具有科技意识和创新精神的新一代农民。三是坚持以调整结构,提高收入为核心的原则。要引导农民依靠科技开发当地资源,合理调整产业和产品结构,提高产品质量,注重经济效益,增强抵御自然风险和市场风险的能力,尽快提高贫困人口收入水平。四是坚持示范带动,全面推广的原则。要针对不同类型贫困地区自然条件和社会经济特点,通过科技扶贫项目的实施,探索有效的科技扶贫模式;通过示范带动,在适宜区域进行推广,从而提高科技扶贫效率。五是坚持可持续发展的原则。要在依靠科技,提高资源利用效率,保护和改善生态环境的前提下进行科技扶贫开发。六是坚持合力扶贫和机制创新的原则。科技界要与各有关部门、地方政府以及其他扶贫力量相互合作,共同致力于扶贫开发,从而全面解决贫困问题。创新科技扶贫机制,将科技、人才、资金与国家扶贫开发任务和各地区扶贫开发重点有机结合,为科技有效长入贫困地区经济创造条件。提出了加快科技成果在贫困地区的转化、推动贫困地区科技支撑能力建设、促进贫困地区形成有利于科技进步的机制和环境三大任务,提出了实施贫困乡村科技扶贫示范行动、实施科技型特色产业促进行动、实施科技信息扶贫行动、实施科技致富示范行动以及实施科技培训和科学普及行动五大行动。

（2）《关于开展科技特派员基层创业行动试点工作的若干意见》。自 2002 年以来，全国已有 23 个省（自治区、直辖市、新疆生产建设兵团）的 267 个县（市、区、旗、团场）相继开展了科技特派员试点工作。在试点地区各级党委、政府的领导及各有关部门特别是广大科技特派员的共同努力下，试点工作进展顺利，发展态势良好，积累了有益的经验。实践证明，实施科技特派员制度，有利于进一步推进农村科技体制改革，有利于盘活科技人才资源，有利于在农村大力普及科学技术知识，有利于推动农村工业化、城镇化、信息化和知识化进程，对解决"三农"问题具有重要的现实意义。为了进一步探索建立和完善科技特派员制度，科技部、人事部决定，在现有试点工作的基础上，在全国范围内开展实施科技特派员试点工作。《意见》提出要根据我国改革与发展的需要，特别是人事制度改革和科技体制改革的要求认真规划和安排试点工作。要积极营造良好的政策环境，深入研究涉及科技特派员的培养、使用等方面的问题，制定相应的政策措施，解除他们的后顾之忧，鼓励和吸引大批技术、经营、管理、金融、流通等领域的专门人才加入科技特派员队伍中来，深入基层、深入农村，推广先进适用技术，转化科技成果，普及科学技术知识，带领广大群众创新创业，使广大农村群众享受到科技的实惠。要通过各种途径，以各种方式加强对科技特派员基层创业活动的支持，努力为科技特派员提供良好的创新创业条件。积极营造有利于科技特派员创新和创业的环境，为试点工作的开展创造良好的社会氛围。科技特派员制度是源于实践的创新，源于基层的创造。实施科技特派员制度，有利于充分发挥科技人才在农村经济发展中的关键性作用，有利于形成依靠科学技术解决"三农"问题的长效机制，有利于推动农业和农村经济的持续、快速、健康发展。

（3）《关于深入开展科技特派员农村科技创业行动的意见》。为全面贯彻党的十七大和十七届三中全会精神，深入贯彻落实科学发展观，适应国际国内形势的新变化，实现农村改革发展的战略目标，充分发挥科技在发展现代农业、建设社会主义新农村、推进城乡经济社会一体化发展中的重要作用，科技部、人力资源和社会保障部、农业部、教育部、中宣部、国家林业局、共青团中央、中国银监会决定联合开展科技特派员农村科技创业行动。提出力争用 5 年的时间，使科技特派员工作多部门联合推动机制更加健全，农村科技创业政策环境不断优化，全国性互联互通的科技特派员农村科技创业服务平台基本建立，科技特派员培训体系基本完善，科技特派员社会化服务组织逐步健全，科技特派员服务领域大大拓展，区域优势特色产业不断壮大，当地农业产业化水平显著提升，基本形成科研单位、高等院校、涉农企业、农林业技术推广机构、农业产业化经营组织、广大乡土人才全面参与，科技特派员来源渠道不断拓展的科技特派员农村科技创业新局面。培养一批科技创业人才。建设一支 15 万人的科技特派员队伍，使科技特派员工作覆盖全国 75%以上的县（市、区、旗），提高基层科技创新和服务能力。培育壮大一批区域优势特色产业。建设 150 个科技特派员创业链，建设一批科技特派员创业基地和科技成果转化中心，促进 150 个区域优势特色产业发展，有力推进县域经济发展。转化一大批科技成果。引进农林动植物新品种 5 万个，推广先进适用新技术 5 万项，大幅度提高科技成果转化率，促进农业与农村经济增长方式的转变。带动一批大学毕业生和农民工就业。带动 5 万名大学生和农民工参与科技特派员农村科技创业行动，开展科技创业和服务，创造一批新的就业载体，以创业带动就业，以创业实现就业。扶持一批科技型农村生产经营主体。引导科技特派员领办、创办、协办2万个农村科技型企业，扶持和培育2万个农民专业合作社，提高农民组织化程度。带领广大农民致富。通过开展科技特派员农村科技创业行动，推动传统农业技术改造、升级和创新，培育农村新的经济增长点，直接带动农户人均收入年同比增长10%左右，促进农民增收致富。

四、科技扶贫的全面深化阶段（2013—2020年）

党的十八大以来，随着精准脱贫攻坚战的打响，我国科技扶贫进入全面深化阶段。2016年，国务院办公厅印发《关于深入推行科技特派员制度的若干意见》。2016年，科技部印发《关于科技扶贫精准脱贫的实施意见》。2016年，科技部、教育部、中国科学院、中国工程院、自然科学基金委员会、国防科工局、国务院扶贫办共同实施"科技扶贫行动"。

（1）《关于深入推行科技特派员制度的若干意见》。提出一是切实提升农业科技创新支撑水平。面向现代农业和农村发展需求，重点围绕科技特派员创业和服务过程中的关键环节和现实需要，引导地方政府和社会力量加大投入力度，积极推进农业科技创新，在良种培育、新型肥药、加工贮存、疫病防控、设施农业、农业物联网和装备智能化、土壤改良、旱作节水、节粮减损、食品安全以及农村民生等方面取得一批新型实用技术成果，形成系列化、标准化的农业技术成果包，加快科技成果转化推广和产业化，为科技特派员农村科技创业提供技术支撑。二是完善新型农业社会化科技服务体系。以政府购买公益性农业技术服务为引导，加快构建公益性与经营性相结合、专项服务与综合服务相协调的新型农业社会化科技服务体系，推动解决农技服务"最后一公里"问题。加强科技特派员创业基地建设，打造农业农村领域的众创空间——"星创天地"，完善创业服务平台，降低创业门槛和风险，为科技特派员和大学生、返乡农民工、农村青年致富带头人、乡土人才等开展农村科技创业营造专业化、便捷化的创业环境。深化基层农技推广体系改革和建设，支持高校、科研院所与地方共建新农村发展研究院、农业综合服务示范基地，面向农村开展农业技术服务。推进供销合作社综合改革试点，打造农民生产生活综合服务平台。建立农村粮食产后科技服务新模式，提高农民粮食收储和加工水平，减少损失浪费。支持科技特派员创办、领办、协办专业合作社、专业技术协会和涉农企业等，围绕农业全产业链开展服务。推进农业科技园区建设，发挥各类创新战略联盟作用，加强创新品牌培育，实现技术、信息、金融和产业联动发展。三是加快推动农村科技创业和精准扶贫。围绕区域经济社会发展需求，以现代农业、食品产业、健康产业等为突破口，支持科技特派员投身优势特色产业创业，开展农村科技信息服务，应用现代信息技术推动农业转型升级，大力推进"互联网+"现代农业，加快实施食品安全创新工程，培育新的经济增长点。落实"一带一路"等重大发展战略，促进我国特色农产品、医药、食品、传统手工业、民族产业等走出去，培育创新品牌，提升品牌竞争力。落实精准扶贫战略，瞄准贫困地区存在的科技和人才短板，创新扶贫理念，开展创业式扶贫，加快科技、人才、管理、信息、资本等现代生产要素注入，推动解决产业发展关键技术难题，增强贫困地区创新创业和自我发展能力，加快脱贫致富进程。

（2）《关于科技扶贫精准脱贫的实施意见》。指出科技扶贫遵循的 4 个原则。一是需求导向，精准扶贫。瞄准贫困地区和建档立卡贫困人口的科技需求，因村因户因人施策，目标到户、责任到人、政策到位，把基本方针聚焦到精准上来，把基本策略聚焦到精准上来，把基本成效聚焦到精准上来，从"大水漫灌"向"精准滴灌"转变，让贫困群众真正实现脱贫。二是人才为先，智力扶贫。瞄准贫困地区发展突出存在的科技和人才短板，动员组织全国科技人员和科技管理干部深入扶贫一线，以提升贫困地区、革命老区内生发展动力和科技管理服务水平，增强贫困农户自我发展能力为核心，集聚人才要素，培养本土人才，引领当地产业发展，带动农户精准脱贫，强化"造血"功能，为扶贫开发提供有力的智力支撑。三是科技支撑，创业扶贫。通过在贫困地区、革命老区建设一批"星创天地"、科技园区等，构建线上线下的创新创业服务平台，推进创业式扶贫，加快先进适用科技成果在贫困地区、革命老区的转化应用，激发贫困地区干部群众的创新创业热情，培育创新创业主体，自力更生，艰苦奋斗，以创业带动产业发展，以产业发展带动精准脱贫，促进创新驱动、区域发展与贫困人口脱贫紧密结合。四是统筹资源，协同扶贫。各级科技管理部门要把科技扶贫作为重要的政治任务，上下协同，东西联动，形成强大工作合力。统筹行业扶贫、片区扶贫、定点扶贫，组织动员全行业科技力量，科学配置人才、技术、成果、平台、园区资源，做到项目精准安排，资金精准落实，措施精准实施，效果精准发挥。

（3）《科技扶贫行动方案》。指出坚持"需求导向、人才为先、科技支撑、统筹资源"，围绕"精准扶贫、智力扶贫、创业扶贫、协同扶贫"，瞄准贫困地区和建档立卡贫困人口的具体需求，通过开展技术攻关、成果转化、平台建设、要素对接、创业扶贫、教学培训、科普惠农等行动，到 2020 年基本形成贫困地区创新驱动发展的新模式。贫困地区基层科技服务能力得到明显增强，区域扶贫产业得到较快发展，人员科技文化素质得到较大提高，创新创业热情不断增强，内生发展动力大幅提升，创新驱动精准扶贫精准脱贫成效显著。重点实施关键技术攻关行动、成果转移转化行动、创业载体建设行动、创新要素对接行动、科技特派员创业扶贫行动、脱贫带头人培养行动、进乡入村科普行动 7 大行动。

第二节　我国农业科技扶贫现有模式概述

一、国内普遍模式

我国从 1986 年开始实施农业科技扶贫工作，经过 30 年的探索实践，农业科技扶贫已经形成了多种实践经验和模式，这些模式都起到了良好的技术推广和消除贫困的作用。以下为国内普遍应用的农业科技扶贫模式。

1. 网络推广模式

该模式是以各种科技推广和服务组织为载体，向贫困地区的农民传播大量的科学技术信息与先进实用的生产技术，使农民在科技网络的带动下，解决因缺乏相关技术带来的困难，拓宽生产经营方式，达到农业增效、农民增收的目标。

在作用方式上，主要利用科学技术培训、科研成果推广、农业技术服务等方式，通过构建相应的农业科技推广服务平台和信息沟通网络的形式将农民组织起来，使其了解到先进的农业新成果、新品种和新技术。农业科技网络包括政府科技推广体系，即政府根据国民经济及农业发展的需要、财政经济状况和农业技术的发展，利用已建立的农业科技推广体系，将成果推广到农业生产中去，以实现政府的农业计划目标，其运行特征表现为强制性和无偿性，经费来自财政拨款。目前，主要有"星火计划""国家新技术开发推广计划"和"国家科技成果推广计划"等模式。

2. 区域支柱产业开发带动模式

该模式是由地方政府出面组织，依据当地的自然资源和社会经济发展条件，分析经济发展的各种有利和不利因素，制定国民经济和社会发展的总体战略，确定区域性经济发展的支柱产业，集中人力、物力和财力，择优扶植，重点突破"短、平、快"的科技项目，把资源优势转化为技术与经济的优势，形成具有较大规模或者是连片发展，能够为社会提供大量优质商品，创造更高的经济效益，并对一个区域的经济发展具有举足轻重作用的骨干产业。

在作用方式上，是以科技为先导，建立和完善社会化服务体系，带动区域经济的发展，使农户从中得到较多的利益以此脱贫致富。贫困地区在开发区域性支柱产业时，根据自身的特点，选择能发挥优势潜力的若干产业作为区域经济的原始生长点，通过直接引进先进适用的科技成果，开发某一种产品或产业、形成拳头产品或支柱产业，向农户扩散技术，从而带动整个区域经济的发展，最终实现脱贫致富。

3. 科技特派员扶贫模式

该模式是由政府部门选派科技素质较高的技术人员或团体，根据贫困地区经济发展的需要，为他们提供针对性的科技支持和服务，推动农业新技术的应用以及农业经济的发展。在科技特派员扶贫模式中，参与主体包括政府部门、科技特派员和农户等。

在作用方式上，该模式是由科技管理部门通过选派各种不同类型的科技特派员，以科技特派员的创新和服务为引致需求，带动了科技为核心的要素流转，并和土地、培训、金融、管理等环境要素相互影响，以开展培训、咨询和科技特派员创业为手段，通过对口、专业的技术服务，推动农村科技扶贫活动的开展。

4. 龙头企业带动科技扶贫模式

龙头企业带动科技扶贫模式主要是以加工或销售企业为龙头，以市场经济为导向，以科技为支撑，以农产品为原料，依靠科技发展优质、低耗、高产、高效农业，从整体上解决贫困农户温饱问题的扶贫模式。龙头企业带动扶贫模式中，参与主体主要有龙头企业、农户等。

在作用方式上，龙头企业以增加自身经济利益为目的，在各类农业产业中开展区域化布局、专业化生产、企业化管理、社会化服务及一体化经营，将农民融入龙头企业的产业链中，通过利益联结，将农民与企业深度融合，实现脱贫致富。这种模式实施的重点在于找准科技兴农的切入点，发展特色农业或龙头产业，构建起有利于农民采用新技术的外部环境，唤醒农户沉睡的脱贫致富冲动。

5. 专业技术协会服务模式

贫困地区市场化程度低，交易成本高和交通基础设施差，导致对提高商品率的技术扩散造成障碍，难以及时地将先进生产技术和科研成果的有效性、可持续性直接体现出来，使得农民对科技的需求不强。所以，扶持和培育贫困地区专业技术协会这一中间技术需求层次，由专业技术协会来带动农户的科技需求和进行科技服务，推动贫困地区科技进步和脱贫致富。农村专业技术协会以某种专业产品或某项专业技术服务为纽带，在自愿互利和平等协商的前提下，自主组织起来，实行民主管理、民主决策、为会员利益服务的一种自助性民间经济技术合作组织。在作用方式上，一是由懂技术、会经营、善管理的乡土能人组成，向农民提供专业技术服务；二是由专业户、重点户领头的民间专业生产服务，包括技术、物资、信息等；三是由农民自愿联合起来，通过集资、投资来兴办自我服务组织。农业技术协会涉及的产业领域从种植业、养殖业到加工业、商贸服务业等多个方面，乡镇企业发达的地区还出现了为乡镇企业服务的农村工业专业技术协会。

6. 农业科技培训推动模式

"扶贫先扶智，扶贫先扶技"。贫困地区农业产业发展落后的一个重要因素就是农业技术水平落后。授人以鱼不如授人以渔，提升农业产业科技水平最重要的途径就是提升贫困人口的科技文化素质，加快贫困人口的技术培训。如湖南省农业科学院采取"请进城"和"走下乡"两种方式开展形式多样的技术培训，有效提升了贫困人口的科技素质和科技意识。一是"请进城"举办技术培训班。近年来，先后承担了湖南省人力资源和社会保障厅、湖南省扶贫开发办公室下达的科技扶贫培训项目，举办了多期专题培训班，集中开展了茶叶、果树、粮油、加工、农业产业化经营、家庭农场等知识的培训，培训对象包括贫困村的村级组织负责人、种养大户、农民专业合作组织负责人、家庭农场主、大学生村官等，内容包括农业政策解读、美丽乡村建设、市场营销、种养关键技术等。通过培训，提高了贫困人口特别是新型农业经营主体的科技意识和科学素养。此外，还结合当地产业发展的需求，与地方政府共同举办产业技术培训班。如与保靖县合作举办黄金茶产业技术培训班，与麻阳县合作举办蔬菜、柑橘种植技术培训班，有力地推动了贫困地区县域优势特色产业的发展。二是"走下乡"开展技术培训。主要是选派科技专家深入贫困地区、深入田间地头开展技术指导和技术培训。对农民进行新技术的传授，具有针对性强、易学易懂、接受度高的特点，做到了既顶天更立地。每年，湖南省农业科学院都要通过科技活动周、科技下乡等形式把先进、实用的新技术带到田间地头，为农民进行技术上的现场观摩指导。

7. 示范基地带动模式

示范基地在展示农业科技成果、发挥示范带动方面具有较好的显示度和示范性。示范基地作为农业新品种、新技术的展示基地，起着上联农业科研单位、下联贫困农户的桥梁和纽带作用，通过新品种、新技术的试验示范，能够把使用适用的农业新品种、技术、新品种的效果较好地展示出来，使贫困群众更容易接受并进行使用和推广。这种模式具有显示度高、针对性强、辐射面大的特点，适应于那些生产方式落后、新技术覆盖面窄、大面积推广和实施新技术难度大的地区。通过选派科技特派员、"三区"、百千万工程人才,到贫困县开展科技服务,建立各类示范基地,推广新品种、新技术。示范基地带动模式,有利于农业新技术的组装集成,有利于发挥"以点带面"的示范效应,已经成为农业新技术快速转化、农业新品种快速推广、农业新成果快速转化的田间学校。

8. 驻村帮扶带动模式

选派具有一定专业知识水平和实践能力的科技人员组成驻村工作队,开展定点帮扶和精准施策,以驻村帮扶带动贫困人口脱贫致富。该模式主要适用于地处偏远山区、基础条件较差和自然生态条件薄弱的贫困地区。此类地区最大的特点就是基础设施落后,缺水、缺电、缺路、信息极为闭塞。按照"推广一项技术、发展一个产业、致富一方农民"和"办好一个点,带动一个片,服务一个县"的工作思路,结合贫困村的具体实际,精心实施一批扶贫项目,选派技能型扶贫队员驻村帮扶,开展高效农业生产技术推广和示范,引进新品种、新技术,通过技术培训、典型示范、整村推进等形式将技术交到农民手中。每年安排专项扶贫资金,选派具有园艺、植保、食用菌等专业背景的科技人员作为扶贫队员,实施驻村扶贫和科技帮扶,发展优势特色农业产业,为当地农业发展、农民脱贫开辟新渠道。

9. 院(校)地合作推动模式

农业科研院校担负着为现代农业发展提供科技支撑的历史使命。科研院校瞄准贫困地区产业发展中的科技需求,充分发挥农业科研单位的成果、技术、人才优势,主动对接贫困地区的政府和农业管理部门,着眼区域经济的发展,开展科技合作和技术服务,精准解决贫困地区脱贫致富中的关键科技问题,促进了现代农业和区域经济的发展。科研院校主动对接基层,与贫困地区县市区签订合作协议,采取共建研发机构、共建示范基地、共建培训基地、共谋精准扶贫的形式,围绕贫困地区主导产业和优势产业发展,在农业产业化决策咨询、人才培训、平台建设、技术推广、基地建设、共建研发机构等方面精准施策、精准服务、精细合作,畅通农业科研单位进入精准扶贫主战场的渠道,为促进贫困人口脱贫致富、贫困地区精准脱贫提供了强有力的科技。

表 3-1 为国内农业科技扶贫模式的特点汇总。

表 3-1 农业科技扶贫模式的特点

序号	模式	优势	劣势
1	科技网络推广模式	推广农村实用技术、改善产业结构	技术在贫困地区的适用性、专属性不强
2	区域支柱产业开发带动模式	技术的引进有的放矢,针对性和适用性增强	地方的基层干部很难找到合适的项目,融资、引进技术、开拓市场难度大
3	科技特派员扶贫模式	能解决部分贫困农户面临的资金、技术、人力资本及市场等难题	特派员素质要求高,贫困地区恶劣的生产、生活条件制约人才流动
4	龙头企业带动科技扶贫模式	节约生产成本、交易成本,提高整体经济效益	企业的趋利性,遇到经济风险时的信誉度低

(续表)

序号	模式	优势	劣势
5	专业技术协会服务模式	以专业户为基础，利于技术服务、信息交流及农业生产资料供给和农产品销售	需要较强的产业基础
6	农业科技培训推动模式	针对性强，围绕优势特色产业解决技术难题，提升农民素质	需要投入大量人力、物力和财力
7	示范基地带动模式	具有较好的显示度和示范性	示范基地无法对不同类型不同区域产业发展提供精准示范
8	驻村帮扶带动模式	一对一指导，实效性和针对性较强	对驻村帮扶科技人员要求高，科技人员需求量大
9	院（校）地合作推动模式	为区域发展提供技术支撑，针对性较强	科研单位科技人才无法长期进行指导，科技人员时间投入有限

二、我国农业科技扶贫的成功案例借鉴

由于科技适用性具有较强的区域性，各地将自身资源条件、适用技术与管理方式结合的基础上，形成了各具特色的地方模式，实现科技扶贫的规范化、制度化及科学化。经过三十多年的探索与发展，我国科技扶贫形成了多种典型模式，主要有岗底模式、石柱模式、晴隆模式、陕北合力扶贫模式、宁夏模式等。本书主要以岗底模式、石柱模式和晴隆模式为典型案例进行研究。

1. 岗底模式

（1）岗底村简介。岗底村位于河北省内丘县太行山深处的侯家庄乡，全村215户，约700人。地处太行山南段东麓的片麻岩山区，海拔高518~1 134米，多年平均降水量523毫米，年均气温11.6℃，年日照时数2 503.1小时，无霜期180天，属大陆性季风气候，土壤pH值6.9。岗底村从1984—2020年人均纯收入由80元增长到了超过45 000元，增长了560倍以上。目前村集体创建的富岗集团公司拥有6家企业。资产10 553万元，注册资金1 458万元。2020年分别入选第六届全国文明村镇名单和全国乡村特色产业亿元村名单。

（2）模式概述。该模式是在河北省内丘县岗底村形成的，是较早开展科技扶贫并取得成果的典型之一。岗底村20世纪80年代以前曾经属于贫困山区。经历科技扶贫后，经过三个阶段的建设：早期的治山治水阶段、发展林果产业阶段和市场化多元化经营阶段，创建了具有岗底特色的科技扶贫发展模式，即"科技专家+治山（两聚理论）+公司（村集体企业）+基地+农户"的岗底模式。该模式的科技扶贫机理是：科技专家是源头，"科技专家+农民技术员"是技术推广的主线，"公司+基地+农户"的组织形式是科技扶贫的长效保障机制。经过多年的发展，岗底村跳出了贫困恶性循环，实现了经济、社会、生态三大效益的有机结合。

(3) 岗底模式运行机理。纵观岗底发展过程，一个具有岗底特色的科技扶贫发展模式是，"科技专家+治山（两聚理论）+公司（村集体企业）+基地+农户"（图3-1）。基地指通过治理荒山而形成的林果生产基地。赵慧峰等（2012）总结岗底模式运行机理具有4个特征。一是科技力量是科技扶贫的源头。岗底村的每一步发展都是在科技指导下实现的。治山、培训农民、建立标准化生产基地、指导农产品营销策略、建立产品质量追溯体系和多元化经营等，科技贯穿始终。二是"科技专家+农民技术员"是技术推广的主线。在"科技专家—基地—农户—技术员—技术推广"这条路线中。由科技专家对农户进行标准化生产技术培训。使农民真正掌握了果树种植技术。岗底村大部分农民都成了技术员。他们又走向了劳动力市场。三是"公司+基地+农户"的组织形式是科技扶贫的长效保障机制。"公司+基地+农户"这一路线循环图是"岗底模式"运行机理的核心部分。保障了科技扶贫的成效得以长期持续地发展。四是政府成为推动科技扶贫的桥梁。岗底村在发展的初期受益于政府扶贫开发的宣传和优惠政策。县政府组织的参观考察解放了村干部的思想，解决了脱贫致富的思路；政府扶贫开发的优惠政策使山区农村资本积累不足的障碍得到缓解；政府技术人员与科技专家的配合保证了技术推广不断线；政府修建道路等基础设施推动了农产品物流的通畅运输；政府发布的农产品市场信息架起农村与科研机构、农村与市场的桥梁。

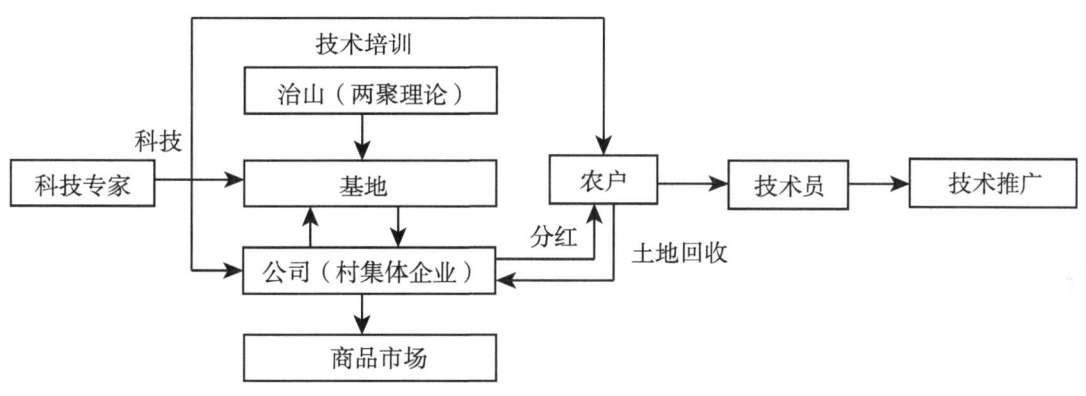

图3-1 "岗底模式"运行机理

(4) "岗底模式"的启示与借鉴。多年来的实践表明，如果缺乏完整的制度设计和政策支撑，而是简单地把技术送到农民手中，最终都将有可能演化为短期效应和"一夜脱贫二十年不致富"的局面。"岗底模式"之所以具有研究和借鉴价值，是因为其在科技扶贫供体、受体和载体三方面都有创新，形成了科技扶贫的长效机制。一是科技扶贫供体的工作要从技术推广延伸到产品的市场开发与经营。"岗底模式"的一个突出特点在于它不是单纯农业技术的引入和推广，而是把服务内容向产前、产后延伸，由单一的技术服务向综合服务转变，包括山场的治理、标准化生产、市场营销、产品质量追溯、公司化经营等综合性服务。二是科技扶贫工作要着眼于培育地区自我发展能力。对于贫困地区，建设和培育地区自我发展能力是一个重要的和关键的战略问题。三是公司化治理模式是整村推进科技扶贫的长效保障机制。实施科技扶贫，需要一个有效的载体，载体形式多样，有的是项目、资金投入，有的是龙头企业等等。四是科研人员在科技扶贫工作中得到了自我发展。科研人员在科技扶贫工作中得到了自我发展，高等农业院校或科研院所的专家在为农业生产提供新技术的推广、扩散和应用的同时，也将自身的科研活动与农业生产紧密结合起来，自身的科研水平和能力也得到了发展。

2. 石柱模式

（1）石柱县简介。重庆市石柱土家族自治县地处长江上游南岸、重庆东部、三峡库区腹心，是集民族地区、三峡库区、革命老区、武陵山集中连片特困地区于一体的特殊县份。石柱县东接湖北省利川市，南连重庆市彭水县，西南临重庆市丰都县，西北界重庆市忠县，北与重庆市万州区接壤。全县辖区面积3 014平方千米，辖3个街道、17个镇、13个乡，户籍人口54.86万人，常住人口37.80万人，有土家族、汉族、苗族、独龙族等29个民族，以土家族为主的少数民族人口占79.3%。石柱县是"中国黄连之乡""中国辣椒之乡""全国最大的莼菜生产基地"，是全国绿化模范县、绿色小康县、民族团结进步示范县，是世界经典民歌《太阳出来喜洋洋》和首批国家非物质文化遗产——土家"啰儿调"的发源地，是唯一登录中国正史的明末巾帼英雄秦良玉的故乡，先后荣获"中国天然氧吧""中国（重庆）气候旅游目的地""中国康养美食之乡"等称号。

（2）模式概述。石柱模式是在重庆市石柱土家自治县形成的，是中国高等学校与地方政府合作的典范之一，已经成为中国扶贫开发、科技帮扶、校地合作等领域的代名词。石柱县是三峡库区唯一的少数民族自治县，属于国家级贫困县。2003年，西南大学与石柱县开始进行县校合作，以"绿色为体、特色为魂"的经济发展框架，按照"一个产业、一个示范基地、一个研究中心、一个技术团队、一批龙头企业"的科技支撑产业为发展思路，积极推进特色产业，创新服务体系建设产品深加工发展；依托特色资源优势，确定"菜、药、畜"为三大农村经济支柱产业，采取"政府+企业+专业合作社+农户"的产业发展模式，搭建了"一院+一产业+一乡镇+一部门"的县校、县院合作平台，不断创新以提高科技水平，建立长毛兔、黄连、辣椒等重庆乃至全国的知名品牌，同时也帮助农民脱贫致富，走向小康社会。

（3）石柱模式经验借鉴。西南大学开始与石柱县建立县校合作关系，多年来，校地双方积极探索合作新路子，逐步形成独具特色的"石柱模式"。该模式在实践中成效显著，搭建了农业科技成果转化平台，拓展了学校研发渠道和领域，创新了人才培养模式，有效促进了地方经济增长方式转变，推动了石柱县经济增长、农民增收、企业增效，带动了石柱县社会文化事业以及旅游产业等全面发展。形成了可复制可推广的农业科技扶贫石柱模式。一是以特色产业为支撑，建设示范基地，搭建科技成果转化平台。建立的各种研究、示范和技术推广基地成效显著。利用教育部农林试点基地建设的4个重点产业项目，分别实现了"3个1"格局，即"一片地（示范中心基地）、一栋房（专家大院）和一个产业科研团队（教师、学生以及地方农技工作者等）"，除此之外，"西南民族社会和谐发展研究"（国家211工程项目）、"农科类专业'顶岗实习支农'创业型人才培养模式研究基地"等项目，在县政府及有关部门的支持下也都取得了明显成效。这些产业示范、研究开发项目，在加强农民培训、带动重点产业发展的同时，很好地搭建了学校的科研平台、成果验证及转化平台、教学实践创新平台。二是以重点产业建设为抓手，开展联合攻关，拓展学校研发渠道和领域。县校合作以来，围绕县委县政府确定的重点产业开展联合攻关，解决了生产实践中的众多技术问题。2006 年以来，西南大学每年投入县校合作资金 50 万元，其中 30 万元设立为石柱农业科技综合示范基地科技创新专项基金；实施了石柱黄连副产物综合利用开发、石柱县莼菜提纯复壮及高产栽培技术研究、民族文化研究以及土家族民族服装服饰、心理健康问题等方面的研究项目 48 个，申报专利近 40 项，仅 SCI 发表论文 14 篇，在石柱相关企业中应用已开发完成产品 30 多个。三是以人才培养为重点，拓宽合作路径，培养创新型实践型人才。学校开创实施的师范生顶岗实习支教，先后派往石柱县支教学生达 300 多名；贯彻重庆市"以城带乡万名专业技术人才支农支教支医行动"部署，派往石柱县支教专业技术人员 36 名，其中副教授以上教育专家 2 名，在校研究生 34 名；学校派到石柱县各个部门和镇（乡）"顶岗实习支农"学生 60 余名。县校合作还为学校青年教师和学生提供了挂职锻炼机会、各种形式的教学实习以及创业实训平台。

3. 晴隆模式

（1）晴隆县简介。晴隆县位于云贵高原中段、贵州省西南部、黔西南州东北角，县境南北长 69 千米，东西宽 33 千米，海拔 543~2 025 米，辖区总面积 1 310 平方千米，辖 16 个乡镇（街道）、109 个村（社区）。晴隆县整个地形西高东低，南高北低，县境内最高点为与普安县交界处的地久五月朝天以北约 1 千米处，海拔 2 025 米，最低点为麻沙河与北盘江汇合处，海拔 543 米，海拔高差为 1 482 米，因受北盘江及其支流的切割，切深长达 500~700 米，形成深切割岩溶侵蚀山区。全县地形起伏大，具有"山高谷深坡陡"的特点。水文、土壤、植被具有复杂性，内部差异性明显。全县可分为低山侵蚀山地峡谷区、岩溶高原槽坝区、岩溶侵蚀高原区、岩溶侵蚀山地区、侵蚀山地河谷区 5 个不同地貌区。全县气候属亚热带湿润气候区，热量充沛，年平均日照数为 1 454~1 714 小时，常年平均气温为 14.0~14.7℃。雨量充沛，年平均降水量为 1 590.7 毫米左右，雨热同季，无霜期为 250~320 天，终年温暖湿润，冬无严寒，夏无酷暑。

（2）晴隆模式概述。晴隆县位于贵州省西南部，曾被称为中国最贫穷县份。2001 年，晴隆县被国务院扶贫办批准为种草养羊科技扶贫试点县。10 多年来，晴隆县充分利用全县丰富的草地资源，高原热带季风气候，开展了一系列科技扶贫工作，组织发动群众进行栽培优质牧草，放牧杂交肉羊，草地建设面积逐步扩大，生态植被得到恢复，推动生态畜牧业的发展，实现了生态和脱贫的双赢。晴隆县创造了从退耕还草，到集生态效益、社会效益和经济效益于一体的生态畜牧业"晴隆模式"。该模式主要通过带动草地畜牧业基地建设、滚动发展、集体转产、小额信贷发展、自我发展 5 种形式，建立了与农户利益联动、扶贫资金效益扩大、龙头企业为农服务、瞄准贫困群体等机制，走出了一条适合于西南地区农村的可持续增收之路，做到了农民增收与环境保护同步进行。"晴隆模式"产生的机制和演变过程如图 3-2 和图 3-3 所示。

（3）晴隆模式经验借鉴。张大全（2008）对农业科技扶贫晴隆模式进行过总结。

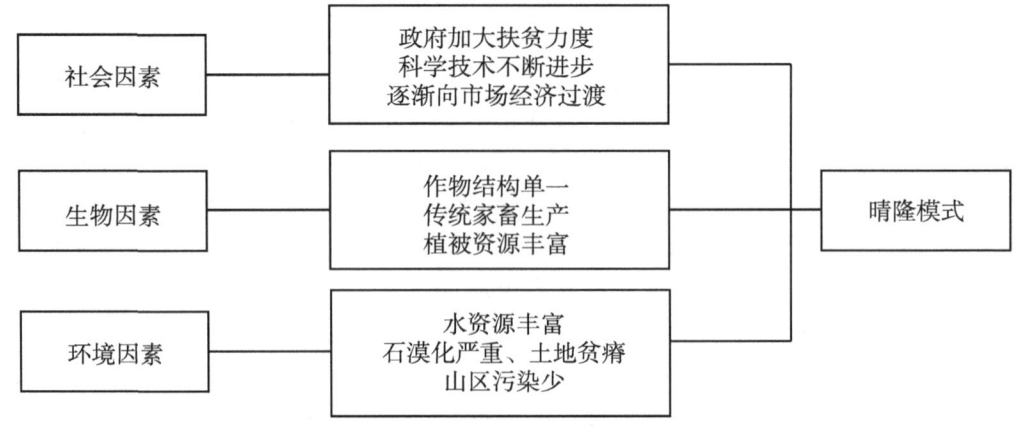

图 3-2 "晴隆模式"产生的机制

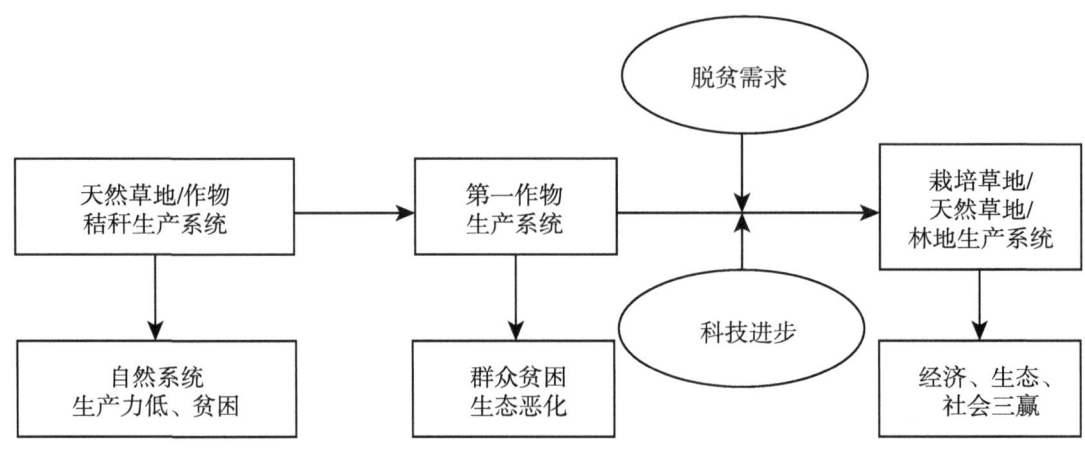

图 3-3 "晴隆模式"的演变过程

一是坚持科学发展观,扶贫开发与生态建设相结合,是喀斯特地区扶贫开发的根本出路。喀斯特地区可耕地少,质量差,生态脆弱,恢复和建设极为不易,由于传统农业生产结构下对资源开发利用不合理,陷入越垦越穷、越穷越垦的恶性循环,石漠化加剧,退耕则现有生存条件难以为继,加大垦殖则带来生态进一步恶化。二是依靠科技,开展产业化扶贫,是新形势下政府领导开发式扶贫的必然选择。市场经济条件下,商品是市场的主体。发展商品生产必须有质量、有市场才有效益。三是完善机制,各方共赢,是扶贫开发实现可持续发展的内在动力。晴隆县波尔山羊及优质杂交肉羊科技扶贫,在6年时间内之所以能完成从技术引进消化创新、多点标准示范基地建设、技术培训推广,到龙头企业发展壮大、优质品牌建立、产业化规模初步形成的演变,关键是合理建立了3种利益联结机制的驱动。四是整合资源,形成合力,是加快扶贫开发进程的重要手段。俗话说:"众人拾柴火焰高"。要开创新阶段扶贫开发工作的新局面,仅靠扶贫部门单打独斗和有限的扶贫资金是不行的,需要社会各方的大力支持和帮助。五是科学管理、强化监督是提高扶贫开发成效的根本措施。扶贫开发要见成效,管理是关键。

晴隆县科技扶贫管理工作，特别加强了责任目标管理。六是建设好技术体系是做大畜牧产业的保障。生态畜牧业既是扶贫项目，又要建立县域支柱产业，在完成项目内容的同时构建以农户养殖为基础的集群产业，建立完整的产业链，提供全面的技术服务和技术培训。抽调技术人员成立晴隆生态畜牧业开发有限公司，包村包户在第一线指导农户种草养畜，安排农户的配种公畜，负责防疫和其他技术服务。

第四章 四川省贫困地区现状分析

第一节 四川省集中连片贫困地区概述

一、四川省集中连片贫困地区范围

1. 全国连片特困地区

2011年，中共中央、国务院印发《中国农村扶贫开发纲要（2011—2020年）》（以下简称《开发纲要》），这成了2011—2020十年间我国农村扶贫开发工作的纲领性文件，对于进一步加快我国贫困地区发展，促进共同富裕，实现2020年全面建成小康社会奋斗目标具有重要意义。《开发纲要》明确了扶贫对象为在扶贫标准以下具备劳动能力的农村人口，提出要建立健全扶贫对象识别机制，做好建档立卡工作，实行动态管理。逐步提高国家扶贫标准。各省（自治区、直辖市）可根据当地实际制定高于国家扶贫标准的地区扶贫标准。按照突出重点、分类指导的原则，提出中央重点支持连片特困地区。加大对革命老区、民族地区、边疆地区扶持力度。根据不同地区经济社会发展水平，因地制宜制定扶贫政策，实行有差异的扶持措施。确定了六盘山区、秦巴山区、武陵山区、乌蒙山区、滇桂黔石漠化区、滇西边境山区、大兴安岭南麓山区、燕山—太行山区、吕梁山区、大别山区、罗霄山区等区域的连片特困地区和已明确实施特殊政策的西藏、四省藏区、新疆南疆三地州为我国脱贫攻坚主战场。

2018年，为贯彻习近平总书记的重要指示精神，国务院扶贫开发领导小组组织各地按照标准，确定"三区三州"和中西部地区169个深度贫困县为深度贫困地区，更为精准地明确了攻击点位，进一步确定了脱贫攻坚重点工作的区域。

2. 四川省集中连片贫困地区

根据《中国农村扶贫开发纲要（2011—2020年）》总体部署，结合四川省农村实际，四川省委省政府印发《四川省农村扶贫开发纲要（2011—2020年），提出加大对革命老区、民族地区、边远山区等贫困地区扶持力度，省上重点支持秦巴山区、乌蒙山区、大小凉山彝区、高原藏区四大连片特困地区（以下简称"四大片区"）。2012年2月27—28日，在省委扶贫开发工作会议上，四川省委省政府提出深入贯彻落实科学发展观，全面实施国家和省新10年农村扶贫开发纲要，把秦巴山区、乌蒙山区、大小凉山彝区和高原藏区等四大连片贫困地区作为主要战场（表4-1）。四川扶贫开发主战场（四大片区）的确定，拉开了新时期四川扶贫开发的序幕。四川省四大连片贫困地区共有贫困县88个，其中秦巴山区（川东北）34个、乌蒙山区（川南）12个、大小凉山彝区（攀西地区）11个、高原藏区（川西北）31个。其中大小凉山彝区、高原藏区及乐山市峨边县、马边县和金口河区为深度贫困地区。

表4-1　四川省集中连片贫困地区范围

名称	地理位置	所辖区县
秦巴山区	川东北	平武县、北川县、利州区、昭化区、朝天区、苍溪县、剑阁县、旺苍县、青川县、高坪区、嘉陵区、南部县、仪陇县、蓬安县、营山县、阆中市、广安区（包括前锋区）、邻水县、华蓥市、岳池县、武胜县、通川区、万源市、达川区、宣汉县、开江县、大竹县、渠县、巴州区（包括恩阳区）、通江县、南江县、平昌县
乌蒙山区	川南	合江县、古蔺县、叙永县、高县、筠连县、珙县、兴文县、屏山县、金口河区、沐川县、峨边县、马边县
大小凉山彝区	攀西地区	木里县、盐源县、普格县、布拖县、金阳县、昭觉县、喜德县、越西县、甘洛县、美姑县、雷波县
高原藏区	川西北	汶川县、理县、茂县、九寨沟县、松潘县、金川县、小金县、黑水县、马尔康县、壤塘县、阿坝县、若尔盖县、红原县、康定县、泸定县、丹巴县、九龙县、雅江县、道孚县、炉霍县、甘孜县、新龙县、德格县、白玉县、石渠县、色达县、理塘县、巴塘县、乡城县、稻城县、得荣县

二、四川省集中连片贫困地区基本情况

1. 总体情况

四川省四大连片贫困地区的辖区面积合计为36.7万平方千米，占全省的75.6%，其中，民族地区辖区面积为30.4万平方千米，占全省的62.6%。2015年末，常住人口2 882.9万人，占全省的35.4%，其中，贫困人口达263.3万人，占全省的69.2%，在片区外，还有"插花式"贫困人口117万人。"四大片区"的主要区域特征如下。

一是生态资源富集、生物多样性丰富、矿产资源丰富。有42个县为国家重点生态功能区，占连片贫困县的47.7%，在四川乃至全国担当着极为重要的生态服务功能，是全省建设长江上游生态屏障的主控区。

二是少数民族聚居区，文化多样性丰富。有少数民族县54个，占全部连片贫困县的61.4%，全省80%以上的少数民族地区为贫困区。不论从贫困人口数量还是从地域范围来看，"四大片区"基本涵盖了全省的少数民族地区，并拥有羌族文化、彝族文化、康巴藏族文化等极具四川特色的传统文化。

三是自然条件恶劣，自然灾害频发。"四大片区"常年伴有暴雨、洪涝、地震、泥石流、塌方、滑坡、雪崩等各类自然灾害，是全省乃至全国贫困程度最深的地区之一，也是扶贫难度最大的地区之一，其中，还包括汶川地震灾后恢复重建县16个。

四是人口分布极不均匀。据四川省统计局数据，秦巴山区人口密度高达282人/平方千米，是四川省的1.7倍；乌蒙山区人口密度是四川省的1.4倍；大小凉山彝区、高原藏区的人口密度均低于四川省平均水平，特别是高原藏区，属典型的地广人稀。

2. 深度贫困地区

中央层面确定的"三区三州"涉及四川省阿坝、甘孜和凉山3个藏区彝区民族自治州42个贫困县,作为国家级深度贫困县;为协调推进大小凉山彝区脱贫攻坚,四川省又将小凉山3个彝区贫困县作为省级深度贫困县。因此,四川全省共有深度贫困县45个:涵盖阿坝州(13个县)、甘孜州(18个县)全部,凉山州除安宁河流域"一市五县"以外的大部(11个县),以及乐山的金口河区、峨边县、马边县。其中,大小凉山彝区有13个县,高原藏区有32个县(表4-2)。总数占全省集中连片特困地区的51.1%。面积共计27.94万平方千米,占全省的57.5%。深度贫困地区还与全省民族地区有着高比例的重叠区域,45个深度贫困县中,属于民族地区的县(市)达到44个,所占比重为97.8%。四川深度贫困地区自然环境恶劣,地理区位边远,生产生活条件极其落后;地理屏障突出,基础设施建设滞后,要素聚集能力弱;人口总量较少,布局较为分散,城镇化水平低;综合实力较弱,地方财政自给能力差,发展水平较低;城乡差距较大,人均地区生产总值低,区域发展很不平衡;整体贫困问题突出,致贫因素交织,贫困治理难度极大;社会发育程度低,传统观念根深蒂固,贫困群众接受现代文明观念难;基本公共服务落后,人均受教育年限低,人口发展能力较低。

表4-2 四川深度贫困地区分布情况

片区/市(州)		县级市、县、区、自治县
高原藏区（32个）	阿坝州（13个）	理县、茂县、红原县、松潘县、金川县、小金县、黑水县、壤塘县、阿坝县、汶川县、九寨沟县、若尔盖县、马尔康市
	甘孜州（18个）	康定市、泸定县、丹巴县、九龙县、雅江县、道孚县、炉霍县、甘孜县、新龙县、德格县、白玉县、石渠县、色达县、理塘县、巴塘县、乡城县、稻城县、得荣县
	凉山州（1个）	木里藏族自治县
大小凉山彝区（13个）	乐山市（3个）	马边彝族自治县、金口河区、峨边彝族自治县
	凉山州（10个）	盐源县、普格县、布拖县、金阳县、昭觉县、喜德县、越西县、甘洛县、美姑县、雷波县

第二节 四川省集中连片贫困地区扶贫现状

一、四川集中连片贫困地区扶贫历程

2012—2020年,四川省布置10.7万名第一书记和驻村干部在脱贫攻坚主战场奋战。通过全省上下的艰苦努力,2020年四川脱贫攻坚战取得全面胜利,在2020年标准下625万农村贫困人口全部脱贫,88个贫困县全部摘帽,11 501个贫困村全部出列,区域性整体贫困得到解决,绝对贫困全面消除,书写四川战胜贫困、圆梦小康的壮丽篇章,在四川发展史上留下了浓墨重彩的一笔,具有重要里程碑意义。详情见表4-3。

表 4-3 四川集中连片贫困地区扶贫历程（2012—2020 年）

时间	扶贫历程
2012 年	四川省委省政府印发《四川省农村扶贫开发纲要（2011—2020 年）》后，省、市（州）、县瞄准集中连片贫困地区，特别是深度贫困地区，大力实施扶贫开发
2013 年 8 月	人力资源社会保障部与四川省政府在北京签署合作备忘录，明确以高原涉藏地区、秦巴山区、乌蒙山区、大小凉山彝区等"四大片区"为重点，共同推进四川贫困地区人力资源和社会保障事业更好更快发展
2014 年 3 月	省委组织部选派 50 名处级优秀年轻干部奔赴秦巴山区、乌蒙山区、大小凉山彝区、高原涉藏地区"四大片区"的 34 个县（市、区）挂职帮扶，助力当地扶贫攻坚，这是四川首次选派挂职干部帮扶"四大片区"。同年，彝家新寨建设在大小凉山推进的同时，首次扩容至大小凉山以外的甘孜州和泸州、雅安、攀枝花、宜宾市，总投入 2.31 亿元，包括住房、基础设施、环境、社会建设和产业发展，解决 2 172 户住房、1 155 人饮水问题
2015 年 5 月	省委组织部印发通知，决定向全省 11 501 个建档立卡贫困村全覆盖选派第一书记。同年 11 月，省委决定向每个建档立卡贫困村派 1 个帮扶单位、1 名联系领导、1 个驻村工作组、1 名第一书记，每户贫困户落实 1 名帮扶责任人，形成"五个一"帮扶力量
2016 年	省委办公厅、省政府办公厅印发关于四川省省内对口帮扶涉藏地区彝区贫困县的工作方案，确定省内经济比较发达的 7 个市、35 个县（市、区），分别结对帮扶涉藏地区、彝区 45 个县（市、区）。同年共举办国家、省级高研项目 36 期，人社部西部地区高层次人才援助项目 2 期。首次组织开展全省"四大片区"急需紧缺专业技术人才研修项目 8 个，共培训 801 人。21 个市（州）、30 个省直部门通过岗前培训、高研项目等培训高层次、急需紧缺和骨干专业技术人才 4 万名，大幅提升了专业技术人才队伍素质
2017 年	省委办公厅、省政府办公厅印发《关于加大脱贫攻坚力度支持革命老区开发建设的实施意见》，该意见提出，到 2020 年，老区贫困县全部摘帽、贫困村全部退出、农村贫困人口全部脱贫，解决区域性整体贫困，老区人民过上更加幸福美好的生活。11 月 7 日全省脱贫攻坚工作电视电话会议在成都召开，会议强调，要聚焦"两不愁三保障"，进一步明确责任、找准问题、迅速整改、狠抓落实
2018 年 8 月	四川省召开打赢脱贫攻坚战三年行动电视电话会议，对全省打赢脱贫攻坚战三年行动进行动员部署
2019 年	省委、省政府多次召开会议强调坚决攻克彝区、涉藏地区深度贫困堡垒。全省 2019 年度 75 个农村土地整治扶贫专项项目建设完工，标志着全省历时四年的农村土地整治扶贫专项正式收官，2016 年来，四川先后共安排省投农村土地整治扶贫专项项目 299 个，涉及 12 个市（州）52 个贫困县 1 261 个村，直接受益的贫困地区群众超过 153 万人
2020 年底	在以习近平同志为核心的党中央坚强领导下，在中央各部委、各兄弟省份和社会各界的大力支持下，通过全省各级党组织和广大党员干部的艰苦奋斗，全省 88 个贫困县摘帽、11 501 个贫困村退出、625 万建档立卡贫困人口脱贫，秦巴山区、乌蒙山区、大小凉山彝区、高原藏区人民摆脱了千年贫困，脱贫攻坚战取得全面胜利，补齐了全面小康最突出的短板

二、四川集中连片贫困地区扶贫现状

1. 大小凉山彝区

面积3.38万平方千米,占到四川省面积的6.95%,有深度贫困县11个,建档立卡贫困人口97万人。2013年底,贫困发生率是19.8%。2014年凉山州建档立卡贫困人口88.1万人、贫困村2072个。2015年8月省委、省政府决定在大小凉山彝区启动实施"一村一幼"幼教扶贫计划,开展以双语教育为主的学前教育。2017年,"一村一幼"计划扩展到全省民族自治地方51个县(市),实现了村级学前教育全覆盖。至2020年彻底化解了"入园难"问题,累计惠及55.6万余名农牧区儿童。2018年6月16日,省委办公厅、省政府办公厅印发《关于精准施策综合帮扶凉山州全面打赢脱贫攻坚战的意见》,从产业和就业、教育事业发展、医疗卫生事业发展等12个方面提出34条政策措施。2018年9月1日,凉山州布拖县冯家坪溜索改桥项目、金阳县对坪溜索改桥项目完工,这是四川最后三个溜索改桥项目中的两个,至此,全省77座"溜索改桥"全部完成,499个村的10多万名群众告别溜索出行。2019年12月31日凉山州布拖县阿布洛哈村峡谷摆渡车开通,这是中国最后一个打通对外通道的建制村,标志着凉山提前一年实现100%乡镇通油路、100%建制村通硬化路目标。2020年5月10日四川规模最大的易地扶贫搬迁安置点迎来首批住户。安置点位于昭觉县城附近的城北乡谷都村、普提村等村,安置来自全县28个乡镇、92个边远山村的3 900余户18 000余人。6月凉山州布拖县易地扶贫搬迁集中安置点住房建设任务完成,标志着四川全面完成"十三五"时期37.93万户、136.05万人的易地扶贫搬迁任务,实现了应搬尽搬。2020年11月16日省政府印发《关于批准普格县等7个县退出贫困县的通知》,批准凉山彝族自治州普格县、布拖县、金阳县、昭觉县、喜德县、越西县、美姑县7个国家级贫困县退出贫困县序列。至此,四川88个贫困县全面清零。

2. 高原藏区

以藏族文化为主,其次也有丰富的羌族文化。四省藏区在四川境内片区总面积25.01万平方千米,总人口209.27万人,少数民族人口占比74.56%。2013年四川片区区域生产总值2 685 243万元,农民人均年纯收入3 142元。2018年8月马尔康市、汶川县、理县、茂县、泸定县5个国家级贫困县退出贫困县序列。2019年5月汶马高速公路实现分段试通行,从而结束马尔康不通高速公路的历史,实现全省21个市(州)政府所在地全部通高速公路,同年12月,甘孜州雅江县木绒乡通乡硬化路路面铺筑全面完成,至此四川全面实现100%乡镇通硬化路。2020年2月省政府批准包括阿坝州壤塘、黑水、阿坝3县在内的31个县(市)退出贫困县。至此,阿坝州13个贫困县(市)全部脱贫摘帽,全州累计完成10.34万名贫困人口脱贫,606个贫困村退出。其中,建档立卡贫困人口的年人均纯收入,从2015年的2 625元增长到2019年的8 503元,年均增幅达34.2%。贫困人口减少到0.24万人,贫困发生率降至0.1%。

3. 秦巴山区

是全国14个集中连片贫困地区中贫困程度深、贫困人口多、贫困发生率高、脱贫任务重的地区之一,曾被称为全国除"三区三州"外的"贫中之贫""困中之困"。在四川境内总面积4.8万平方千米，总人口927.5万人，少数民族人口占比5.2%。据统计，2013年四川片区区域生产总值7 801 534万元，农民人均年纯收入不足3 800元。2014年8月，巴中完成808个工作组、2 602名干部派驻工作，32 568名党员干部结对帮扶贫困户，实现699个贫困村、14.9万贫困户全覆盖，通过调整实现贫困村第一书记全部到位。巴中还要求，驻村工作组组长脱产驻村每月13天、队员22天，3年不变，不脱贫不脱钩。达州组建828个工作组、下派干部3 247名；广安公职人员结对帮扶820个贫困村、结亲25万贫困户；广元1 072名干部下沉到739个贫困村，每年拿出4%绩效分值考核部门驻村工作，群众满意度低于80%的，取消派出单位相关评优；在秦巴山区，数万个驻村第一书记正成为群众的"主心骨"，带领大家脱贫致富奔小康。2015年，通江县方山坪村已从"穷山窝"变为"聚宝盆"，人均纯收入从4 300元增至6 700元，精准脱贫76人，吸引26人返乡创业。2016年，尚武镇寨梁村集体经济实现光伏发电收益近20万元、羊肚菌收入7万余元，如期甩掉了"贫困帽子"，65户196名贫困百姓顺利实现脱贫。2017年10月国家级贫困县南部县、广安市广安区和省定贫困县蓬安县、广安市前锋区、华蓥市退出贫困县序列；2018年8月北川羌族自治县、南充市嘉陵区、仪陇县、巴中市巴州区、4个国家级贫困县和广元市利州区、南充市高坪区、达州市通川区、巴中市恩阳区4个省定贫困县退出贫困县序列，自打响脱贫攻坚战以来，达州作为革命老区实现了从"贫困人口最多"向"脱贫人口最多"的转变，2019年贫困人口从71.6万人减至4.78万人，贫困发生率从13.16%降至0.88%。2020年2月省政府批准包括广元市剑阁县、旺苍县、苍溪县，达州市万源市、宣汉县，巴中市平昌县、通江县在内的31个县（市）退出贫困县。

4. 乌蒙山区

地处四川盆地边缘，自然条件差，基础设施落后。在四川境内片区总面积2.9万平方千米，总人口415.87万人，少数民族人口占比39.72%，少数民族人口以彝族人口占多数。在乌蒙山这片脱贫攻坚的战场上，四川共有13个县，分布在凉山、宜宾、乐山、泸州4个市（州），其中凉山州是全国最大的彝族聚居区，有9个彝区县纳入"三区三州"深度贫困地区，是乌蒙山片区中脱贫攻坚的重中之重。2013年区域生产总值3 356 571万元，农民人均年纯收入3 500元左右。乌蒙山（四川）片区2016年13个县实现减贫11万人，388个贫困村贫困发生率均低于3%，达到退出标准。2017年，四川省给乌蒙山片区9个贫困县安排了1 800万元返乡创业风险基金，助力当地"回引"能人，加快脱贫步伐。2013—2018年，乌蒙山片区建档立卡贫困人口从491万人减少到161万人，减少67.2%，贫困发生率从23.7%下降到7.7%，沐川县、合江县于2018年脱贫摘帽。2019年叙永县、古蔺县、马边县、屏山县、峨边县退出贫困县，2020年剩余几县全部退出贫困县。

三、四川集中连片贫困地区优势特色农业产业发展情况

1. 四川省产业扶贫背景

产业扶贫，是精准扶贫的有效途径。优势特色农业产业在四川省集中连片贫困地区经济和社会发展中的地位和作用举足轻重，部分贫困地区优势特色农业产业助农增收的

贡献率已超过了70%，是贫困地区农牧民世代经营并赖以生存发展的传统、基础产业，也是拓展贫困地区群众增收渠道的骨干产业。在贫困地区发展优势特色农业产业，是实现农牧民就地脱贫最为现实的选择。

（1）产业扶贫系列政策。四川省委省政府高度重视产业扶贫，2012—2020年连续出台多项措施发展优势特色农业产业。《四川省人民政府办公厅关于深入动员社会力量参与扶贫开发的实施意见》提出：坚持开发扶贫，用发展的思路和办法解决扶贫对象面临的民生难题，重点帮助发展产业、提高生产经营能力，增强"造血"功能，提高自我发展能力。通过资源开发、产业培育、市场开拓等多种形式到贫困地区投资兴业，发挥带动贫困地区发展的积极作用。四川省委2017年一号文件《关于以绿色发展理念引领农业供给侧结构性改革切实增强农业农村发展新动力的意见》提出：四川将围绕农业增效、农民增收、农村增绿，加快培育优势特色产业，推进农村一二三产业融合发展，加快以"四个好"为目标的幸福美丽新村建设，改善农业农村生产生活条件，全力推进脱贫攻坚，激发农村各类资源要素潜能，推动农业供给侧结构性改革取得新进展。《四川省打好农业产业扶贫三年攻坚战实施方案》提出坚持问题导向，扎实推进贫困地区农业产业发展，加快推动贫困地区农业转型升级发展，切实提升贫困户的可持续增收能力。

（2）产业扶贫目标任务。到2020年，贫困地区特色产业加快发展，建成一批特色农产品生产、加工和服务基地，初步建立贫困乡镇及贫困村特色农业产业体系，打造一批叫响全国的农产品品牌。新型经营主体带动能力明显提升，贫困地区特色农产品实现产销对接，造血功能明显增强，贫困群众发展生产脱贫的内生动力明显提升。依靠农业产业脱贫的52万左右建档立卡贫困人口全部脱贫。

（3）产业扶贫推进路径。四川省把产业扶贫作为精准扶贫的核心，采取"三步走"稳妥推进产业扶贫，加大产业培育扶持力度，因地制宜发展贫困人口参与度高的区域特色产业，通过发展生产实现稳定脱贫。通过发展区域特色产业，针对具体的村组、具体的农户，培育诸如粮油、畜牧、茶叶、药材、果蔬、林竹、水产等"一村一品"特色产业，大力发展贫困户有能力经营诸如种植、养殖、林下经济、特色生态旅游等产业项目，为脱贫攻坚提供产业支撑。《四川省产业扶贫专项方案》明确了产业扶贫任务举措，细化了目标、重点和要求，特别是对在产业扶贫规划、基础设施建设、科技推广运用、新型经营主体培育、一二三产业融合发展、全面深化改革和政策支持等都作出了具体的安排，"十三五"期间计划投入产业扶贫资金66.6亿元，惠及精准扶持建档立卡的168.48万贫困户、497.65万贫困人口。

（4）产业扶贫时序安排。《四川省产业扶贫专项方案》提出"三步走"推进产业扶贫。具体而言，第一步：到2015年底，每个有条件的贫困户掌握1~2项实用技术，至少参与1项种植、养殖、林下经济、特色业态旅游等增收项目；每个有条件的贫困县实施1项以上农业科技成果示范应用项目，形成1个特色产业；"四大片区"特色主导产业初步形成。第二步：到2017年，贫困地区农业基础设施条件明显改善，"四大片区"特色主导产业初具规模，农牧民增收支柱产业不断壮大。第三步：到2020年，初步形成"跨乡联县"特色支柱产业体系，产业现代化水平进一步提高，贫困地区产业助农增收人均增幅明显高于全省平均水平，实现贫困县农民人均纯收入比2010年翻一番以上，基本实现贫困地区农牧民脱贫致富奔小康。

（5）产业扶贫推进情况。从2015年来，四川围绕脱贫攻坚的目标任务，强化产业扶贫的科技支撑，深度开发了大小凉山彝区、高原藏区、秦巴山区、乌蒙山区"四大片区"的特色产业，大力发展了粮油、果蔬、茶叶、蚕桑、畜禽、中药材等产业。同时以农产品加工和产业链延伸为突破口，推动了一批科技型龙头、企业科研院所和大专院校在贫困地区落实帮扶项目，培育壮大特色产业。2016年，四川省级财政用于支持在贫困地区实施产业发展支撑、科技服务平台建设、科技人员服务激励等方面的科技扶贫资金大幅增长，投入资金1亿元。项目实施区域覆盖88个重点贫困县、200个科技扶贫示范村、3 000户贫困户。据统计2017年四川省已有300余家龙头企业，在贫困地区发展集科研、生产、销售为一体的科技主导型产业，巴中市通过龙头企业带动建成现代农业万亩示范区55个，阿坝州牦牛标准化养殖模式在高半山贫困地区推广，带动群众户均增收1.2万元以上。2018年四川国资委大力实施"国企入凉""国企康巴行动"，在"四大片区"投资建设能源、交通、旅游、医疗等项目56个、总投资1.2万亿元。2019年引进浙江、广东275家企业到四川省贫困地区投资兴业助贫，帮助销售四川贫困地区农产品21.46亿元。截至2020年底，四川省累计落地农业产业扶贫项目1.9万多个，每个脱贫县都建有现代农业园区、每个脱贫村都有集体经济。各地着力发展特色优势产业，不断扩大种养规模、提升产品品质、做长产业链条，发展动能日益强劲。

2. 四川省优势特色农业产业

（1）粮油产业。作为全国13个粮食主产省之一，四川是油菜籽生产大省，也是全国粮食与菜籽油消费大省。2015年，省农业厅、财政厅联合制定印发了《四川省调整完善农业三项补贴政策实施方案》，将农作物良种补贴（含花生和马铃薯良种补贴）、种粮农民直接补贴和农资综合补贴等"三项补贴"合并为"农业支持保护补贴"，明确补贴范围为主要粮食作物。截至2018年，全省粮食总产量698.74亿斤*、居全国第九位，油菜籽总产量58.5亿斤、居全国第一位。但总体而言四川省粮油产业存在五大短板：资源环境约束趋紧、耕地承载力下降；规模化程度不高、种粮（油）比较效益低；粮食产量增速放缓，且结构性矛盾突出，优质粮油和专用粮油品种少且产能不足；粮油产品精深加工薄弱，"川粮油"品牌不强；科技创新不足。到2018年，全省耕地有效灌溉面积、高标准农田面积，分别占全省耕地总面积的42%、30%。同一年，全省粮食适度规模经营692.5万亩，只占粮食播栽面积的7.3%。2020年四川省农业农村厅印发川粮油产业振兴工作推进方案，提出促进全省粮油产业绿色高质量发展，保障主要口粮和菜籽油等重要农产品有效供给。预计到2022年，全川粮食总产量稳定在700亿斤以上，油菜籽总产量63亿斤以上，继续保持全国第一油菜生产大省地位，并实现油橄榄年产量达到3万吨。

（2）蔬菜产业。2018年，四川省蔬菜种植面积1 989万亩，产量4 352万吨，居全国第五位。除满足本省消费外，常年外销蔬菜1 200多万吨，有效调剂了全国蔬菜市场供给。2018年，全省蔬菜产值突破2 000亿元，助农增收贡献率居全省第一产业首位，

---

* 斤为旧制，1斤=0.5千克，全书同。

在促进农民持续增收和助力脱贫攻坚方面发挥了重要作用。四川省莴笋、紫皮大蒜、芥菜、魔芋、黄花、羊肚菌、毛木耳、银耳等特色产品享誉全国。建成了以成都平原为核心，规模达1 000万亩，全国最大的冬春露地喜凉蔬菜基地。四川率先实现羊肚菌人工栽培，且羊肚菌生产面积全国第一。四川基本形成川西加工外销蔬菜、攀西喜温蔬菜、川南早春蔬菜、盆周山区高山蔬菜四大优势蔬菜区域，实现了蔬菜周年生产。冬春露地蔬菜具有与北方设施蔬菜不可比拟的优势。同时，水旱轮作的栽培模式，有效减轻了土壤中的病原菌和虫原量，有力保障了产品品质。农业农村部对四川蔬菜质量安全监测合格率长期保持在96%以上，居全国前列。作为"川菜之骨"，四川泡菜历史悠久，深受人们推崇和青睐。经过10多年的发展，已建成泡菜原料基地220万亩，培育了国家级龙头企业7家，产业从业人员超60万人。2018年，四川泡菜产量400万吨，产值340亿元，连续10年产量、产值双增，四川成为名副其实的全国第一泡菜产业大省。

（3）水果产业。四川水果产业发展品类丰富，热带、亚热带、温带水果都可以种；地势立体，平原、丘陵、山区都有水果种植。与此同时，气候多样，地势立体，实现不同品种熟期错位，同一品种在不同区域种植熟期也能不一样。经多年的努力，四川水果发展迅速，形成了以果树资源为基础，早熟、晚熟和优质为特色，多生态型区特色水果快速发展的产业格局，初步形成了具有特色的果树产区，建成了一大批独具特色的标准化、现代化水果基地。据统计，截至2018年四川省水果种植面积为1 164万亩，产量1 000万吨，产值850亿元。目前四川晚熟柑橘、猕猴桃、石榴、柠檬属于全国特色水果优势区域，但全省水果产地初加工率仅为60%，果后商品化损耗率高达20%～30%。精深加工诸如果酒、果醋等尚处于起步阶段。2020年5月，四川省委农村工作领导小组印发《川果产业振兴工作推进方案》，给出加快推进水果、蚕桑、核桃产业提档升级、高质量发展路径。预计到2022年，四川省水果种植总面积将达到1 200万亩，总产量1 200万吨，综合产值突破千亿元大关。2020年全国首批优势特色产业集群中，四川两处上榜，其中之一为四川晚熟柑橘产业集群。

（4）茶叶产业。四川是中国最早种茶、饮茶、售茶的地区之一，茶文化源远流长，距今已有3 000多年历史。四川是茶产业大省，茶产业特色优势突出。2017年，四川省以茶产业供给侧结构性改革为抓手，建基地、搞加工、打品牌、促融合、抓扶贫，川茶产业取得显著成效，全省茶叶面积500万亩、产量28万吨、产值210亿元、综合产值630亿元均居全国前三位；茶业经济综合实力跃居全国第二。建成了川西南名优绿茶产业带和川东北富硒茶产业带，以及宜宾川红工夫红茶集中生产区和犍为茉莉花茶集中生产区；打造了"天府龙芽"省级区域品牌和"峨眉山茶""宜宾早茶""蒙顶山茶""米仓山茶"等为代表的市级区域品牌。截至2018年，全省茶园面积561万亩，茶叶产量30.1万吨，实现毛茶产值242亿元，综合产值726亿元，产业综合实力位居全国第二。在精制川茶产业培训工作第三次专题推进会暨川茶产业工作推进会上，四川省确定了川茶产业发展目标：着力调优产业品种结构、茶产业结构、布局结构，着力推进建基地、创品牌、搞加工、促融合，构建现代茶产业体系，打造"千亿茶产业"，实现四川省由茶叶大省向茶叶强省跨越。到2022年，四川全省茶叶面积达到600万亩，产量35万吨，综合产值超过1 000亿元，同时，川茶产业综合实力居全国前两位，500万茶农人均茶叶收入达到5 000元以上。

（5）蚕桑产业。四川是世界蚕丝业发祥地之一，有5 000多年栽桑养蚕历史，素有"蚕丛古国"之称，也是蚕神嫘祖的故乡。作为"南方丝绸之路"起点、蜀锦的发源地，丝绸成为最具传统历史、最具文化内涵的名片。四川也一直是全国主要的传统蚕桑产区和优质茧丝生产基地。截至2018年桑园面积210万亩，养蚕215万张，蚕茧8.4万吨，占全国总量的12.6%，蚕茧产量居全国第二位，全省规模以上龙头企业达200多家。四川省"十三五"蚕桑麻育种攻关成效显著，一是品种选育取得新突破。7个蚕桑新品种通过国、省审定，3个苎麻品种通过省级认定，1个苎麻品种获国内品种权。二是技术研发和育种材料创制取得新成效。研发应用技术15项，其中6项技术为四川省农业主推技术。三是示范基地和园区建设取得新进展。在南充市嘉陵区、仪陇县，广安市武胜县、宜宾市高县、凉山州德昌县等新建科技成果示范基地10余个，CCTV-9《影响世界的中国植物》等7家媒体广泛报道。作为技术依托单位和进站专家，成立院士（专家、博士）工作站10个。武胜县基地被授予"中国蚕桑之乡"称号，宁南县蚕桑园区获批省五星级农业园区。通过加强基地（园区）建设，四川省茧丝质量跃居全国最高水平，成为全国最大的优质蚕茧、高品位生丝原料基地。

（6）畜禽产业。四川是全国牛羊生产大省，牛存栏长期保持全国第一位、羊存出栏均居全国第六位；也是兔蜂禽生产大省，兔和蜜蜂养殖量全国第一，禽蛋产量全国第7；还是全国五大牧区之一，现有草原面积3.13亿亩，占全省面积的43%。据测算，全省牛、羊、禽、兔、蜂、饲料、饲草全产业链市场价值约3 780亿元。四川是国内畜禽遗传资源大省，截至2019年，国家认定的四川畜禽品种达64个，其中地方品种54个，占全国的9.9%，培育品种10个；全省列入省级以上保护名录的地方畜禽遗传资源有38个，占全省地方品种的76%；全省现有省级以上保护场（区）35个，建有省级畜禽遗传资源基因库1个。省委农村工作领导小组印发《川牛羊（畜禽饲草）产业振兴工作推进方案》提出，四川将推动牛、羊、禽、兔、蜂、饲草生产体系、加工体系、经营体系不断升级，通过3年努力，全面提升全产业链综合生产能力、重大动物疫病防控能力、可持续发展能力，实现高质量发展。到2022年，全省牛羊（畜禽饲草）全链条产值力争达到3 900亿元。2020年全国首批优势特色产业集群中，四川两处上榜，其中之一为四川川猪产业集群。

（7）中药材产业。四川省中药资源优势显著，中药资源蕴藏量全国第一，道地药材品种数量全国第一。四川省中药材产业态势良好。2017年全省人工种植中药材面积约637万亩，其中三木药材及林下种植药材331万亩。单品种种植面积上万亩的有53种，川芎、川贝母、川麦冬、川白芷等道地药材的人工种植面积居全国第一。中药材年产量102万吨，年总产值达173亿元，其中产值超过千万元的品种31种。中药材出口日本、韩国等21个国家以及中国香港地区，金额达2.67亿元。2018年，四川省中医药管理局会同财政厅编制了《促进四川中医药产业发展三年行动方案（2018—2020年）》，安排中医药产业发展专项资金5 000万元用于支持中医药产业发展。其中在13个贫困县安排资金955万元，实施了11个"标准化中药材种植（养殖）区域发展"项目，采取"中药企业+种植大户+农户""中药企业+专业合作社+农户"的利益联结机制,推动企业到贫困县建立"中药材产业扶贫示范基地"。2019 年,落实省政府办公厅印发的《开展"三个一批"建设推动中医药产业高质量发展的意见》,推进"三个一批"重点项目建设,首批确定立项重点中药材种植基地 24 个,其中 12 个基地在贫困地区实施。2020 年,开展"中药材产业扶贫基地""定制药园"申报认定工作,最终在贫困地区认定了"10 个中药材产业扶贫基地""10 个定制药园"。2019 年,全省培育 4 个中药材种植基地(彭州川芎基地,中江县丹参+白芍基地,三台县麦冬基地,南部县白及基地)作为省级现代农业园区,每个种植基地补贴省级财政资金 1 000 万元。2020 年,巴中市巴州区枳壳农业园区被认定为省三星级现代农业园区,中江县中药材现代农业园区晋升为省四星级园区。按照《川药产业振兴工作推进方案(2019—2022 年)》和《2020 年川药产业振兴工作要点》,实施"科技能力提升、规范化基地建设、产业化水平提升、品牌市场培育、中医药大健康产业发展"五大工程,不断提升贫困地区中药材质量效益和产业竞争力,加快由中药材资源大省向中医药产业强省转变。

3. 四大片区优势特色农业产业

近年来,四川打破产业与行政区划限制,依据区域特色,以现代农业园区为载体,推进"园区+城市""园区+新村""园区+基地"等模式,力争用 5 年时间建成国家级园区 30 个、省级园区 175 个、市级园区 300 个、县级园区 500 个,基本形成产业特色鲜明、加工水平高、产业链条完善、设施装备先进、生产方式绿色、品牌影响力大、辐射带动有力的省、市、县三级农业园区体系。针对贫困地区,充分发挥产业扶贫规划的示范引领带动作用,指导各地发展优势特色产业,先后制定出台了《四川省"十三五"产业(农业)精准扶贫规划》和《四川省深度贫困地区农业产业扶贫规划(2018—2020 年)》。在大小凉山彝区重点发展特色水果、烟叶、马铃薯等特色产业;在高原藏区重点发展高山蔬菜、牦牛、藏药等;在乌蒙山区重点发展热带水果、蚕桑、特色养殖等;在秦巴山区重点发展茶叶、道地药材、特色干果等。截至 2019 年底,彝区特色杂粮,藏区优质畜牧,以及长江上游柑橘、龙门山脉猕猴桃、乌蒙山区川南优势早茶等产业集群初步建立。

(1)秦巴山区优势特色农业产业。秦巴山区资源丰富,优势农业产业较多,主要发展粮油、蔬菜、水果、中药材、花卉、花椒、干果、茶、蚕桑、生猪、肉牛羊等产业类型。苍溪猕猴桃、宣汉蜀宣花牛、安岳柠檬、通江银耳、渠县黄花等优势特色产业享誉国内外(表 4-4)。下面以 4 个区县为例。

苍溪县:1986 年,苍溪县猕猴桃技术人员在当地山上发现世界第一株红心猕猴桃,其后成功选育出世界上首个红心猕猴桃新品种——红阳。目前以发展壮大"苍溪红心猕猴桃""苍溪梨"等特色品牌为主攻方向,以现代农业园区为载体,以"互联网+农业"为手段,大力发展苍溪特色产业基地和现代粮经作物基地,大力发展特色养殖、规模养殖,推动乡村旅游业态多元化发展,提高农业生产经营效益,拓展贫困农户增收渠道。

宣汉县:通过"全县一盘棋"的产业扶贫,进一步调优结构,以种养大户、专业合作社、家庭农场、龙头企业等新型农业经营主体引导贫困群众走合作开发的路子,对本地特色资源进行规模整合,做大做强牛、果、药、茶、菌等特色优势产业。依托"宣品天下"公共品牌,打造川驰牛肉、汉玺牛肉、樊哙腊肉、黄金木耳、老君香菇、地道中药材、九顶茶、绿源春茶等一批区域品牌，不断提高贫困地区特色优势农产品的影响力、竞争力。

广安区：紧紧围绕农民持续稳定增收核心目标，以推进农业基础设施建设为重点，加快建设现代农业产业体系，形成一村一品、一户一业的发展格局，推进特色产业基地建设，助力农民增收脱贫。在全区整体推进种植业的基础上，重点发展水稻、玉米、油菜等作物，大力推进优质花椒、柠檬、蔬菜和龙安柚基地建设。

仪陇县：通过特色种植业基地、健康畜牧业基地、名特农产品加工业基地、乡村旅游业基地、优势工业基地的建设，进一步将新农村建设和现代农业产业基地建设相结合。在贫困村重点发展优质粮油、蔬菜、柑橘、中药材、桑、畜牧等产业。

表4-4 秦巴山区优势特色农业产业

序号	区县	优势特色产业	序号	区县	优势特色产业
1	平武县	绿茶、中药材	17	广安区	粮油、生猪，柠檬，花椒
2	北川县	羌药材、茶叶、蔬菜、水果、魔芋	18	邻水县	果蔬、畜牧、中药材
3	利州区	养殖、果蔬、中药材、油料和花卉	19	华蓥市	葡萄、蜜梨、花卉、油樟
4	昭化区	生猪、肉羊、猕猴桃、中药材	20	岳池县	蔬菜、藤椒、中药材、柑橘
5	朝天区	核桃、蔬菜、畜牧、食用菌、蚕桑	21	武胜县	柑橘、蚕桑
6	苍溪县	猕猴桃、雪梨、中药材	22	通川区	青脆李、水稻
7	剑阁县	粮油、畜禽、核桃、中药材	23	万源市	蔬菜、茶叶
8	旺苍县	茶叶、优质核桃、道地药材	24	达川区	青花椒、甜橙、蜜柚
9	青川县	天麻、食用菌、茶、肉牛羊	25	宣汉县	牛、中药材、果蔬、茶叶、食用菌
10	高坪区	粮油、生猪、柑橘、花椒、蔬菜	26	开江县	油橄榄、生猪、蔬菜
11	嘉陵区	柑橘（柠檬）、油料、桑业	27	大竹县	粮油、畜禽、蔬菜、水果
12	南部县	粮油、蚕桑、柑橘	28	渠县	粮油、黄花、中药材、花椒
13	仪陇县	粮油、生猪、柑橘、蚕桑、蔬菜	29	巴州区	中药材、蔬菜、粮油、畜禽
14	蓬安县	猪、水果、蚕桑	30	通江县	中药材、银耳
15	营山县	黑山羊、中药材、生猪、果蔬	31	南江县	黄羊、金银花、核桃、茶叶
16	阆中市	生姜、中药材、水果	32	平昌县	茶叶、花椒

（2）乌蒙山区优势特色农业产业。乌蒙山区自然环境恶劣、生态脆弱。优势特色农业产业主要包括茶、蔬菜、竹笋、蚕桑、中药材、猕猴桃、畜牧业和冷水鱼等（表4-5）。以2个区县为例。

古蔺县：集国家重点生态功能区、革命老区、边远山区和贫困地区为一体，城乡发展不平衡、农村发展不充分问题突出，农业现代化水平亟须提高。古蔺"4+5+N"农业特色产业发展起步早、环境好、科技水平高，成了区域农民增收致富的支柱产业，不仅县域产业优势突出，而且辐射带动能力强。以古蔺甜橙、猕猴桃、肉牛、丫杈猪"四大农业特色产业"和山地烤烟、绿色高粱、道地中药材、乌蒙绿茶、高山土鸡"五大传统优势产业"为主导的古蔺县现代农业产业园的建设将显著提升产业水平、创新管理机制、优化产业园营商环境，促进土地、资本、科技、人才、信息等现代要素入园集聚，促进农业向多功能、多业态、多空间延伸，推动传统农业向现代农业发展，提高农业生产能力和农业机械化水平，降低农业生产成本，提高农业综合效益，为农民工、大学生等群体返乡下乡创新创业搭建新平台，有效解决农村空心化、城乡发展不平衡、农村发展不充分等突出问题，为农民增收、农业增效、农村富裕提供持续动能，推动形成以古蔺为中心、辐射乌蒙地区的种养一体新格局

马边县：将农业产业结构优化、农产品品质提升作为抓手，大力发展茶叶、林竹、青梅、猕猴桃、畜禽、冷水鱼等优势特色产业，基地规模不断扩大。全县茶园面积达到22.5万亩，鲜叶总产量5.04万吨；成片或散生竹林面积达148.17万亩，笋用竹林80.74万亩；青梅产业焕发新的生机，不断引进新品种和实施标准化基地建设，面积已接近5万亩；在下溪镇、三河口乡等海拔适宜区发展优质猕猴桃基地近1万亩；引进龙头企业发展冷水鱼繁育和养殖，年销售冷水鱼鱼苗100万尾，养殖大鲵5万余尾；畜禽养殖在总量保持稳定的基础上，养殖结构不断优化，良种率和草食家畜比重不断提升。2017年，肉类总产量为14 934吨，年出栏肉猪为15.48万头，出栏肉用牛16.59万头；出栏肉用羊8.49万只，出栏家禽52.16万只。肉牛、肉羊良种率分别达到65%和85%。

表4-5 乌蒙山区优势特色农业产业

序号	区县	优势特色产业	序号	区县	优势特色产业
1	合江县	水稻、水果、蔬菜	7	兴文县	烤烟、蚕桑、水稻、猕猴桃、茶叶
2	古蔺县	甜橙、猕猴桃、肉牛、丫杈猪	8	屏山县	茶叶、白魔芋、竹笋
3	叙永县	竹笋、柑橘	9	金口河区	中药材、高山蔬菜、老鹰茶、核桃
4	高县	茶叶、蚕桑、竹笋、畜养	10	沐川县	茶叶、猕猴桃、养殖、大鲵
5	筠连县	肉牛、茶叶、生漆、中药材	11	峨边县	桃李、蔬菜、中药材
6	珙县	竹笋、蚕桑	12	马边县	茶叶、猕猴桃、青梅、畜禽、冷水鱼

(3) 大小凉山彝区特色农业产业。凉山属亚热带季风气候，草牧资源丰富，草牧业发展历史悠久，是全省三大牧区之一，拥有可利用天然草原 2 980 万亩、占面积的 32.9%，草地 13 类、天然草原植物 155 科、地方草食畜品种 15 个。大小凉山彝区优势特色农业产业主要包括核桃、花椒（青花椒）、蔬菜、水果（苹果、脐橙）和畜牧等（表 4-6）。以下面 2 个县为例。

金阳县：在提升粮食生产能力的基础上，以推进产业结构调整和内部优化为主线，不断优化高山、二半山、河谷地带"三带"经济布局，实现"三棵树"应栽尽栽，创新推广"春薯秋菜"种植模式，不断改变高寒山区传统耕种方式，初步形成了优质花椒、优质核桃、绿色华山松、生态马铃薯、优质生猪、绿色蔬菜、特色乌洋芋、特色魔芋、热带特色水果、特色养殖等特色产业协同发展的局面。2018 年，发展青（红）花椒 103.57 万亩，总产量 1.095 5 万吨；发展核桃 76.06 万亩，总产量 3.48 万吨；发展马铃薯 15.9 万亩，总产量 22.5 万吨；发展特色魔芋 7.3 万亩，总产量 3.2 万吨；发展高山蔬菜基地 6.5 万亩，总产量 13 万吨。年出栏肉羊 15.673 9 万只、生猪 12.993 9 万头、家禽 45.997 3 万只、肉牛 1.004 9 万头。

甘洛县：通过创新机制、培植典型、示范引导，实现了农业的稳定发展。2016 年甘洛县农林牧渔副总产值达 10.98 亿元，农作物播种总面积 49.6 万亩，其中粮食作物播种面积 34.47 万亩，包括马铃薯 10.08 万亩，黑苦荞 1.32 万亩；经济作物面积 3.3 万亩，包括蔬菜 2.17 万亩，水果 6 050 亩，中药材标准化生产基地 1 600 亩；甘洛县现有核桃 48 万亩，多为近几年种植的实生苗。全年出栏生猪 17.5 万头，出栏牛 1.37 万头，出栏羊 10.83 万只，出栏家禽 26.82 万只。

表 4-6 大小凉山彝区优势特色农业产业

序号	区县	优势特色产业	序号	区县	优势特色产业
1	木里县	蔬菜、食用菌、畜牧	7	喜德县	玉米、荞麦、马铃薯、水稻
2	盐源县	苹果、核桃、花椒	8	越西县	苹果、蔬菜、核桃、贡椒
3	普格县	辣椒、鸡、绿豆	9	甘洛县	核桃、黑苦荞、马铃薯、烤烟
4	布拖县	青花椒、畜牧、中药材	10	美姑县	黑苦荞、花椒
5	金阳县	青花椒、核桃、华山松	11	雷波县	脐橙、核桃、花椒、蔬菜、茶叶
6	昭觉县	核桃、花椒、马铃薯			

(4) 四川高原藏区特色农业产业。四川高原藏区因其独特的地理环境，畜产品是最重要的优势产品之一，四川西北藏区是我国五大牧区之一，可利用草原面积达 1 220 万公顷，占全区的 52%，占全省可利用草场面积的 78%。高原藏区优势特色农业产业主要包括牦牛、藏香猪、高山蔬菜、中药材、食用菌、虫草、水果等（表 4-7）。以下面 2 个县为例。

九龙县：近年来，九龙县农牧业生产稳步发展，农村经济运行良好。特色生态农牧业发展成效显著，重点培育了玉米、马铃薯、小麦、油菜、绿色蔬菜、特色水果、中药材、高原生态茶叶八大现代特色农业产业基地，建设特色农业产业基地4.15万亩。以园区创建和基地建设为重点，打造牦牛、茶叶、花椒、生猪、毛驴、中藏药产业。目前全县养殖牦牛7万余头，种植茶叶5 700亩，建成花椒基地3.63万亩，培育毛驴1 800头，年出栏生猪3万头以上，种植汉藏药材3 400亩。

金川县：处于高山草地和高原阔谷的过渡带，是典型的半农半牧区。县域西北部海拔较高，山势平缓水草丰茂，是天然草场畜牧区，东南部以高山峡谷为主，河谷两岸的冲积阶梯状台地和半山缓坡相对宜耕，为主要农作物种植区，而由河谷向山原过渡的二半山和高半山区域，则呈现农牧交错，亦农亦牧的混合农业形态。2019年，全年农作物播种面积10.41万亩。全县粮食种植面积8.84万亩，粮食总产量2.25万吨，其中小麦种植面积1.22万亩，产量2 178吨；玉米种植面积4.20万亩，产量13 099吨。蔬菜种植面积1.30万亩，产量42 918吨。果园面积3.77万亩，水果产量2.03万吨；药材种植面积0.06万亩，产量160吨。牲畜饲养量52.68万余混合头（只），年末牲畜存栏14.87万余混合头。全年牲畜总增率50%，肉类产量5 990吨，奶产量5 258吨。各类牲畜出栏20.05万余混合头，其中生猪出栏5.9万余头；牛出栏1.4万余头；羊出栏1.1万余只；全年鸡出栏11.5万余羽。畜牧业已成为富县裕民的支柱产业，真正挑起了农牧民增收的大梁。为推动金川现代农业高质量发展，优化全县农业产业结构，围绕"雪梨、蔬菜、酿酒葡萄、中药材、畜牧、林下、小水果"等特色产业，在梳理评价金川农业产业发展现状和潜力后，县委县政府提出规划建设以雪梨、蔬菜、樱桃、花椒、牦牛、中药材、草莓为主导的7个现代农业园区。

表4-7 四川高原藏区优势特色农业产业

序号	区县	优势特色产业	序号	区县	优势特色产业
1	汶川县	甜樱桃、青红脆李	17	九龙县	虫草、松茸，花椒、茶、牦牛
2	理县	大白菜、李子、甜樱桃	18	雅江县	蔬菜、水果、中药材、食用菌
3	茂县	羌脆李、甜樱桃、番茄、莴笋	19	道孚县	青稞、油菜、中药材
4	九寨沟县	水果、中药材、藏香猪、牦牛	20	炉霍县	藏香猪、牦牛、生态蜜蜂
5	松潘县	莴笋、大白菜，牦牛、藏香猪	21	甘孜县	青稞、马铃薯、油菜、牦牛
6	金川县	雪梨、中药材、牦牛、蔬菜	22	新龙县	马铃薯、黑青稞、木耳、牦牛
7	小金县	苹果、葡萄、马铃薯、蔬菜、甜樱桃	23	德格县	牦牛、藏香猪、木耳
8	黑水县	果蔬、藏香猪、中药材、阿坝蜂	24	白玉县	黑山羊、菊花

（续表）

序号	区县	优势特色产业	序号	区县	优势特色产业
9	马尔康县	果蔬、中药材、牦牛、藏香猪	25	石渠县	大黄、牦牛
10	壤塘县	木耳、蔬菜、油菜、跑山鸡、藏香猪	26	色达县	藏香猪、牦牛、青稞、中药材
11	阿坝县	青稞、中药材、牛羊	27	理塘县	牦牛、黄芪、紫皮洋芋
12	若尔盖县	大黄、油菜、藏绵羊	28	巴塘县	果蔬、核桃、中药材
13	红原县	牦牛、藏绵羊	29	乡城县	藏香猪、苹果、葡萄、黄桃
14	康定县	小杂水果、食用菌、中药材	30	稻城县	藏香猪、藏香鸡
15	泸定县	樱桃、核桃、花椒	31	得荣县	藜麦，树椒
16	丹巴县	苹果、花椒、中药材			

四、四川集中连片贫困地区农业科技扶贫现状

1. 科技扶贫模式

（1）产业推动。四川集中连片贫困地区育成农畜新品种300余个，实施科技扶贫产业示范项目953个，转化应用新品种、新技术1 000余项，茶叶、蔬菜、猕猴桃、核桃、食用菌等一大批科技项目展现出强劲的脱贫带动力，直接带动4.8万名贫困人口脱贫，辐射带动24万贫困农民人均增收1 000元以上，"造血式"扶贫加速推进。

2018年，四川省委、省政府出台《关于加快构建"5+1"现代产业体系推动工业高质量发展的意见》，将农产品加工业纳入"5+1"产业体系统筹推进，重点发展粮油加工、肉制品加工、饮料制造、调味品制造、果蔬加工、精制茶加工、乳制品制造等领域。实施农产品产地初加工惠民工程，农产品产地初加工补助政策实现贫困地区全覆盖，支持农业企业、农民专合社、家庭农场等与贫困户共建共享农产品产地初加工设施，推动农产品初加工设施建设进产业基地、进农业园区。2016—2019年，累计在161个有扶贫任务的县新建农产品初加工设施3 400座。持续推进农产品品牌建设，2017年以来每年安排专项资金1 000万元用于"川字号"农业品牌培育，推进农业品牌建设"五大工程"，已累计培育农产品区域公用品牌212个，优质品牌农产品816个，"川字号"农产品市场竞争力和影响力显著提升。

财政厅坚决贯彻省委、省政府决策部署，将现代农业"10+3"产业体系建设作为财政保障全省农业发展的重要抓手。2020年，从中央和省级相关涉农项目中统筹安排了145亿元支持现代农业"10+3"产业体系建设，并调整支持方式，安排2.7亿元重点支持民族地区现代农业"10+3"产业中的"川牛羊"发展，统筹用于省级现代农业园区培育、产业提质增效绿色发展、牧区良种补贴等方面，壮大四川省草牧业发展规模。为擦亮四川农业大省"金字招牌"提供坚强财力支撑。

(2) 企业带动。着力发挥企业示范带动作用，组织新希望集团、通威集团、铁骑力士集团等200余家省内外知名企业参与科技扶贫，到贫困地区建基地、搞加工、创品牌、带农户，建设科技扶贫产业示范基地171个。建立完善了"企业+科技+基地+专合组织+农户"等模式，推进企业成为成果转化应用的主体，带动贫困村、贫困户共同发展。

(3) 院（校）地联动。推动四川大学、西南民族大学、四川农业大学、四川省农业科学院、四川省畜牧科学研究院等100余家科研机构与贫困县建立院（校）地合作关系，在全省有扶贫任务的县（市、区）组建科技特派员服务团161个，选派科技特派员3 016人、"三区"科技人员2 250人次，实现了科技特派员服务与创业县域全覆盖、贫困村全覆盖。

(4) 销售推动。2017年以来，贯彻落实省政府办公厅《关于加强农产品品牌建设的意见》精神，通过实施现代农业发展工程、农业改革科技创新示范奖补等项目，支持企业开展宣传推广、营销推介、电子商务。推进"互联网+"智慧型农业运用，利用"线上、线下"两个渠道，"国际、国内"两个市场做强产品营销。利用现代技术创建营销新模式、新渠道。支持发展云端直播模式，实现大流量的关注，促进产品的推广与销售。鼓励引导企业把"引进来"和"走出去"更好地结合起来，优化开放结构，提高开放质量，完善内外联动，互利共赢、多元平衡，在"双循环"发展格局下形成竞争的新优势。

(5) 在线互动。建成"四川科技扶贫在线"平台，建立专家队伍1.9万人、信息员队伍5.7万人，建成省市县三级运管中心104个，实现88个重点贫困县所有贫困村全覆盖。在线平台不受专业和行政区划限制，真正做到了服务无盲区，农户通过手机App图文式在线提问，农业技术专家在线解答指导，实现了技术需求的有效对接。截至2020年5月，在线平台网站访问量达2 479万余次，专家服务44万余次，深受贫困地区基层农户和科技人员欢迎。央视《焦点访谈》对"四川科技扶贫在线"平台进行了报道，科技部对该项工作给予充分肯定。

(6) 创业拉动。制定出台了《四川省激励科技人员创新创业十六条政策》，还有《四川省科学技术厅关于深入推进激励农业科技人员创新创业改革试点的通知》，另外还有《四川省科学技术厅等6部门关于扩大高校和科研院所科研自主权的若干政策措施》等系列政策，重点支持返乡农民工、自主创业大学生、技术能人等创新创业，将创业理念、创业资本、创业模式移植到贫困地区。通过政策激励，全省5 000余名农业科技人员参与改革试点，创办企业实体有100余家，有偿转让成果150余项，创新创业活力有效进行了释放。大力推广"贫困户+园区+业主""贫困户+基地+龙头企业""贫困户+合作社"等产业扶贫组织方式。2020年还专门印发《四川省建立和完善新型农业经营主体带动贫困户持续稳定增收利益联结机制工作指南》《建立和完善凉山州未摘帽县新型农业经营主体带动贫困户持续稳定增收利益联结机制工作指南》。截至2020年8月，通过就业带动、保底分红+浮动、股份合作等形式将贫困户与农业经营主体精准捆绑，全省88个贫困县的10.5万家农业经营主体带动240余万贫困人口合理分享全产业链增值收益。

四川省科技扶贫模式详见图 4-1。

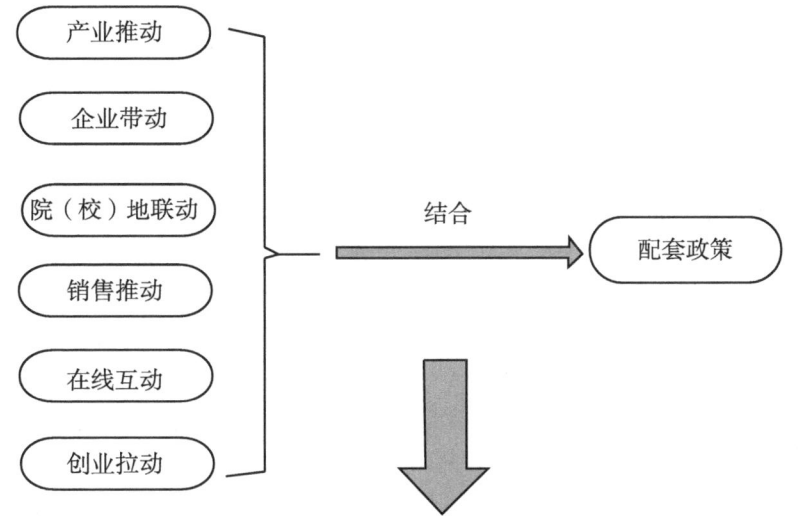

图 4-1　四川科技扶贫模式

2. 科技扶贫系列配套政策

一是调整结构建基地。加快推进贫困地区高标准农田和高标准农田绿色示范区建设，通过耕地保护与质量提升、测土配方施肥、畜禽粪污综合利用等措施，不断提升耕地质量，夯实粮油产业发展基础。向符合条件的贫困地区优先安排标准化规模化养殖场、养殖池塘标准化改造、设施农业等项目，改善水电路、粪污处理、防疫、质量检测等基础设施，夯实特色种养殖业发展基础。加大贫困地区农机购置补贴政策扶持力度，大力推广符合贫困地区使用特点的农业机械，加快推进农机化生产道路和提灌站建设，大力发展智慧灌溉、智慧防控、智慧监测，不断提升农机智能化水平。2016—2019 年，累计在 161 个有扶贫任务的县新建或改造特色产业基地 1 100 万亩，新建高标准农田 1 004 万亩，新建或改造各级标准化养殖场 2 092 个，新建或改造机电提灌站 5 907 个。

二是建立省级贫困村产业扶持基金。在全国率先创新设立贫困村产业扶持基金，用于支持建档立卡贫困户或贫困村集体经济组织发展产业。截至 2019 年底，全省贫困村产业扶持基金规模达到 67.8 亿元，累计向贫困户借款 20.7 亿元帮助 44.1 万户贫困户自主发展产业，贫困村累计使用 34.5 亿元发展村集体经济，惠及 80.9 万户贫困户。针对贫困村产业扶持基金管理和使用中存在的问题，于 2019 年印发《关于进一步管好用好贫困村产业扶持基金的通知》，2020 年印发《四川省加强贫困村产业扶持基金管理工作指南》和《加强凉山州未摘帽县贫困村产业扶持基金管理工作指南》，进一步规范基金的管理和使用。

三是建立乡村振兴农业产业发展贷款风险补偿金制度。2018年，为解决新型农业经营主体贷款难、贷款贵问题，四川省科技厅联合财政厅、中国人民银行成都分行印发《建立乡村振兴农业产业发展贷款风险补偿金制度的实施意见》。鼓励市县建立乡村振兴农业产业发展贷款风险补偿金制度，通过"政银""政银担"等合作方式实现参与各方实质风险，引导金融资本投入农业农村，解决农业产业发展融资难、融资贵问题。省级财政每年按照市县实际到位风险补偿金的规模给予35%的财政补贴，每年度单个市不超过2 000万元，单个县不超过1 000万元。在各家银行的大力支持下，截至2018年7月底，全省建立的20亿元风险补偿金已经累计撬动147亿元银行贷款，放大倍数超过7倍。

四是建立健全农业保险制度。四川省作为全国首批试点农业保险的6个省（区）之一，按照"政府引导、市场运作"原则，不断加大政策支持力度、丰富保险品种、强化规范管理，强力推动农业保险高质量发展。首先，按照"中央保大宗、地方保特色"的总体部署，四川省稳步增加中央财政补贴大宗保险品种，从试点之初的3个增加到目前的13个，基本覆盖了四川省关系国计民生和粮食安全大宗农作物和畜牧产品；省级财政通过保费补贴奖励，鼓励各地开展地方特色产业发展种养殖业保险，截至目前，四川省常年开设的特色农业保险品种近70个。其次，在持续推进农业自然灾害保险的同时逐步试点价格保险，四川省自2014年起选择生猪价格指数保险作为试点品种探索开展价格保险，省级财政给予30%保费补贴，市县财政补贴20%，农户自缴50%。2017年又在藏区探索开展了牦牛和藏系羊价格保险，由省级和州县财政给予80%的保费补助，投保养殖户自缴20%。价格指数保险的开展，有效分散了市场风险，降低广大种养殖户因价格波动造成的损失、稳定收入预期，进而有利于保证农产品生产稳定、市场供应均衡。

3. 科技扶贫主要成效

（1）产业推动成效显著。四川产业扶贫成效十分显著。四川全省161个扶贫任务县有效期内"三品一标"产品4 658个，建设绿色食品原料标准化基地779万亩；88个贫困县有效期内"三品一标"产品1 304个，建设绿色食品原料标准化基地430万亩；45个深度贫困县有效期内"三品一标"产品226个，建设绿色食品原料标准化基地198万亩。

2018年11月15日，四川省产业扶贫投资推介会暨项目签署仪式在凉山州西昌市举行。本次推介会以"投资扶贫产业·振兴美丽乡村"为主题，来自全国近20个省（自治区、直辖市）的企业、商会代表积极响应参与。在项目签署仪式上，签署项目92个，投资金额296.68亿元。2018年12月22日首届四川扶贫产品暨特色优势农产品产销推介会在北京举行。本次产销推介活动参展企业超过320家，共展出涵盖川酒、川茶、川果、川药等"川字号"品牌集群的1 800余个特色优质产品，其中扶贫农产品400余个。这是"四川扶贫"标识产品首次亮相京城。2019年6月"川货全国行·广州站"，四川馆规模近2 000平方米，220余家"川字号"食品食材企业，携川茶、川酒、川果（蔬）、川粮（油）、川菜、川竹、休闲食品、农副土特产、特色工艺品等九大类上千种特色川货参展，展出商品包括蒲江米花糖、自贡火边子牛肉、宜宾芽菜、巴中青峪猪、峨眉山茶、阆中保宁醋、汉源花椒、甘孜水淘糌粑等。在广州琶洲保利世贸展览中心举办以"购川货·助脱贫"为主题的四川扶贫产品暨名优特新商品推介会上，149 家取得"四川扶贫"标识使用权的企业参展，全方位展示"好食品·四川造"的"川字号"名片。2019 年 12 月 8 日第二届四川扶贫标识产品暨特色优势农产品展销推介活动在北京举行。本届展销推介活动共展出超过 2 600 个特色优势农产品，其中四川扶贫标识产品超过 800 个，共有 215 家企业签订采购协议，签约金额 67 亿元。

四川泡菜、丹棱橘橙、唐家河蜂蜜 3 个地标荣获国家级地理标志示范样板称号。其中，丹棱橘橙入选"2019 年中国品牌价值评价信息发布"活动区域品牌（地理标志产品）前 100 强，四川泡菜和纳溪特早茶纳入中国和欧盟互换认证的首批产品清单目录。天府龙芽、纳溪特早茶、攀枝花芒果在第十六届中国国际农产品交易会农产品地理标志专展中荣获金奖。李记儿童菜心等 11 个产品、西蜀雅禾山药等 3 个有机产品分别荣获第十九届中国绿色食品博览会和第十二届中国国际有机食品博览会金奖。

（2）企业帮扶成效显著。在社会资源的调配上，四川全面加强社会扶贫动员，推动广东、浙江两省 17 个市 61 个县与全省 68 个贫困县建立结对关系，23 个中央单位和 370 个省级单位开展定点扶贫，7.5 万户民企和商协会参与"万企帮万村"行动，结对帮扶数量全国第一，这些社会资源的参与大大加快了四川脱贫攻坚的进程。

国企扶贫缩影。2015—2016 年，省国资委组织机关及 48 户国有企业对口帮扶 48 个贫困县、占全省贫困县总数的 55%，其中：23 户企业以每县两户的方式对口帮扶大小凉山 13 个县。省国资委系统以产业扶贫为抓手，以增强贫困地区、贫困户造血功能和内生动能为核心，积极投身脱贫攻坚。一方面围绕贫困地区特色优势资源开发利用，大力推进产业扶贫，实施"国企入凉"行动。与凉山州签订"1+14"合作协议，投资金额达 1 100 亿元，另签约实施的合作项目达 45 个、投资额达 1 800 亿元。另一方面锁定"两不愁三保障""四个好"目标，扎实开展驻村精准帮扶。2016 年，48 户企业共计帮扶 66 个贫困村，结对 1 780 户贫困户，派出 76 名驻村干部，向贫困村投入帮扶资金约 1.3 亿元，在发展村级经济、推进基础设施建设和贫困户结对帮扶等方面献计出力。

本省企业扶贫缩影。2014 年因为"万企帮万村"行动号召，好医生集团把火灯村作为对口精准帮扶村。相比以前的分散种植、收购没有保障、技术培训缺乏等困境，其创新的"公司+支部+合作社+基地+农户"模式输入了更多功能，通过实施公司为农户提供良种、给予技术培训指导、签订保底价订单合同回收产品等措施，帮助支持高寒山区彝族同胞发展中药材增加收入。在此背景下到 2019 年布拖县有 5 个乡 30 个村种植附子 7 000 亩，实现附子产值 2100 万元，带动 5 000 多户农民稳定增收脱贫。火烈、补洛、乐安 3 个主产乡 23 个村的 2028 户建档立卡贫困农民与该企业签订保底价收购订单合同后，附子已成为每年家庭经济收入的来源。

外省企业扶贫缩影。2018 年，万源市白羊生态茶园就被评为"四川省十大最美茶乡"。在东西部扶贫协作政策助推下，茶园获得每亩 3 000 元的东西部协作资金支持，标准化茶园建设加快发展。蓬勃的发展态势吸引了浙江籍企业入驻白羊镇，在当地建起了茶叶加工厂房，增加群众就近就业机会。当地群众靠着在茶园和茶厂务工，户均年增收上万元，实现了在家门口就能挣钱的愿望。该茶园成为舟山—达州东西部协作的代表作之一。过去三年，舟山—达州扶贫协作，累计到位帮扶资金约2.2亿元、涉及项目72个，32家浙江企业落地达州发展，开展劳务协作、消费扶贫，是达州打赢脱贫攻坚战的一股重要力量。2019年，广东、四川两地40余家企业及相关单位举行了扶贫产品采购合作签约，签约金额3 020万元。

（3）院（校）地联动成效显著。充分发挥科研院所优势，四川省农业科学院积极开展产业扶贫，成效显著。在高原藏区甘孜州，四川省农业科学院在15个县建成羊肚菌、甜樱桃、苹、酿酒葡萄、玉米蔬菜周年复合、脱毒马铃薯等整村推进特色产业村15个，培育专业合作社21个，科技扶贫带动全州助农增收3.1亿元。马铃薯脱毒种薯三代良繁体系和全程机械化技术不仅满足了甘孜州的品种更新换代，并调出种薯105吨/年；在大小凉山彝区盐源县推广苹果优质高效综合新技术，使其优果率从2010年的45%提高到目前的65%，种植面积由1.34万公顷发展到2.28万公顷，产值从7.31亿元增长到12.42亿元，苹果收入占全县农民人均收入的65%左右，有力地推动了盐源县苹果产业发展；在乌蒙山区宜宾和泸州创造了酿酒高粱"正季高粱—再生高粱"两季每公顷产15 450千克的全省高产纪录，建立了优质高产水稻"百里长廊"；在屏山县推广柑橘品种熟期结构调整，延长柑橘鲜果采收期到翌年4—5月，每公顷产值达22.5万元；在秦巴山区宜汉县采用玉米秸秆综合利用技术发展食用菌和蜀宣花牛，在种养复合和资源高效利用方面已初见实效，促进该县54个乡镇贫困农民人均增收1 000元以上。以2016年为例，四川省农业科学院派出近百名专家示范推广农作物新品种和新技术等科技成果100余项，共建成主导产业科技示范基地、优新品种种子种苗繁育保障基地、农业科技成果中试熟化基地等31个，解决当地技术难题82项，开展技术培训、科普教育等133次，培训农牧民上万人（次）；联系扶贫户228户，现已有53户实现脱贫；建立示范基地64个，总面积达1 400公顷，为推进贫困地区科技进步和产业发展，促进贫困地区繁荣稳定，提供了有力的科技支撑。

充分发挥综合大学优势，四川大学积极探索高校精准扶贫新模式，成效显著。学校坚持多方联动，凝聚帮扶合力，形成以学校力量为主，校友力量为辅，合作单位、社会力量助力共同参与的大帮扶格局。一是强化学校的主体责任。充分发挥学校的综合优势，探索实践出教育、智力、人才、医疗、产业帮扶等精准扶贫模式。近年来，组织专家学者为帮扶县编制了"十三五"规划纲要、水利建设、电子商务、村级脱贫等各类规划152个；划拨扶贫专项党费410万元、产业帮扶资金200万元，用于基层党建、村级民生基础设施、乡村产业发展等方面的建设工作；连续19年选派204名学生开展扶贫支教工作，募集善款近300万元，援建爱心项目100余个；协同帮扶548家市县级医疗卫生机构，建设网络医院3个，捐赠医疗设备价值300多万元；组织师生330余人次赴四川省17个县对5 000多户农户开展脱贫攻坚成效第三方评估工作。二是发掘校友力量参与扶贫工作。通过校友力量，为岳池县红星大桥争取了5 100余万元项目资金，使周边三个乡镇的群众结束了"船渡"历史；为岳池县争取农田小水利工程建设资金160余万元打造灌溉水网；举办帮扶县优势产业暨特色商品推介会，促成6家企业签约，签约金额达33亿元；引入校友企业在甘洛县建立乌金猪繁养基地和食品加工园区、彝绣工坊、中草药种植基地等。三是联动学校合作单位助力扶贫工作。与省建行七支行合作，成功实现产业帮扶项目入驻建行网购平台"融善网"；与"微课联盟"合作，成功在甘洛县建设"翻转课堂"；与"医联体"的合作，成功将国内优质医疗资源延伸到两县。四是积极争取社会公益及爱心资源丰富扶贫工作内涵。通过与"孔子教育基金"合作，为两县干部培训提供全额资助；与香港"无止桥基金会"合作，为贫困山区学生修建助学桥；与"中国扶贫基金会"合作，开展图书漂流活动；与腾讯"99公益"合作开展"微爱回家"活动等。

（4）"互联网+"销售成效显著。借力传统和新型媒体进行宣传推广。联合四川广播电视台、今日头条等举办"乡村优品上头条"市县长直播带货、品牌直播电商节等宣传活动，2020年开展直播活动58场，累计销售农产品2.2万余件，销售额超5 000万元。

联合知名电商平台推进发展农产品线上销售，不断拓宽四川扶贫产品销售渠道。2019年，借力京东、淘宝等第三方电子商务平台，通过地方"特色馆"、天虎云商（益农信息社）、经营主体自营店、社交网络新零售等模式，四川农产品网络零售额实现207.75亿元，同比增长23.84%。其中，西南财经大学组织电商专家团队，构建"电商+精准扶贫"新模式，帮助云南福贡县、四川美姑县、四川金川县获批国家级、省级电商示范县项目，协调资金5 200万元，建立三级电商运营体系，建成电商产业园。培训电商从业人员3 000余人次。2019年农产品网络交易额近1亿元。推进农资电商发展，依托全省供销系统和县级农资配送中心，整合区域内物流配送资源，因地制宜推动农资配送服务进村入户，在新冠肺炎疫情期间，各地开展了"线上下单、线下送货上门"服务，通过手机App接单、社会车辆帮带，基本实现"网上预订、配送到家"。推进休闲农业电商发展，支持休闲农业经营主体利用微信、抖音、手机客户端等平台建立网络营销平台，鼓励与微信、美团、携程等大型网络平台合作，2019年，四川农村服务型网络零售额实现714.88亿元，其中，在线旅游行业达到372.74亿元，在线餐饮行业达到248.56亿元。

国家级电商平台带动贫困人口脱贫增收。贫困地区农副产品网络销售平台，由供销合作总社按照财政部、国务院扶贫办的要求，依托"供销e家"建设，覆盖全国832个国家级贫困县，所以又被称为"扶贫832平台"。2020年初，新冠肺炎疫情暴发，给四川扶贫销售带来不小影响。四川积极制定产业扶贫工作促进贫困群众稳定增收等"八条政策措施"，充分利用"扶贫832平台"拓展销路，用好"四川扶贫"公益品牌解决卖难问题，在疫情初期就帮助销售滞销扶贫农副产品4.06亿元。

（5）出口运输成效显著。以前，四川农产品出口多以中小体量订单为主。销往国外的茶叶多数经由省外口岸转运，搭乘中欧班列（成都）出口的"川字号"农产品，像柠檬等，大都是和其他工业领域外贸企业"拼单"实现出口。现在，茶叶搭乘专列前往海外，时间仅为海运的1/2，成本仅为空运的1/8~1/6，既能降低时间成本，又能降运输成本，中欧班列（成都）逐渐成为企业产品配送、城市全球配置资源的战略通道。目前，成都青白江国际铁路港构建了7条国际铁路通道和5条海铁联运通道，连接境外59个城市和境内20个城市，构建起以成都为枢纽的通边达海、内畅外联的陆海联运通道体系，南向连通东盟全境，西向直达欧洲腹地，东向辐射日韩和美洲，北向对接中蒙俄经济走廊，助推西部地区加速融入全球经济格局。随之而来的是，成都国际铁路港国际班列开行也突破10 000列。

2020年，四川茶叶出口量、货值同比分别增长150%、70.6%。2021年四川省委一号文件明确，推动中国（成都）国际农产品加工产业园建设。计划投资700亿元的中国（成都）国际农产品加工产业园选址成都市青白江区。国际农产品加工产业园将打造具有国际影响力的农产品进出口精深加工产业集群，承接全省"10+3"特色优势农产品川茶、川果、川菜、调味品等的出口加工。

（6）科技扶贫农业信息化工作成效显著。2012年以来，四川省委省政府高度重视集中连片地区农业信息化的发展。目前四川集中连片贫困地区，大力开展推进门户网站管理、推进农民信息素养培训、推进益农信息社运行、推进益农信息社运行、推进农牧业生产信息技术应用、推动数字农业项目储备等工作。以甘孜州为例。

推进门户网站管理：加强门户网站管理，及时准确发布行业动态、农业科教、市场价格、质量安全、政策解读等信息，截至目前共发布各类信息3 192条，点击量超3万次。

推进农民信息素养培训：一是开展农民手机培训。组织州县农牧农村系统科技人员在进村入户指导工作中，宣传"全国农民手机技能培训"小程序，采取集中与分散收看、分层次培训等方式开展农民手机培训，全州培训人数1 520余人，其中专业技术人员610人，农民群众910余人。二是依托云上智农App等平台，切实加大高素质农民培训，实现线上线下融合培育，2020年全州完成高素质农民3 044人，其中实现线上培训的2 196人。

推进益农信息社运行：全州益农信息社999个，通过益农社发布村务公开信息498条，手机医疗远程问诊和挂号312人次，充值缴费5 289笔，充值交易额达到41.422 3万元，甘孜电信分公司针对2020年普遍服务网络建设的行政村，激活236个益农服务站，努力实现农牧民足不出村就能享受"买、卖、预约挂号、充值缴费"等服务。

推进农牧业生产信息技术应用：一是推进园区内信息技术配套应用。目前理塘、石渠、色达等县（市）现代农业产业园区加快物联网设备运用，目前全州有6 800余亩种植基地通过智慧农业平台，实现生产全过程的可视化管理，同时通过部署数字农业生产管理系统、基于AI图像识别技术的病虫害防控系统以及基于大数据可视化技的监管系统，实现各个地块的农事安排、农产品全流程追溯等，既节省了人力、物力，也保证了农产品始终保持在最佳的生态环境下生长，保证了产品品质、实现了质量可追溯。二是推进农业生产信息化管理。今年康定市农牧农村和科技局已建成农业综合管理信息化平台——智慧农业主控中心（两中心一体系），姑咱镇管理中心已正常运行，目前对姑咱镇达杠村、杠江沟村约830亩苹果基地全程管理，新都桥管理中心基础设施已完工；预计在"十四五"期间实现全市覆盖。三是推进农业装备信息化。引进北斗DBS高精度农机自动驾驶系统2套，开展无人驾驶作业示范，每天可耕种200余亩，节省了人工和作业时间，同时保证了耕种质量。引进无人植保机4台，防控作业面积1.4万余亩，提升了防控效果，节约了时间及用药、人工成本等。四是推进农产品质量安全追溯体系建设。依托国家农产品质量安全追溯管理信息平台实施农产品质量追溯,目前有153家农产品生产经营主体完成追溯系统的信息录入等工作,开展追溯批次107条,追溯码打印132次,有效提升了"圣洁甘孜"农产品的市场形象。五是推进供销体系电商平台建设。大力实施供销产业扶贫项目的落地落实,在道孚、炉霍、甘孜建设电商供销社电商体验中心3个,销售农特产品30余万元。同时加强与省供销社"供销e+""云背篓"等电商平台对接,推动项目县农特产品实现线上线下融合销售。

推动数字农业项目储备:配合州网信办等部门制定《甘孜州落实〈数字乡村发展战略纲要〉重点任务分工方案》,将农牧业生产信息化(智慧农业)内容纳入"十四五"特色产业规划,引导各县储备数字农业试点、"互联网+"农产品出村进村等项目,目前已有3个县在编制相关项目。

(7)培育新型农业经营主体成效显著。鼓励创办新型经营主体,持续实施龙头企业"排头兵"工程,加大农业招商引资力度,制定《培育壮大新型农业经营主体助推精准脱贫行动方案》。在88个贫困县累计培育龙头企业近3千家(其中引进到县432家)、专业合作社7万余家、家庭农场3.2万余家,带动贫困240余万贫困人口。2019年以来,四川省开始探索发展农业产业化联合体之路,2019年、2020年共安排中央财政资金2.78亿元扶持90个农业产业化联合体,其中超过一半安排在88个贫困县。同时,按照"政府引导、企业牵头、合作社组织、农民参与"原则,各地也在积极探索推进联合体发展。截至目前,全省各级已培育创建联合体共166个,参与农业产业化龙头企业196家,专业合作社919个,家庭农场1 269个,种植大户1.15万户,带动农民55.9万户。

以朝天区宣河乡为例,新型农业经营主体同农民建立了"地租+工资""合作经营""保底+分红"的利益保障机制,带动农民收入大幅增长。全乡2017年农民人均实现纯收入12 424元,比全区人均高出1 857元,仅特色产业人均可增收5 123元。再如旺苍县龙山村茶叶专业合作社吸收入股社员182户,其中贫困户75户,2016年脱贫25户,2017年脱贫50户,合作社成为带领贫困群众摆脱贫困的"引路人"。利州区三堆镇渔洞村争取财政专项资产投资收益分配扶贫项目资金,其中15万元作为贫困户股资,投到利州区武森种养殖专业合作社,采取"合作社+村集体+贫困户"的运营模式,到了年底合作社按照股协议和合作社章程约定,最低拿出投资股金的10%作为贫困户的保底进行分红,更好地带动了周边的贫困户。

第三节　四川省集中连片贫困地区经营主体贫困现状调研

一、贫困户现状调研

一是贫困户基本信息调查。根据调查表反馈回的信息,调查贫困户147户,428位家庭成员,其中小学和其他226人,初中146人,高中40人,大专及以上人数16人,所占的比例分别为:52.80%、34.11%、9.35%、3.74%,文化程度以小学和其他文化程度为主,高中及以上文化程度只占13%,文化程度较低,而且本地人才流失问题严重。具体致贫原因情况见图4-2，由于主观因素（因残、因学、因病）致贫的有69人，而客观因素（因灾、缺技术、缺土地等）致贫的有87人，其他因素3人。为了脱贫78.7%的贫困户选择了脱贫产业，其中从事种植业、养殖业、种养殖业和其他的分别占50.7%、7.2%、28.9%、13.2%，人均纯收入6 027.3元，有93%的贫困户选择已实现脱贫。

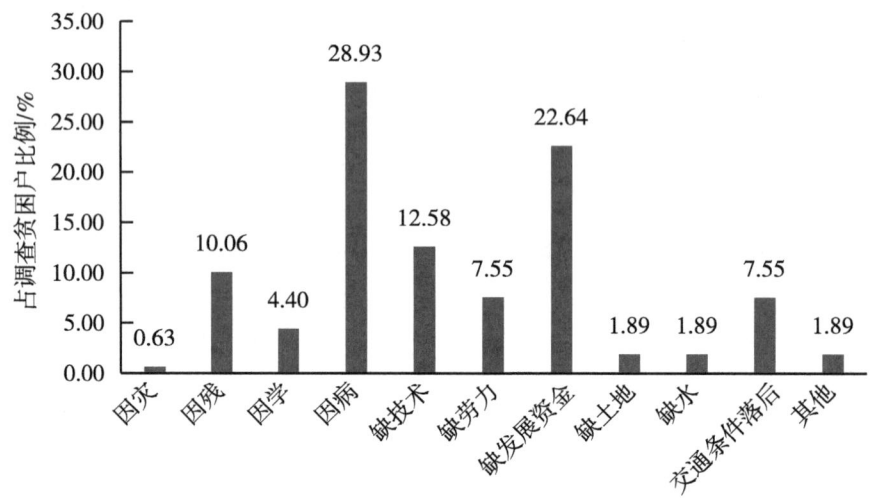

图4-2 致贫原因分析

二是贫困户发展农业扶贫产业现状。贫困户选择扶贫产业时基本是自主选择，受其他家庭从事的产业影响较大，24.3%的家庭选择当地大部分家庭选择的产业，22%的贫困户会支持地方政府的主导产业，18.7%的选择市场好的产业，15.4%的选择对劳动力素质要求低的产业。在产业发展过程中，57.6%的农户认为种子、化肥等农资是花费最多的部分，23.2%的农户认为人工费是花费最多的部分；81.4%贫困户生产的农产品主要靠个人零售，企业和合作社收购的较少。通过贫困地区企业负责人的角度，调查了制约农户靠农业发家致富的原因，认为产品销量困难和缺乏技术指导是主要原因，劳动力不足、种植养殖规模不够是次要原因。农业技术获得途径见图4-3，主要从政府技术推广部门和农村农技员获得，其次是各类送科技下乡活动，说明政府部门在农业技术推广中起主导作用。获得的农业技术基本在全村、全乡镇推广，对于农业产业发展所需的技术持积极主动引进的态度。为了持续推动产业发展，36.7%的贫困户选择加强产业发展详规制定，50%选择了进一步加强"科技下乡"活动，31.3%的选择强化现代化农业建设。

三是贫困户对农业产业扶贫政策调查反馈。贫困户对精准扶贫政策及项目是比较关注的，主要是从村委会宣传、政府公示文件和电视、广播、网络等新闻媒体宣传3种方式了解，53.1%的贫困户是比较了解，21.1%是一般了解，19.7%是非常了解，6.1%的是基本不了解或不太了解。基本上每个贫困户都参加了至少一类精准扶贫项目，有些参加的项目较多，具体情况见图4-4，54.4%的参加人畜安全饮水项目，51.7%的参加过医疗救助，49.7%的参加过就业培训。参加比较积极的占48.3%，非常积极的占36.1%，积极性一般的占15.6%。

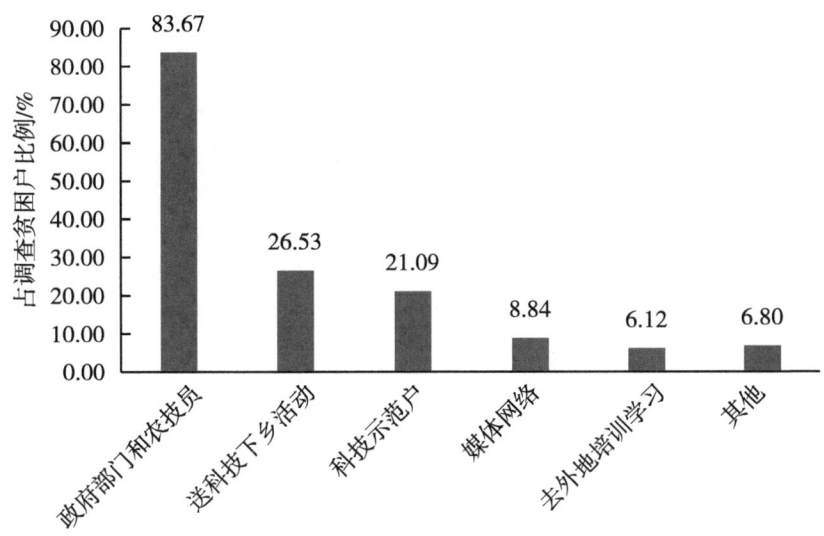

图 4-3 农业技术获得途径分析

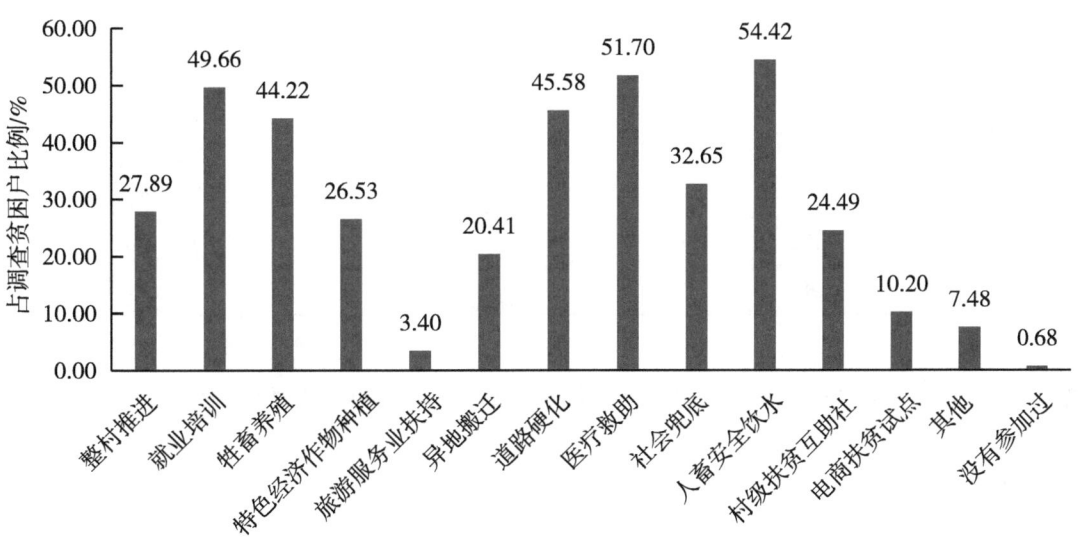

图 4-4 贫困户参加精准扶贫项目统计分析

二、贫困地区企业/合作社现状调研

本次调查贫困地区市场经营主体 80 家企业/合作社，大户牵头创立的有 30 家，供销社牵头 4 家，其他的创立形式的有 37 家；企业负责人学历小学 4 人，初中 19 人，高中 18 人，大专及以上 37 人；企业/合作社平均具有员工数 39 人，专业管理人员 6 人，涉及种植业、养殖业、加工业等行业，其中 50 家涉及种植业，32 家涉及养殖业，18 家涉及加工业。种植业平均规模在 296 亩左右，养殖业平均规模在 1 091 头左右，国内销售的有 47 家，占 58.8%，只在本地销售的有 30 家，占 37.5%，只有 2 家产品销售到国外。在扶贫带动方面，平均入股社员 66 人，带动当地农户 2 204 人增收，带动方式有：

①农户种养，企业收购；②社员入股分红；③企业自营，农户务工。3种方式所占的比例分别是32.5%，30.8%，30.8%。

一是贫困地区农业产业企业/合作社运行情况。在人才培养和招聘方面企业/合作社普遍反馈人才培养难留住人才难，大部分认为人才培养投入的成本太大，具体调查情况见图4-5。技术推广、营销管理、产品研发、市场规划是经营管理中存在的薄弱环节。88.8%的农业企业/合作社享受过政府的优惠政策，其中，享受最多的是资金和技术方面的政策，而人才方面的政策享受得较少，具体情况见图4-6。品牌建设方面，51.8%的使用自有品牌进行产品销售，11.3%的使用地通用品牌进行产品销售，37.6%的未使用品牌进行产品销售。43.6%的企业/合作社未使用主流媒体如电视媒体、报纸、刊物、传单、新闻和新品发布会等方式宣传其文化和产品，只有28.6%的使用2种及2种以上的方式宣传其文化和产品。在调查制约企业/合作社发展的因素时，63.8%的企业/合作社选择了融资不畅，缺少发展资金，50%的企业认为缺乏相关人才和优势产业化项目是制约其发展的因素（图4-7）。

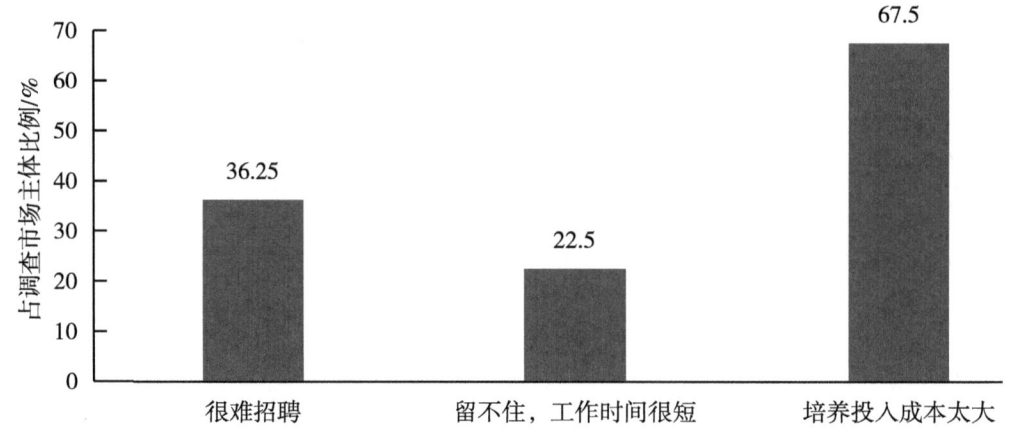

图4-5 贫困地区企业（合作社）在人才引进和培养方面的问题

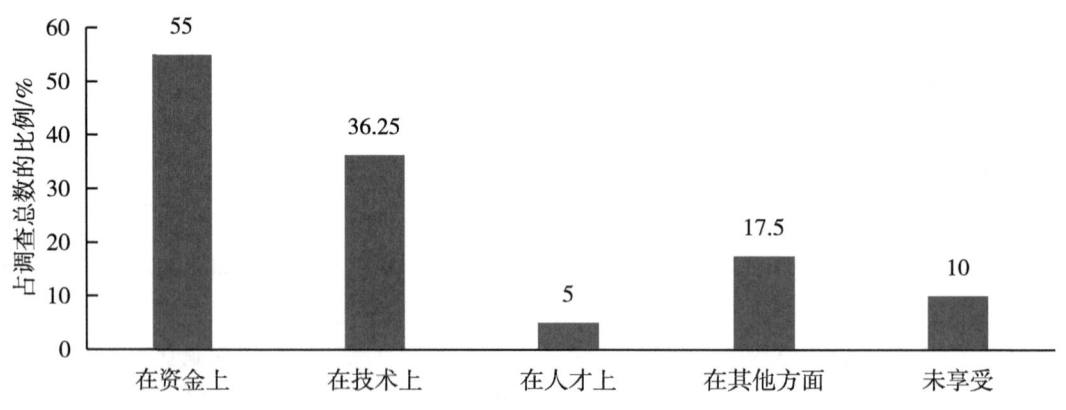

图4-6 农业企业/合作社享受到政府的优惠政策情况

二是贫困地区企业/合作社对农业产业扶贫政策调查反馈。82.5%的企业/合作社享

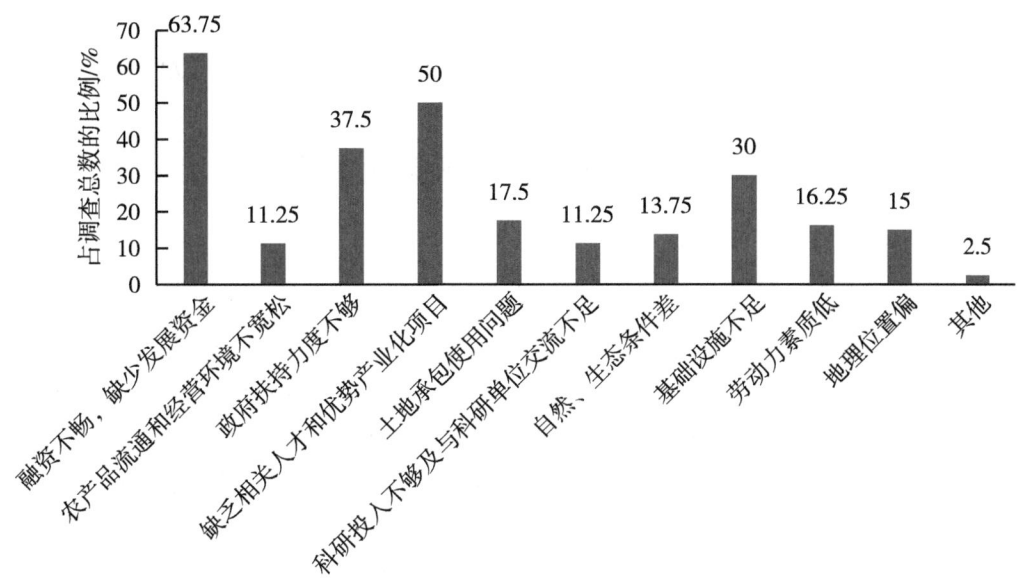

图 4-7 制约企业/合作社发展因素调查统计

受到农业补贴,享受最多的是冻库、烘房等厂区建设补贴,其次是农机购置补贴和农资综合补贴,下一步希望出台更多的扶持政策。目前对行政管理及科技服务主要需求是产业扶持政策保障,其次是项目资助和引入先进技术和品种。29.5%的企业/合作社认为政府对农业的资金扶持重点应该放在为农业提供技术支持,23%的认为应重点放在提供农业销售渠道信息,18.4%的认为应重点放在提供农业销售渠道信息,新办农业农产品公司和加强对企业、合作社及行业协会的引导各占13.8%。最后调查了企业/合作社下一步在希望能得到财政扶持的方面,分别就良种及农机购置、科技培训、品牌建设、农业保险和金融、销售渠道、其他等方面进行选择,反馈的数据经统计(图4-8),最想得到科技培训占比最高,达51.25%,其次是农业保险和金融,占比48.75%。

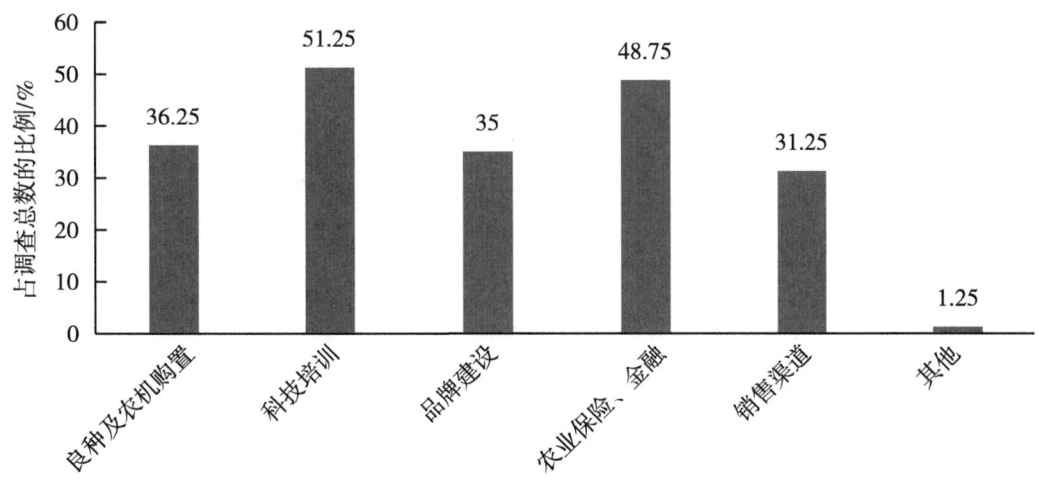

图 4-8 希望下一步能得到财政扶持的事项统计

第四节 四川省深度贫困地区农业现状分析

一、四川省深度贫困地区农业生态环境资源现状

(一) 现状

1. 自然资源

四川省45个深度贫困县（表4-8）集中在凉山州、甘孜州、阿坝州及乐山市等市州，面积28.85万平方千米，占全省面积的57.7%，绝大多数县海拔在1000米以上，平均海拔约2490米，年均日照时间≥1970h，年平均温度10.2℃，热量资源不足。不可抗拒的冰雹、泥石流、低温、霜冻、雪灾等自然灾害发生频繁。靠天吃饭的生产生活方式未得到彻底改变。受自然资源约束，一定程度上制约了农业可持续发展。

表4-8 45个深度贫困县自然资源情况一览表

区县	辖区面积（平方千米）	平均海拔（米）	年均日照（≥小时）	年平均温度（℃）
汶川县	4 084	1 300	1 600.00	12.90
理县	4 313	2 700	1 672.00	11.30
茂县	3 903	1 580	1 549.40	11.00
松潘县	8 486	2 850	1 797.00	6.40
九寨沟县	5 288	1 406	1 600.00	12.70
金川县	5 550	2 200	2 129.70	12.80
小金县	5 582	2 300	2 214.00	12.20
黑水县	4 165	2 350	1 735.00	9.50
马尔康市	6 633	2 600	2 153.00	9.50
壤塘县	6 863	3 285	1 978.20	5.20
阿坝县	10 435	3 300	2 500.00	3.30
若尔盖县	10 436	3 450	2 477.00	1.10
红原县	8 440	3 500	2 212.30	2.80
木里县	13 223	3 100	2 164.90	14.50
盐源县	8 412	2 563	2 561.00	12.70
普格县	1 918	1 375	2 094.70	13.20
布拖县	1 685	2 385	1 996.00	10.20
金阳县	1 587	1 288	1 574.00	15.70

(续表)

区县	辖区面积（平方千米）	平均海拔（米）	年均日照（≥小时）	年平均温度（℃）
昭觉县	2 699	2 170	1 932.00	11.60
喜德县	2 200	2 170	2 016.00	14.10
越西县	2 256	1 683	1 608.00	13.90
甘洛县	2 151	1 070	1 661.00	16.20
美姑县	2 732	1 980	1 790.70	11.40
雷波县	2 932	1 145	1 225.00	14.50
康定市	11 600	2 600	1 711.00	8.40
泸定县	2 165	1 300	1 323.60	16.50
丹巴县	5 649	1 900	2 300.00	14.20
九龙县	6 770	2 900	1 966.00	9.90
雅江县	7 682	2 600	2 319.00	11.00
道孚县	7 053	3 000	2 296.95	8.20
炉霍县	5 797	3 200	2 597.00	7.40
甘孜县	7 357	3 350	2 509.00	7.30
新龙县	9 183	3 200	1 851.00	8.30
德格县	11 025	3 250	1 966.00	6.70
白玉县	10 591	3 006	2 133.60	12.30
石渠县	25 191	4 200	2 583.00	-7.00
色达县	9 339	3 900	2 451.10	-0.16
理塘县	14 352	4 134	2 628.00	3.20
巴塘县	8 186	2 575	2 144.00	12.70
乡城县	5 016	2 856	2 137.00	10.60
稻城县	7 323	3 750	2 437.00	6.10
得荣县	2 916	2 424	2 200.70	14.80
峨边县	2 396	1 200	1 049.30	16.70
马边县	2 383	750	942.30	17.10
金口河区	598	2 250	912.50	18.10

注：数据来源于各县（市、区）官方网站。

2. 土地资源

深度贫困县耕地资源相对较少，耕地分布零散，坡度较大，海拔跨度较大，水土流失严重，防灾设施和灌溉设施严重缺乏。园地、林地资源相对丰富。2017年，45个深度贫困县共有耕地面积554 146.08公顷，占全省耕地总面积的8.3%，占45个深度贫困县面积的1.99%，其中：水田面积33 712.10公顷，占耕地面积的6.1%；园地面积70 161.57公顷；林地面积12 608 672.17公顷。阿坝州13个深度贫困县共有耕地面积83 545.57公顷（其中：水田面积10.77公顷），园地面积11 435.54公顷，林地面积3 759 722.17公顷。凉山州11个深度贫困县共有耕地面积329 665.19公顷（其中：水田面积28 608.68公顷），园地面积44 053.84公顷，林地面积2 558 668.45公顷。甘孜州18个深度贫困县共有耕地面积92 383.31公顷（其中：水田面积669.36公顷），园地面积7 561.74公顷，林地面积5 869 038.18公顷。乐山市3个深度贫困县共有耕地面积48 552.01公顷（其中：水田面积4 423.29公顷），园地面积7 110.45公顷，林地面积421 243.37公顷。45个深度贫困县人均耕地面积约为0.121 3公顷（其中：人均水田面积0.007 4公顷），人均园地面积0.015 4公顷，林地面积2.760 9公顷（表4-9）。

表4-9　45个深度贫困县土地资源情况一览表

区县	耕地（公顷）	水田（公顷）	园地（公顷）	林地（公顷）
汶川县	6 194.23	10.77	807.85	275 020.51
理县	3 197.87	0.00	2 139.37	244 016.77
茂县	8 664.46	0.00	5 265.63	288 968.46
松潘县	1 3387.84	0.00	457.82	452 899.01
九寨沟县	6 701.34	0.00	511.03	367 525.90
金川县	6 559.91	0.00	933.92	294 887.57
小金县	8 482.58	0.00	862.13	255 854.46
黑水县	7 570.89	0.00	215.27	244 795.89
马尔康市	6 378.25	0.00	240.29	390 229.56
壤塘县	3 471.69	0.00	2.23	302 887.96
阿坝县	8 635.93	0.00	0.00	307 658.46
若尔盖县	4 171.25	0.00	0.00	234 410.79
红原县	129.33	0.00	0.00	100 566.83
木里县	16 517.31	335.71	1 442.65	951 503.51
盐源县	59 674.86	9 387.55	17 957.34	548 431.33
普格县	27 185.58	4 341.20	2 263.22	90 387.13
布拖县	23 007.55	365.83	416.65	83 990.46
金阳县	18 045.93	425.20	10 577.79	86 612.74
昭觉县	42 578.72	2 201.72	536.82	109 335.99
喜德县	31 177.31	1 577.76	1 154.30	116 744.51

（续表）

区县	耕地（公顷）	水田（公顷）	园地（公顷）	林地（公顷）
越西县	32 111.98	4 655.84	1 106.71	121 643.43
甘洛县	23 184.59	1 853.37	2 606.17	133 037.85
美姑县	31 150.71	197.49	624.74	126 685.63
雷波县	25 030.65	3 267.01	5 367.45	190 295.87
康定市	7 569.33	0.80	2 328.70	797 716.33
泸定县	5 299.00	556.61	2 080.50	141 016.96
丹巴县	7 699.42	0.00	1 058.99	287 657.00
九龙县	4 465.51	63.75	313.17	328 301.19
雅江县	4 160.06	0.00	0.86	470 953.40
道孚县	7 660.58	0.00	126.56	411 642.31
炉霍县	6 547.69	0.00	0.00	195 503.80
甘孜县	1 189.09	0.00	0.43	84 663.48
新龙县	6 347.50	0.00	20.49	495 203.81
德格县	4 726.60	0.00	31.73	290 549.30
白玉县	7 386.28	0.00	6.74	421 942.35
石渠县	4 008.40	0.00	5.12	38 963.36
色达县	1 099.91	0.00	0.00	196 121.91
理塘县	4 915.54	0.00	20.23	531 347.19
巴塘县	6 681.90	0.00	335.63	358 755.58
乡城县	3 467.77	0.00	399.02	296 204.92
稻城县	4 946.46	0.00	661.11	371 287.14
得荣县	4 212.27	48.20	172.46	151 208.15
峨边县	17 619.37	1 213.29	1 223.43	200 276.20
马边县	27 288.25	3 140.41	5 146.95	170 046.83
金口河区	3 644.39	69.59	740.07	50 920.34
合计	554 146.08	33 712.10	70 161.57	12 608 672.17

（二）取得的成效

1. 农业面源污染得到有效控制

近年来，贫困地区按照"统筹规划、群众主体、分类实施、规范管理"总体思路，深入推进农业面源污染治理，配套建设化粪池，深度贫困县农村污水乱流、粪肥乱堆、家禽敞养的现象得到有效改变。建成畜禽集中养殖区的乡村占 19.1%，集中养殖区内建有畜禽粪便无害化处理率达 82.4%。化肥、农药施用量得到有效控制，化肥使用强度为 0.13，使用强度仅为全省的 34.9%，而且近年来基本保持了零增长（表 4-10）。

表 4-10　45 个深度贫困县化肥施用强度情况一览表

区县	化肥使用强度	
	2012 年	2017 年
四川省	0.38	0.36
汶川县	0.36	0.38
理县	0.21	0.22
茂县	0.30	0.33
松潘县	0.07	0.08
九寨沟县	0.08	0.14
金川县	0.21	0.26
小金县	0.09	0.11
黑水县	0.24	0.17
马尔康市	0.05	0.02
壤塘县	0.00	0.04
阿坝县	0.00	0.01
若尔盖县	0.02	0.06
红原县	0.95	0.84
木里县	0.07	0.07
盐源县	0.11	0.13
普格县	0.15	0.14
布拖县	0.09	0.09
金阳县	0.12	0.13
昭觉县	0.08	0.09
喜德县	0.11	0.11
越西县	0.25	0.26
甘洛县	0.46	0.46
美姑县	0.17	0.17
雷波县	0.10	0.11
康定市	0.02	0.02

（续表）

区县	化肥使用强度	
	2012年	2017年
泸定县	0.18	0.17
丹巴县	0.04	0.04
九龙县	0.10	0.10
雅江县	0.01	0.01
道孚县	0.02	0.03
炉霍县	0.01	0.01
甘孜县	0.01	0.01
新龙县	0.01	0.01
德格县	0.01	0.03
白玉县	0.01	0.00
石渠县	0.01	0.01
色达县	0.03	0.03
理塘县	0.02	0.01
巴塘县	0.04	0.04
乡城县	0.05	0.06
稻城县	0.01	0.01
得荣县	0.03	0.05
峨边县	0.17	0.17
马边县	0.14	0.12
金口河区	0.25	0.30
平均	0.12	0.11
占全省比重%	32.27	34.49

注：数据来源于四川省统计年鉴。

2. 森林覆盖率不断提升

深入贯彻退耕还林、天然林保护工程，森林植被得到较好的恢复。2017年，45个深度贫困县森林面积约1 074.4万公顷，较2012年增加了280.8万公顷；森林覆盖率达到37.9%，较2012年增加了10个百分点（表4-11）。

表4-11　45个深度贫困县森林覆盖率一览表

区县	森林面积（公顷）		森林覆盖率（%）	
	2012年	2017年	2012年	2017年
四川省	17 140 600	17 927 500	35.3	38.03

（续表）

区县	森林面积（公顷）		森林覆盖率（%）	
	2012 年	2017 年	2012 年	2017 年
汶川县	51 545	174 601	25.6	38.1
理县	55 042	256 236	22.7	43.6
茂县	174 601	253 580	42.8	65.1
松潘县	151 112	252 109	17.8	30.2
九寨沟县	143 923	275 974	27.2	49.49
金川县	246 313	191 746	34.0	34.7
小金县	275 974	169 049	35.6	36.7
黑水县	191 746	168 709	46.2	40.6
马尔康市	155 247	390 241	23.4	34.28
壤塘县	168 709	141 950	24.7	33.2
阿坝县	241 427	73 134	6.0	7.0
若尔盖县	141 950	103 640	13.6	15
红原县	73 134	49 604	8.7	9.0
木里县	112 730	964 140.9	48.5	62.9
盐源县	114 774	578 679	43.6	68.8
普格县	109 712	79 859	29.9	41.9
布拖县	38 870	41 998	23.1	24.9
金阳县	47 080	24 955	29.7	41.68
昭觉县	41 998	54 402	15.5	20.1
喜德县	24 955	60 093	11.3	27.3
越西县	52 402	72 249.1	11.9	32.0
甘洛县	60 093	75 216	26.6	34.9
美姑县	201 489	74 654	35.1	36.08
雷波县	49 698	190 888	39.8	67.2
康定市	103 640	517 589	28.9	45.1
泸定县	30 648	96 489	24.2	44.6
丹巴县	180 801	292 403.7	40.1	62.8
九龙县	142 664	320 000	21.1	47.3
雅江县	186 003	365 942	24.6	48.4

（续表）

区县	森林面积（公顷）		森林覆盖率（%）	
	2012 年	2017 年	2012 年	2017 年
道孚县	307 503	256 106	25.3	36.3
炉霍县	479 168	219 436.9	24.8	47.7
甘孜县	334 135	278 426	31.08	38.1
新龙县	166 597	365 932	28.0	42.7
德格县	263 612	396 479	23.1	36.0
白玉县	446 230	506 975.3	43.5	48.8
石渠县	354 044	168 310.8	0.7	6.7
色达县	469 781	27 007.4	2.67	2.9
理塘县	168 311	773 539.1	22.0	55.3
巴塘县	194 002	358 760	25.3	45.7
乡城县	757 390	299 108	42.0	59.6
稻城县	253 530	339 162.4	35.8	46.3
得荣县	29 988	103 109	10.3	35.4
峨边县	23 753	33 918	10.0	56.7
马边县	92 058	181 750	40.1	76.3
金口河区	28 471	126 700	47.6	55.3

注：数据来源于四川省统计年鉴。

（三）存在的问题

1. 产业发展与脆弱生态矛盾突出

深度贫困县大多地貌复杂多样，深谷、断裂带纵横交错，断块山、断陷盆地、断裂谷众多，其自然条件和生存环境都比较恶劣，这些地方地质灾害点多面广，为全省乃至全国地质灾害多发区和易发区。其生态具有脆弱性，在国家主体功能定位上大多被确定为限制开发区和禁止开发区，承担着更大范围内生态产品与服务供给的责任，生态保护区对产业开发有严格的控制。多数区域耕地资源相对较少且细碎零散，土壤肥力较低。二半山区可耕地面积少、气候变化大、自然灾害多，生存条件差；高寒山区多高山深谷、气候严寒多变、积温不足、耕地稀少、土质瘦瘠、灾害频繁等特征尤胜于二半山区，其水土流失严重，脆弱的生态环境制约了农业产业现代化。

2. 农业废弃物资源化利用率较低

深度贫困地区农业废弃物资源化利用率较低。秸秆焚烧、畜禽粪污随意堆积等问题依然突出，造成环境污染和病虫害蔓延等问题。2017 年，农业废弃物资源化回收处置率达 95% 以上的村庄仅占 14.7%，仍有 5 个县未建立综合垃圾处理站。

二、四川省深度贫困地区农业农村经济现状

(一) 现状与成效

1. 农业劳动力情况

截至 2017 年底，四川省 45 个深度贫困县共有乡村人口数量 456.7 万人，较 2012 年增长了 19.9 万人，增长幅度达 4.5%；其中乡村劳动力数量为 279.9 万人，占总人口的 61.31%，较 2012 年增长了 29.6 万人，增长幅度达 11.8%；农业从业人员 199.8 万人，占总人口的 43.77%（表 4-12）。

表 4-12 45 个深度贫困县农业劳动力情况

区县	乡村人口数（个）	乡村劳动力资源数（个）	其中：从事农业人员（人）
汶川县	61 797	41 057	22 906
理县	36 035	26 287	19 290
茂县	101 511	64 856	45 873
松潘县	63 166	39 980	25 281
九寨沟县	54 697	34 140	20 184
金川县	63 936	40 207	28 889
小金县	73 343	47 129	37 759
黑水县	52 373	33 440	18 650
马尔康市	34 503	21 867	15 637
壤塘县	38 132	25 362	19 015
阿坝县	69 968	37 023	29 673
若尔盖县	66 547	47 448	37 888
红原县	38 320	22 348	18 525
木里县	128 867	96 829	48 188
盐源县	335 128	219 673	192 375
普格县	158 183	95 289	75 230
布拖县	191 192	97 183	91 198
金阳县	196 909	94 060	80 740
昭觉县	265 113	169 781	123 616
喜德县	187 035	113 408	48 420
越西县	306 740	190 429	92 851

(续表)

区县	乡村人口数（个）	乡村劳动力资源数（个）	其中：从事农业人员（人）
甘洛县	212 700	119 312	65 012
美姑县	249 143	151 977	111 669
雷波县	248 420	169 095	122 987
康定市	75 150	47 633	33 882
泸定县	62 389	29 940	25 288
丹巴县	51 614	36 130	31 200
九龙县	58 776	37 397	32 159
雅江县	43 285	25 672	23 828
道孚县	49 715	32 845	24 212
炉霍县	43 130	27 807	23 997
甘孜县	60 023	37 607	33 795
新龙县	47 502	21 183	18 292
德格县	80 325	44 748	39 610
白玉县	51 810	33 679	29 507
石渠县	95 866	50 567	36 624
色达县	43 931	29 873	28 237
理塘县	62 337	40 208	33 474
巴塘县	44 561	31 442	26 056
乡城县	24 262	16 034	13 448
稻城县	27 861	16 598	13 993
得荣县	22 986	14 290	12 836
峨边县	133 717	83 620	44 356
马边县	213 758	115 527	69 217
金口河区	40 141	28 896	12 876

2. 农业效率情况

截至2017年末，深度贫困地区农林牧渔业增加值为245.61亿元，较2012年增加72.6亿元，增幅达42.1%，占全省农业增加值的5.6%；农民劳均产值由2012年的8 800元增加到2017年的12 300元，年均增长8.5%，与全省平均劳均产值的差距在缩小；单位耕地产值由2012年的2.3万元/公顷增加到2017年的2.56万元/公顷，年均增长2.5%，占全省平均单位耕地产值比重提升到52.8%（表4-13）。

表 4-13 45个深度贫困县农业生产效率情况

区县	农林牧渔业增加值（万元）		劳均产值（万元/人）	
	2012年	2017年	2012年	2017年
汶川县	22 900	28 315.00	0.931	1.348
理县	14 482	28 643.00	0.735	0.988
茂县	35 269	59 707.00	0.941	1.098
松潘县	24 577	50 371.00	0.890	1.296
九寨沟县	15 511	26 224.00	0.715	0.950
金川县	19 953	35 206.00	0.856	1.060
小金县	20 672	36 343.00	0.656	0.746
黑水县	15 971	29 347.00	0.772	1.254
马尔康市	17 649	29 486.00	1.401	1.898
壤塘县	19 291	25 271.00	0.984	1.274
阿坝县	26 872	41 666.00	1.010	1.284
若尔盖县	54 615	77 293.00	1.404	1.963
红原县	27 978	44 844.00	1.581	2.126
木里县	46 179	62 880.00	0.669	1.153
盐源县	140 576	265 729.70	0.715	0.976
普格县	65 778	87 853.54	0.924	1.095
布拖县	55 816	77 250.76	0.689	0.826
金阳县	58 570	73 411.17	0.772	0.866
昭觉县	77 854	107 857.86	0.607	0.841
喜德县	53 020	73 640.33	0.697	1.524
越西县	94 022	124 554.44	0.806	1.250
甘洛县	50 475	67 682.33	0.545	0.866
美姑县	66 141	97 473.26	0.633	0.815
雷波县	88 413	120 159.72	0.747	0.944
康定市	37 781	53 470.24	0.935	1.395
泸定县	24 768	37 696.02	0.935	1.336
丹巴县	27 774	38 785.68	0.780	1.160
九龙县	20 652	34 620.53	0.626	0.967
雅江县	20 445	28 655.78	0.574	1.040
道孚县	18 160	26 508.60	0.668	1.041

(续表)

区县	农林牧渔业增加值（万元）		劳均产值（万元/人）	
	2012年	2017年	2012年	2017年
炉霍县	19 133	26 323.59	0.907	1.055
甘孜县	32 592	49 770.32	0.988	1.370
新龙县	25 220	38 381.49	1.510	1.938
德格县	25 753	37 894.62	0.560	0.912
白玉县	24 509	37 074.65	0.817	1.174
石渠县	34 168	46 192.33	0.844	1.305
色达县	22 749	36 119.89	0.836	1.258
理塘县	28 586	43 061.39	0.972	1.200
巴塘县	21 518	33 564.74	0.737	1.201
乡城县	17 347	24 507.08	1.334	1.665
稻城县	14 889	22 196.58	1.006	1.470
得荣县	14 841	21 468.47	1.142	1.533
峨边县	14 807	50 106.29	1.065	1.641
马边县	38 290	77 631.88	0.798	0.910
金口河区	64 544	20 908.91	1.065	1.242

3. 农业产业结构

2017年，深度贫困地区农林牧渔增加值达到245.6亿元，其中，农业增加值115.8亿元，较2012年提升41.9%；林业增加值171.4亿元，较2012年提升72.9%；畜牧业增加值107.3亿元，较2012年提升26.7%；渔业增加值0.9亿元，较2012年提升86.6%。农林牧渔业比重由2012年的43∶6∶49∶2调整为2017年的47∶7∶44∶2（表4-14）。

表4-14 45个深度贫困县农业产业结构情况

区县	农林牧渔增加值（万元）		农业增加值		林业增加值		畜牧业增加值		渔业增加值	
	2012年	2017年	2012年	2017年	2012年	2017年	2012年	2017年	2012年	2017年
汶川县	22 900	28 315	10 687	11 643	5 504	3 967	5 718	10 839	84	350.0
理县	14 482	28 643	8 676	13 230	789	6 960	4 495	7 689	0	
茂县	35 269	59 707	22 337	43 528	1 812	869	10 433	14 469	67	62.0
松潘县	24 577	50 371	11 130	18 157	1 932	8 526	10 663	22 016	0	

（续表）

区县	农林牧渔增加值（万元）		农业增加值		林业增加值		畜牧业增加值		渔业增加值	
	2012年	2017年	2012年	2017年	2012年	2017年	2012年	2017年	2012年	2017年
九寨沟县	15 511	26 224	5 503	6 592	2 632	9 785	6 085	8 170	0	
金川县	19 953	35 206	6 538	13 767	2 139	2 281	10 548	17 957	0	27.0
小金县	20 672	36 343	8 430	16 468	2 017	4 517	9 299	14 025	0	4.0
黑水县	15 971	29 347	4 344	10 908	3 969	2 216	6 277	14 132	0	
马尔康市	17 649	29 486	4 813	7 168	896	2 337	10 917	18 568	0	71.0
壤塘县	19 291	25 271	3 460	1 919	1 011	3 445	13 657	18 463	0	
阿坝县	26 872	41 666	2 773	4 034	139	1 022	23 191	35 584	0	
若尔盖县	54 615	77 293	1 927	4 094	464	1 199	50 973	70 295	71	31.0
红原县	27 978	44 844	2 868	2 818	149	53	24 203	40 977	70	
木里县	46 179	62 880	21 140	27 045	3 378	4 670	19 740	27 331	149	807.0
盐源县	140 576	265 730	87 070	205 189	2 500	3 476	48 556	53 511	842	1 565.0
普格县	65 778	87 854	40 245	54 096	3 274	4 225	20 607	26 780	191	219.0
布拖县	55 816	77 251	29 836	39 970	2 245	3 892	22 574	32 150	0	80.0
金阳县	58 570	73 411	30 663	40 094	3 922	5 024	22 675	26 826	15	25.0
昭觉县	77 854	107 858	29 784	51 703	4 213	9 861	42 662	44 390	519	731.0
喜德县	53 020	73 640	28 267	33 699	1 602	2 911	22 664	36 368	205	268.0
越西县	157 475	124 554	82 744	70 591	6 449	8 979	62 901	42 924	1312	490.0
甘洛县	94 022	67 682	46 682	31 937	4 722	983	41 369	33 177	392	1 234.0
美姑县	50 475	97 473	26 151	34 868	475	8 430	23 487	52 784	88	46.0
雷波县	66 141	120 160	23 666	74 694	5 720	6 855	35 915	35 852	46	2 539.0
康定市	37 781	53 470	14 386	28 307	1 005	1 928	21 874	22 226	10	29.0
泸定县	24 768	37 696	14 126	28 836	202	383	10 216	8 053	23	16.0
丹巴县	27 774	38 786	14 987	23 714	319	1 170	12 166	12 930	0	0
九龙县	20 652	34 621	8 759	20 947	1 875	3 068	9 892	10 383	16	23.0
雅江县	20 445	28 656	9 370	13 660	1 810	4 997	8 927	9 378	3	10.0
道孚县	18 160	26 509	5 640	11 056	1 652	2 079	10 806	13 255	0	0
炉霍县	19 133	26 324	3 402	6 185	563	981	15 042	18 931	0	
甘孜县	32 592	49 770	11 290	19 121	425	836	20 398	28 987	103	122.0
新龙县	25 220	38 381	5 801	10 990	1 321	2 726	17 993	24 452	0	0

(续表)

区县	农林牧渔增加值（万元）		农业增加值		林业增加值		畜牧业增加值		渔业增加值	
	2012年	2017年	2012年	2017年	2012年	2017年	2012年	2017年	2012年	2017年
德格县	25 753	37 895	6 002	9 736	983	1 797	18 388	25 699	112	180.0
白玉县	24 509	37 075	4 707	8 202	2 147	3 401	17 533	25 254	0	0
石渠县	34 168	46 192	10 819	12 734	1 409	2 052	21 776	31 176	79	83.0
色达县	22 749	36 120	2 096	3 875	619	829	19 901	31 174	0	0
理塘县	28 586	43 061	3 634	8 010	789	1 459	23 801	32 954	0	0
巴塘县	21 518	33 565	8 955	17 040	1 328	1 932	11 057	14 278	20	33.0
乡城县	17 347	24 507	8 170	11 890	2 458	4 707	6 663	7 798	0	0
稻城县	14 889	22 197	5 891	11 068	1 263	2 487	7 670	8 518	0	
得荣县	14 841	21 468	6 388	10 661	1 727	3 508	6 680	7 070	0	
峨边县	38 290	50 106	12 124	22 348	6 140	8 744	18 775	16 820	116	117.0
马边县	64 544	77 632	42 328	49 986	6 646	11 393	13 398	12 921	131	97.0
金口河区	14 807	20 909	7 806	11 183	2 468	4 440	4 067	4 998	350	101.0
合计	1 730 172	2 456 148	746 415	1 157 761	99 102	171 401	846 632	1 072 532	5 014	9 360.0

注：数据来源于四川省统计年鉴。

4. 农民收入

2017年，45个深度贫困县农村居民人均可支配收入达到10 353元，是2012年的1.1倍，增幅达48.9%，五年来农村居民人均可支配收入年平均增长率为12.2%。从贫困程度看，按照联合国粮农组织的标准，恩格尔系数在59%以上为贫困，50%~59%为温饱。2017年，除了红原、普格、布拖、德格、色达、白玉、稻城等7个县以外，其他深度贫困县恩格尔系数均低于59%，进入温饱状态，但仍高于全省恩格尔系数32.5%的平均水平（表4-15）。

表4-15　45个深度贫困县农民收入水平情况

区县	农村居民人均可支配收入（元）		恩格尔系数（%）	
	2012年	2017年	2012年	2017年
四川省	7 001	12 243	46.85	32.5
汶川县	6 430	11 707	54.90	30.6
理县	5 506	11 892	43.40	33.7
茂县	5 740	11 746	57.10	51.9
松潘县	5 890	11 725	44.40	37.6

(续表)

区县	农村居民人均可支配收入（元）		恩格尔系数（%）	
	2012年	2017年	2012年	2017年
九寨沟县	5 800	11 689	55.60	41.2
金川县	5 560	11 657	48.80	48.4
小金县	5 250	11 567	57.70	49.7
黑水县	4 840	12 291	58.80	40.1
马尔康市	6 630	10 482	44.80	34.8
壤塘县	4 560	11 672	67.80	42.9
阿坝县	6 150	11 693	53.50	53.1
若尔盖县	6 000	12 196	73.30	58.0
红原县	6 780	8 908	54.70	66.0
木里县	4 090	10 856	75.70	30.9
盐源县	5 752	9 136	74.50	55.8
普格县	4 868	7 849	69.10	63.5
布拖县	4 112	7 813	59.40	61.9
金阳县	4 075	8 197	81.80	51.2
昭觉县	4 297	7 816	43.10	51.8
喜德县	4 063	8 632	67.30	46.0
越西县	4 551	7 714	71.40	58.7
甘洛县	3 965	7 652	79.20	57.0
美姑县	3 981	8 758	72.00	58.2
雷波县	4 593	12 052	62.40	52.6
康定市	5 550	11 096	57.90	47.2
泸定县	4 949	11 832	53.80	51.8
丹巴县	5 373	12 587	58.10	48.4
九龙县	6 000	10 275	53.50	47.2
雅江县	4 524	9 902	59.40	54.6
道孚县	4 261	9 618	56.20	59.6
炉霍县	4 226	10 215	65.50	52.6
甘孜县	4 354	9 811	57.40	58.6
新龙县	4 219	9 737	65.80	57.6

(续表)

区县	农村居民人均可支配收入（元）		恩格尔系数（%）	
	2012 年	2017 年	2012 年	2017 年
德格县	4 139	10 237	61.70	63.7
白玉县	4 289	9 559	71.00	70.5
石渠县	4 174	9 604	79.00	57.4
色达县	4 017	9 717	63.50	60.9
理塘县	4 171	10 216	66.10	56.3
巴塘县	4 336	10 176	61.90	54.2
乡城县	4 434	10 729	58.40	58.1
稻城县	4 702	10 042	64.70	62.8
得荣县	4 309	10 120	69.60	42.4
峨边县	5 894	10 344	44.30	46.9
马边县	3 607	13 038	50.40	42.7
金口河区	3 985	9 433	50.50	47.7
平均	4 913	10 353	61.00	51.0

注：数据来源于四川省统计年鉴。

（二）存在的问题

1. 农业投入产出效率较低

农业在深度贫困地区的重要性不容忽视，2017 年，深度贫困地区农林水务支出占公共财政支出的 24.2%，高于全省平均 12.3% 的水平，表明深度贫困地区政府对农业的高度重视和高投入，但农业增加值占贫困地区 GDP 的 10.2%（全省平均 7.3%），单位耕地产值为 2.71 万元/公顷，仅达到全省平均单位耕地产值一半的水平，反映出深度贫困地区农业投入产出比仍然较低。主要原因：一是农业财政对社会资本的撬动能力较弱，农业投入主要依靠财政和农民投工投劳；二是农业科技水平较低，仍处于粗放式生产阶段，现代农业处于起步阶段；三是农业产业融合度不高，农业附加值潜力没有充分释放。因此，贫困地区要加快转变农业发展方式，促进农业集约化发展。

2. 农业科技服务能力不足

从事农牧业技术推广的基层农技人员少，基层公益性农技服务人员严重不足，社会性农技服务机构几乎为零，农民培训指导缺少项目支撑和常态机制，缺乏新品种新技术试验示范基地、品种良繁基地、本土优势品种母本园保护基地，科技创新研发能力不足，新品种、新技术储备严重不足，品种更新换代跟不上生产和市场变化的需要，适应市场需求变化能力不强。

3. 农产品市场信息不对称

经济相对发达的地区，在产业方面已经具备了先发优势，在市场上已经树立了品牌，建立了相对稳定的销售渠道。深度贫困地区现代农业产业发展起步较晚，加之市场信息相对闭塞，难免陷入产品同质化竞争的困境。例如，贫困山区近年来大量发展核桃、林果等产业，已经出现产品销售难的现象，随着果树盛果期的到来，产量将进一步加大，产品"烂市"现象将会成为今后产业发展的重大瓶颈。因此产业选择和发展要考虑市场需求，走差异化发展道路。

4. 人才外流趋势明显

随着城镇化进程加快，大量青壮年劳动力离开农村，农民老龄化、农村缺人才的问题日益突出。以马边县为例，全县高中文化以上常住人口占乡村常住人口的15.8%，20~50岁青壮年劳动力占劳动力总数不到一半，留守老人、留守妇女、留守儿童成为乡村人员主体。随着脱贫攻坚、乡村振兴战略的推进，乡村干部工作量和工作难度在逐年增大，但工资待遇相对较低，收入来源较为单一，有能力、能干事的乡村干部外流趋势明显，"人才短板"成为贫困地区产业持续发展的最大"拦路虎"。

5. 集体经济相对薄弱

截至2017年末，全国农村集体资产总额3.1万亿元（不包括土地等资源性资产）。在统计的55.9万个村中，经营收益5万元以上的村达到14万个，集体没有经营收益或者经营收益在5万以下的村有41.8万个，占总数的74.9%，全国集体经济总体偏弱，集体经济存在资产数量不明确，集体经济收入严重偏低等问题。在四川贫困地区尤为突出，从贫困地区随机抽样的15个村，集体经济平均收入13.4万元，并且几乎全部来自补助收入，集体资产平均13.3万元，没有经营性资产，农民没有从集体经济获得任何分红。集体经济薄弱直接影响了村级组织的战斗力和积极性，难以形成凝聚力。

6. 农民收入结构性失衡

从绝对值看，城乡居民收入差距仍然较大，深度贫困地区农民人均可支配收入10 373元（城镇28 611元），深度贫困地区农村恩格尔系数为51%（城镇39.6%）。但从收入结构分析，农民主要收入来源仍是家庭经营性收入和工资性收入，其占农民人均可支配收入的比重分别是60%、23%；其次是转移性支付和财产性收入，占比分别为14%、1.6%。通过城乡收入结构对比分析，说明贫困地区农民的主要收入来源仍是以家庭经营收入和工资性收入为核心的劳动性收入；财产性收入所占比例最低为1.2%。而城镇居民工资性收入和财产性收入要显著高于农民，更为稳定，这也在一定程度上造成了城乡之间居民收入的差距。

7. 区域间同质化发展加大了发展的难度

阿坝州与甘孜州、凉山州的部分地区资源禀赋相似，产业结构差别不大，在高山蔬菜、特色水果等产业面临地区间无序竞争和发展模式趋同的压力。

三、四川省深度贫困地区农业科技支撑现状

（一）农业生产投入显著提升

2017年，四川省深度贫困地区农林水务支出达到171.7亿元，是2012年的1.57倍，其中，很大一部分资金用于良种、良技示范推广。农民劳均产值由2012年的8 800元增加到2017年的12 300元，年均增长8.2%，2017年，贫困地区劳均产值与全省平均

劳均产值比2012年提升了3个百分点。单位耕地产值由2012年的2.3万元/公顷增加到2017年的2.56万元/公顷，年均增长2.6%。表4-16体现了45个深度贫困县的农林水务支出和耕地产值情况。

表4-16　45个深度贫困县农林水务支出和耕地产值情况

区县	农林水务支出（万元）		单位耕地产值（万元/公顷）	
	2012年	2017年	2012年	2017年
汶川县	17 148	24 332	1.72	2.54
理县	7 488	16 903	2.71	3.62
茂县	13 108	28 569	2.57	3.68
松潘县	11 812	28 404	0.83	1.08
九寨沟县	10 437	27 578	0.81	1.06
金川县	15 681	26 117	1.00	1.39
小金县	10 521	41 203	0.99	1.48
黑水县	13 500	32 560	0.57	0.97
马尔康市	13 315	24 318	0.75	0.96
壤塘县	13 346	22 550	1.00	1.26
阿坝县	21 852	39 036	0.32	0.45
若尔盖县	22 914	52 218	0.46	0.58
红原县	17 359	23 912	22.23	27.48
木里县	25 017	44 268	1.28	1.57
盐源县	32 273	72 150	1.46	1.94
普格县	18 749	40 054	1.50	1.94
布拖县	16 484	47 936	1.30	2.01
金阳县	16 554	44 137	1.70	2.05
昭觉县	18 188	64 587	0.71	1.16
喜德县	17 288	42 037	0.91	1.03
越西县	22 542	67 731	1.45	2.09
甘洛县	14 620	52 443	1.13	1.29
美姑县	18 531	64 335	0.76	0.99
雷波县	21 851	71 994	2.06	2.61
康定市	16 126	39 050	1.90	3.26
泸定县	10 716	29 758	2.66	5.18
丹巴县	10 730	32 175	1.95	2.93

(续表)

区县	农林水务支出（万元）		单位耕地产值（万元/公顷）	
	2012年	2017年	2012年	2017年
九龙县	8 432	30 279	1.96	4.01
雅江县	15 342	38 296	2.25	3.05
道孚县	11 143	44 283	0.74	1.15
炉霍县	10 157	39 566	0.52	0.84
甘孜县	17 169	33 804	0.94	1.57
新龙县	9 365	28 704	0.91	1.61
德格县	19 356	29 669	1.27	1.90
白玉县	9 680	31 171	0.64	1.02
石渠县	20 664	52 798	2.70	3.22
色达县	18 055	43 523	1.91	2.81
理塘县	14 224	29 211	0.74	1.46
巴塘县	7 280	28 491	1.34	2.49
乡城县	7 481	20 932	2.36	3.17
稻城县	6 798	27 803	1.19	2.03
得荣县	8 773	25 521	1.52	2.61
峨边县	4 695	12 992	2.13	2.84
马边县	13 777	54 150	0.69	0.88
金口河区	17 407	45 498	1.55	1.78

注：数据来源于四川省统计年鉴。

（二）农业机械化水平显著提升

2012年，深度贫困地区农业机械总动力为6.25万千瓦特，占2012年全省农业机械总动力的17%；2017年，深度贫困地区农业机械总动力达到7.38万千瓦特，农机使用强度由2012年的0.000 85增加到2017年的0.000 96，与全省基本保持同步增长。表4-17是45个深度贫困县农机、复种指数情况。

表4-17 45个深度贫困县农机、复种指数情况

区县	农机使用强度		复种指数		农业机械总动力（万千瓦特）	
	2012年	2017年	2012年	2017年	2012年	2017年
四川省	0.000 5	0.000 6	1.43	1.44	3 694.03	4 267.32
汶川县	0.000 9	0.001 0	1.04	1.03	5.86	6.30

（续表）

区县	农机使用强度		复种指数		农业机械总动力（万千瓦特）	
	2012年	2017年	2012年	2017年	2012年	2017年
理县	0.0014	0.0016	1.14	1.21	4.42	5.00
茂县	0.0005	0.0006	1.68	1.88	4.61	5.00
松潘县	0.0004	0.0004	0.66	0.60	5.40	5.90
九寨沟县	0.0011	0.0012	0.86	0.80	7.73	8.27
金川县	0.0009	0.0010	0.85	0.86	5.85	6.47
小金县	0.0013	0.0013	1.16	1.14	11.27	11.40
黑水县	0.0008	0.0008	1.04	0.96	5.88	6.00
马尔康市	0.0013	0.0012	0.64	0.76	7.99	7.91
壤塘县	0.0010	0.0012	0.52	0.54	3.64	4.00
阿坝县	0.0003	0.0007	0.78	0.81	2.80	5.69
若尔盖县	0.0015	0.0012	1.02	1.03	6.29	4.90
红原县	0.0064	0.0064	1.28	1.50	0.83	0.83
木里县	0.0005	0.0006	1.18	1.11	8.86	10.00
盐源县	0.0006	0.0008	1.08	1.05	36.11	45.39
普格县	0.0003	0.0004	1.18	1.12	6.87	10.03
布拖县	0.0001	0.0002	1.22	1.17	2.91	3.61
金阳县	0.0003	0.0004	1.72	1.62	5.93	7.32
昭觉县	0.0003	0.0004	0.98	0.92	10.77	15.24
喜德县	0.0003	0.0002	0.97	0.89	7.88	7.36
越西县	0.0002	0.0003	1.38	1.28	7.21	8.82
甘洛县	0.0002	0.0003	1.22	1.21	4.44	7.18
美姑县	0.0001	0.0001	0.92	0.88	2.98	4.60
雷波县	0.0005	0.0006	1.36	1.28	12.62	14.39
康定市	0.0012	0.0016	0.95	1.09	8.75	12.00
泸定县	0.0009	0.0007	1.54	1.43	5.00	3.85
丹巴县	0.0008	0.0011	0.72	0.52	6.50	8.09
九龙县	0.0014	0.0017	0.98	1.17	6.10	7.50
雅江县	0.0018	0.0020	0.76	0.83	7.45	8.40
道孚县	0.0008	0.0008	0.76	0.82	6.50	6.30

(续表)

区县	农机使用强度		复种指数		农业机械总动力（万千瓦特）	
	2012年	2017年	2012年	2017年	2012年	2017年
炉霍县	0.000 5	0.000 6	0.69	0.71	3.35	3.80
甘孜县	0.000 5	0.000 6	0.90	1.05	6.08	6.80
新龙县	0.000 9	0.000 9	0.56	0.62	5.60	6.00
德格县	0.000 2	0.000 3	1.02	1.07	0.80	1.20
白玉县	0.000 6	0.000 7	0.53	0.55	4.50	4.89
石渠县	0.000 4	0.000 5	0.69	0.74	1.60	2.06
色达县	0.000 7	0.001 1	0.81	0.81	0.80	1.20
理塘县	0.001 4	0.001 7	0.85	1.09	7.00	8.29
巴塘县	0.000 3	0.000 4	0.65	0.71	2.04	2.47
乡城县	0.001 3	0.001 5	0.93	0.93	4.37	5.10
稻城县	0.001 1	0.001 4	0.72	0.75	5.60	7.00
得荣县	0.000 7	0.001 4	0.74	0.77	2.91	6.02
峨边县	0.000 7	0.000 8	1.82	1.85	2.74	3.00
马边县	0.000 6	0.000 6	1.07	1.05	9.70	11.10
金口河区	0.000 2	0.000 2	1.24	1.24	4.92	5.60

注：数据来源于四川省统计年鉴。

（三）农技人员数量显著提升

2012年，深度贫困地区农技人员数量为1 962人，占全省总农技人员总数的2%；2017年，深度贫困地区农技人员数量达到5 438人，是2012年的2.8倍，占全省总农技人员的比重提升到5%。表4-18是45个深度贫困县农业技术人员情况。

表4-18　45个深度贫困县农业技术人员情况

区县	农业技术人员（人）	
	2012年	2017年
四川省	86 789	101 020
汶川县	84	132
理县	41	50
茂县	195	198
松潘县	119	134

(续表)

区县	农业技术人员（人）	
	2012年	2017年
九寨沟县	165	142
金川县	63	31
小金县	162	56
黑水县	74	67
马尔康市	185	127
壤塘县	153	188
阿坝县	17	96
若尔盖县	71	86
红原县	12	109
木里县	0	538
盐源县	0	193
普格县	0	97
布拖县	0	6
金阳县	0	287
昭觉县	0	112
喜德县	0	190
越西县	0	104
甘洛县	0	98
美姑县	0	95
雷波县	0	210
康定市	66	156
泸定县	89	73
丹巴县	50	184
九龙县	25	85
雅江县	38	68
道孚县	23	130
炉霍县	38	86
甘孜县	17	55
新龙县	47	92

(续表)

区县	农业技术人员（人）	
	2012年	2017年
德格县	17	130
白玉县	2	186
石渠县	14	11
色达县	23	106
理塘县	13	42
巴塘县	35	264
乡城县	6	59
稻城县	4	92
得荣县	21	52
峨边县	6	50
马边县	38	49
金口河区	49	122

注：数据来源于《四川省统计年鉴》。

第五章 四川省农业科技扶贫影响因素与需求分析

第一节 四川省农业科技扶贫的影响因素分析

一、四川省农业发展基本要素对科技扶贫的影响

坚持把解决好"三农"问题作为全党工作重中之重,是我党历来的重要战略方针。四川省是我国农业大省、人口大省,做好"三农"工作更为关键。党的十八大以来,四川省把脱贫攻坚作为最大的政治责任、最大的民生工程和最大的发展机遇,紧扣"两不愁三保障"目标,下足"绣花"功夫精准扶贫、精准脱贫,各项工作扎实推进,取得了决定性成效。推进脱贫攻坚和乡村振兴,产业振兴是关键,随着当前农村人口的不断流失,城镇化发展不断加速,城乡融合不断加深,使得农业农村的持续发展受到了较大的挑战,四川作为农业大省,面临的问题更加明显。在现有"人口红利"逐渐减弱的情况下,四川省迫切需要依靠加大农业科技投入和提高科技普及来提升农业生产效率,为产业扶贫、乡村振兴提供新的"动力源"。四川省特殊的地理位置、地势地貌、自然环境以及民族结构、人文基础在不同程度上影响着农业科技的发展和普及,尤其在四川四大贫困片区,农业科技扶贫十分必要且意义重大,但受多方面因素影响,效果仍然有待提升,农业科技需求仍未得到满足。

四川省精准扶贫工作已取得重要进展,贫困地区农业发展水平、农民收入水平以及农村生活水平都有了较大的跃升。但是通过横向比较可发现,四川省大小凉山、藏彝等少数民族地区农村居民的收入与大城市周边农村相比仍有很大差距,并且差距越来越大,随着时间的推移,呈现"喇叭"形状。造成这一结果的原因较多,如距离城市较远加上交通不便导致的村民闭塞以及农产品滞销;少数民族文化差异使得新型农业经济增长方式难以有效推进;农业基本公共设施不完善;人口流失以及人才缺乏等因素。科技对农业的发展具有重要的促进作用,对贫困地区农业发展的推动作用更为明显。实践证明,四川省农业科技扶贫能够有效地促进贫困地区农业经济的发展,提升当地村民的生活质量。但四川省贫困地区的农业发展条件使得农业科技精准扶贫实施难度加大,主要影响因素包含自然条件因素与人文经济因素两个方面。

(一) 自然条件因素

1. 气候因素

四川省位于长江上游,西有青藏高原相扼,东有三峡险峰重叠,北有巴山秦岭屏障,南有云贵高原拱卫,形成了闻名于世的四川盆地,享"天府之国"的美誉,全省

气候的区域差异显著，东部冬暖、春旱、夏热、秋雨，多云雾，少日照，生长季长，西部则寒冷、冬长、基本无夏，日照充足，降水集中，干雨季分明。气候垂直变化大，气候类型多，有利于农林牧综合发展，造就了不同地区特征差异明显的农业生产结构，如攀枝花市属南亚热带—北温带的多种气候，平均气温较高，且日照对数为全省之最，因此，攀枝花盛产芒果等水果。

从四川省各市主要环境指标（表 5-1）可以看出四川省气候差距明显，平均气温最高攀枝花 20.8℃与最低康定 8.4℃相差 12.4℃。降水量、湿度以及日照时数在不同市州也同样有明显差距。气候环境对四川农业经济发展既有积极的促进作用，同时也带来一定的挑战，不同地区农业生产侧重点需要依据不同气候环境来选择，一定程度上影响了农业生产的规模效应，对农业产业经济发展方式的多样化选择造成了一定阻碍，特定的发展方式难以在全川全面推广。

表 5-1 四川省主要城市 2018 年气候数据统计①

城市	平均气温（℃）	全年降水量（毫米）	平均相对湿度（%）	全年日照时数（小时）
成都市	16.7	1 250.3	81	1 210.9
自贡市	18.7	909.8	78	1 198.4
攀枝花市	20.8	822.2	57	2 628.6
泸州市	18.2	1 388.4	82	1 356.8
德阳市	17.0	1 650.6	78	1 302.2
绵阳市	17.5	1 367.0	70	1 468.0
广元市	16.3	1 086.5	69	1 464.2
遂宁市	17.9	931.8	80	1 123.7
内江市	18.1	1 044.8	81	1 252.4
乐山市	18.5	1 511.9	71	1 085.6
南充市	17.6	1 027.8	78	1 402.0
眉山市	18.0	1 310.5	82	1 023.1
宜宾市	17.7	1 190.0	81	1 104.1
广安市	17.6	974.8	78	1 339.2
达州市	18.1	976.1	78	1 210.5
雅安市	16.8	2 161.3	78	977.7
巴中市	17.6	1 157.9	74	1 652.2
资阳市	17.9	1 203.3	79	1 549.7

① 数据来源于《四川省统计年鉴 2019》。

（续表）

城市	平均气温（℃）	全年降水量（毫米）	平均相对湿度（%）	全年日照时数（小时）
马尔康市	9.5	981.8	65	1 930.2
康定市	8.4	955.2	73	1 644.9
西昌市	17.9	1 137.7	58	2 397.1

四川省的气候环境不仅仅表现在主要参数指标的特殊性，气候环境造成较多地区处于自然灾害频发区，使得四川省农业发展处处掣肘，自2008年汶川地震至今，雅安、九寨沟、宜宾等地都相继发生不同级别的地震，而且农业相关自然灾害也是我国各个省份中相对较多的。自然灾害的发生不仅对当年农作物的产量影响较大，并且对于第二年耕播会造成一定的影响，灾害的发生与治理对农业生产起决定性作用。图5-1显示了四川省自2004年以来自然灾害受灾面积变化趋势，由图可见，四川所受自然灾害面积虽然不断波动明显，但是总体呈现逐年下降趋势。数据显示①，2004年至2015年间的绝大部分年份，四川省自然灾害受灾面积排名均处于我国各省（自治区、直辖市）靠前位置。

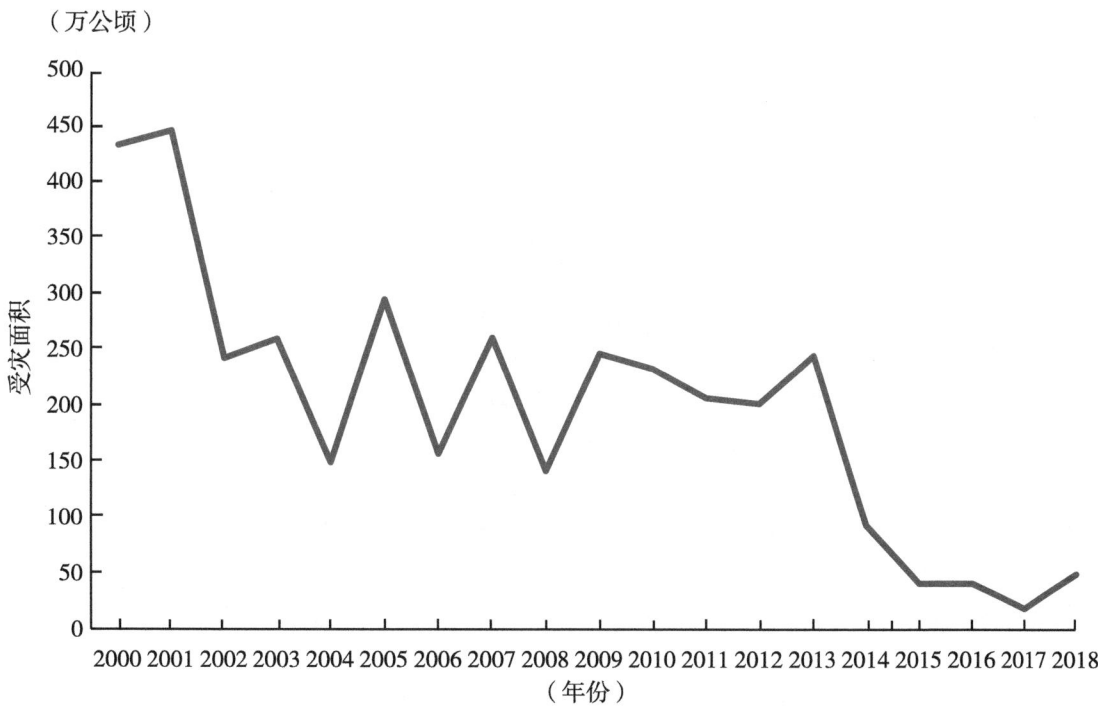

图5-1　2000—2018年四川省自然灾害受灾面积②

---

① 此结果由不同年份各个省份统计年鉴对比而得，限于篇幅书中并未列举。
② 由《四川统计年鉴2019》数据绘制而成。

而且四川省所受农业自然灾害种类繁多（表5-2），除个别年份外主要集中在旱灾和洪涝灾害，四川省气温较高，雨季较多，因此旱灾和洪涝灾比较突出。另外在2016年四川省农业病虫草鼠害发生面积为1 636.8万公顷次，实际损失粮食为489 026吨①。自然灾害作为农业生产的主要阻碍因素应当采取积极的防治措施，比如增强气象为农服务，加强农村自然灾害监测预报预警，加强农村水利等基础设施建设，提升农业生产人员应对气象灾害能力。

表5-2 四川省受灾面积统计（万公顷）②

年份	总计	旱灾	洪涝、滑坡、台风	风雹	低温、冷冻
2010	232.4	62.78	150.78	5.01	13.83
2011	152.82	55.28	51.90	9.52	36.12
2012	94.39	22.20	64.44	4.71	3.04
2013	160.29	80.04	60.51	6.24	2.55
2014	91.93	57.68	29.25	2.98	1.75
2015	56.27	22.29	25.81	7.17	0.97
2016	41.06	11.30	13.87	7.17	8.72
2017	21.57	3.48	14.27	1.22	2.41

气候条件对四川省农业经济发展与农业生产方式影响巨大，一方面可以增加农业播种次数和农作物种植的多样性，另一方面则是对农业生产明显的抑制性和瓶颈效应，在气候条件较差的地区，由于生产条件限制了综合产能，发展农业仅能维持自给自足，并不能够产生更多的产出和效益，难以有效提升农民收入，现有条件下，难以推动农业的可持续和高质量发展。另外，由于自然灾害对农业极大的破坏性，严重损害了受灾农民的利益，而且将在后续农业产生过程中产生畏惧心理，挫伤发展信心。

四川省特殊的气候条件造成了全省不同地区农业的发展条件差距明显，越是气候条件差的地区，越易受到自然灾害的负面影响，农业科技的进入、推广和普及越是受到制约，间接或直接造成了区域贫富差距。四川省贫困地区的农业发展迫切需要科技支持，通过农业科技的持续投入和更新换代来提升贫困地区的农业产业发展竞争力和抵御灾害风险能力，在适应并利用好当地气候环境的同时，促进农业产业最优化发展。另外，气候因素的不同使得在不同地区需要因地制宜开展农业科技支持，充分挖掘当地优势农产品的综合生产能力，提高农业综合生产效益，进而缩小各地的贫富差距。

2. 地形因素

四川地处我国西南地区，地跨青藏高原、横断山脉、云贵高原、秦巴山地、四川盆

---

① 数据来源于《四川统计年鉴2017》。
② 数据来源于国家统计局网站 http://data.stats.gov.cn/easyquery.htm? cn=E0103。

地等几大地貌单元，地势西高东低，由西北向东南倾斜。山地、高原和丘陵约占全省土地的97.46%，除四川盆地底部的平原和丘陵外，大部分地区岭谷高差均在500米以上。最低处在广安市邻水县的御临河出省处，海拔仅184米，与贡嘎山相差7300余米，地表起伏之悬殊程度在中国仅新疆、西藏可比。按地形单元，全省可分为四大片区，包括：四川盆地底部地区，是我国四大盆地之一，盆地底部龙泉山以西为川西平原区，由成都平原、眉山—峨眉平原组成，其中，成都平原面积达8000平方千米，是西南地区最大的平原。龙泉山以东地区为盆地丘陵地貌区。四川盆地边缘地区，地形以山地为主，山地面积占总面积的93%，该区丘陵和平原较少且零星分布山地之间，平原坝子例如广元坝子、天全坝子等均是当地的农业中心。川西南山地区，该区域94%为山地，东部的大凉山山地为山原地貌，中部的安宁河谷为平原，面积约960平方千米，是全省第二大平原。川西北高原地区，分为川西北高原和川西山地两部分，根据切割深浅可分为高山原和高山峡谷区，四川第一高峰大雪山主峰贡嘎山（海拔7556米）便位于该区域。

四川省总体地势起伏悬殊，高山、高原所占比重较大，受地形限制，四川省农业生产发展集中在占比较小的盆地平原和丘陵地区。四川省显著的地形地貌特征和多元的地貌单元为农业发展带来了较大的挑战，很多地区尤其在山区、高原，交通运输的发展受到了极大的限制，不仅大大增加了农民在农业生产与销售中的成本，而且也难以形成规模产业、发挥规模效应。其次，不同的地貌地形对适合发展的农业类型各不相同，大部分农业产业在区域之间很难协同发展，使得大部分农作物生产区域都比较闭塞。四川省多样化的地形特征在一定程度上丰富了四川省的农业发展类型和发展模式，优美自然风光也赋予了农业旅游融合开发的优质资源和巨大潜力，但是四川省作为农业大省，农林牧渔业产业高质量发展是激发农业农村活力的最大支柱和基础，受地形地貌特征影响，条件较差的地区农业生产转型升级和竞争力提升面临较大的挑战。

地形因素为农业科技扶贫载体的进入带来重重阻碍。山区、高原、丘陵等地势地貌导致了农业机械、电力设备的普及难以实行，机械化自动化发展较为困难。部分受限于交通运输条件的地区，普遍存在信息传达不对等、运输距离较远、生产成本增高、销售渠道不畅、规模发展受限、经济发展滞后等问题。高成本的科技投入的使得贫困地区望洋兴叹，农业自身产出和投入能力难以支撑，还不完善的农业科技扶贫渠道也难以满足贫困地区生产发展的需求，推广高效率、广覆盖的农业科技扶贫模式显得愈发迫切。

3. 土地因素

土地作为农作物生长的直接载体，对农业经济发展的影响至关重要。总体上看，四川省耕地面积少，人地矛盾突出。截至2018年底，四川省耕地面积为672.28万公顷，全年播种面积为961.539万公顷，复种指数1.43，人均耕地面积为1.21亩，低于全国人均1.35亩的平均水平。随着工业化、城镇化进程的加速推进，建设用地需求不断增加，地供需矛盾日益突出，虽然政府为优化配置土地资源、缓解用地供需矛盾，采取了增减挂钩、占补平衡等有效措施，但国家耕地红线和四川耕地红线保护仍然面临较大压力，导致人均耕地面积不增反减。四川省后备土地资源不足，四川地处我国西南腹地和长江上游，境内地势西高东低，以山地、高原为主，丘陵次之，平原较少。其中未利用的后备耕地资源主要集中分布在甘孜、阿坝、凉山三州地区，地区地形地貌、生态环境、水资源等多重限制导致可开发利用土地比例小。四川省农业种植以粮油作物为主，其中粮食作物占比65.16%，油料作物占比15.51%，其余主要为蔬菜、中药材等经济作物，占比19.33%。详见表5-3。

表5-3 四川省各地区农作物播种面积汇总（×10³公顷）①

地区	农作物	粮食	棉花	油料	生麻	糖料	烟草	中草药	蔬菜
四川省	9 615.39	6 265.64	4.21	1 491.12	17.01	3.44	76.54	124.11	1 369.17
成都市	739.32	383.05	0.17	150.06	0.00	0.26	0.17	13.81	168.34
自贡市	366.41	229.29	0.00	70.23	0.00	1.15	0.00	0.97	59.47
攀枝花市	71.41	44.87	0.00	2.73	0.00	0.23	5.31	0.53	15.57
泸州市	540.67	394.96	0.00	49.91	0.00	1.27	6.44	3.10	75.15
德阳市	476.72	311.30	0.13	86.24	0.00	0.13	1.04	7.36	63.55
绵阳市	661.96	400.20	0.05	167.94	0.00	0.15	0.00	10.46	70.28
广元市	498.60	311.31	0.00	97.12	0.00	0.08	2.73	10.18	70.97
遂宁市	387.00	268.80	3.29	71.57	0.01	0.17	0.00	1.73	34.87
内江市	478.15	308.61	0.00	79.54	0.05	0.51	0.00	1.20	76.35
乐山市	340.79	217.69	0.00	46.23	0.00	0.46	0.76	11.44	51.27
南充市	888.87	559.25	0.24	149.42	0.13	0.98	0.07	8.24	148.26
眉山市	314.55	194.43	0.04	57.14	0.00	0.31	0.07	1.91	46.41
宜宾市	591.97	421.54	0.00	74.13	0.05	0.88	5.68	4.09	77.01
广安市	406.27	284.75	0.00	48.21	0.03	0.24	0.01	1.61	64.10
达州市	810.29	555.08	0.00	134.27	16.70	0.92	1.11	8.12	85.73
雅安市	115.97	69.04	0.00	7.83	0.00	0.00	0.00	7.05	30.30
巴中市	508.33	338.32	0.00	79.35	0.01	0.78	0.10	20.08	63.06
资阳市	517.27	336.09	0.12	94.38	0.00	0.48	0.00	1.53	60.83
阿坝州	74.09	47.73	0.00	3.12	0.00	0.01	0.00	2.97	19.30
甘孜州	88.90	68.81	0.00	5.94	0.00	0.00	0.00	1.86	12.00
凉山州	737.86	520.53	0.00	15.84	0.03	0.45	53.06	5.87	76.37

① 数据来源于2019年《四川省统计年鉴》，由于小数点后保留位数设置，各农作物播种面积相加不严格等于农作物总播种面积。

四川省虽然耕地资源较为紧张，但先天土壤条件较为优越，拥有大量紫色土、黄壤等肥沃的土壤类型，因此四川盆地也被称为"紫色盆地"，四川省十分优渥的土壤条件不仅可以为农作物的生产提供良好条件，适宜发展多种适应性农作物，还可以提升农作物生长速度，缩短生产周期，使得部分作物一年两熟，生长周期较短的农作物甚至可以达到一年三熟。近年来，农村劳动地外出务工、弃耕从商等造成耕地撂荒问题较为突出，加之人地矛盾、生态系统退化、水土流失、自然灾害等一系列问题，导致了四川省大部分地区土地资源利用率、利用效率、农业尤其现代农业发展等水平的仍然有待提高。

四川省耕地土壤的利用率普遍偏低，优质土壤优势并没有转化为产能和品质优势。主要原因是土壤的利用和粮食、经济作物的规模化生产没有得到有效的科技支持，贫困地区的农产品生产能力仅仅能够满足温饱，以家庭为单元可用以销售的粮食和经济作物寥寥无几。耕地土壤的高效利用离不开农业科技要素集合和持续推广，通过农业科技的不断推动，提升四川省贫困地区的土地利用效率和优势农产品的生产能力，是推动农业科技精准扶贫和乡村产业振兴的重要支撑，才能满足全省农业产业多元化，尤其是贫困地区农业产业发展和产能效益、竞争力提升的现实需求。

4. 水资源因素

四川水资源丰富，居全国前列。全省平均降水量约为4 889.75亿立方米。水资源以河川径流最为丰富，境内共有大小河流近1 400条，号称"千河之省"。水资源总量共计约为3 489.7亿立方米。四川水资源特点是总量丰富，人均水资源量高于全国，但时空分布不均，西部高原山地地区平均水源要低于东部平原地区，在水源匮乏的地区容易产生旱灾，在水资源丰富地区又十分容易形成洪涝灾害，形成区域性缺水和季节性缺水等问题；水资源以河川径流最为丰富，但径流量的季节分布不均，大多集中在6—10月，洪旱灾害时有发生；河道迂回曲折，利于农业灌溉。近年来，四川省大力建设各类水利基础设施，为四川省农业发展灌溉需求提供保障，围绕农业需求，主要包括大中小型水库、骨干渠道、五小水利工程、高效灌溉设施等建设，使得全省可利用的灌溉水资源和有效灌溉面积持续提高。2008年以来四川省农业水资源利用基本情况详见表5-4和图5-2。

表5-4 四川省2008—2018年水库资源及有效灌溉状况①

年份	水库容量（亿立方米）	水库数（座）	有效灌溉面积（万公顷）
2008	208.46	6 728	250.669
2009	210.65	6 752	252.366
2010	214.93	6 759	255.311
2011	215.06	6 759	260.075
2012	216.42	6 768	266.265
2013	321.67	8 081	261.654

---

① 数据来源于2009—2019年《中国统计年鉴》《四川统计年鉴》。

(续表)

年份	水库容量（亿立方米）	水库数（座）	有效灌溉面积（万公顷）
2014	364.37	8 086	266.632
2015	381.00	8 093	273.509
2016	476.20	8 117	281.355
2017	522.51	8 129	287.310
2018	522.91	8 239	293.254

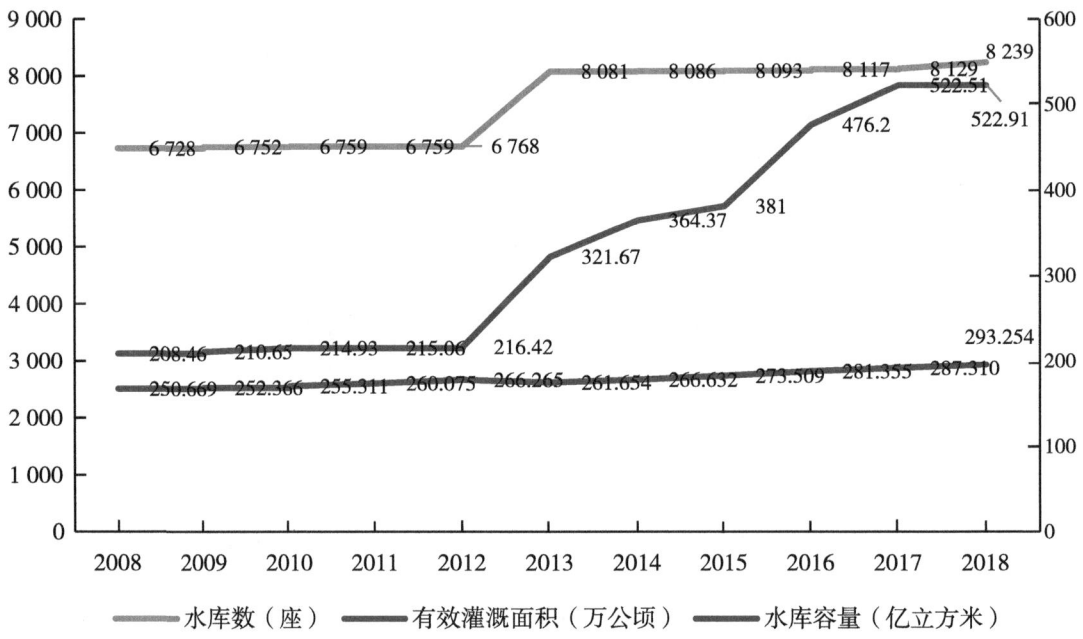

图 5-2　四川省 2008—2018 年水库资源及有效灌溉情况趋势

有效灌溉面积是地块比较平整，有一定水源、灌溉设施配套，在一般年景下当年能进行正常灌溉的农田面积。为能进行正常灌溉的水田和旱地中水浇地面积之和，有效灌溉面积的大小，是衡量农业生产单位和地区水利化程度和农业生产稳定程度的指标。2018 年，全省耕地灌溉面积和有效灌溉率分别为 293.254 万公顷、43.62%。眉山市、成都市、德阳市耕地灌溉有效灌溉率最高，分别达到 71.13%、70.52%、63.35%，以上三地均属于成都平原地区，水利设施和灌溉条件为全省最好的区域；排在最后的 7 个市（州）分别为甘孜藏族自治州、广安市、达州市、凉山彝族自治州、阿坝藏族羌族自治州、巴中市、广元市，耕地灌溉有效灌溉率仅在 26.02%~35.90%（表 5-5），远低于成都平原地区，也低于全省的平均水平，以上地区多属于三州地区、盆周山区等贫困地区或地形条件较差的区域，受经济发展基础影响，水利设施建设投入能力较弱，工程建设的成本和难度也较大。

表 5-5 四川省 2018 年各市（州）耕地灌溉面积和农作物总播种面积统计（×10³ 公顷）①

市（州）	年末实有耕地面积	耕地灌溉面积	有效灌溉率（%）
全省	6 722.77	2 932.54	43.62
成都市	523.15	368.91	70.52
自贡市	216.31	100.18	46.31
攀枝花市	75.03	39.98	53.29
泸州市	410.76	154.82	37.69
德阳市	248.13	157.20	63.35
绵阳市	444.10	221.15	49.80
广元市	353.48	91.96	26.02
遂宁市	270.18	130.52	48.31
内江市	273.79	134.69	49.19
乐山市	271.61	141.14	51.96
南充市	534.15	227.81	42.65
眉山市	241.05	171.46	71.13
宜宾市	487.61	188.72	38.70
广安市	307.68	106.25	34.53
达州市	551.02	181.46	32.93
雅安市	101.26	53.72	53.05
巴中市	327.59	92.55	28.25
资阳市	320.72	121.70	37.95
阿坝州	83.27	25.15	30.20
甘孜州	102.34	36.74	35.90
凉山州	579.55	186.43	32.17

从数据可看出，四川全省水库水容量在十年间增长了 300 多亿立方米，可见四川省水资源开发利用率越来越高，全省有效灌溉面积也逐年稳步增长。四川作为农业大省和我国重要的粮食生产大省，水利灌溉是全省粮、油、果、茶等农作物综合生产能力的最重要的影响因素和基础保障之一，发展现代化农业更是需要有现代灌溉技术保障。丰富的水资源和不断提升的有效灌溉面积为四川省农业经济发展与农业生产方式的转变提供重要的支撑，但必须看到，四川省水资源存在水资源开发不足、利用率低以及水质污染等问题，水资源的浪费情况也较为突出。同时，由于水资源分布不均匀、地理环境条件

---

① 数据来源于 2019 年《四川省统计年鉴》。

差、水利设施建设水平差距等因素，全省还存在较多以农业生产为主的地区，尤其是贫困地区和山区，仍然面临水资源和水利设施缺乏的问题，旱灾频发，农业生产严重受限。

水资源的有效利用和农田有效灌溉问题是四川省农业发展面临的核心问题之一。水资源是农业生产过程中必不可少的要素，受制于基础条件和较高的投入成本，贫困地区水资源开发利用和高效灌溉科技扶贫的进入和深入推广受到了较大的制约，旱灾、洪涝等自然灾害损失仍然较大，农业科技的支持和支撑作用还明显不够，迫切需要提高农业科技的投入，加大农业科技的推广和，解决水资源和灌溉瓶颈，提升农业生产效率和产出水平。

5. 生物资源因素

四川省自然地理特征突出，属于全球生物多样性热点地区，生物资源丰富，野生动物种类占全国45%以上，四川"天府之国"农业历史源远流长，也是全国农作物、畜禽等农业种质资源最为丰富的地区之一。全省高等植物种类仅次于云南，位居全国第二，包括苔藓类植物、维管束类植物以及蕨类植物，全省有野生经济植物5500余种，其中药用植物种类占全国药用植物种类的80%以上。拥有146种国家重点保护动物，国家认定的畜禽遗传资源66个，其中有52个地方品种，居全国第二，自然分布的鱼类种质资源230个，占全国淡水水生动物种类的27%，占长江水系的2/3。地方特色品种资源丰富，农产品地理标志数量位居全国第二，西部第一，并且有品类繁多的濒危植物种类。

丰富的野生动植物生物资源和农业种质资源是四川省农业发展一大竞争优势，为农业发展和科技原始创新奠定了良好的物质基础。但是目前，四川省虽然生物资源丰富，全省生物资源尤其是优异农业种质资源开发利用需求大、潜力大，但是挖掘利用率还极低。首先，资源普查收集仍不全面，农业种质资源普查仍未实现全面覆盖，部分珍稀、濒危、特有资源与特色地方品种仍未得到收集保护。随着城镇化、现代化、工业化进程加速，同时受气候变化、环境污染、外来物种入侵等影响，地方品种、野生种等特有资源丧失风险加剧。其次，资源保护体系仍不完善，现有种质资源保护设施不完善，珍稀、濒危、特有资源与特色地方品种仍未能做到"应保尽保"，部分优特生物资源本身就处在交通不便的山区或特殊地理、气候区，更加增大了资源保护的难度。再次，资源深度发掘利用不够，生物资源研究不深入，开发利用率较低，大多数资源尚未被开发利用或停留在初级阶段，资源鉴定评价和应用未能高效衔接，难以将四川特色农业种质资源优势转化为产业优势、经济优势。

生物资源因素对四川省农业科技扶贫的影响作用较小，生物资源的保护和开发利用大部分公益性质，主要集中在科研院校、农业企业开展的品种创新、产业化开发等方面，与贫困地区农业科技扶贫不在同一维度，受众和工作重点不尽相同。但优质生物资源成功的开发利用，可在偏远贫困地区通过农业科技扶贫进行示范、推广，甚至形成规模化、效益化产业。

通过对四川省科技扶贫的自然影响因素进行总结可以发现，气候、地形、土地、水资源等条件较差的山区和贫困地区，以上因素明显不利于农业科技的进入和深入推广，加上交通、信息联通等劣势，一定程度上阻碍了农业科技扶贫工作的开展，但从开发利用以上因素促进农业生产的角度，又都表现出对农业科技的迫切需求。

(二) 社会、经济因素

1. 人口、劳动力因素

舒尔茨在《论人力资本投资》中指出，土地本身并不是使人贫困的主要因素，而人的能力和素质是决定贫困的关键，人力资本是农业增长的主要源泉。农业发展和农业科技推广，人才支撑是关键，随着农业科技创新和推广持续加速、农业产业持续转型升级，对农业新型人才的需求越来越大，要求也越来越高，需要加速培养造就一支懂农业、爱农村、爱农民的"三农"工作队伍，不断加大农业农村各类人才队伍建设力度，人才支撑和劳动力素质已成为促进农业经济发展和科技推广的关键因素。

四川省2018年从事农林牧渔业的人口为1 734.77万人[1]，但由于历史欠账和发展条件影响，四川省农村教育水平整体还比较低，农村劳动力受教育程度普遍偏低，在贫困地区尤为突出。2017年，四川省农村劳动力中，大专及以上学历占比3.2%，高中学历占比9.1%，初中学历占比35.3%，小学学历占比41.9%，文盲或半文盲占比10.5%。虽然较2003年，通过十余年的发展，农村人口中小学学历及以下人口比例持续降低，但是总体来看，四川省农村人口受教育程度偏低，初中及以下人口仍然占到了总数的87.7%，高中及以上人口仅占12.3%。这直接造成四川省农村劳动力普遍存在素质低、能力差的问题，劳动力在从事农业生产过程中均缺少基本技能和知识，既造成了严重的农村劳动力资源浪费，也直接影响了农业发展。就受教育程度而言，面对农业生产方式的转变以及科技水平的提升，四川省农业从业人员的总体专业素质与文化水平难以满足发展需求。农村人口受教育程度详见表5-6。

表5-6 2003—2017年四川省农村人口受教育程度比重汇总[2]

年份	文盲或半文盲（%）	小学（%）	初中（%）	高中及中专（%）	大专及以上（%）
2003	13.0	47.4	34.5	4.7	0.4
2004	12.6	46.3	35.4	5.2	0.5
2005	18.4	49.1	28.4	3.8	0.3
2006	14.5	50.7	28.9	5.0	0.8
2007	12.5	48.2	32.8	5.7	0.8
2008	12.0	47.5	33.5	6.1	0.9
2009	11.7	46.6	34.0	6.7	1.0

[1] 数据来源于2019年《四川统计年鉴》。
[2] 数据来源于2004—2018年《中国人口与就业统计年鉴》，由于2016年数据暂时公布不全，因此截至2015年，比重计算方式为，不同受教育程度人数除以6岁以上乡村总人口。

(续表)

年份	文盲或半文盲（%）	小学（%）	初中（%）	高中及中专（%）	大专及以上（%）
2010	9.0	45.7	38.1	5.8	1.4
2011	9.5	41.8	38.8	7.3	2.6
2012	9.8	41.1	40.3	7.0	1.8
2013	10.2	46.9	35.0	6.4	1.4
2014	10.9	44.7	35.8	6.9	1.7
2015	11.7	42.0	35.0	8.3	3.0
2016	12.5	40.6	35.7	8.6	2.5
2017	10.5	41.9	35.3	9.1	3.2

同时，四川省农业从业人员老龄化问题也较为突出。国际劳工组织把劳动年龄人口中45岁以上的劳动力划为老年劳动力，当劳动年龄人口中老年劳动力比重在15%以上时则意味着劳动力老龄化。四川省大于51岁的农村劳动力占比达到41.9%，四川省农业从业人员老龄化程度远高于全国以及西部地区平均水平（表5-7）。

表5-7　全国、西部和四川农业从业人员年龄结构（%）[①]

农业从业人员年龄	全国	西部	四川
小于40岁	44.4	48.2	38.3
41~50岁	23.1	20.6	19.7
大于51岁	32.5	31.2	41.9

劳动力尤其是高学历劳动力、年轻劳动力的缺失是我国农村普遍面临的重要问题，四川作为农业大省和人口大省，是全国最典型的代表。四川省所面临的劳动力问题比较突出，主要为劳动力受教育程度整体偏低导致劳动力素质偏低和劳动力老龄化两个方面。究其原因，根源在于传统的农村普遍被印刻为贫穷、低素质甚至是"脏乱差"的代名词，我国虽然已全面完成消除贫困，正全面实施乡村振兴战略，但受到既有的农村烙印和目前的发展水平制约，乡村对于高素质劳动人员并没有足够的吸引力。并且随着近年来我国经济的高速发展和城市化进程的不断加快，越来越多的农村人口、农村劳动力通过外出务工、安家落户等方式大量输入到城市，因户籍而形成的城乡边界被打破。加上人地矛盾日益突出、传统农业比较收益下降、现代农业发展门槛渐高、现代农业发展风险承受能力较弱等因素的凸显，必然进一步"挤压"部分农村劳动力向外转移，农村人口城市化和劳动力外流正持续加速，并且这是经济社会发展不可逆的规律。在四

---

① 数据来源于全国第二次农业普查。

川，这种情况更为突出，2018年底，四川省城镇人口数量为4 362万人，占总人口比重的52.29%；乡村人口数量为3 979万人，占总人口比重的47.71%。四川省城镇化率为52.29%，相比2010年增长了12.11个百分点。

以上问题导致四川省尤其是原贫困地区农村、农民接受新的农业生产方式、生产技术等能力偏低，应用实践能力较差，推广接受的载体偏少，农业科技扶贫的推进受到了较大的制约。从负面效应看，农村剩余劳动力持续转移，高素质人才在短时间内难以回流，高素质农民的培育还有一个较长的过程，剩余劳动力尤其老年劳动力对农业科学技术的接受和应用能力比较弱，会阻碍农业技术的进步，制约农业劳动生产率的提高，不利于农民收入的增长和生活水平的提高。从正面效应来看，农村人口转移和剩余劳动力老龄化，有利于促进农村劳动力和生产资源的优化配置，形成新的发展需求，催生新的生产力，促使农业生产以及农民的价值观念、思维习惯、生活方式向现代化转变，才能缓解人地矛盾，实现农业资源的合理开发与利用，为农业科技、社会资本、先进技术等生产要素进入农业领域，提高农业劳动生产率，实现现代农业规模经营提供了可能性和更大需求空间。

2. 资本、科技因素

固定资产投资是经济增长的动力，发展经济学家罗斯托把不发达国家经济发展落后的原因归因于人均资本占有量少，人均资本投资少，因此达不到一国生产性投资占国民收入比例必须保持在10%以上的标准"起飞"条件。增加农业固定资产投资进而改善农业生产条件是促进农业经济发展的关键因素。资本作为对农业生产最直接的刺激，在现代化农业生产中，资本投资直接决定当地农业的发展水平与农业可持续发展的能力。发达国家农业固定资产投资水平较高并且较为稳定，和经济增长挂钩，总体增长幅度小；低收入国家农业固定资产投资随经济增速变化，总体增长速度较快，但水平依然较低。农业投资与一国农业发展政策、经济发展水平、农业投资能力和农业固定资产存量等都有关。

随着农业科技的发展，在农村，农业机械动力和电力设施对农业生产的影响作用显著为正（高英，2017；李燕等，2017）。由表5-8统计结果可以看出，四川省农业固定资产投资呈现逐年上升趋势，2018年，四川省农业固定资产投资较2008年增长了5.04倍，达到1 621.71亿元。全省农业机械总动力和农村用电量逐年上升，化肥使用量稳中有降，在2008—2018年间农业机械总动力由2 687.55万千瓦时增长到4 630.88万千瓦时，增长了72.31%，农村用电量也从128.18亿千瓦时增长到198.6亿千瓦时，增长了54.94%。详见表5-8。

表5-8 四川省农业资产投资统计[①]

年份	固定资产投资 （亿元）	农业机械总动力 （万千瓦）	农村用电量 （亿千瓦时）	化肥使用量 （万吨）
2008	268.44	2 687.55	128.18	242.84

---

① 由《中国统计年鉴》《四川统计年鉴》各个年份数据汇总而得。

(续表)

年份	固定资产投资（亿元）	农业机械总动力（万千瓦）	农村用电量（亿千瓦时）	化肥使用量（万吨）
2009	441.40	2 952.66	133.77	247.97
2010	473.40	3 155.13	141.66	248.00
2011	205.60	3 426.10	148.57	251.23
2012	304.00	3 694.03	155.96	253.03
2013	443.00	3 953.09	163.51	251.14
2014	543.10	4 160.12	169.57	250.19
2015	770.40	4 404.55	174.81	249.83
2016	1 090.20	4 267.32	183.10	249.00
2017	1 491.91	4 420.30	188.40	242.00
2018	1 621.71	4 630.88	198.60	235.20

四川省农业资本与农业科技要素的持续投入，直接提升了全省农业生产水平与生产效率，农业基础设施全面改善，农业生产新技术、新设备更大范围推广应用。但是已有研究表明四川省固定资产投资对农业生产具有一定的抑制作用，原因可能是固定资产投资分配不合理，导致部分地区或项目资本投资过剩，形成对其他地区的抑制效应，也可能是由于资本投资增长的速度过度高于农业经济的增长速度，再加上农业生产和农业经济发展的独有特性，使得四川省农业经济发展对于投资资本的使用效率不高，甚至造成一定程度的浪费。

四川省资本和现有科技投入的绝对值处于不断增长的状态，但是相对量处于全国平均，仍然处于下游水平，现有的资本投入略显粗放，精准施策的投入水平不高、效率偏低。另外，四川省科技以及资本的投入大量集中在成都、德阳、绵阳等城市周围的或发展条件较好的地区，偏远山区科技投入较低，这就造成了四川省农业发展的两极分化，越是贫困地区的农业发展越是落后，越是贫困地区农业科技投入增长率越低，从而导致了贫困地区农业发展占比很大但是农业经济发展质量很差的现状。四川省全省贫困地区的农业基础设施仍然较为落后，"望天吃饭"仍是常态，增加农业固定资产投资、改善农业生产条件是其首要任务，需要进一步增加农业固定资产投资（尤其是科技研发与服务投入）、改善农业生产条件、增加土地和劳动力投入是推动推动农业科技扶贫和经济持续发展的主要路径，同时，还应加强农业生物育种技术的研发、引进和扩散，强化粮食科技支撑。

3. 交通因素

交通运输是农业和农村发展的关键基础设施之一，交通运输对农业发展、农业交易效率等具有直接影响，交通运输可以有效降低农业生产和流通交易成本，为农业经济的发展带来直接效益。交通运输的发展在农业生产过程前后都有着积极的作用，公路设施在农产品原材料购买和产品销售,以及劳动力流动、农业机械运输过程中都有显著促进作用。交通运输业不仅影响农业产业结构调整中种植业、养殖业等的发展规模和布局,而且还影响农村经济发展结构调整中二、三产业以及幸福美丽新村、小城镇和城乡一体化建设。

四川是交通大省,在骨干交通方面,四川省公路里程全国第一、铁路运营里程西南第一、双流国际机场客流量全国第四、成都天府国际机场已建成投入运营;农村公路方面,"十三五"期间,四川省累计完成投资1 241.4亿元,新改建农村公路11.6万千米,农村公路规模居全国第一,占全国总量的1/10以上,全省农村公路总里程达29.1万千米,规模居全国第一;农村公路等级以上比例达93.8%,"四好农村路"国家级示范县全国第一,100%乡镇、建制村通硬化路、通客车,以县为中心、乡镇为节点、建制村为网点的农村公路网络基本形成。但四川省公路设施建设仍然存在覆盖面不够、发展不均等问题,尤其是农村地区和产业基地道路建设上,再加上四川境内多山地、丘陵导致公路、铁路建设过程中存在重重困难。根据统计数据来看,但是四川省省域面积较大,每平方千米面积平均里程数不足1,在全国仅处于中下等地位,无法满足发展的需求,部分地区尤其是贫困地区仍然一定程度上受到道路条件的制约。四川省公路总里程逐年上升,但是公路设施发展较好的地区主要在成都、绵阳等经济发展基础和地理地形条件好的一些地区。近几年,偏远地区公路建设尤其是农村公路建设也取得了快速的发展,比如三州地区。

近几年四川省不同地区公路里程数如表5-9所示。

表5-9 2014—2018年四川省各市州公路里程(千米)[①]

地区	2014年	2015年	2016年	2017年	2018年
四川省	309 742	315 582	324 138	329 950.500	331 592.30
成都市	22 789	22 972	23 276	26 291.690	27 729.19
自贡市	6 456	6 510	6 536	6 537.323	6 550.74
攀枝花市	4 728	4 739	4 771	4 814.575	4 812.22
泸州市	13 516	13 517	13 768	13 825.410	14 628.85
德阳市	8 165	8 182	8 159	8 220.573	8 341.12
绵阳市	19 887	19 909	19 918	20 171.440	20 146.05
广元市	19 520	19 702	19 839	19 949.500	19 970.09
遂宁市	8 805	8 895	8 918	8 941.619	8 985.21
内江市	10 136	10 212	10 218	11 393.250	12 666.16
乐山市	11 658	11 726	11 848	12 042.230	12 162.00
南充市	22 446	22 499	22 598	22 572.500	22 689.61

---

① 数据来源于2015—2019年《四川统计年鉴》。

(续表)

地区	2014年	2015年	2016年	2017年	2018年
眉山市	7 532	7 532	7 655	7 846.908	7 931.57
宜宾市	18 301	19 033	19 161	19 306.290	19 336.11
广安市	10 366	11 006	12 332	12 757.070	13 865.63
达州市	19 510	19 562	19 574	19 577.750	19 573.35
雅安市	6 286	6 371	6 476	6 620.162	6 711.46
巴中市	16 953	17 073	17 165	17 190.860	17 155.70
资阳市	14 804	14 875	15 105	12 337.810	12 345.90
阿坝	13 218	13 434	13 447	13 453.920	13 526.07
甘孜	29 584	31 880	36 236	38 489.296	34 879.44
凉山	24 923	25 953	27 138	27 610.300	27 585.77

交通因素对科技扶贫的影响主要体现在农业科技进入和农产品成品的运输方面。农业发展所需求的交通运输不仅是等级公路的建设，还需要农村公路，等县域、镇域骨干交通和外联交通日趋完善的情况下，农村公路对于农业农村经济发展的作用便愈发重要，可解决农业生产、销售以及农业科技进入的"最后一公里"问题，农村公路是指纳入农村公路规划，按照国家、交通运输部和省制定的公路建设有关标准修建的县道、乡道、村道及其附属设施。目前全省已实现了乡（镇）和建制村通硬化路"两个100%"，农业科技进入的交通条件已经基本具备，但是农业生产基地的产业道路和村与村之间的交通连通道路还不尽完善，农业生产的末级道路还需要加快补齐。交通基础设施的完善可加快农业科技扶贫进入和技术扩散，促进农业技术效率提升，推进产业技术进步和产业结构的优化。发达的交通网络使得新技术能得到更快普及，使科技扶贫和产业扶贫过程中的农业生产者能有更多运用新的种养技术的机会，有效扩大了新技术的运用范围，抵御生产风险能力将明显增强，从而加快农业科技扶贫向生产力的转换。

4. 市场因素

产品销售状况的好与坏直接决定农产品的生产规模与发展，四川省多数农业生产县域距离中心城市较远，再加上农产品销售的特殊性，农产品市场发展不完善，将直接导致农业经济的增长缓慢甚至停滞。同时，目前当前社会发展形势下，农产品资源以及农产品出产能力持续快速提升，农产品产销矛盾越发凸显，严重制约着农业产业的可持续发展以及抵御市场危险能力，最终影响产业效益和农民增收。农民大量农产品价格低难销，城市民众吃不上高性价比果蔬现象还时有发生，农产品"滞销、卖难、买贵"问题持续存在。

四川农产品市场销售主要存在诸多问题。一是产品方面的问题。农产品缺乏竞争力，部分农产品虽已形成了一批商品基地，但由于合作社和当地企业规模小，加入的农民数量少，其产品多为初级产品，加工基本处于传统的粗加工，使得产品缺乏市场竞争力。由于加工生产的技术缺乏及先进加工技术研发力量薄弱，科研投入少，难以在市场竞争中取得稳定、持续的发展。二是渠道方面的问题。农产品流通渠道链条冗长，销售渠道狭隘，农户、中间商、批发商、零售商之间现存的关系是松散的，很少存在合同关系。在物流方面，四川地区农产品的物流运作载体单一，尽管许多地区已经开始发展专属的农产品物流链，但由于发展时间较晚且物流方式迭代慢，与很多发达地区相比还很不成熟。三是价格方面的问题。农产品市场具有供给的季节性和周期性，部分时期价格明显偏高，偏离平衡点，从而使得供给与需求不平衡，导致价格明显上涨或下跌。四是营销方面的问题。营销方式较为落后，农产品销售的主要方式仍旧为农贸市场，营销主体发展缓慢，多数的营销主体组织化水平均不高，主动营销能力欠缺，在市场之中仍然一直处于被动的地位。

农产品滞销会使得科技投入难以为继，将会降低贫困地区科技扶贫的总体需求和收益。四川省农产品的市场因素对科技扶贫具有重要的影响，是农业科技进入与普及的重要支撑。

5. 政策因素

我国农业政策对农业经济的增长有较大的影响。2004 年后，中共中央连续多年均以"三农"为主题发布中央一号文件，明确确定了我国"三农"问题的重要地位，为了保护和调动农民积极性，政府颁布并采取了一系列的惠农政策，如粮食增产、农民增收、农村基础建设等，我国农业政策对农业经济增长的影响效应显得十分重要，对农业经济增长有正向效应，实践证明，2004 年之后，我国政府实施的刺激农业经济增长的各类政策是较为有效的，同时，近年来，各级政府在原有政策体系的基础上，创新支持方式和实施方式，加大政策针对性，努力提高政策适应性，如相继出台了发展现代农业、发展特色优势农业、培育新型经营主体、推进农村互联网经济发展等方面的支持政策。农业财政政策相关指标详见表 5-10。

表 5-10 农业财政政策相关指标汇总①

年份	农业财政支出（亿元）	农业财政支出占比（%）	互联网普及率（%）	乡镇文化站（个）	农业保费收入（百万元）	农业保费赔付额（百万元）
2007	175.65	0.10	0.10	3 580	725.02	189.89
2008	242.61	0.08	0.14	3 682	999.01	462.27
2009	322.76	0.09	0.20	3 829	1 110.80	644.39
2010	401.76	0.09	0.24	4 264	1 222.40	826.58
2011	545.70	0.12	0.28	4 361	1 762.59	703.71
2012	654.95	0.12	0.32	4 375	2 317.78	843.53

---

① 数据来源于 2008—2016 年《四川省统计年鉴》《中国农村统计年鉴》《中国保险年鉴》，由于保险方面数据只更新至 2015 年，因此使用 2015 年作为截止日期。

(续表)

年份	农业财政支出（亿元）	农业财政支出占比（%）	互联网普及率（%）	乡镇文化站（个）	农业保费收入（百万元）	农业保费赔付额（百万元）
2013	741.78	0.12	0.35	4 349	2 733.93	1 147.05
2014	826.59	0.12	0.37	4 349	2 768.19	1 342.47
2015	926.65	0.12	0.40	4 318	2 948.67	1 689.91

四川省农业财政支出逐年上升，但是农业财政支出占比在此九年间仅仅上升了2个百分点，可见农业财政支出主要表现在总体经济增长与价格因素上，对农村的财政支持并没有十分明显的改善。互联网普及率从2007年的10%增长至2015年的40%，发展明显。乡村文化站个数也逐步增加。农业金融保险方面指标可以看出，农民的参保意识越来越明显，农业保费收入逐年提升，农业保险总体发展水平也不断增加，农业保险赔付额的增长说明了四川省农业保险发展的良好基础。

四川省农业大省，地势地貌差异大，自然灾害频发，在全省农村社会发展转型期，农业产业化借助市场的导向作用，整合现代市场发展要素与农业生产投入，通过对现代农业管理方式与农业技术的有效利用，提高农业生产效率和农业现代化进程。但是，在贫困地区农村市场经济发展滞后，农民受教育水平低以及农产品季节性和区域性等各种内外部因素的影响下，农业产业化发展单纯依靠市场机制难以实现快速发展，需要政府政策干预，以财政补贴和税收优惠等措施引导农业投资方向，鼓励各类农户和新型经营主体发展现代农业。因此农业政策扶持则尤为重要，四川省近年来出台了一系列精准扶贫、乡村振兴、产业发展等方面的相关政策，对农业经济增长也起到极大的促进作用，现有政策涉及农业生产与流通、农业资源保护与利用、农业科技发展与人才支撑等多方面，特别是针对特色或优势主导产业、现代农业园区等实施中央财政预算和省级奖补资金支持，有效提高规模化、现代化农产品供给，并将科技支撑作为重要环节，予以大力支持，有力促进了贫困地区农业经济持续增长和农业科技的进步，反映了科技政策的实施效果，科技政策的持续支持和创新出台，为持续保障农业科技扶贫有效的制度性供给，并提高农业科技扶贫实施效果奠定了坚实基础。

通过对总结人文经济因素对科技扶贫的影响作用可以发现，劳动力、资本、交通、市场以及政策对农业科技扶贫的进入均有重要的影响作用，正向促进作用和负向抑制作用均十分明显，尤其劳动力、市场等因素的影响更为明显。一是在劳动力方面，农民传统意识根深蒂固，对于新科技的接受程度较低。传统的农民主要是"靠天吃饭"，气候环境、劳动投入成为产出的主要影响因素，"面朝黄土背朝天"的传统观念仍然较重，对于农业科技的运用和效果，缺乏"眼见为实"的证据，加上越来越多的高素质、年轻劳动力外流，惠农政策留不住青年人，农业科技扶贫的受众载体基础极不牢固，推广效果将大大受到影响，在贫困山区表现得更为明显。二是市场销售问题，偏远地区的农业经济发展主要是农户各自为政，以家庭经营为主，规模化率仍然较低，普遍缺乏农民与农民、农村与农村、农村与城市之间的有效沟通，难以形成规模效应和稳定的市场渠道，再加上区位、交通等条件的先天不足，导致了贫困地区的农户在进行农产品的生产时大多仍然为"自给自足"，面向大市场的农业生产发展不足，农户市场主体意识不强，造成产出低效和效益低下，这也导致农业科技在贫困地区进入和落地见效受到较大限制。

（三）基本要素对科技扶贫的影响效应总结

当前，我国处于巩固拓展脱贫攻坚成果同乡村振兴有效衔接的过渡时期和关键阶段，正着力巩固脱贫攻坚成果，扎实推进乡村振兴，接续促进脱贫地区发展和群众生活改善，巩固拓展脱贫攻坚成果是过渡期内脱贫地区农村工作的首要任务，中央明确要求牢牢守住不发生规模性返贫的底线，运行好防止返贫监测帮扶机制，落实县乡村三级工作责任，做到动态排查、精准识别、有效帮扶，保持主要帮扶政策总体稳定，多途径推进稳岗就业，尤其是组织好外出务工就业，做好易地扶贫搬迁后续扶持，确保脱贫群众不返贫，持续增收。脱贫地区推进乡村振兴，需要从地区实际出发，产业振兴是关键，因地制宜发展乡村特色优势产业是重要支柱，产业扶贫无疑是最根本和长远之计，农业产业发展和扶贫离不开农业科技的支撑，只有真正提高农业生产的科技水平，才能从根本上改变农业生产方式并提升农产品生产效率，使农业经济得以发展，使农民的生活水平得到改善，彻底摘掉"贫困"标签。通过对四川省农业科技扶贫的影响因素进行细化分析可知，四川省对农业科技扶贫显示出迫切的需求，但同时又受到自然条件因素和社会经济因素的制约。综合四川省各个因素来看，农业科技扶贫分别具有有利和不利两个方面的影响因素。

1. 有利因素

四川省的现有农业发展条件，决定了农业科技扶贫所面临的影响因素，主要有以下三个方面。

一是农业资源丰富，农产品种类多样。四川省的自然资源（水资源、土地资源、生物资源等）决定了四川是我国的农业大省，自古以来是我国重要的粮仓。依托于当地的自然资源，持续的农业科技要素投入，使得自然资源要素在农业生产过程中的影响比重越来越小，不断地提高温、光、水、土等自然资源的利用率，有利于形成提高农业生产效率，提高农业规模化程度。使得科技投入的收益最大化。并且，越是贫困地区，其自然资源的开发利用程度越低，农业科技运用的需求和潜力越大。因此，农业科技扶贫可以利用贫困地区丰富的自然资源来实现农业经济的发展。四川省特殊的气候环境有利于多种特色农产品的生产，农产品种类繁多，优势特色产业突出，川粮（油）、川猪、川茶、川薯、川药、川桑、川菜、川果、川鱼、川竹等"川字号"特色产业，是当前全省推动重点发展的领域，也是市场消费的重要需求产品，在满足了基本的温饱之后，越来越多的居民（尤其是城市居民）倾向于农产品消费的多样化。因自然、气候、环境特征明显，四川省大量的特色农产品产自甘孜、阿坝、凉山等少数民族聚集地区以及其他偏远山区，但农户及经营主体对大部分产品的生产开发和市场的把控能力不足，资源优势并没有转化为产业优势和经济优势。借助农业科技的支撑，可以有效提升特色农产品的生产效率和产品质量，使得越来越多的特色农产品销往中心城市等大市场，增加贫困地区的农民收入,提升四川省特色农产品的市场占有率,推动全省农业供给侧结构性改革。

二是科技资本投入不断增加,现代化生产已露头角。四川农业生产的资本投入比重远远少于中东部地区省份,但是纵向来看,资本、机械动力、电力设施的投入仍在增加,即使剔除价格因素,也有相当的增长率。四川省在农业产业发展方面的持续投入,取得了较为显著的成绩,科技兴农在四川省已经崭露头角,其不仅仅提升了发展基础较好地区的农业生产水平,同时对偏远地区产生了示范和带动效应。四川省农业科技投入和生产效果仍然存在两极分化问题,资本和科学技术的分配不均匀,主要表现为距离中心城市较近的地区资本和科技的投入比重较大,越是偏远的地区越是以传统的投入要素(土地、劳动力等)为主,成德眉资农业科学技术投入比重较高,其次是川南、川东、攀西等区域,但是偏远山区如"藏彝走廊"地区的农业科技投入占比仍然较低。随着农业农村经济的持续发展,科技资本投入的不断增加,农业科技扶贫的效果将越来越明显,也会越来越受到关注,贫困地区农村居民以及农业生产经营主体的不断发展,必定将推动其对农业科技的需求持续增加。

三是依山傍水、自然风光宜人。四川不仅是我国的农业大省,也是我国的旅游大省,这一特征为四川农业的发展增加了巨大潜力。全省有世界级旅游资源和品牌26个,拥有世界自然遗产3处(九寨沟、黄龙、大熊猫栖息地),世界文化遗产1处(青城山—都江堰),世界文化与自然遗产1处(峨眉山—乐山大佛)。国家A级旅游景区565家,其中5A级景区15家;国家级风景名胜区18处;有国家重点保护野生动物145种,居全国第1位;其中野生大熊猫1387只;森林蓄积量18.97亿立方米,居全国第3位;森林覆盖率达39.6%,草原综合植被覆盖度达85.6%,是长江、黄河上游生态屏障。贫困地区同样拥有大量优质自然风光和人文景观,尤其是在甘孜、阿坝等少数民族聚集地区,更是不断地吸引游客慕名而来。四川省科技扶贫可以通过科技的手段推动贫困地区的农业经济逐渐发展壮大,并与旅游业融合发展。

2. 不利因素

四川省农业科技扶贫同样面临不利因素,综合来看有以下三点因素。

一是农业产业化发展水平低。整体看,四川省农业质量效益和竞争力不强。农业基础设施薄弱,已建成高标准农田仅占耕地面积的44.66%,全省宜机作业高标准农田不到耕地面积的30%,有效灌溉面积占比低,一些地区农业"靠天吃饭"的局面未能得到根本改变;科技支撑不足,四川省农机购置补贴产品目录中的四川农机产品仅占2.6%;产业化水平较低,农产品加工业产值与农业总产值之比为1.9∶1,明显低于全国2.2∶1的平均水平。贫困地区农业特色产业发展不足,产业链条不健全。过于分散的经营方式给农业生产规模的集约化、管理的现代化带来了较大困难,在贫困地区农业生产过程中,由于农户和农业经营者对农业特色产业的识别不够准确,开发利用不够,导致农业特色产业难以形成规模。而大部分地区农产品加工业还处于初加工阶段,农业加工产品科技含量低,与同类产品或同质化产品相比综合竞争力弱,市场占有额小,只能在低端市场出售,难以带动农民增收。贫困地区在农产品推广、流通、销售环节以及如何打造农产品品牌等方面存在的问题导致大部分农产品附加值低,只能"地产地销"。虽然目前龙头企业、合作社等新型经营主体对贫困地区产业起到了较大的带动作用，发展了一批具有地方特色的农业产业和品牌，但是力量总体还比较薄弱，都存在规模小、粗加工产品比重大、产品科技含量低、基础设施薄弱等问题，且"地产地销"的内向型主体比重较大，外向型主体比例较小并且组织形式单一，以集体经济为主，销售模式单一、市场份额小、包装宣传力度弱、没有形成自主品牌和规模效益，不能持续大面积带动农业经济的发展。此外，新型经营主体与农户之间建立合作共同体后缺乏良性互动，并未真正践行"收益共享，风险共担"的发展理念，企农关系大多还停留在简单的"买、卖"层面上。

二是人才不断外流。人才是各个产业发展最具活力的一种投入要素，农民是农业生产经营的主体，农民素质的高低关乎我国的农业产业化进程。四川省人口红利逐渐消失，农业生产过程中传统的劳动力逐渐被取代是发展的大趋势，劳动力虽然减少，但并没有得到优化，普遍的现象是大量老龄化人口留在了农村进行务农，"谁来种地"的问题日渐凸显。当前我国提出的"城镇化"和"逆城镇化"双向同步战略，鼓励更多的高素质，农业专业化人才不断回流农村，推动形成高素质人才由城市转向农村的新格局。但是需要首先解决城乡公共服务均等化的问题，即在乡村的生活并不比城镇差，四川省乃至全国大部分地区目前显然还无法做到满足，农村留得住人、留得住人才还任重而道远。另一方面，四川省贫困地区农民总体的科技文化素质还不够高，无法准确掌握和熟练运用现代化的技术手段，思想局限，只能依靠落后的耕作方式进行劳作。而影响农业产业扶贫成功的关键因素在于先进的科学技术和优秀的农业人才，人才是地区农业经济发展的主要竞争力，而大多数贫困地区农业相关人才流失严重，在这种情况下，低素质的农民根本无法承担推动贫困地区农业产业化发展进程的重任。

三是文化差异性。四川是一个少数民族聚集的省份，除汉族以外，彝族、藏族、羌族、苗族、回族、蒙古族、土家族、傈僳族、满族、纳西族、布依族、白族、壮族、傣族都是四川省的世居少数民族，有全国最大的彝族聚居区、第二大藏族聚居区和唯一的羌族聚居区。并且主要分布在甘阿凉等距离中心城市较远的三州地区或者偏远贫穷地区。由于传统文化、行为习惯以及饮食方面的巨大差异，导致在这些地区进行农业科技扶贫需要同时突破面对文化差异和发展基础差的问题，科技扶贫在这些贫困地区的首先需要突破传统文化差异所带来的不利影响。

四是交通不便。四川省部分地区特殊的地形地貌和气候环境使得交通的发展受到极大的限制。偏远地区更是地广人稀，农业科技在贫困地区的推广与普及受到了交通因素的影响较大，科技兴农的理念难以深入普及。农业发展必须充分考虑当地的交通运输和区位条件，水果、蔬菜、乳畜产品等，由于其产品保鲜期较短，要求方便快捷的交通运输方式，区位交通条件的限制，对四川省贫困地区农产品的销售造成了较大的影响。同时，乡村旅游业的发展受交通条件限制，可开发水平和开发效果大大降低。最后，交通问题使得四川省贫困地区更加闭塞。城市与偏远农村缺乏有效的沟通交流，农产品供需不均衡的问题得不到有效解决。

二、四川省农村发展现状对农业科技扶贫的影响

当前我国的精准扶贫和乡村振兴战略针对不同地区贫困村提出了相应的政策措施,但目前农村发展的体制性障碍依然存在,影响农村经济社会发展的制约因素还有很多,城乡二元结构还未根本破除,各种要素在城乡之间合理配置的机制还未完全建立,农村综合改革和其他各项改革的任务仍然十分艰巨。探讨农村社会问题对科技扶贫所带来的影响主要包括农村"空心化"矛盾不断加重、隐性问题和乡村逐渐衰落三个方面,这些问题既是全国性的普遍问题,在四川省也显得较为突出和具有代表性。

(一)农村"空心化"矛盾不断加重

农村"空心化"矛盾主要是一个由农村人口过度外流引起的农村整体经济社会功能综合退化的过程。短期土地经营粗放化,长期社会结构失衡矛盾加剧,农村家庭撕裂,社区邻里互助传统削弱,优秀乡风文明缩减,农村社会结构稳定性遭到破坏,社会治理面临较大挑战。农村空心化问题是四川省农村当前面临的首要问题,农业经济的发展受到农村空心化的决定性影响。从农村发展现状来看,这一矛盾并没有缓解趋势,反而愈演愈烈。农村空心化问题的最直接表象就是人口的不断流失,农村剩余劳动力普遍为老年人口与留守儿童,高素质劳动力与科技型人才难以回流。并同时带来一系列"空心化"造成的隐形问题。

首先,农业用地的荒废,由于农村人口不断外流,在农村缺失劳动力的情况下,大量的农田成为荒地。

其次,农业发展活力不足,劳动力是一个动态的投入过程,只有不断"前赴后继"更新换代才能保证农业生产的正常运行,当前农村劳动力老龄化严重,随着时间的推移,农村将会逐渐失去劳动力,而年轻劳动力并没有返乡务农的动力。与此同时,村与村之间的劳动力流动与合作逐渐中断,贫困地区与非贫困地区缺乏有效的沟通,导致了农业发展缺乏活力,随着时间的推移,虽然农业生产效率小有增长,但是对比总体国民经济发展,却呈现"喇叭"形状,贫富差距越来越大。

再次,农村的"空心化"矛盾导致各级政府的政策措施难以高效推进。农村、农业的发展归根结底是为了农村居民生活质量的提升,农民收入的增加,而农业的生产归根结底也是农民的辛勤劳动和付出。农村"空心化"问题得不到有效的解决,将会使得我国由上而下的支农政策难以推进。转移性扶贫难以为农村带来"造血"能力,虽然增加了农村居民的整体收入,但是并没有有效推动形成农业资本的再投入。对农业生产端进行的政策扶持(如科技、互联网、农业园区、企业引进等)措施,则由于农村劳动力的普遍缺失而使得实施效果大打折扣。

最后,农村"空心化"问题严重降低了农民的生活水平。由于"空心化"所导致的家庭撕裂,使得家庭长时间内聚少离多。农村多老人和小孩,年轻人口不断流入城市进行务工,以提升家庭总体收入水平。甚至在小孩到了一定的年龄之后外出求学,往往也是选择县城等城镇地区进行义务教育直至高等教育,脱离了农村地区。

农村"空心化"问题在四川的表现更为明显,四川是劳务输出大省,截至2018年

9月底,全省农村劳动力输出总量为2 533.56万人,其中省内转移1 425.49万人,省外输出1 108.07万人。其中,广东是目前四川外出农民工最大的输出目的地省,在粤务工川籍农民工450万人。越来越多的年轻劳动力逐渐走出农村,受限于西部地区中心城市发展程度低于东部城市,因此四川农村转移人口不仅仅向成都、重庆转移,大量农村居民远走"北上广深"一线城市进行务工,以获取更高的收入。这为四川省农业科技扶贫带来了重要的影响,虽然科技要素对传统的劳动力和土地具有一定的替代效应,但是其根本是为了当地农民服务。如果科技能够得到高素质劳动力的有效配合就能够快速地发挥其作用,但是四川省目前的农村"空心化"的现状使得科技扶贫难以推进。

(二) 农村隐性问题

在贫困地区农村还存在诸多隐性问题,成为农业经济发展以及科技扶贫的重要影响因素。

一是发展不均衡问题。不均衡发展存在于城市和农村以及农村与农村之间。城市周边的农村以及相关产业的发展状况较容易接受产业转移和辐射带动,发展情况普遍较好。但是在偏远山区的农村却不具备这种发展条件,同时因为种种因素的制约,导致这些地区城乡之间、农村与农村之间的发展不均衡。而且这种不均衡不仅仅表现在产业发展的落后,还有其他如社会生活层面、农产品需求层面等方方面面。这种不均衡导致了农业产业的发展逐渐落后,差距越拉越大,农业科技要素难以渗透到传统的落后乡村。

二是贫困农村的短期性增长。随着我国精准扶贫和乡村振兴战略的不断推进,贫困地区农村成了"三农"问题的重要政策落脚点。但是,大多数贫困地区农业经济的增长是通过政府的扶持政策对农业进行直接干预,而不是通过市场的作用进行循序渐进的引导。这就造成了大多数的贫困地区,尤其是偏远的贫困地区仅仅获得暂时性的高投入、高产量和高收入,而这种收入没有体现在农业生产技术和生产效率方面,大部分地区不具备持续增收的能力,而是仅仅是在短时间内提升了贫困地区的收入水平。一旦政策弱化、支持减少,部分贫困村返贫风险将陡增。贫困地区的短期性增长对于精准脱贫起到了较大的贡献,但是长远来看仍然无法从根本上解决贫困地区农业发展和贫富差距的问题。

三是乡村的虚假性繁荣。因产业发展和扶贫政策的鼓励,龙头企业等新型经营主体通过建立产业园区、标准化基地等,搭建完善的产业链,有效带动地区农业产业化经营。龙头企业等新型经营主体进驻同样可以增加农村与城市之间的资本流动,形成第二产业和第三产业对农业发展的支持效果,形成城市反哺农村的格局。但是这也在一定程度上造成了乡村的虚假性繁荣,引进了龙头企业等新型经营主体,建有农业园区的乡村得到了有效的发展,但无法辐射到其他偏远的贫困乡村或者不具备较好投资价值的地区,大部分也无法直接带动本区域农户尤其是贫困户持续增收,甚至造成农村与农村之间、区域与区域之间的不均衡发展与贫富差距。

四川省农业科技扶贫受到这些隐形问题的制约,也为农业科技扶贫带来新的挑战。

(三) 偏远乡村不断衰落

随着我国乡村振兴战略的不断推进，乡村之间的发展面临着一种严峻的两极分化考验。距离中心城市较近的农村通过引入新的生产方式以及乡村旅游等措施来增加当地的居民收入，并且城镇化的不断推进使得这些农村的社会公共服务设施不断完善，农民的就业岗位不断增加，生活水平也不断提升。反而偏远地区的乡村则处于不断衰落的状态，这些村庄不断衰落的原因主要有以下几个方面。

一是缺乏第二产业和第三产业的支撑。偏远农村主要是以农业生产为主，第二产业和第三产业的发展难以支撑农产品产量和效益的提升。目前，偏远地区农村的农产品加工业、银行金融信贷、保险等产业的发展比较落后。

二是乡村劳动力、人才、财富的流失。在前文已有对劳动力流失的介绍，此处再次提到劳动力和人才的流失，并且乡村财富也不断地转移。劳动力作为农业生产必要的投入要素，其不断流失使得农业生产效率的增长难以实现。相当多的农村人口目前的状况是由"留守老人""留守妇女"和"留守儿童"组成。加上农村缺乏职业发展前景，农村地区则由于资源被抽空而形成恶性循环，越是不具备发展条件越吸引不来人才，引进了人才也难以留住，发展就越发滞缓。

三是文化自信的缺失。自我国户籍制度实施以来，农村和农民逐渐受到不公正的"歧视"，即使是农民自己也渴望摘掉"涉农"的帽子。这就导致了农村居民不断地抛弃农村农田走向城市。其生活自信的缺乏主要是由于农村文化的缺失。很多乡村不断地开展"乡风文明"建设，通过对当地传统的物质与非物质文化遗产进行宣传来获得当地的知名度，但是绝大部分贫困乡村并没有这一优势，或者说有些贫困乡村即使具有优秀的历史文化，也由于得不到重视而逐渐削弱。

四是农村收入低。农村的收入与城市相比很低，这是城乡差距不争的事实，贫困地区农户却由于收入低导致了农业经济发展方式难以转变，即使国家以及省级政府进行了一定的财政补贴，但是也仅仅是政府干预后的虚假性繁荣，并不会造成农业经济的长效发展。

五是社会资源匮乏，农村虽然存在大量的自然资源，但是社会资源相对匮乏，造成了城乡公共服务的严重不均等化，医疗、教育、金融的发展在偏远地区极不完善，这就导致了越来越多的贫困农村居民感觉到了生活质量上的差距。

第二节 四川省农业科技扶贫的需求分析

一、四川省不同贫困地区农业科技需求分析

四川省四大集中连片贫困地区包括秦巴山区、乌蒙山区、大小凉山彝区和高原藏区。前文已论述四川省四大集中连片贫困地区基本情况、扶贫现状、优势特色农业产业发展情况，分析了生态环境资源、农业农村经济、农业科技支撑等情况，下文着重以这四个地区为例对四川省科技扶贫的需求进行论述。

（一）秦巴山区产业扶贫存在的问题

四川秦巴山区危峰如林、千崖万壑，有丰富的旅游资源、动植物资源和天然气等矿产资源。该区域森林茂密，自然景观让人叹为观止，据统计，该区域共有国家级自然保护区、国家级风景名胜区、国家级森林公园、国家级地质公园共计20多处。历史文化源远流长，人文景观内涵丰厚，是巴蜀文化、三国文化的集中交融地，又是川陕革命根据地的核心区域，古有2 300多年历史的古栈道、剑门关等名胜古迹，近有"川陕革命根据地""伟人故里"等丰富的红色旅游资源。四川秦巴山区大部分地区森林覆盖率达50%以上，动植物资源种类繁多，有大熊猫、金丝猴、羚羊等多种国家珍稀保护动物；盛产天麻、石斛、麝香、熊胆、杜仲等多种中药材。农业资源丰富，除水稻、小麦、玉米、红薯、油菜等大宗作物外，还有众多特色农业资源，如朝天核桃、曾家山蔬菜、剑门关森林土鸡、旺苍杜仲、青川山珍（黑木耳、香菇、竹荪、蕨菜等）、苍溪雪梨、仪陇酱瓜、仪陇黄酒、通江银耳、南江黄羊等。四川秦巴山区蕴藏丰富的天然气、石油、煤炭等矿产资源，已探明可开发利用矿产200余种，特别是天然气资源富集，达州普光气田是全国3大气田之一，南充龙岗气田储量达3 000亿立方米，四川秦巴山区是大型清洁能源基地。

秦巴山区是四川省农业发展比较艰难的地区，其原因包含以下几个方面。

一是交通、农田水利等设施不足。秦巴山区地势险峻，道路崎岖不平，交通条件较差。秦巴山区的交通弊端主要是由于其地势条件决定的，秦巴山区的地势情况多山地丘陵，还地跨多条河流、深沟和峡谷，对当地的道路建设造成了较大的限制和困难。秦巴山区的农田水利设施严重不足，部分山区还处于靠天吃饭的局面。土地肥力不足，水土流失相对严重，部分生态资源环境脆弱的地方甚至形成了越穷越垦、越垦越穷、生态平衡被打破、环境被破坏的恶性循环，农业生产条件亟待改善。

二是生产力水平低。近年来，国家加大农业投入，大力发展现代农业，四川秦巴山区部分地区特别是城市近郊的农业生产方式得到了较大的改善，农民生活水平大幅提高。但是在四川省秦巴山区，存在耕地面积小、坡度大的情况，现代化农用机械难以大面积推广，先进适用又适合该地区使用的机械设备较少。再加上秦巴山区青壮年劳动力不断外流导致了该地区生产水平较低。作为以农业生产为主的地区，农业生产水平低将导致该地区与其他地区的贫富差距逐渐扩大。

三是作为主产业的农林、畜牧业发展相对滞后。农、林、畜牧业是四川秦巴山区农村的主要产业。该区域动植物种质资源丰富，发展潜力极大，除水稻、玉米等粮经作物和畜禽之外，还有中药材、食用菌、水果等特色农产品。区内工矿企业少、污染小，具备生产绿色生态农林畜牧产品、有机产品的环境条件。目前秦巴山区在生产过程中主要是以小农经济、适应性规模生产和规模效应生产的方式并存的状态，农业、林业和牧业的发展具有极大的潜力。但是该地区存在的问题是缺乏完善的产业链，产业价值链短，无法推动农业增量增效、转型升级，该地区的农产品主要为鲜销，初加工和深加工较为落后，导致秦巴山区农产品尤其是特色农产品缺乏品牌效应和知名度，市场竞争力总体较差。

四是人才和劳动力缺乏，贫困户自身发展能力弱。我国每年约有1亿人口从农村流向城市，以农村转移人口的身份在城市寻求更高收入、更好生活水平的工作。留在家中务农的多为老弱病残，这一现象在秦巴山区表现得更为突出，当地居民的首要生活目标就是脱离大山，并且在青壮年劳动力中十分向往城市的生活。在农村现有的人口当中，仅仅需要维持温饱，生产和经营性收入增长能力和动力不足。

（二）乌蒙山区产业扶贫存在的问题

乌蒙山区地处四川盆地南缘与云贵高原的过渡地带，地势陡峻，地形破碎，25°以上坡耕地占耕地总面积比重大，水土流失严重，土壤较为瘠薄，适农适牧土地产出低。乌蒙山区是长江上游重要生态保护区，生态环境相对脆弱，绝大部分区域属于国家和全省主体功能区规划中的限制开发区和禁止开发区。

乌蒙山区贫困原因和产业扶贫存在的问题可以从四个角度来分析。

一是自然生态贫困。自然生态环境恶劣是造成乌蒙山区贫困的主要原因之一。生态贫困的表现首先是生产环境。尤其是农业生产环境恶劣，不规则和贫瘠的土地严重制约了山区农业的发展。其次是自然灾害较多。滑坡、泥石流、旱灾、冰冻和洪涝等自然灾害严重影响了山区人口的生产和生活，因灾致贫的现象时有发生。

二是物质生活水平较低。乌蒙山区贫困人口的物质型贫困主要表现为人均GDP、人均地方性财政预算投入、人均可支配收入和人均消费支出均较低。造成乌蒙山区贫困人口物质生活贫困的主要原因是收入来源受限。在贫瘠的山地上，传统的农业由于受自然地理、种植技术、土地面积等限制，不具有比较优势和规模优势；由于劳动力素质偏低缺乏劳动能力，山区贫困人口无法进城务工获得工资性收入；受制于地方财政状况，不能获得更多的转移性支付。另外，贫困人口由于没有物质资本的积累，更没有财产性收入。

三是人力资本匮乏。乌蒙山贫困区的贫困人口普遍为人力资本存量较低的人群。这主要表现在两个方面，第一是健康状况欠佳。如各种类型的残疾或重病人员缺乏从事生产生活的基本的能力。因为治病（尤其是急病和慢性病等）等原因导致家庭破产或者是过度负债等。第二是教育水平偏低、技能培训不足或缺乏。在少数民族贫困人口中，人力资本偏低的现象更为突出。

四是传统文化缺失。乌蒙山区连片贫困区的文化贫困问题是很突出的，主要表现为三个方面，首先是价值观念落后。山区贫困人口往往处于封闭的生产和生活环境中，其生存观、生活观等较为保守落后，一些山区中的懒惰、赌博、吸食毒品等价值观念和行为是其典型表现。其次是生产和生活方式保守落后。一些居于山区的人家，生产方式上仍然保持原始的自给自足的农业生产方式，生产和生活方式的保守落后，以偏居于山区的少数民族贫困人口最为突出。最后是文化的交流通道阻塞。文化贫困的典型原因之一就是文化交流的通道被阻塞。

（三）大小凉山彝区产业扶贫存在的问题

四川大小凉山彝区是全国主要的彝族聚集区。由于历史、自然、社会等诸多因素的综合影响，该地区的社会发育程度低，经济发展总体水平滞后，社会公共服务水平低。同时具有贫困面广、贫困人口多、贫困发生率高、贫困程度深的特点，是全国典型的特殊类型连片贫困地区。在精准扶贫脱贫期间取得了阶段性成果，但大小凉山目前仍是全国贫困面最广、贫困人口最多、贫困维度较多、致贫原因最复杂、贫困程度最深的连片集中特困地区之一。

大小凉山彝区历来是四川省农业扶贫和后续乡村振兴帮扶的重中之重，全省最后一批摘帽贫困县全部在大小凉山彝区。大小凉山的农业经济发展仍然较为落后，而且其贫困的原因同样具有多样化特征，通过对大小凉山农业经济发展的现状进行分析可以总结为以下四个方面。

一是产业支撑薄弱。随着我国总体经济的不断发展，农业经济也在不断向着高质量、快节奏的方向发展。各地农业经济不断地转型升级，不断地提升生产效率，以达到全面脱贫的重要目标。四川大小凉山彝区农业经济的发展面临的首要问题就是普遍缺乏支撑性产业，深度贫困地区经济发展主要依靠农业，工业是最大的短板之一，缺乏大产业支撑带动，几乎没有完整的产业链。因为第一产业发展水平较低，无法支撑农业农村经济基本稳定和持续发展，项目支撑带动作用薄弱，仅仅依靠农业带动农民脱贫的作用还十分有限。农业产业化发展推进较为困难，难以形成大小凉山彝区农村经济发展的重要内生动力。

二是基础设施落后。农业基础设施的落后首先导致了农业生产效率难以提升，并且农业种子、化肥、产成品的运输面临极大的问题。从大小凉山来看，更加重要的是基础设施的落后直接影响农业经济的发展，进而制约了农业与第三产业的有效融合。当前，越来越多的城市消费者倾向于乡村旅游，但是四川凉山的现有基础设施并不具备吸引游客前来的条件。另外，农业机械设施和电力设施是农业经济发展的主要驱动力。四川大小凉山彝区的这些农业科技基础设施水平仍然较低。

三是思想观念陈旧。深度贫困地区贫在没有产业支撑，困在没有特色产业推动，但其深层次原因还是在于脱贫人口主观能动性不强，思想观念转变不够。大小凉山彝区的思想观念较为陈旧，对于新事物的接受能力较差。不论是农业科技、信息、品牌等，还是农业良种培育、政策性扶持以及产业链的延伸都存在认识不足的问题。青壮年劳动力不断外流造成了当地农业经济的发展质量不断下降。

四是少数民族人口占比较大。四川大小凉山存在大量的彝族世居人口，人口基数大。少数民族与汉族在生活习惯、行为方式和传统文化方面有很大差异。少数民族地区更加倾向于同民族的人口进行互帮互助，与外界联系相对闭塞。农业生产也主要是以自给自足为目标。

（四）高原藏区产业扶贫存在的问题

四川藏区是民族地区、生态脆弱区、连片特困地区、革命老区、地震灾区高度耦合区域，也是我国农牧交错、宗教传承和文化富集的重要区域，贫困程度深、贫困面广、致贫因素复杂、扶贫成本高，是典型的特殊类型贫困地区。

四川藏区农业扶贫面临着多方面的问题，其问题主要表现在以下四个方面。

一是农业基础设施不完善。基础设施的落后是农业经济发展的重大短板,造成农业生产难以形成一定的规模化。四川省藏区位于自然环境最为复杂的横断山腹心地带,受海拔、地形、地质、气候等因素影响,使得藏区现有的农业基础设施建设不足,同时农业基础设施的后续建设也面临着较大的挑战。首先农业基础设施的建设受到交通因素、地形因素以及气候因素的影响,建设工程实施难度大。同时,当地的恶劣自然环境使得泥石流、滑坡等灾害频繁发生,基础设施的维护和保障措施也较为困难。其次,四川藏区地广人稀,基础设施建设人均投资巨大,建成后难以形成集聚效应和规模效应,对农业经济增长的促进效果大大受限制。最后,基础设施的建设难以深入贫困地区的末梢,"最后一公里"问题较为突出。

二是人力资源匮乏。人力资源的匮乏是四川省乃至全国贫困乡村的突出问题,四川藏区人力资源的匮乏主要表现在两个方面,首先是人力资本的数量远不如农业经济发展好的地区。农业生产所需要的传统劳动力和有效人力资源的数量逐渐减少,农业的生产效率难以提升。其次是高质量劳动力匮乏。高质量劳动力主要为科技型人才,随着农业经济生产方式的不断转变,农村越来越需要高质量的劳动力,这一转变对贫困乡村更为重要。但是四川藏区由于距离中心城市较远,难以通过有效的政策措施进行人才引进,这就导致了四川藏区农业经济发展提升缓慢,现代化农业生产方式受到制约。

三是市场机制不健全。农业市场机制是农业在销售环节和再生产环节的主要影响因素。农业市场所面临的问题突出表现在,市场经济往往不以人的主观意志所转移。四川藏区本身比较闭塞,对市场的认识程度和把控性不高,而且越来越多的城市居民对农产品的需求不断呈现多样化形式。四川藏区的农产品市场需要通过对农产品的不断改进和多渠道销售实现藏区的农产品品牌效应。目前这一效应并不明显。

(五) 四川省四大集中连片贫困地区产业扶贫存在的问题总结

1. 农业投入产出效率较低

农业在深度贫困地区的重要性不容忽视,2017年,深度贫困地区农林水务支出占公共财政支出的24.2%,高于全省平均12.3%的水平,表明深度贫困地区政府对农业的高度重视和高投入,但农业增加值占贫困地区GDP的10.2%(全省平均7.3%),单位耕地产值为2.71万元/公顷,仅达到全省平均单位耕地产值一半的水平,反映出深度贫困地区农业投入产出比仍然较低。主要原因:一是农业财政对社会资本的撬动能力较弱,农业投入主要依靠财政和农民投工投劳;二是农业科技水平较低,仍处于粗放式生产阶段,现代农业处于起步阶段;三是农业产业融合度不高,农业附加值潜力没有充分释放。因此,贫困地区要加快转变农业发展方式,促进农业集约化发展。

2. 农业科技服务能力不足

从事农牧业技术推广的基层农技人员少,基层公益性农技服务人员严重不足,社会性农技服务机构几乎为零,农民培训指导缺少项目支撑和常态机制,缺乏新品种新技术试验示范基地、品种良繁基地、本土优势品种母本园保护基地,科技创新研发能力不足,新品种、新技术储备严重不足,品种更新换代跟不上生产和市场变化的需要,适应市场需求变化能力不强。

3. 农产品市场信息不对称

经济相对发达的地区，在产业方面已经具备了先发优势，在市场上已经树立了品牌，建立了相对稳定的销售渠道。深度贫困地区现代农业产业发展起步较晚，加之市场信息相对闭塞，难免陷入产品同质化竞争的困境。例如，贫困山区近年来大量发展核桃、林果等产业，已经出现产品销售难的现象，随着果树盛果期的到来，产量将进一步加大，产品"烂市"现象将会成为今后产业发展的重大瓶颈。因此产业选择和发展要考虑市场需求，走差异化发展道路。

4. 人才外流趋势明显

随着城镇化进程加快，大量青壮年劳动力离开农村，农民老龄化、农村缺人才的问题日益突出。以马边县为例，全县高中文化以上常住人口占乡村常住人口的15.8%，20~50岁青壮年劳动力占劳动力总数不到一半，留守老人、留守妇女、留守儿童成为乡村人员主体。随着脱贫攻坚、乡村振兴战略的推进，乡村干部工作量和工作难度在逐年增大，但工资待遇相对较低，收入来源较为单一，有能力、能干事的乡村干部外流趋势明显，"人才短板"成为贫困地区产业持续发展的最大"拦路虎"。

5. 集体经济相对薄弱

截至2017年末，全国农村集体资产总额3.1万亿元（不包括土地等资源性资产）。在统计的55.9万个村中，经营收益5万元以上的村达到14万个，集体没有经营收益或者经营收益在5万以下的村有41.8万个，占总数的74.9%，全国集体经济总体偏弱，集体经济存在资产数量不明确，集体经济收入严重偏低等问题。在四川贫困地区尤为突出，从贫困地区随机抽样的15个村，集体经济平均收入13.4万元，并且几乎全部来自补助收入，集体资产平均13.3万元，没有经营性资产，农民没有从集体经济获得任何分红。集体经济薄弱直接影响了村级组织的战斗力和积极性，难以形成凝聚力。

6. 农民收入结构性失衡

从绝对值看，城乡居民收入差距仍然较大，深度贫困地区农民人均可支配收入10 373元（城镇28 611元），深度贫困地区农村恩格尔系数为51%（城镇39.6%）。但从收入结构分析，农民主要收入来源仍是家庭经营性收入和工资性收入，其占农民人均可支配收入的比重分别是60%、23%；其次是转移性支付和财产性收入，占比分别为14%、1.6%。通过城乡收入结构对比分析，说明贫困地区农民的主要收入来源仍是以家庭经营收入和工资性收入为核心的劳动性收入；财产性收入所占比例最低为1.2%。而城镇居民工资性收入和财产性收入要显著高于农民，更为稳定，这也在一定程度上造成了城乡之间居民收入的差距。

7. 区域间同质化发展加大了发展的难度

阿坝州与甘孜州、凉山州的部分地区资源禀赋相似，产业结构差别不大，在高山蔬菜、特色水果等产业面临地区间无序竞争和发展模式趋同的压力。

（六）四川省四大集中连片贫困地区农业科技扶贫需求

精准扶贫战略的加快推进和脱贫攻坚目标的实现，离不开农业科技的创新研发和推广应用，离不开农业科技条件的持续改善和广大科研人员的不懈努力，更离不开贫困地区和贫困人群自我发展能力的持续提高。通过分析四川省四大集中连片贫困地区产业扶贫存在的问题，梳理总结以上地区对于农业科技扶贫的主要需求点和帮扶着力点。

1. 对于农业科技应用的需求

消除贫困、改善民生、乡村振兴，是实现全面小康社会建设的重要目标，更是农业科技扶贫与服务贫困地区的具体举措。针对四川省四大集中连片贫困地区当前产业扶贫和农业科技扶贫过程中面临的农业实用技术落后的情况，以上地区对于农业科技研发创新和推广应用需求强烈，需要切实发挥农业科技在精准扶贫和乡村振兴中的支撑作用。一是对农业实用技术成果转化与推广应用的需求。针对四川省四大集中连片贫困地区水土流失问题，需要推广免耕少耕、秸秆留茬覆盖还田技术，控制土壤风蚀水蚀；针对土地贫瘠的问题，需要全面推广测土配方施肥等技术，提高土壤肥力和产出水平；针对以上地区水资源缺乏和利用率不足的问题，需要大力推广喷灌、滴灌、水肥一体化等高效节水农业技术，持续推进"五小水利"工程建设，提高贫困地区水资源利用效率和耕地有效灌溉率，改善农田供水和灌溉状况；针对贫困地区农牧业资源独特的优势，推广特色粮经、中草药、特色蔬果、食用菌、花卉苗木、木本油料、牛羊、家禽等特色产品种养及加工技术，打特色、生态、绿色、有机等农产品特色品牌，增加产量、提高质量，获得附加价值，从多个方面促进贫困地区农民增收，带动农民持续增收、稳步致富。二是对农业科技前沿技术创新研发的需求。遵循农业科技发展趋势，瞄准科技扶贫、产业扶贫、精准扶贫巩固拓展需求，既立足当前，又以可持续发展的眼光着眼未来，选择四川省四大集中连片贫困地区当前发展急需的前沿和未来引领发展的领域，做好技术储备和升级准备，为贫困地区农业持续发展提供科技保障和储备跨越式发展的势能。需要进一步推动开发利用贫困地区的农作物、畜禽、水产、微生物等农业种质资源，实现从资源优势到产业优势、经济优势的转变。加强设施农业，初、精深加工技术创新研发，补齐二产短板，延伸产业链和价值链，促进以上贫困地区农业生产效率提升和产业升级。

2. 对农业科技扶贫体系的需求

在国家延续扶贫相关政府和资金投入的同时，针对农业科技创新研发与应用推广具有社会效益高、研发推广周期长、影响因素多、物质投入大等特点，有重点地向农业科技扶贫相关技术或在贫困地区开展的农业科技研发和推广项目倾斜，推动相关重要平台和项目开展，保障农业科技扶贫渠道畅通和可持续性。

一是对产业技术支撑的需求。四川省四大集中连片贫困地区急需要培育推广一批新品种。以中（藏、羌）药材、木本油料、马铃薯、魔芋、水果、青稞、荞麦、食用菌、蚕桑、茶叶和林竹等为重点，推广一批优质、高产、专用的突破性新品种。以蜀宣花牛、高原牦牛、半细毛羊、獭兔等草食牲畜，生猪、山地土鸡、水禽等家畜家禽，以及冷水鱼、大口鲶等水产为重点，开展品种改良推广，培育壮大地方优势品牌，支持发展现代特色农业。需要集成转化一批新技术。加强贫困地区种植业、养殖业、农产品精深加工业以及民族手工业、旅游业、健康养老产业、文化创意产业、太阳能及风能、水电和矿产资源开发等领域的产业技术集成创新和转化应用，开展产业链关键环节产学研协同创新，集中攻克一批制约产业发展的重大技术瓶颈，优化产业结构，培育新的增长点。探索完善一批新模式。探索贫困地区后发高起点的现代农业经营模式,建设一批产业特色鲜明、带动农民增收的科技园区(基地),推进现代农业规模化发展。探索三产融合的全产业链增值模式,加强技术链协同攻关,构建一二三产融合产业技术支撑体系。探索企业带动技术脱贫模式,把吸纳贫困户作为重要内容,扶持龙头企业、农民合作社、专业大户、家庭农场、职业农民等新型农业经营主体,引导农户与龙头企业、合作社等建立合理的利益联结机制。支持乡村旅游、农产品产地初加工、农村电子商务、农村养老服务、农村文化创意等农村新兴业态发展。

二是对科技人才支撑的需求。四川省四大集中连片贫困地区急需要科技扶贫团队的持续支持。例如争取科技部设立秦巴山区科技扶贫团,加大对秦巴山片区科技扶贫的支持和协调。探索建立四大片区省级科技扶贫团。实施"三区"科技人员计划。选派科技人员到"三区"提供"一对一""一帮一""一带一"的精准科技服务,开展本土科技人员培训,为"三区"培养本土科技服务人员。建立科研单位帮扶机制。选派科技特派员到贫困地区驻点帮扶,鼓励科技人员到贫困地区领办、创办、联办产业项目,动员和组织科研院所、大专院校科技人员采取多种方式参与扶贫。

三是对科技扶贫示范的需求。四川省四大集中连片贫困地区急需要帮扶打造一批各具特色的科技扶贫示范点(基地、县)。选择一批典型县开展科技帮扶试点,重点在产业支撑、人才引进、项目支持、能力培训、科技普及等方面进行帮扶,为四大片区科技扶贫提供样板。建设示范县、示范乡镇、示范村、示范户,形成全省县乡村户科技示范体系。

四是对科学普及和技术培训的需求。四川省四大集中连片贫困地区急需要通过创新贫困地区技术培训模式,持续推进在贫困地区技术培训和科学普及,增强农民脱贫致富的内生动力。加强农业生产技术培训。立足提升贫困地区产业生产水平,加强种养大户、家庭农场主、农业专业合作社等骨干的培训,建立培训基地、培训点,利用田间讲解、地头培训、面对面传授、示范带动等途径,培养一批农村脱贫致富带头人。加强农民务工技能培训。通过远程培训、专题授课、科技赶场等形式,加强贫困地区农民职业技能培训。加强贫困地区科学普及。持续开展科技赶场、科技之春、科技下乡、科技活动周等科普活动,宣传、普及、传播、推广科技知识。

3. 对发展观念科技扶贫的需求

治贫首在治愚。四川省四大集中连片贫困地区急需要增强贫困地区群众"自我智力造血"功能、变"输血"为"造血",才能彻底改变陈旧观念,扭转贫困地区的落后面貌。一是对农业科技技能培训的需求。加强对贫困家庭子女接受中等职业教育、高等职业教育等实施力度,久久为功,进一步增加培训的批次、人次和时间。培养贫困地区产业发展带头人,组织开展产业带头人创业技能、知识的培训,发挥带头人的示范和辐射带动作用。充分利用"互联网+教育",大力推进农业科技线上培训、实时服务、远程教育等多种培训方式。二是对科研人员直接参与农业科技扶贫的需求。农业科技精准扶贫离不开贫困一线,科研工作必然需要服务一线贫困地区,科研人员需要主动走近贫困群众。针对贫困地区在资源、环境、技术等方面的困难和需求,在单位、部门、团队的支撑下,进一步强化与贫困地区的技术合作,"交朋友""结对子",实现一对一帮扶,加大对贫困地区的人才支持和智力服务。三是对农技推广技术服务的需求。在落实中央要求、普遍建立驻村工作队(组)的基础上,根据贫困地区农业生态条件、产业特色、生产规模、区域布局等情况和扶贫需求,加快贫困地区基层农技推广体系完善,进一步完善贫困地区基层农业技术推广服务队伍,力争做到每个贫困村都能得到有效的农业技术服务,依靠有效手段提高技术入户率和到位率。

二、四川省特殊农业产业体系对科技需求的分析

2019年四川省委一号文件提出以建设"10+3"产业体系为重点发展现代农业园区。把发展现代农业园区作为重点强力推进,抓住这个"牛鼻子",充分发挥示范引领作用,构建10+3特色农业体系,推动全省农业综合实力和农业发展水平迈上新的台阶,把现代农业园区建成农村改革"试验田"、农业技术"推广站"、现代农业"样板区"。高标准推进现代农业园区建设,突出"10+3"特色产业发展,加快推进三大先导性产业发展。四川省要把现代农业园区作为川粮(油)、川猪(家禽)、川茶、川薯、川药、川竹、川果(花椒)、川菜、川桑、川鱼10个"川字号"优势特色产业和现代种业、智能农机装备制造、烘干冷链物流的"10+3"产业体系的重要载体。

(一) 川字号优势特色产业持续稳定发展

2014—2018年,四川省除猪肉产量略有周期性下降外,粮油、蔬菜、茶叶、水果、水产、中药材产量均稳中有升(表5-11),稳步发展,为四川省构建打造10大优势特色产业奠定了良好的基础。

表5-11 2014—2018年四川省主要农产品产量(万吨)①

农产品	2014年	2015年	2016年	2017年	2018年
粮食产量	3 374.90	3 442.80	3 483.50	3 488.90	3 493.70
油料产量	300.79	307.55	311.29	357.89	362.54
蔬菜产量	4 069.31	4 240.80	4 388.58	4 252.27	4 438.02
薯类产量	494.50	516.30	531.10	537.86	541.30
茶叶产量	23.40	24.84	26.77	27.78	30.07
水果产量	884.55	934.19	979.32	1007.88	1080.67
猪肉产量	527.18	512.42	494.48	472.23	481.20
鱼肉产量	130.74	136.75	143.46	148.30	153.48
中草药产量	42.30	43.87	46.02	39.86	44.83

1. 川粮油产业现状及存在问题

四川是全国13个粮食主产省之一,是马铃薯、甘薯、油菜籽生产第一大省,也是

---

① 数据来源于2015—2019年《四川省统计年鉴》,受限于数据可得性并未汇总"川桑"产量。

全国粮食和菜籽油消费第一大省。2018年，全省粮食总产量698.74亿斤、居全国第九位，油菜籽总产量58.5亿斤、居全国第一位，稳定发展四川粮油生产，提高粮食等重要农产品有效供给，对经济社会持续稳定发展具有重要意义。据测算，粮油全产业链市场价值3 200亿元，是保障经济社会发展的基础民生产业。同时也要看到，四川省粮油产业总体规模大而不强，仍存在诸多问题和短板，需要进一步挖掘潜力和补齐短板。

一是资源环境约束趋紧、耕地承载力下降，确保粮油数量质量安全面临更大挑战。全省耕地有效灌溉面积、高标准农田面积，分别占全省耕地总面积的42%、30%。由于过度利用等因素影响，耕地质量退化加速，酸性和微酸性土壤比例已占50%，旱地有机质含量普遍低于1%，水田有机质含量普遍低于1.5%，半数以上耕地缺乏微量元素。部分地方靠天吃饭的局面仍未根本改变，全省常年因干旱、洪涝等自然灾害损失粮食14亿~16亿斤。

二是粮油生产规模化程度不高、种粮（油）比较效益低下，确保种粮（油）面积稳定面临更大挑战。生产成本不断快速上升与粮食价格持续低迷形成鲜明对比，粮食生产的微利性与增加农民收入矛盾更加突出。同时，规模种粮扶持力度不够，新型经营主体培育明显滞后。2018年，全省粮食适度规模经营692.5万亩，占粮食播栽面积的7.3%，从事粮油产业的家庭农场有6 900家，占全省家庭农场总数的16.9%，从事粮油产业的合作社有6 680家，占全省合作社总数的7.5%，规模经营主体数量不足，烘干、仓储、物流等产后服务能力薄弱，全产业社会化服务水平亟待提升。

三是粮食产量增速放缓，结构性矛盾突出，粮食大量调入成为常态，稳定发展本省粮食产业面临更大挑战。四川口粮数量上基本能省内自给，但品种品质结构性矛盾突出，大量优质口粮、加工专用粮需从省外调入调剂，四川省已成为仅次于广东的粮食第二大调入省，粮食大量调入对全省粮食生产发展的冲击正逐步显现。

四是粮油产品精深加工薄弱，产业化龙头企业带动不足，品牌建设滞后，推动粮油产业振兴发展面临更大挑战。目前，省粮食和物资储备局纳入统计的粮油加工企业有866个，区域分布不平衡、产业发展不平衡，缺乏经营规模大、品牌影响力和带动力强的本土核心龙头。粮油加工企业初加工多，精深加工少，高附加值、高科技含量的产品不多，商品率和精深加工率低。同时，品牌建设滞后，市场认知度高、影响力大的品牌少，缺乏区域性知名公共品牌和叫得响的"川粮油"品牌带动。

五是科技创新不足、农业科技转化与产业对接不紧，促进农业科技推广应用面临更大挑战。具有突破性意义的科技创新成果不多，科技成果转化机制不畅，特别是集科技创新、成果产业化于一体的成果转化机制探索不够。同时农村转移输出劳动力规模大，高素质农村劳动力严重不足，农民对新技术接受能力不强。

2. 川菜产业现状及存在问题

川菜产业发展现状方面：一是产业规模居全国前列。2018年全省蔬菜播种面积2 053万亩，产量4 438万吨，面积、产量均居全国第五位。辣椒种植面积165.2万亩，居全国第五位，产量267.4万吨；花椒种植面积550万亩、干花椒产量6.9万吨，面积和产量均居全国第一位。二是保供增收效果显著。四川蔬菜除满足本省需求外，还常年外销1 200多万吨，调剂了全国蔬菜市场供给。2018年蔬菜产值1 697亿元，占农业产值40.8%，助农增收贡献率居第一产业首位。花椒产业在脱贫攻坚中发挥了重要作用,全省88个连片贫困县中,有75个县(市、区)种植花椒,面积和产量占全省的73.2%和63%。三是加工产业发展壮大。全省蔬菜采后商品化处理率达到40%。建成了全国最大的泡菜加工基地,2018年泡菜产量、产值分别达到400万吨、340亿元,成为全国第一泡菜产业大省。开发了豆瓣酱、火锅料、花椒油、花椒粉、花椒酱等系列川椒加工品,其中郫县豆瓣享誉海内外。培育了吉香居、丹丹郫县豆瓣等7家川菜加工国家级龙头企业。四是品牌知名度提升。连续举办了11届泡菜博览会、10届蔬菜博览会、4届食用菌博览会、4届蔬菜品赏会,唱响了"四川蔬菜天然生态"品牌。打造了"四川泡菜"公共区域品牌,2017年,四川泡菜被列入首批中欧地标互认互保产品。培育了"西充二荆条""盐源辣椒""汉源花椒"等川椒知名品牌,茂县大红袍花椒成功打入法国等欧盟市场。

川菜产业发展存在的问题方面:一是基础设施仍然薄弱。大量菜地由城市近郊向农区转移,基础设施建设跟不上,先进生产设施装备缺乏,蔬菜(辣椒)生产仍没有摆脱靠天吃饭的困境。花椒基地大多位于山区,基础条件差,低产低效基地占比近70%。二是产量效益相对较低。新品种、新技术、新模式推广普及较差,机械化水平低,蔬菜平均亩产2.09吨/亩,与全国平均单产2.38吨/亩相比,低12%。缺乏加工专用辣椒品种,受四川夏季高温高湿影响,加工所需红辣椒生产病害高发,亩产仅1~2吨,且商品性较差。花椒品种杂乱,基地良种化率不足60%,部分花椒产业园盛果期干果亩产不足100千克。三是加工能力有待提升。蔬菜商品化处理率仍较低,冷链运输设施缺乏,川菜工业化发展还处于起步阶段。加工产品多以附加值低的初级产品为主,产业链长的精深加工产品少。蔬菜加工以泡菜为主,辣椒加工以豆瓣和火锅底料为主,种类较单一,档次和附加值不高。花椒产品初加工规模小、设备落后、技术含量低,产品质量参差不齐。四是主体带动能力不强。与先进省份相比,四川省川菜农业产业化龙头企业实力还不强,以家庭农场为主的适度规模经营发展缓慢。种苗统育统供、病虫害统防统治、农机作业、采后商品化处理、市场营销等社会化服务组织发展较慢,规模化经营缺乏专业化服务支撑。五是品牌效应发挥不充分。区域品牌使用率不高,蔬菜销售品牌化率在10%以下。"走出去"意识淡薄,等客上门思想严重。品牌保护意识不强,存在冒名、以次充好现象。

3. 川果产业现状及存在问题

(1) 川果产业发展现状,具有以下几个特点。

一是生态优势得天独厚。四川省地处青藏高原向长江中下游平原过渡地带,生态条件优越,气候类型多样,从热带、亚热带到温带水果均有分布,有着"园林之母"的美誉。盛产柑橘、梨、苹果、桃、葡萄、荔枝、龙眼、杧果、石榴、猕猴桃、枇杷、李、梅、杏、樱桃等多种水果和蚕桑、核桃等。不少树种在全国占有重要地位。

二是熟期结构特色鲜明。独特地理气候条件,孕育了川果与国内其他产区错峰上市的时序优势。四川省晚熟柑橘1—5月上市,攀西桑果3—4月上市,正是国内鲜果供应淡季。攀西杧果8—10月上市,是全国最晚熟杧果。岷江和大渡河河谷流域能利用不同海拔高度,生产出极早熟到极晚熟的甜樱桃。攀西早春枇杷元旦春节即可上市,阿坝夏秋枇杷6—7月成熟,一早一晚为四川省独有。同一品种的落叶果树在四川省盆地的成熟期较北方早1个月,较东部沿海地区早20天左右。

三是品质品牌优势突出。四川省主产红心猕猴桃色泽鲜艳、味甜可口、光滑无毛,深受消费者喜爱。晚熟柑橘4月挂果、翌年1—5月采收,历春夏秋冬四季,漫长的生长周期积累了丰富的营养,可溶性固形物含量高,品质一流。攀西地区光照充足,热量丰富,昼夜温差大,年温差小,能生产品质极佳的杧果、石榴、葡萄、苹果、桑果、枇杷、草莓等果品。"安岳柠檬""攀枝花杧果""会理石榴""苍溪猕猴桃""合江荔枝""丹棱橘橙"等水果品牌享誉全国。

四是特色产业领先全国。全省水果总面积已达1 117万亩,产量948万吨,居全国第五位。其中:晚熟柑橘面积200余万亩,规模全国第一;柠檬面积80余万亩,产能占全国80%以上;血橙面积产能占全国90%以上;全省猕猴桃71万亩,红心猕猴桃占80%以上,是全球最大红心猕猴桃生产基地;早熟桃、梨在全国知名度高;石榴面积全国第一。全省现有桑园面积210万亩,产茧9.2万吨,居全国第二位;生产生丝1.43万吨,居全国第二位;茧丝质量居全国第一位。全省核桃面积1 750万亩,年产核桃干果57万吨,居全国第三。

五是三产融合势头强劲。桃花、李花、梨花等景观景致,已成为当下休闲农业和乡村旅游重要资源。各地在积极推进产业发展同时,不断探索产业基地"景区化",推进三产融合富民增收新路子。龙泉国际桃花节已连续举办33届,具有较高知名度和影响力。丹棱橘橙节、蒲江不知火节、会理石榴节、安岳柠檬节、苍溪猕猴桃采摘节等各类活动的开展,既提升了产业发展影响力,又开辟了农民增收新渠道。

(2)川果产业发展存在的问题,主要有以下几个方面。

一是良种化供给有待加强。良繁基地建设投入严重不足,优质种苗供应滞后于产业发展,规模增长较快的晚熟柑橘等表现尤为突出。二是标准化生产急需发力。老旧果园存量大,基础设施不完善,生产管理不到位,机械化作业难,单位面积生产效益较低。春见、不知火、川山×蜀水等一批优新品种应用比例有待提高,水肥药一体化、绿色防控、轻简化修剪等系列优新技术,运用还不到位。三是商品化处理亟待提升。全省果品清洗、分级、包装、预冷等采后商品化处理设施设备明显不足,采后商品化处理率不足30%。蚕桑丝绸产业链后端技术装备水平不高,精深加工能力不强,产品附加值低,带动能力较弱。全省用于橙汁加工的柑橘不足总量的5%,而世界用于橙汁加工的柑橘总产量已达40%。核桃加工产量少、加工产品档次低。四是品牌打造尚需加力。安岳柠檬、苍溪猕猴桃、会理石榴、四川丝绸等特色产品,虽在省内外有一定知名度,但与新西兰"佳沛"、美国"新奇士"、江西"赣南脐橙"、云南"褚橙"、福建"琯溪蜜柚"、浙江"杭州丝绸"等品牌相比,仍有较大差距。

4. 川茶产业现状及存在问题

(1)川茶产业发展现状,主要有以下几个特点。

一是规模总量不断扩大。2017年,全省茶园面积534.3万亩,茶叶产量28.3万吨,实现毛茶产值210亿元,规模总量不断扩大,综合实力评估排名全国第二。规模以上精制茶加工企业实现主营业务收入218.3亿元,同比增长14%;实现利润总额13.7亿元,同比增长13.5%,精制茶产量11.7万吨。

二是区域集中度显著提升。形成川西名优绿茶、川东北富硒茶以及川南早茶工夫红茶、川中茉莉花茶产业集中发展区,宜宾、乐山、雅安等11个茶叶主产市茶园面积485万亩,占全省的98%。茶园面积20万亩以上的大县发展到18个,14个县跨入全国茶产业经济综合实力百强县行列。

三是品牌建设成效显现。推出"天府龙芽"省级茶叶区域公共品牌。"蒙顶山茶"入围"中国十大茶叶区域公共品牌",填补了川茶在全国名茶评选中的空白。中国驰名商标、省著名商标、国家地理标志保护产品分别达14个、68个和16个。

四是工艺技术不断提升。推进产学研结合,依托国内农业高校、科研机构和省内龙头企业,组建川茶产业商学院、川茶产业技术研究院、四川茶叶创新团队。注重育种创新和推广,全省茶园良种化比例达到70.8%。持续推广机械化、标准化、清洁化加工技术,实施茶厂标准化改造,建成连续化、自动化茶叶生产线1 800余台套。名优茶机制率达到90%以上,70%以上的大宗茶实现不落地加工,居全国先进水平。

(2)川茶产业发展存在的问题如下。

一是基地建设管理水平不高。四川省茶园面积比福建多120万亩,但毛茶产量、产值只相当于福建的63.6%、89.4%。茶园平均单产仅51.5千克,仅相当于福建平均亩产水平的47.7%,与全国亩产的60千克也有差距。茶园普遍基础设施薄弱、管理水平低,有近100万亩属于低产低效茶园,部分茶园质量安全风险较高。

二是茶产品结构性失衡。四川省70%以上茶叶以原料、初级产品形式外销或被外省企业在产地就地贴牌加工。茶叶精深加工综合利用处于较低水平,初级产品多,精深加工产品少,高科技产品和高附加值产品开发不够,产品结构单一,夏秋茶利用率不高。

三是品牌知名度不高。目前四川省茶叶注册商标多,品牌多、杂、乱、散的现象十分突出,有较大市场份额的知名品牌不多,区域品牌号召力有限。"天府龙芽"的宣传打造还需要持之以恒,声势和影响力还不够,地方区域品牌打造声势不大、力度不够、持续性不强。

四是生产经营主体不强。全省工商注册的大小茶叶企业有4 000多户,规模以上企业只有163户,仅占4%。茶叶龙头企业总体规模偏小,实力不强,特别是缺乏大龙头、大企业的强力带动。

五是科技支撑能力弱。川茶技术转化落地不够,专业人才培养不足,省内只有川农大、宜宾学院有本科茶学专业,宜宾职业技术学院有专科茶叶专业,每年毕业生不足200人。茶区技能人才少,在主产茶区的重点乡镇几乎没有专业技术人员。多数加工企业实力不强,缺乏自主创新、持续创新的意识和能力。

六是市场开拓能力弱。企业家意识和能力不适应现代市场发展变化,小富即安思想突出,能够主动走出去开拓市场的企业不多,绝大多数企业的产品依赖批发、代理或坐等买家上门采购销售,在省外市场很少看到以川茶品牌销售的产品,四川省没有一个茶区像福建安溪拥有10万人闯市场、卖一个品牌的销售大军。多年来,川茶直接出口量少,货值低,全国排名长期靠后。

5. 川鱼产业现状及存在问题

四川是西部水产大省,产业特色鲜明,在农业农村经济发展中有着重要地位。2018

年,全省水产品总产量153.5万吨,全省渔业综合产值达到800亿元。全省淡水水产养殖面积、淡水水产品总产量分别居全国第十位、第七位,均居西部第一位;全省稻渔综合种养面积稳居全国第二位;鲶鱼、鲴鱼、长吻鮠产量居全国第一位,鲢鱼产量居全国第一位,鱼子酱产量居全国第二位,鲟鱼产量居全国第四位。全省有水产企业1 830个、水产专业合作社4 477个、家庭渔场1 940个、专业大户9 895户、规模以上休闲渔业经营主体1 252个。同时,四川水产产业也存在一定问题短板,需要进一步挖掘潜力提升发展。

一是供给不足问题突出,着力扩面增产增量的潜力很大。全省水产品年均需求量在200万吨,其中需从省外购入约50万吨,供给能力还不足;全省人均水产品占有量18.4千克,仅为全国人均水平的1/3,需要通过提高宜渔资源利用效率,扩大养殖面积、提升产能产量。一方面可以充分利用宜渔稻田资源,全省现有待开发宜渔稻田资源1 100万亩、其中冬(囤)水田600万亩,适当改造后发展稻渔综合种养,可以在稳定粮食产量的同时,新增水产品产量数十万吨。另一方面已有资源还有很大提升空间,可以通过规模化标准化水产养殖基地建设,促进土地、资金、技术等资源集约化利用,全省现有的60万亩老旧池塘,经过标准化改造后,水产品单产能力可以提高300千克/亩,年新增水产品产量18万吨。

二是产业结构不协调,加快产业融合发展的潜力很大。目前水产一二三产业产值比例5.59∶0.75∶3.66,产业结构不协调不平衡问题突出。一产业产值占比较大,但同类品种养殖分散,致使水产品加工业难以壮大;渔业工业、渔业流通和服务业等产业产值占比小、增速快、需求大,具有进一步拓展挖潜的空间。通过推进优势水产品养殖基地、养殖园区和产业带建设,为发展水产品精深加工提供原材料保障;通过培育壮大加工企业群体,用好并拓展加工能力,做大做强冻品、鳗鱼、鱼子酱及鲟鱼、泥鳅、鲴鱼、小龙虾、南方大口鲶等优势特色品种加工;通过积极发展电商、冷链物流等新型业态,大力发展集休闲、观赏、垂钓、餐饮、娱乐为一体的休闲渔业,延伸产业链,提升价值链。

三是产业发展质量不高,加强质量兴渔品牌强渔的潜力很大。四川水产总体以农户散养、小规模养殖、粗放型经营为主,养殖面积30亩以下的养殖户超过40%、100亩以下占90%以上;水产基础设施陈旧老化比例大,设施装备差,严重制约渔业生产能力;质优价高的名特优水产品占比只有26.3%,冷水性、亚冷水性鱼类的消费量70%依靠进口,小龙虾85%供应量来源于省外;无公害水产品养殖面积只有60.06万亩,仅占全省总养殖面积的21.25%;新型经营主体还不够多,全省区域性水产品牌、全国知名水产品牌不多,品牌影响力小、带动力不强。要补齐这些发展短板,推动水产业高质量发展,必须立足质量兴渔品牌强渔,抓好水产养殖基础设施标准化改造、提升设施装备水平、建设现代农业园区、培育新型经营主体、品牌培育和推介等重点工作。

6. 川药产业现状及存在问题

(1) 川药产业发展现状具有以下几个特点。

一是规模增长迅速。近年来随着产业结构调整和脱贫攻坚的推进,全省药材规模持续增长。2018年,全省中药材种植面积685万亩(含三木药材),农业产值276亿元,综合产值733.08亿元。种植面积10万亩以上的有川芎、黄连、川丹参、川明参、川银花、黄柏、厚朴、杜仲8个品种；上万亩的单品53种，其中川芎、川贝母、麦冬、附子、天麻、泽泻、赶黄草7个大宗药材人工种植面积全国第一。四川省已成为国内中医药产业发展的重要原料基地，中药材产业已成为贫困地区脱贫攻坚的重要产业支撑。

二是布局不断优化。全省已形成四大药材生产集中区，包括以成都市、德阳市、绵阳市、资阳市、眉山市、自贡市、内江市、遂宁市、南充市、广安市等为主的四川盆地药材生产区，以宜宾市、泸州市、乐山市、雅安市（汉源县、石棉县除外）、达州市、巴中市、广元市等为主的盆地边缘山地药材生产区，以甘孜州、阿坝州、凉山州（木里县）等为主的川西高原及川西高山峡谷药材生产区，以凉山州（木里县除外）、攀枝花市、雅安市（汉源县、石棉县）等为主的攀西地区药材生产区。

三是品牌持续擦亮。通过产品展示展销、举办各类节会、参加"川货全国行"等活动，彭州川芎、三台麦冬、中江丹参、松潘贝母、苍溪川明参、南江川银花等川产道地药材品牌知名度和美誉度不断提升。

四是市场开拓有力。国内市场，道地药材川芎、麦冬、泽泻占全国市场份额的70%~80%。国际市场，四川省中药材已出口到日本、韩国、新加坡、印度尼西亚、意大利、澳大利亚等20多个国家和地区，2018年出口额达3.17亿元人民币（4 038.23万美元）。

（2）川药产业发展存在的问题具有以下几个方面。

一是科技支撑有待加强。中药材产业科研投入较少，研究力量相对分散、薄弱，缺乏协作攻关平台。资源保护不够。野生中药材科学保护力度较弱，无序采挖导致野生资源濒临灭绝，严重影响中药材产业持续发展。创新力度不够。未形成集中攻关机制，在新品种引进选育、新技术集成创新等方面跟不上产业需求，道地品种基源不清、品种退化、品质下降等问题突出。技术推广不够。农科教、产学研结合不够，专业技术人员缺乏，示范培训及推广手段较为传统或缺失，科技成果转化率低。

二是基地建设需要加力。规范化、标准化药材基地少是制约产业发展的关键因素。基础设施薄弱。多数道地药材分布在偏远贫困山区和少数民族地区，生产条件总体较差，机械化程度低，加工、仓储物流等配套滞后不能满足产业发展需要。组织化程度不够。中药材生产集约化程度较低，一家一户药农模式仍是主体，龙头企业、专业合作社等新型经营主体辐射面窄、带动力弱，专业化、社会化服务进展缓慢。生产不规范的问题仍然突出。生产上滥用农药化肥、生长调节剂、采收时间随意性大、初加工粗放不规范等问题突出，严重影响四川省道地药材的品质、效益和质量安全。

三是产业化水平亟待提升。当前四川省中药材资源优势未能有效转化为市场优势和经济优势。产业链条短。生产、加工、流通、产品开发等环节尚未形成有效协作，原材料加工普遍以中小企业、家庭作坊为主，加工标准不统一，商品化处理能力不强、处理率低，药食同源推动滞后，精深加工、高附加值产品少，仓储物流发展滞后，大路货、原始货多，制约了销售半径及产业效益提升。品牌建设不够。四川省道地中药材品牌多而小、多而散，品牌设计、经营和推介不够，在全国叫得响的大品牌少，区域品牌和企业品牌资源缺乏整合，缺少对公用品牌的有效保护，品牌作用未充分发挥。缺乏大企业带动。缺乏像广州药业、云南白药、扬子江药业、同仁堂等综合实力强、带动能力强的大企业。

7. 川竹（花卉）产业现状及存在问题

四川是全国竹资源大省，竹浆造纸、竹笋加工、竹编制品、竹旅游位居全国前列。到 2018 年，全省有竹林 1 766 万亩，居全国第一；有竹加工企业 562 家，基本形成了竹片加工、竹笋加工、竹浆造纸、竹人造板、竹工艺品、竹饮料、竹家具、竹炭等加工体系，竹材制浆产量达 150 万吨，居全国第一；竹笋加工能力 55 万吨，居全国第五；建成竹林公园 12 个、竹林湿地 2 个、竹林风景区 28 个、竹林康养基地 16 个、竹林（艺）人家 63 个，年接待游客 4 600 多万人次；实现竹业综合产值 462 亿元，居全国第四，其中竹业产值达到 10 亿元以上的县（市、区）15 个，宜宾市、泸州市竹业产值超百亿元。

四川花卉种质资源丰富，有野生花卉和传统名花 5 000 余种，居全国第二。至 2018 年，全省花卉种植面积 79 万亩，有控温温室 96 万平方米、日光温室 329 万平方米，有花卉企业 3 055 个、花卉市场 380 个。2018 年，全省年产鲜切花切叶 4.4 亿支、盆栽植物 2.4 亿盆、观赏苗木 2.3 亿株、草坪 476 万平方米，实现产值 183 亿元。初步呈现以成都平原经济区、攀西经济区为龙头带动，以优质盆花、鲜切花、川派盆景、观赏苗木和食药用花卉为拳头产品的产业发展格局。

尽管近年四川省竹产业、花卉产业发展取得一定成效，但仍处于"大资源、小产业、低效益"状态，迫切要求加快推进高质量发展。从竹产业看，主要存在竹林经营粗放、竹附加值不高、发展机制不活和基础建设滞后等突出问题。就花卉产业而言，主要存在自主产权品种少、设施化水平不高、物流交易方式传统和政策扶持不力等问题。

8. 川牛羊（畜禽饲草）产业现状及存在问题

四川是全国牛羊生产大省，牛存栏长期保持全国第一位、羊存出栏均居全国第六位。2019 年全省牛出栏 291.7 万头，年末存栏 851.7 万头，牛肉产量 36.4 万吨，分别占全国总量的 6%、9%、5%；羊出栏 1 780.2 万只，年末存栏 1 504.1 万只，羊肉产量 27.1 万吨，均占全国总量的 5.8%。同时，四川也是兔蜂禽生产大省，兔和蜜蜂养殖量全国第一，禽蛋产量全国第七。2019 年全省兔出栏 16 760 万只，兔肉产量 21.2 万吨，约占全国总量 40%；蜜蜂存栏 165 万箱，占全国总量的 16.5%；肉禽出栏 78 757 万只，禽肉产量 119.7 万吨，禽蛋产量 161.7 万吨。生鲜奶产量 66.7 万吨。牛羊禽兔饲料产量 340 万吨。四川是全国五大牧区之一，现有草原面积 3.13 亿亩，占全省面积的 43%，其中甘孜、阿坝、凉山三州天然草原面积 2.46 亿亩，盆周山区和盆地丘陵区分布 0.67 亿亩，全省人工种草面积 1 376 万亩，各类饲草干草产量约 778.0 亿千克，可载畜 8 436.1 万个羊单位。

据测算，全省牛、羊、禽、兔、蜂、饲料、饲草全产业链市场价值约 3 780 亿元。其中肉禽产业 890 亿元、肉牛产业 850 亿元、肉羊产业 630 亿元、工业饲料产值 102 亿元、秸秆饲料产值 18 亿元、饲草产业 600 亿元、蛋禽产业 310 亿元、兔产业 220 亿元、奶产业 80 亿元、蜂产业 80 亿元。牛羊禽兔蜂草产业［以下简称"牛羊（畜禽饲草）产业"］是四川省农业农村经济的重要产业，也是助力脱贫攻坚、保障农民持续稳定增收的关键产业。同时，四川省牛羊（畜禽饲草）产业多而不优、大而不强，比较优势不显著，需要进一步挖掘潜力提升发展质量。

（1）遗传资源丰富，种业竞争力不强。四川畜禽遗传资源丰富，数量位居全国第二，国家认定的四川畜禽品种64个，地方遗传资源54个，列入省级畜禽遗传资源保护名录的地方品种有38个。拥有宣汉黄牛、川南山地黄牛、德昌水牛、九龙牦牛、麦洼牦牛等15个地方牛品种和蜀宣花牛培育品种；川中黑山羊、川南黑山羊等13个地方肉羊品种和南江黄羊、简州大耳羊、凉山半细毛羊等3个培育品种；旧院黑鸡、四川山地乌骨鸡、建昌鸭、四川白鹅等15个地方特色家禽品种和大恒肉鸡、天府肉鸡、天府肉鹅等3个培育品种，还有四川白兔、川白獭兔、阿坝中蜂等一批兔蜂品种。全省现有除生猪以外的各类种畜禽场202个，其中国家级和省级核心育种场17个、原种场37个。草业方面，有国家饲草种质资源圃1个、省级草种基地3个，适种牧草有康北垂穗披碱草、康巴老芒麦、"长江2号"多花黑麦草等89个地方选育草品种。但是，我国自主培育的肉牛肉羊专用品种少，牛羊生产核心品种来源依赖进口，选育不足、性能退化严重。四川省九龙牦牛、蜀宣花牛、南江黄羊等一批地方品种和培育品种开发利用方面科技创新投入不够、开发利用不充分，地方品种选育改良进展滞后。全省种公牛培育滞后，良种牛细管冻精缺口约100万剂，能繁母牛存栏已呈连年持续下降趋势。蛋鸡祖代、父母代苗一半以上靠引进。畜禽品种资源优势未能转变为产业优势，畜禽种业缺乏核心竞争力。饲草种子质量不高、数量不足，适合在川西北牧区种植的老芒麦、披碱草等种子产量缺口大，垂穗披碱草等多年生草种仅能满足3%左右的需求。

（2）牛羊等畜禽养殖体量大，产业化水平低。长期以来，四川省牛羊等畜禽生产总量大，居全国前列，但规模化标准化养殖水平和产业化经营水平低。2019年全省畜禽规模养殖比重仅为51.5%，低于全国平均水平约10个百分点，其中肉牛、肉羊规模化生产比重仅24%和17%，标准化良种化水平远低于其他畜禽品种。全省除生猪外的部省级畜禽标准化养殖示范场470个，仅占总量的42%。大部分畜禽养殖场生产设施差、饲养管理粗放、养殖成本高、市场竞争力弱。如四川省牛存栏长期居全国第一，但出栏第六、产肉量第九。种养结合不紧密、饲草发展滞后、秸秆饲料化利用率低、规模养殖场和规模种植园布局不合理、粪污处理与资源化利用基础设施不配套等问题突出。屠宰加工小而散，草食牲畜产品深加工率低，在品牌创建方面，缺少名、特、优、新的畜产品品牌，经济效益低，全省牛羊禽兔规模化屠宰厂（场）仅有26个。四川省动物疫病流行状况总体复杂，病种多，病原复杂，流行范围广，口蹄疫、布病、小反刍兽疫、高致病性禽流感和新城疫等重大疫病防控形势依然严峻。

（3）饲草生产面积大，生产水平不高。全省可利用天然草地面积2.65亿亩，平均鲜草亩产300千克，年各类饲草干草产量近800亿千克，生产效率和机械化率远低于发达地区水平。草业生产经营主体还处于起步发展阶段，草业企业与专业合作社数量少、实力弱、带动产业发展能力不足，全省没有一家有影响力的草产业龙头企业。2018年全省仅有草产品加工企业12家、草种生产经营企业45家。草业科技推广应用不足，草牧业发展所需的种、收、加和绿色防控一体化专业服务机构缺乏。普通经营者种植青贮玉米亩产约2.2吨，专业经营者亩产可达4.5吨，是普通经营者的2倍。

(4) 农作物秸秆资源丰富，饲料化利用率低。2018年全省农作物秸秆理论资源总量约4 350万吨，但秸秆饲料化利用率仅占14%左右，秸秆收集、运输、储存难等问题尚未得到根本解决，严重制约全省秸秆资源化利用发展，秸秆处理基础设施建设薄弱，生物处理、机械处理设备不能满足现实需要；秸秆饲料化生产经营主体发展还处于起步阶段，专业合作社数量少、实力弱、带动产业发展能力不足，缺乏有影响力的秸秆商品饲料生产龙头企业。

9. 川猪产业现状及存在问题

（1）川猪产业发展现状。四川是全国生猪生产大省，是国家优质商品猪战略保障基地，也是《全国生猪生产发展规划（2016—2020年）》确定的7个重点发展省份之一，在保障全国肉食品有效供给方面举足轻重。四川猪种资源丰富，拥有内江猪、成华猪、雅南猪、凉山猪、丫杈猪、青峪猪、藏猪等7个独特地方猪种和川藏黑猪、天府肉猪2个培育品种。2019年全省有各类生猪养殖场（户）119.8万家，其中规模养殖场17 229家，部省级生猪标准化养殖示范场778个，生猪出栏4 852.6万头，期末存栏2 870.7万头（其中能繁母猪274万头），猪肉产量353.4万吨，分别占全国出栏生猪量和猪肉产量的8.9%、8.3%，占全球的约5.3%、4.4%，是四川省社会经济重要的支柱产业之一。

（2）川猪产业发展存在的问题。四川省生猪产业基础扎实，但随着其他省区生猪生产的快速发展，四川养猪第一大省的地位受到严峻挑战。主要原因为：一是生猪种业核心竞争力不足。自主供种能力弱，优良生猪种源严重依赖进口，生产用种90%为外种猪，其中80%来源于加拿大，同质化严重，结构不合理，遗传基础狭窄；地方猪种资源和培育品种开发利用不充分，省内市场占有率仅3%~5%，品种资源优势没转变为产业优势。二是标准化规模化水平不高。2018年全省出栏500头以上生猪规模养殖比重约36%，低于全国平均水平近13个百分点，比国内养猪发达地区低30个百分点，养殖场布局不合理、生产设施差、饲养管理粗放、种养结合不紧、养殖成本高、市场竞争力弱等问题仍然存在。三是动物疫病防控体系薄弱。非洲猪瘟病毒已在环境中定植，防控非洲猪瘟是一场持久战，但基层动物疫病防控体系逐渐弱化，部分地方乡镇畜牧兽医站被合并、削减，存在占编挪编空编、"独人站、无人站"现象。2019年，全省乡镇畜牧兽医站在编在岗11 000多人，比核定编制少近5 000人、少45.45%，村级防疫员38 440名，平均每个行政村不到1名。四是屠宰加工企业小而散，精深加工水平低。全省屠宰加工企业984家，但年屠宰加工100万头以上的大型企业不足5家；产品以热鲜肉、白条肉为主，精深加工量小，品种单一，无拳头产品，市场知名度和占有率低。五是政策落实落地难。各地落实用地、环保、金融、保险等生猪扶持政策参差不齐，养殖企业贷款难、养殖用地难、手续办理难、扑杀补助到位慢等问题依然不同程度存在。有的地方在环保督察和非洲猪瘟防控期间搞一刀切，不愿发展生猪生产。

10. 川酒产业现状及存在问题

四川是中国白酒的重要产区之一，产区自然禀赋优越，拥有"中国酒都（宜宾）""中国酒城（泸州）""中国最大白酒原酒基地（邛崃）""酒乡（绵竹）"等称号，世界十大烈酒产区中，泸州、宜宾独占其二。名优产品众多，培育了以五粮液、泸州老窖等"六朵金花"为代表的一大批名优品牌，以及众多的大型原酒生产企业，一线白酒品牌长期占据国内半壁江山，规模以上企业在全国占比超20%。2018年，全省规模以上白酒企业实现产量35.83亿升，完成主营业务收入2 372.4亿元，实现利润343.7亿元，分别占全国的42%、44%和28%，产量、主营业务收入居全国第一，利润居全国第二。同时我们也应该看到，对标高质量发展要求，四川省白酒产业发展还存在一定差距。

一是整体优势有所下降。川酒产量和规模多年位居全国首位，但利润不及贵州茅台一家，川酒"大而不强"。"六朵金花"品牌辨识度和影响力还不十分突出。部分原酒企业盲目扩能，对省外白酒企业高度依赖，忽视对成品酒市场的开发，导致盈利能力弱、抗风险能力差。同时，存在大量小作坊，"小散乱""散乱无序"现象依然较为突出。

二是产业科技创新不足。四川省白酒行业在机械化、信息化、智能化应用上偏低，农业科技推广应用效率偏低，农业科技转化与产业对接不紧，科技创新能力不足，科技成果转化机制不畅，与其他产业的融合度不高，产业融合发展相对滞后。

三是农业带动作用不突出。酿酒原料品种品质结构性矛盾突出，大量优质酿酒专用粮需从省外调入调剂，原料种植缺乏经营规模大、品牌影响力和带动力强的本土核心龙头，白酒产业对农业带动还未体现出应有的作用。

（二）三大先导性支撑产业水平进一步提升

1. 现代农业种业现状及存在问题

四川是种业大省，也是全国三大农作物育制种基地之一，四川省农业种业发展迅速，各有优势和亮点，有力地支撑了四川省现代农业发展。但在品种选育、良繁基地建设、龙头企业培育和监管能力建设等关键环节不同程度地存在问题和短板。

（1）品种选育优势明显，但育种创新能力不足。四川是我国农作物、畜禽、水产和林草等种质资源最为丰富的地区之一，现保存农作物种质资源5万余份，保存蔬菜种质6 000余份、果树种质1 500余份、家蚕种质1 286份、桑树种质1 774份、中药材种质5 000余份、林木种质6 369份、草种质8 000余份、畜禽遗传材料9万余份。2019年首例体细胞克隆青峪猪成功产仔，是四川省遗传资源异位保种取得的一项突破性进展。品种选育获得明显突破，"十二五"以来育成农作物新品种849个，草新品种65个，畜禽新品种（配套系）10个，水产新品种2个，审（认）定林木良种234个。但全省种质资源家底不清、保护不力、开发利用率不高，没有充分发掘出优良育种材料；农作物、草类植物、林木品种同质化严重，突破性新品种少；种畜禽生产性能有待提高，与发达国家和地区相比差距较大；水产育种材料的收集保种、研究整理工作滞后，加之受地理环境和气候条件的限制，大宗水产品保种选育工作落后于长江中下游地区。

（2）生产基地基础较好，但生产能力有待提升。拥有国家级杂交水稻种子生产基地县8个、杂交玉米基地县1个，国家级区域性良种繁育基地4个，省级优势种子制种基地13个，初步建成了以川西平原为主的杂交水稻、杂交油菜制种优势区，以安宁河流域为主的杂交玉米制种优势区；现有各类种畜禽场（站）582个，其中国家级种公牛站1个、国家级畜禽核心育种场13个、省级畜禽核心育种场22个；全省水产苗种场站达1 154个，其中国家级水产原良种场2个、省级原良种场43个；全省蚕种场13家，其中省级蚕种场5家；建成国家草种质资源圃1个、省级草种基地3个；建成以种子园、母树林、采穗圃为主的林木良种基地96个，其中国家重点林木良种基地13个、省级重点林木良种基地9个。但分种类看，农作物种业生产基地"六化"（标准化、机械化、规模化、专业化、集约化、信息化）程度低，旱涝保收面积不足45%，每年制种受灾面积达25%。种畜禽场数量多，但普遍规模不大，且设施设备陈旧，缺乏运行维护费用。水产种业苗种场（站）生产规模普遍较小、建设标准低、装备落后，生产能力和生产标准远远不能满足生产需要，每年需要从广东、海南引进水花鱼苗约100亿尾。饲草种业自主品种不多，种子质量不高、数量不足，适合在四川农区种植的多花黑麦草、饲用燕麦、青贮玉米、金花菜、紫云英和川西北牧区种植的披碱草属、羊茅属、早熟禾属、燕麦属等种子缺口大，主要依靠省外调进或国外进口。林木良种基地树种单一、结构不合理，区域分布不均，核桃、油橄榄等经济林专用采穗圃和用材林种子园建设滞后。

（3）企业培育进展较大，但核心竞争力不强。四川省现有农作物种业企业313家，育繁推一体化企业6家，进出口企业12家，国家种业骨干企业4家；畜禽种业企业81家，其中育繁推一体化企业18家；水产种业企业300多家，其中育繁推企业2家，龙头企业国家级1家、省级2家；蚕种生产企业6家，桑树种子（苗）生产企业8家；林木良种生产经营单位86家；草种企业40余家，其中育繁推一体化企业5家。但四川省种业企业普遍规模小，综合实力弱，抗风险能力差，目前尚无一家农作物种业企业在主板上市，畜禽种业企业育种实力与欧美发达国家差距较大。农作物种业企业进入全国农作物种业50强由2003年的5家减少到目前的3家，从事出口业务的企业从20家减少到9家；畜禽、水产、林木种业企业在品种选育上不愿投入太多的人力和资金，发展后劲不足；草种业企业大多以转买转卖型草种贸易为主，无制种基地、无专门研发团队、无自主知识产权的育成品种。

（4）行业监管成效显著，但监管服务能力有待提升。初步建立了以省为中心，市州为骨干、县为基础、第三方为补充的农作物种子质量监督检验体系，建立了省级牧草种子质检中心，建立并实施了畜禽种苗监管制度，建立了水产种苗生产经营许可和以产地检疫为重点的管理制度，建立了林木种苗质量抽查制度和市场监管体系，多年未出现重大种子（苗）质量事故。依法设立并实施了蚕种生产经营行政许可，构建了以省蚕种质检站为核心，片区蚕种质检站为网络的全省蚕种检验检疫和质量监管体系。但也存在农作物种业质量检验机构建设滞后，运行经费保障不足，部分市县种子管理机构重视对主要农作物种子监管，疏于对非主要农作物种子管理。种畜禽质量监管多依赖于行政许可、系谱查验、外貌鉴定，缺乏必要的监管手段。水产苗种监管主要限于生产经营许可和疫病检疫，缺乏全面的质量监管，对应当检疫而不申报检疫的行为监管难度较大。草种监管相对缺失，无证经营、引种不规范、以次充优、标签标识不规范等现象较为普遍。

2. 现代农业装备产业现状及存在问题

（1）现代农业装备产业发展现状。

一是农业装备制造能力不断增强。全省农业装备企业数量500家左右，设立农业机械学科和专业的高校2所，从事农业装备研发的科研院所6家。建立了省农机装备产业发展联盟，推动跨区域产学研用合作，培育壮大了川龙拖拉机制造公司、德阳市金兴机械公司等一批行业骨干企业，产品覆盖拖拉机、稻麦联合收获机、作物种植、施肥、灌溉、农产品产地初加工以及畜禽水产养殖等11个领域。建立了丘陵山区农机装备生产、销售、推广、服务全产业链体系，打造了"川龙拖""金兴""小金刚""登尧"全国知名农机品牌。

二是农业装备供给总量不断增加。持续实施国家农机购置补贴政策，争取中央下达四川省农机购置补贴资金近70亿元，省级配套资金近2亿元，新增农业装备总量335万余台（套），受益农户280万户，撬动社会资本投入农业装备资金400亿元以上，带动全省农机总动力达4 682万千瓦，处于全国领先地位。农业装备总量持续增加，装备结构持续优化，大型化、复合型、智能化趋势更加凸显。全省大中型拖拉机、谷物联合收割机快速增长，保有量分别达8万台、4万台以上。全省农业装备逐步向特色产业、绿色环保、高效复合型三个方向转型。

三是农机装备作业水平不断提升。2019年，全省主要农作物耕、种、收机械化作业面积1.38亿亩，综合机械化率达到61%，增速高于全国平均水平1个百分点。现代农业10大产业薄弱环节机械化实现"从无到有"，茶叶和水果机械化植保分别达227万亩、520万亩。农产品初加工、畜牧、水产养殖等各行业机械化水平加快提高，设施农业机械化率达到37%，提升了农业劳动生产率、土地产出率和资源利用率。

四是农业装备服务领域不断拓展。全省农机户223万户，农机作业服务专业户22万多家，农机化作业服务组织1.81万个，其中农机合作社1 441个，新都保丰、广汉聚能等17个农机合作社被评为农民合作社省级示范社，广汉惠民、安州永福、眉山德心等3家农机专业合作社入选全国第一批"全程机械化+综合农事"服务中心。培育壮大了"吉峰农机"等产业化龙头企业，吉峰农机成为全国首家农机上市公司，年产值50亿元。农机服务龙头加快发展，推动农机作业服务向全程全面方向延伸，服务模式实现由单一经营向多形式、多层次、多主体、多中心经营方向转变；农机作业由耕、种（播）、收关键环节向生产全过程拓展，由粮油作物向水果、茶叶、中药材等特色作物全面延伸。

五是农业基础设施建设不断改善。大力开展高标准农田、机耕道、机电提灌等基础设施建设，建成宜机化高标准农田面积3 700余万亩，每年建成机耕道路2 000千米以上，农机作业通达率不断提高。全省保有提灌站4.1万座、124万千瓦，常年保栽水稻面积2 000万亩以上；建成太阳能提灌站300余座。农机存放、维修库棚等设施建设不断完善，农机化信息化融合管理平台已起步发展。

（2）存在的问题主要有以下几点。

一是科技创新能力不足，农业装备供给不充分。全省农机科研机构少，科研人员100人左右。财政投入农业装备创新研发的项目少、小、散、不持续，省级工业发展资金缺乏创新研发专项,由于行业低迷农机企业研发投入不积极,农机科技创新成果少,农业装备供给缺门断档突出,难以满足四川省作物品种多样性、农艺生产复杂性的需求。

二是农机龙头企业缺乏,农机装备结构不合理。农机制造企业规模小,全省农机装备工业产值 100 多亿元,年销售收入上亿元的农机企业不足 10 家。全省农机购置补贴产品目录上 995 户企业、7 858 个型号产品中,四川农机企业有 56 户、185 个产品,仅占总数的 5.6% 和 2.4%,大部分产品靠省外国外引进推广。虽然农机装备总量居全国前列,但"三多三少"的问题突出,即:小型机具多、大中型机具少;动力机具多,配套机具少;低端机具多,复合型、智能化机具少。

三是农业作业水平总体偏低,产业和区域发展不平衡。受四川丘陵山区地形地貌等因素影响,地块零星分散,宜机化改造滞后,农机下田难问题突出,四川省主要农作物耕种收综合机械化水平比全国平均水平低 9 个百分点。省内平原地区农机化水平超过 70%,而丘陵在 50% 左右,山区不到 40%。粮油作物和经济作物的机械化水平也不平衡,水稻、小麦等粮油作物机械化水平在 70% 以上,但川茶、川菜机械化水平不足 30%,川果、川药、川竹机械化水平不到 10%。

3. 现代农业烘干冷链物流体系建设现状及存在问题

(1) 发展现状主要有以下几个特点。

一是农产品冷链物流骨干枢纽网络基本建成。一是物流运输枢纽基本覆盖。截至 2018 年底,四川省高速公路建成总里程达 7 238 千米,实现了所有市(州)政府所在地通高速公路,五大经济区大型货运枢纽和国内冷链物流运输能力基本覆盖;依托双流航空物流港,构建了全省航空物流运输服务体系;依托中欧班列(蓉欧快速)、宝成铁路、成南达铁路、成昆铁路等铁路干线,构建了连接亚欧国际和国内冷链物流铁路运输通道;依托泸州港、宜宾港等港口优势,建成了临港物流中心。二是国家级和区域型冷链物流枢纽节点已明确。《国家物流枢纽布局和建设规划》已明确设立成都、遂宁、泸州、攀枝花、达州 5 个国家物流枢纽布局承载城市。农业农村部办公厅《关于做好"三农"领域补短板项目库建设工作的通知》明确将成都、南充、达州布局为农产品骨干冷链物流基地,并设立了攀枝花、眉山市等 14 个市、县(市、区)为区域性农产品产地仓储冷链物流设施建设基地。

二是冷链设施总量与产业服务能力不断提升。第一总量提升,增长迅速。2012—2019 年,四川省农业农村厅连续 8 年共争取中央和省级财政资金 5.4 亿元,支持 120 多个县(市、区)新建农产品产地初加工和冷藏设施。新建或改扩建的农产品冷链物流设施主要包括通风库、冷(气调)藏、冷冻库等静态仓储保鲜设施,冷藏(冻)运输车等移动冷链物流设施和农产品采后预冷、分级、清洗、包装等商品化处理配套设施和农产品烘干设施四类。第二经营主体和从业人员显著增加。2019 年各市县统计数据表明,各类农产品烘干冷链物流业经营主体接近 2 000 家,以农民专业合作社、经营企业和经营大户为主。第三服务特色农业产业能力凸显。各类烘干冷链物流设施主要服务于川菜、川果、川猪、川茶、川粮油、川粮油、现代种业等全省 10 大优势特色产业,通过降低损耗、提升农产品品质、错峰销售、延长销售半径和产业链等方式助推了"川字号"现代农业产业的快速发展。

三是农产品供应链市场与信息建设蓬勃发展。农产品产地批发市场和流通交易市场的发展助推了农产品的对内对外销售增长。农业农村部官方网站数据显示，截至 2018 年底，四川省共有 29 家农业农村部农产品定点市场。

四是产业发展环境优化与技术应用逐步推进。一是四川省相继出台系列支持农产品烘干冷链物流业发展的政策文件。"十三五"以来，四川省先后出台了《四川省物流业发展中长期规划》《四川省"十三五"农产品冷链物流发展规划》《四川省现代农业烘干冷链物流体系建设推进方案（2020—2022 年）》等政策文件，加强对全省农产品烘干冷链物流发展的规划与政策引导。发改、财政、交通、商务、农业、口岸物流、市场监管等多部门陆续出台了一系列促进行业发展的政策措施，加大对农产品烘干冷链物流发展的资金投入和政策扶持力度。二是新技术新装备的研发与应用助推了产业升级与高效发展。"十三五"期间，农产品产地预冷、精准冷（气调）贮藏、绿色保鲜、全程冷链加工与运输等保鲜加工技术的研发与应用；多温区冷藏车、全程环境管控、机械化装卸等智能装备的生产应用，降低了农产品采后损耗，提升了产品品质，延长了货架期，促进了产品增值和产业增收。

（2）存在的问题主要有以下几个方面。

一是产地冷链物流枢纽网络与供应链不健全。一是产地冷链物流枢纽网络不健全。目前国家级和区域型农产品冷链物流枢纽网络已基本形成，但县级和产地型冷链物流节点网络尚未成形，缺乏对需求的科学分析、资源的规范引导和冷链设施的统一规划。二是基础设施空间分布不均。现有烘干冷链物流设施主要集中在成都平原经济区，而川西北生态经济区、川南经济区等地相对较少。

二是基础设施总量不足与结构失衡问题并存。一是设施总量不能满足全省农业产业发展需求。《四川省"十三五"农产品冷链物流发展规划》统计数据显示，四川省果蔬、肉类、水产、奶类、茶叶等农产品冷藏运输率为 30%、50%、60%、40% 和 10%，相较于 10 大特色农业产业规模和冷链流通需求，现有全省烘干冷链物流设施总量仍存在较大缺口。二是设施建设存在结构性矛盾。部分产区冷（冻）藏库建设数量偏多，但专用型预冷库、采后初加工设施、冷藏车等设施配置不足，造成物流过程中"短链""断链"问题突出，严重影响了效益发挥。三是经营主体规模化、集群化、专业化程度偏低。农产品冷链物流经营主体中静态库容达 5 000 立方米以下的占比较多，经营主体普遍规模较小、实力不强、自营比重大、分布零散，企业间协作与网络化程度低，第三方冷链物流企业偏少。

三是农产品供应链与产销信息平台对接不畅。信息平台欠缺，数据交流对接困难。目前尚未建成覆盖全省的农产品烘干冷链物流贮运信息平台，缺乏对各产区和产业间农产品生产、冷链加工、流通、市场交易等信息的有效掌握与分析，无法合理调配烘干冷链物流设施资源，促进冷链物流产业高效发展。

四是产业发展政策要素保障与科技支撑不足。一是发展环境有待改善、要素保障难。用地、用电、金融保障、交通准入等产业发展政策要素保障涉及多个行业监管部门职能，仍是制约产业发展的难点，有待进一步优化完善。二是产业发展水平不高、技术支撑不足。农产品冷链物流业发展仍处于起步阶段,整体发展水平不高,智能化、信息化、标准化、产业化的冷链物流设施及配套应用技术研发和投入不足,造成冷藏、冷冻、加工、运输等环节冷链成本偏高和效益偏低,不能充分发挥产业优势。三是行业标准欠缺、全程监管不足。针对四川省产业特色和需求的相关农产品烘干冷链物流技术标准、行业操作规范、质量安全监测标准等欠缺,造成行业发展规范性不强。四是产业发展融合度不高,资源整合不足。发改、商务、交通运输、农业等多部门都涉及农产品烘干冷链物流政策和资金的扶持,相互之间沟通协作不足,造成资源浪费和重复建设问题。五是基础数据调研分析不足。地方农业部门对农产品烘干冷链物流的基础数据调查统计分析不足,未能针对本地农业产业需求提出更合理的烘干冷链物流发展方案。

(三)农产品精深加工业持续发展

农产品精深加工是在粗加工、初加工基础上,将其营养成分、功能成分、活性物质和副产物等进行再次加工,实现精加工、深加工等多次增值的加工过程,是延长农业产业链、提升价值链、优化供应链、构建利益链的关键环节,是推进农业供给侧结构性改革、加快农业农村现代化的重要支撑力量。促进农产品精深加工高质量发展,对于农业提质增效、农民就业增收和农村一二三产业融合发展,推动农产品加工技术装备提升,实施乡村振兴战略,保持国民经济平稳较快增长,都具有十分重要的意义。

近年来,四川省着力推进食品饮料万亿支柱产业再上新台阶,充分发挥农产品加工园区平台作用,坚持以粮油和肉制品加工为主导的千亿支柱产业为支撑,打造一批主业突出、规模较大、引领发展的重点企业,梯次培育一批前景好、创新突出的中型企业,协调推动食品饮料等农产品加工业健康有序发展。表 5-12 为 2013—2018 年四川省农副产品加工业和食品制造业规模以上企业个数和资产情况。数据显示,四川省农副产品加工业的企业数量总体呈现稳步增长趋势,企业数量占省内规模以上企业总数的比重也持续增加,但是农副产品加工业企业总资产的比重却略有下降。食品制造业规模以上企业情况与农副产品加工业相类似,企业数量和企业总资产都不断上升,值得提出的是,食品加工业企业总资产占比具有小幅度提升,这与农副产品加工业相反。

表 5-12 四川省农产品加工业与食品制造业企业情况汇总[①]

汇总项目	2013 年	2014 年	2015 年	2016 年	2017 年	2018 年
农副产品加工业						
企业个数(个)	1 075	1 105	1 135	1 188	1 223	1 208
企业个数占比	8.27%	8.33%	8.39%	8.60%	8.80%	8.68%

---

① 数据来源于 2014—2019 年《四川统计年鉴》。

(续表)

汇总项目	2013年	2014年	2015年	2016年	2017年	2018年
资产总计（亿元）	968.73	1 042.07	1 012.05	1 069.06	1 048.36	1 055.04
企业资产占比	2.67%	2.72%	2.50%	2.58%	2.42%	2.29%
食品制造业						
企业个数（个）	410	448	476	503	514	497
企业个数占比	3.15%	3.38%	3.52%	3.64%	3.70%	3.57%
资产总计（亿元）	426.05	483.82	521.29	556.31	637.62	618.05
企业资产占比	1.18%	1.26%	1.29%	1.34%	1.47%	1.34%

（四）四川省"10+3"产业体系对农业科技扶贫的需求分析

1. 川粮油产业农业科技扶贫的需求分析

川粮油产业农业科技扶贫重点需要把粮油绿色高质高效发展作为主攻方向，推动粮油生产科技创新与推广应用，努力提高科技对川粮油振兴发展的贡献率，提高全省粮油生产科技贡献率，研究集成绿色高质高效集成技术。

一是对于粮油种业提升的需求。需要着力品种自主创新、良种供给保障、企业规模体量、监管服务质量，充分发挥粮油作物育种攻关、现代农业产业技术体系四川创新团队科技支撑作用，用好用活国家、省级重点实验室、工程技术研究中心等资源，加快选育一批高产、优质、抗逆性强、适应机械化作业的突破性粮油作物新品种。需要搭建科企合作平台，支持科研人员发展，促进育种成果、科技人才、科研机构与种业企业有效对接，推动优势新品种的产业化发展，培育打造一批知识产权核心竞争力强的川种企业和品牌，并带动全省粮油种业高质量发展。

二是推进粮油生产农机装备提升的需求。需要加强农机科技研发能力建设，积极搭建平台，组织科研院所、高等学校、装备企业协同开展基础前沿、关键共性技术研究，促进种养加、粮经饲全程全面机械化创新发展，提升农机装备原始创新能力。提高粮油产业农机装备总量，推广新型节能农机，优化配置结构，改善农机作业基础条件，健全农机社会化服务体系，创新服务模式，推动小农生产、丘陵山区作业的小型农机和平原大中型农机协同发展，农机装备服务能力全面提升。着力提高主要粮油作物耕种收综合机械化率，小麦、水稻等作物基本实现全程机械化。

三是加强冷链物流体系建设的需求。需要重点突破，分类有序推进冷链物流配套体系建设。在粮油主产县，根据主要农产品冷链服务需求，统筹规划建设县域农产品冷链物流园区、加工园区、交易中心、电商平台、批发市场、农技农资服务中心等，完善冷链物流体系节点。支持新型农业经营主体建设冷链物流设施，积极引进大型农产品流通企业，推动职业农民、家庭农场、农民合作社、龙头企业与规模大、实力强、专业化程度高的第三方冷链物流主体联营合作。突出冷链需求导向强的粮油种业、薯类主食化产品及醪糟等精深加工产品，按照"互联网+冷链物流"模式，以信息化推进冷链物流社会化,打造线上线下融合发展的农产品配送直销平台,探索"产地集配+销地分拨"等直销模式。

2. 川菜产业农业科技扶贫的需求分析

川粮油产业农业科技扶贫是强化科研推广,发挥好蔬菜、食用菌、花椒创新团队和省内科研院校作用,重点在新品种选育以及省工节本、绿色安全生产、采后处理、冷链运输及储藏加工等技术"短板"上开展研究,集中攻关、重点突破。支持科研机构与种子、种苗生产企业联合,以科企互动的力量助推新品种选育推广。建立农科教、产学研协调推广机制,强化技术培训和指导,推进科技落地,提高川菜生产水平。

一是需要选育优新品种。建立以"企业商业化育种"+"科研单位公益性研究"的"双轮驱动"种业科技创新体系,加强地方特色品种资源开发,选育丰产、优质、多抗的鲜食及加工专用蔬菜、辣椒品种,推进珍稀食用菌品种驯化与人工栽培。

二是需要建设标准化生产基地。因地制宜发展钢架大棚、喷灌滴灌等生产设施。推广蔬菜轻简化栽培、设施周年规范化栽培、避雨栽培和花椒生态种植、修枝整形等新技术,以及杀虫灯、防虫网、黏虫色板等新材料。推进育苗播种、整地起厢、采收等环节机械作业,降低生产成本,提升生产能力。

三是需要推进绿色循环发展。促进养殖场建设与现代蔬菜基地建设有机结合。大力推广"畜禽养殖—沼渣/沼液—蔬菜生产""大田作物—秸秆—食用菌生产"等循环利用模式,构建农业循环经济产业链。推广"稻—菜"水旱轮作等粮经复合生产模式,开展有机肥替代化肥行动和园艺作物绿色高产高效创建,实施生物防治、理化诱控和生态调控技术,减少农药化肥使用,生产绿色安全的产品。

四是需要大力发展初加工和冷链物流。建设田间小型预冷处理冷库,对采收后的蔬菜及时预冷处理,提高贮藏保鲜能力。完善产地初加工设施设备,发展初加工社会化服务,引进大型物流企业,打造集群冷链物流园区,形成产区城市相配套、设施先进、功能完善的川菜物流综合服务体系。

3. 川果产业农业科技扶贫的需求分析

一是提升研发创新能力的需求。需要推进川果创新体系建设工程,发挥国家现代农业产业技术体系作用,强化四川创新团队建设,逐步建立以农业科研院校为支撑、企业为主体的科技创新体系。需要开展产业瓶颈技术创新,突破机械化生产采收、优质高抗品种选育、重大病虫害防治、采后处理与精深加工等一批制约产业发展的关键共性技术。

二是加强先进适用技术推广的需求。需要开展重大技术协同推广,建立完善"农—科—教"协同、"省—市—县—乡"联动的农技推广体系,着力解决科技"最后一公里"问题。需要加快产业技术研究机构、专家大院、科技特派员工作站、星创天地等科技推广转化平台,强化科技成果转化。完善"互联网+农业+科技人才"新型科技服务体系。

三是加强创新人才培养的需求。需要建立健全科研人员校企、院企共建双聘机制。建立高等院校、科研院所等事业单位专业技术人员到乡村和企业挂职、兼职和离岗创新创业制度。推行岗编适度分离,引导专业技术人才和大专院校毕业生到基层农技推广机构工作。加大农民技能培训力度，打造一批"乡土专家"。

4. 川茶产业农业科技扶贫的需求分析

一是推进品种创新的需求。需要借助四川省农业科学院、四川农业大学、宜宾学院及茶树良繁基地等联合开展茶树育种攻关，引进选育一批抗病虫、抗寒抗旱、适应性强、适制性好、适宜机采的优质高效茶树新品种，通过老茶园改造、新建基地推广茶树新品种。

二是推进产品开发创新的需求。需要坚持以名优绿茶为主，加强供给侧结构性调整，重点开发数量多、质量优、大多数消费者买得起的大宗产品，大力开发适合不同人群、不同年龄阶段、不同消费习惯的产品，特别是适宜年轻人消费、迎合年轻人追求时尚的茶产品，提升产品竞争能力。

三是推进工艺设备创新的需求。需要推动企业与科研院校联合攻关，结合实际开展茶叶加工机械功能改进、完善和集成创新，提高设备通用性和互换性，满足不同茶类产品生产需求。充分利用技改等项目，推进企业实施加工厂环境、设备和工艺的改造，不断提升加工水平，提高产品质量安全。

四是推进机制创新的需求。需要加快培育新型经营主体，引导龙头企业和专业合作社，与家庭农场、种植大户等建立更加紧密的利益联结机制，结成真正互惠互利、共同发展的利益共同体。充分发挥社会化服务公司与茶区、重点乡镇政府和茶企的紧密合作，统筹品种、农资、技术、培训、管理、营销等方面指导，推动茶产业持续发展，茶企增效、茶农增收。

五是推进人才培养的需求。需要加大对四川农业大学、宜宾学院、宜宾职业技术学院等高等茶学专业学校（院）的复合型、应用型茶产业关联专业人才培养的支持力度。支持高校、科研院所和培训机构开展茶叶新品种、新技术、新模式的技术培训，每年培训茶叶技术骨干和茶农，提高茶产业从业人员的整体素质。

5. 川鱼产业农业科技扶贫的需求分析

一是发展渔业产业扶贫的需求。需要在有资源条件的贫困村发展水产养殖，开展渔民培训、养殖基地建设、种苗补贴、病害防控、销售平台搭建以及保险补贴等。推广"以水变鱼"（水资源招商）、"大鱼带小鱼"（企业帮扶）等帮扶模式，推广"公司+合作社+基地+农户"等组织形式，完善"持有资产+保底收益+效益分红"的利益联结机制，实现产业增效、贫困户受益。

二是推动现代渔业科技创新的需求。需要建立川鱼水产种质资源保种、选育、评价等方法与技术体系，种质遗传改良率显著提高。推进水产健康养殖技术、模式升级，创制一批四川特色的节能高效、质量安全的养殖模式和标准化生产管理技术体系，实现提质增效和节水减排。推动重点实验室建设、疫病防控体系建设试点，为川鱼全产业链提档升级提供保障。进一步加快市、县级水产技术推广机构服务能力、条件建设，提高技术服务水平。有效发挥渔业科技支撑作用，渔业科技创新、服务体系整体效能显著增强，加快渔业科技进步和成果转化应用，全面改善和提升渔业整体素质和水平，构建资源节约、环境友好、质效双增的川鱼发展新格局。

三是完善科技保障的需求。需要组织产学研科技力量，围绕制约产业发展的"种"

"水"和设施装备技术瓶颈开展联合攻关,开展多种形式的应用研究和试验。充分利用四川省淡水鱼创新团队平台,推动产学研紧密结合,服务四川现代水产产业。广泛开展科技下乡、技术培训等,推进新技术、新品种、先进模式在水产养殖中的应用。积极实施"互联网+水产"战略,推进机械化、智能化设施设备和现代信息技术在水产领域中的应用,推动水产业发展转向主要依靠科技进步和提高劳动者素质的轨道上来。鼓励水产科研成果转化,充分运用科研院所和水产龙头企业的产学研结合"一条龙"机制,鼓励水产科技人员创新创业和高校水产专业科技成果转化落地落实,激发科研人员科技成果转化的热情。

四是完善人才队伍保障的需求。加强水产队伍建设,为乡村振兴和渔业转型升级绿色发展提供有效保障。加大新型职业渔民培养力度,把水产从业人员融入农村实用人才、新型职业农民培育工程中去。发挥水产推广机构、高校等培训主渠道作用,以产业基地为依托,加大科技培训力度,加快建立健全教育培训、规范管理、政策扶持为一体的新型职业渔民培育体系。健全人才培养交流合作机制。与川内外涉渔高校建立人才培养输送对接机制,完善高层次、重点领域急需紧缺人才的引入管理,培养一批渔业科技人才队伍。大力培养水产带头人。积极搭建平台和载体,优化完善创新保障政策,培育一批优秀带头人,大力营造水产创新创业良好氛围。

6. 川药产业农业科技扶贫的需求分析

一是资源保护与利用的需求。需要深入开展道地药材野生资源保护、优良品种选育、生态种植等基础研究,收集品种资源,建设品种资源库(圃),保障野生资源永续利用和药材的优质生产。建立濒危稀缺道地药材生产基地,加大种质资源保护力度,加快由野生向人工种植的驯化。

二是育种创新的需求。需要充分利用四川省尤其是四大集中连片贫困地区丰富的药材种质资源,组织科研单位与企业开展联合攻关,选育一批道地性强、药效明显、质量稳定的新品种,进一步丰富四川省中药材品种类型,为产业发展提供资源储备。

三是良种繁育的需求。需要推动种业发展,在重点产区分品种建设一批标准高、规模大、质量优的中药材种子种苗繁育基地,推进特色品种提纯复壮,开展优新品种扩繁和展示示范,进一步提升优质种子种苗供应能力。

四是技术集成的需求。需要强化农机装备提升,发展适宜不同地形地貌、不同药材品种、不同生产环节的现代农机具。促进农机农艺融合,集成组装适宜不同区域、不同品种的中药材绿色高质高效技术模式。加快节本高效、绿色生态技术模式的推广应用,示范带动全省药材高质量发展。

五是溯源体系建设的需求。利用现代数据采集、信息处理等技术,并与中药材种植养殖深度融合,建立从种子来源、种苗培育、田间管理、采收加工、仓储保管、交易流通等于一体的中药材全链条追溯体系,实现中药材的可溯源化。

六是人才培养的需求。需要整合科研院所、骨干企业等专业技术力量,在种质资源保护、品种筛选创新、绿色生态栽培、储存加工、药理药效研究等方面为"川药"产业发展提供智力支持。建立农科教协作机制,加大培训推广力度,加快新品种、新技术集成转化,推动技术落地落实,引导重点县和种植户提高种植科技水平,提升产业发展效率。

7. 川竹（花卉）产业农业科技扶贫的需求分析

需要加强竹类、花卉良种选育及繁育研究，强化科技攻关，研发竹产业、花卉产业新技术、新产品、新工艺、新装备。需要推动四川省林业科学研究院、四川农业大学等高校及科研院所自建或与地方共建竹类、花卉研究所（研发中心）、工程技术研究中心、产业技术研究院，加快推进竹产业、花卉产业技术创新联盟建设。建设博士后工作站和技术转化中心，加快科技成果推广转化利用。坚持定向培育和低改新造相结合，重点推广绵竹、楠竹、方竹等乡土优良竹种。支持鼓励适宜地区采取多品种、小组团模式因地制宜在竹林中块状混植珍稀树种、彩叶树种或草木花卉，推进竹林特别是翠竹长廊（竹林大道）绿化、美化、彩化和香化。推动以竹林经营碳汇为主、竹子造林碳汇为辅的竹碳汇项目开发建设，充分发挥竹效益。需要扶持组建一批竹产业、花卉产业专业队，将竹产业、花卉产业从业技能培训纳入当地再就业培训范围，提高竹产业和花卉产业经营水平。

8. 川牛羊（畜禽饲草）产业农业科技扶贫的需求分析

需要大力推进川牛羊（畜禽饲草）产业产学研融合，整合国省各类科技计划，组织优势科研院所、大专院校、技术服务推广单位和龙头企业科研力量，共同开展产业技术创新与成果转化，开展以分子育种和生物技术为重点的良种选育研发、以地方品种资源为基础的杂交优势利用研发、以提高饲料转化率为核心的动物营养技术研发、以非粮资源为重点的饲料饲草资源利用研发等，加强人畜共患疫病防控技术、安全高效疫苗及诊断试剂、环境控制与养殖设施、牛羊禽兔肉精深加工、副产物综合利用和现代物流等技术研发，加强牛羊重点实验室、工程技术研究中心和产业技术研究院等创新转化平台建设。推进《饲料质量安全管理规范》，提升饲料质量安全水平。提升各级畜牧兽医技术推广机构的服务能力，支持农牧民合作社、专业服务公司、专业技术协会、涉农企业和科研教学单位开展技术推广服务，鼓励科技示范场和养殖大户开展技术示范，加快推广优质饲草生产、舍饲半舍饲、品种改良、疫病防控等先进适用技术，提高产业科技水平。加强养殖户技术培训，提高养殖者生产技术水平。具体需求包括以下几个方面。

一是提升种业发展水平。需要加强牛羊品种选育和地方品种的保护与利用，适当引进省外和国外优良品种，推动产学研结合，培育一批牛羊（畜禽饲草）新品种，增强自主育种水平。充分发挥科研院所和大专院校作用，加强地方资源优良基因挖掘、先进育种技术等技术研发，改善科研条件，提高科技支撑能力。加强饲草种质资源开发利用，引进和选育适宜不同区域和不同种植模式需要的优良品种，推进饲草新品种选育、引进、筛选、示范、推广工作。

二是提升标准化健康养殖水平。大力推广"畜禽良种化、养殖设施化、生产规范化、防疫制度化和粪污减量化排放、无害化处理、资源化利用、常态化监管"等方面的农业科学技术，配套环境控制、饲养管理、疫病防控、粪污处理利用、秸秆饲料化处理等相关设施，配置常用牧业机具，全面提升牛羊（畜禽）生产机械化、信息化、精细化水平。

三是提升动物疫病防控能力。需要加强动物防疫技术支撑、动物疫病预防控制等建设，保障养殖业健康发展和公共卫生安全，提高生物安全防护水平。

四是提升资源化利用水平。农作物秸秆资源饲料化利用方面。需要全面推广秸秆青贮、商品化生产等饲料化利用技术，实施秸秆收储运、秸秆商品化饲料生产、有机肥生产及秸秆饲料化利用技术研发等为一体的"以秸秆换肉奶"示范工程。依托四川省畜牧科学研究院等科研院所的技术力量，建立"政府+科研院所+企业"的产学研机制，搭建秸秆饲料化利用技术研发及技术服务平台。畜禽粪污资源化利用方面。需要在规模养殖场配置节水养殖设施设备，改造刮粪板、自动清粪等粪便清理收集设施设备，建设粪便厌氧发酵池、沼液收集池、好氧处理池、粪肥田间贮存池、沼液田间输送管网等设施，提高粪污综合利用率。

9. 川猪产业农业科技扶贫的需求分析

一是生猪标准化规模养殖的需求。农业科技支持全省全面开展生猪标准化养殖场建设，推进生产机械化、智能化、自动化、信息化、精细化技术水平全面提升，打造一批国际领先、国内一流的数字化生猪养殖示范场，深入推进畜禽粪污资源化利用。农业科技支撑发展种养结合，推进规模养殖场配置节水养殖、粪便清理收集、粪污处理贮存和沼液田间输送管网等设施设备和技术应用。

二是中小养殖户生猪生产的需求。以凉山、达州、泸州、广元、巴中、雅安等散养较多的地区为重点，结合农业产业扶贫等项目资金，为中小养殖户恢复和提升生猪生产，实现"愿养皆养、能养尽养"。加强技术指导，依托农民夜校、农业人才教育培训以及新媒体等平台和畜牧专家技术力量，帮助中小养殖户提升生产经营水平，推动全省中小养殖户养殖水平显著提高，逐步步入现代畜牧业发展轨道。

三是川猪种业提升的需求。需要加强地方猪种资源保护和利用，培育"川系"新品种（配套系），提升核心种源自给率，加快地方猪种开发产业化，将资源优势转变为产业优势。依托省级生猪现代种业建设和联合育种攻关项目，加快省种公猪站、种猪性能测定中心、种猪遗传评估中心、生猪遗传资源保护中心和生猪分子育种中心等5个创新育种平台建设。需要鼓励引进丹系、法系及美系优秀种猪，拓宽四川省种猪遗传基础，推广人工授精技术，提高良种覆盖面。

四是疫病防控和技术服务的需求。农业科技支持非洲猪瘟等重大动物疫病防控，宣传推广生猪复养、疫病预防等技术指南，加强技术培训和分类指导，提升养猪场（户）生物安全防护水平，规范疫情处置，严防疫情扩散。帮助生产经营主体配备检测设施装备，提升自检能力。

10. 川酒产业农业科技扶贫的需求分析

一是提升专用粮质量水平的需求。需要加大以高粱等为主的酿酒专用粮高产优质品种选育和推广力度，充分发挥育种攻关、现代农业产业技术体系四川创新团队科技支撑作用，用好国家、省级重点实验室、工程技术研究中心等资源，加快选育一批高产、优质、抗逆性强、适应机械化作业的酿酒专用粮新品种。搭建科企合作平台，支持科研人员以技术入股种业企业，促进育种成果、科技人才、科研机构与种业企业有效对接，推动优势新品种的产业化发展，提升酿酒专用粮生产水平，确保酿酒专用粮的供应质量和能力。

二是生产创新的需求。需要在巩固传承传统酿造工艺的基础上，推进新一轮大规模技术改造，提高产品科技含量及附加值，提升产业生产效益。支持企业开展酿酒全生产线的技术创新和工艺创新，加快关键技术突破及设备研发，提高酿酒生产能力，提升产品优质品率。技术支撑企业实施机械化、智能化、信息化改造，加快上甑机器人等应用推广，进一步提高生产效率，打造一批智能酿造示范企业或示范线。加强企业与科研院所合作，加快推动生物工程、基因工程、现代信息等新技术在酿酒行业的应用。研究制定白酒配套产业发展的鼓励政策和措施，规范配套产业，提高配套产业整体水平。

三是产品创新的需求。需要在继续做好传统白酒产品的同时，科技支持白酒企业紧跟消费结构升级趋势，积极探索开发一批面向不同细分市场和不同销售渠道的白酒新产品。面向年轻消费群体，持续推进"新生代酒品战略"，推动白酒产品向多样化、时尚化、个性化发展，不断提高产品供给服务水平。积极推进产品包装形式创新，提升白酒的文化感、艺术感和时尚感，激发白酒消费需求。

四是科技研发的需求。需要推动对纯粮固态酿造工艺的挖掘和保护，重点加强对酿酒专用原料、酿造工艺、发酵机理、陈酿老熟、食品安全、智能化生产等领域的基础性研究和应用研究。加大研发资金投入，强化白酒产业新技术、新工艺、新装备的研究和开发，突破一批亟待解决的关键共性技术。加强"产学研"联动发展，提升研究成果的转化应用水平。

11. 现代农业种业发展农业科技扶贫的需求分析

一是提升品种创新能力的需求。首先是农业科技支撑种质资源普查与保护利用工作，加快推进全省种质资源普查工作，组织开展种质资源搜集、鉴定、保护、研究、评价和利用，建立完善种质资源保护体系建设。其次是创新种业科研机制。围绕十大优势特色产业需求，建立以"企业商业化育种"+"科研单位公益性研究"的"双轮驱动"种业科技创新体系，加强优质、高产、抗病育种新材料创制，以及育种方法研究和突破性新品种培育、引进。引导育种者选育抗病抗逆、适合机械化轻简化资源节约化、高产优质安全的农作物、林木和草新品种；引导培育一批适宜规模化养殖、市场销路好的畜禽、水产新品种和优势特色品种；需要开展林木育种攻关，培育高产质优抗性强的林木新品种。再次是加强新品种试验管理。建设完善以农业科研教学单位和市州县种子管理单位为主体，民营科研机构、种业企业为补充的品种试验体系，优化品种试验方案和管理办法，为品种审定（登记、认定）提供科学依据。

二是强化科技保障的需求。开展农作物、畜禽、草新品种展示评价和品种安全性监测，为农作物生产和畜禽养殖推介优良的新品种。建立健全种业人才支撑体系。支持依托农业院校，采取联合培养、合作办学、定期培训等多种形式，强化种业人才培养，提供人才支撑，保障种业持续健康发展。需要完善种子（苗）科技支撑，开展种子（苗）轻简、高产、高效繁育生产、加工技术研发和示范推广，努力提高种子（苗）的生产效能。积极推进产学研联合，鼓励种业企业、科研院校联合开展育种攻关、制（繁）种新技术、新方法、设施装备技术等种业关键技术研究。

12. 现代农业装备产业发展农业科技扶贫的需求分析

一是补齐10大产业农业装备短板的需求。需要研究、制造、推广一批缺门断档、先进适用、安全可靠的农机装备，补齐川粮油、川猪等10大产业农机装备短板：

川粮油方面：研制推广精量播种、高速移栽、深施肥、高效植保、低损收获、智能烘干、初加工、精深加工、存储及冷链物流等短板弱项装备。

川猪及川牛羊方面：研制推广环控系统、自动供料、高效饲喂、粪污资源化利用和病死畜禽无害化处理设备，饲草料作物（或农作物秸秆）收获、切碎、发酵与贮存成套装备，生猪、牛、羊等畜产品自动化屠宰、存储、冷链物流等短板弱项装备。

川果及川菜方面：研制推广蔬菜高效播种移栽、水肥一体化、水果套袋、高效低损采收、智能化品质检测与分选、丘陵山区农资运输等短板弱项装备。

川茶方面：研制推广深施肥、高效植保、修剪、智能采收、筛选等装备以及茶叶杀青、揉捻、提香等成套化、智能化加工机械。

川药方面：研制推广聚焦川产道地中药材的种植、水肥一体化、除草、收获、产地初加工（摘果、烘干等）、存贮、分等分级、冷链储藏等短板弱项装备。

川酒方面：研制推广酿酒专用农作物（高粱等）育苗移栽、种子直播、深施肥、高效植保、收获等短板弱项装备以及引进推广摊粮、上甑、蒸馏、制曲、灌装生产线等智能化装备。

川竹方面：研制推广竹材采伐、搬运、制材、削片、拉丝、起篾等装备和竹笋剥壳、分选、精洗、烘干等短板弱项装备。

川鱼方面：研制推广水质调控、精准投喂、智能管控、捕捞等短板技术装备，浮式、筏式养殖以及江河湖泊养殖机械装备。

二是突破农业装备关键核心技术。需要构建"产—学—研—用"四级创新体系，启动实施一批省级联合攻关科研任务，集中优势资源，持续加大投入，突破一批丘陵地区农机化关键核心关键共性核心技术、装备与工艺。

共性关键技术方面：涉及大功率拖拉机电控液压提升技术、农业机械用传动系统、精准播种器等短板技术；信息获取、高效调度、远程运维、故障预警、智能诊断和协同作业等传感及响应装置技术；适应丘陵农业生产特点的轻便高效、山地（田间）转运、小型多功能底盘等动力机械的爬坡与稳定性关键技术。

关键核心装备和工艺方面：涉及非道路用柴油发动机、丘陵山区通用动力底盘、动力高效传递和驱动装置、坡地自适应机具悬挂装置、农机装备专用传感器（作业深度、行走速度、谷物流量、损失、水分、测产等）、高参数电控液压阀及控制作业装置以及机器人焊接涂装、板料成形、高频淬火等基础短板装置和工艺。

三是"五良"融合全程机械化示范区建设的需求。在川粮油、川猪等10大现代农业园区率先推进"五良"融合（良种、良法、良制、良田、良机）全程机械化示范区建设。补齐水稻机插（播）、小麦精播、玉米机播机收、油菜和马铃薯机播机收等机械化短板，实现耕整地、种植、植保、收获、烘干、秸秆处理全程机械化，打造一批"五良"融合示范区，促进品种、栽培、装备集成配套。根据川粮油、川猪等10大特色产业对农业装备的不同需求，因地制宜推广示范一批先进适用的农业装备，研究制定不同区域、不同作物的机械化技术解决方案。

四是发展数字农业装备与技术的需求。运用农业物联网、云计算、大数据、人工智能等信息化技术，研制应用现代农业种养加产业智能传感器、农机导航、低损高效精量作业、运维管理、智能烘干、智能分等分级、精准上料、安全自动巡检等技术装备，推进大田种植、温室大棚、工厂化养殖智能化、数字化。开展数字农业科技创新，加强对农业环境感知、动植物生理特征监测识别、农业遥感数字农业建设等技术攻关。开展现代农业园区数字农业试点，推进大田种植、设施园艺、畜禽水产等生产、管理环节的数字化应用。

13. 现代农业烘干冷链物流体系建设农业科技扶贫的需求分析

需要加快建立健全农产品烘干冷链物流标准体系建设，主要加强工程建设、生产包装、冷链运输、质量管控的标准化制定。鼓励行业协会、烘干冷链物流企业制定企业标准，形成贯穿农产品烘干冷链物流全链条的标准化体系。鼓励支持高等院校、科研院所、生产企业加强烘干冷链物流科技源头创新、技术装备研发和系统功能集成化研究，为全省烘干冷链物流体系提供技术支撑。大力推进烘干冷链物流信息化建设，依据《全国农产品冷链流通监控平台建设规范》，建立产品烘干冷链物流信息平台数据传输标准，积极利用互联网、物联网技术，建设温湿度监测、产品调控、交易库存、政策信息、市场信息等链条齐全的农产品冷链物流信息监管平台，加强各经营主体信息监管平台数据信息互联互通和开放共享，实现信息匹配、交易撮合、资源共享，提高农产品冷链物流管理自动化、智能化水平。强化烘干冷链物流管理人才、技术人员和一线操作人员队伍建设，鼓励大学生到农产品烘干冷链物流运营主体就职，为农产品烘干冷链物流体系建设提供基础人才支撑。

三、四川省贫困地区农业科技需求影响因素分析

我国政府高度重视产业扶贫的作用，把产业扶贫作为打赢精准脱贫攻坚战的关键措施之一。《中共中央、国务院关于打赢脱贫攻坚战三年行动的指导意见》明确提出要加大产业扶贫力度。然而，产业扶贫离不开农业科技的全面支撑，农业科技是支撑贫困地区产业发展，加快扶贫方式从"输血"向"造血"转变，实现精准扶贫的源动力、瞄准器、助推器。提高贫困地区农业产业科技含量，促进农业现代化，提高农业综合生产能力和效益，是贫困地区提高自身发展能力，实现农民持续稳定增收的根本举措。

早在20世纪80年代，学术界就开始研究农业科技扶贫，重点是研究科技对于扶贫的重要性和意义。曹国成（1986）、时正新（1987）、杨理健（1987）认为农业科学落后是导致贫困的根源之一，通过农业科学技术的推广与应用，增强劳动者的技能素质，提高贫困户的经济效益，是贫困地区改变面貌的一条根本途径。20世纪90年代以后，关于科技扶贫的研究主要集中在典型案例、战略、绩效、模式等方面。何能波等（1992）、孙世芳等（1999）、李壁成等（2002）研究了科技扶贫的经验和模式；安志杰等（1993）、王艳明等（2008）研究了科技扶贫的成效。现有研究中，关于农业科技需求的研究主要是实证分析，王蒙蒙（2018）、傅顺（2017）分别以山东和新疆为例，研究了农业科技需求的影响因素；孙庆刚等（2017）研究了民族地

区民生科技的需求影响因素;王丽娟等(2010)以问卷为基础分析了天津市蔬菜种植户的科技需求特征及影响因素。关于贫困地区农户的农业科技需求影响因素的研究非常少,仅有李波(2010)、林伟君等(2017)等少数学者开展了相关研究。

在精准脱贫攻坚的大背景下,本书以四川省贫困地区279户农户调查数据和笔者长期在贫困地区的调研为基础,站在农户的视角,通过分析农业科技扶贫现状以及农业科技需求影响因素,找出当前制约农户农业科技需求的影响因素,以期为解决农业科技在贫困地区推广转化的"最后一公里"问题提供政策参考。

(一) 数据来源与样本描述

1. 数据来源

本书调研结果和数据主要来自课题组2016—2018年分批次在四川省秦巴山片区、乌蒙山片区、大小凉山彝区、高原藏区"四大扶贫片区"的问卷调研和座谈交流结果。调查具体县(市、区)采用分层随机抽样、农户选取采用随机方式,共发放问卷392份,获取有效问卷279份[①]。调查地点涉及苍溪县(26份)、昭化区(13份)、宜宾县(22份)、屏山县(14份)、北川县(9份)、宣汉县(20份)、仪陇县(24份)、昭觉县(23份)、布拖县(20份)、木里县(25份)、黑水县(17份)、小金县(18份)、理县(17份)、九寨沟县(10份)、丹巴县(21份)15个贫困县。

2. 样本描述

通过SPSS22.0软件对有效问卷的统计分析结果见表5-13。样本农户中,汉族占54.5%,少数民族占45.5%;受访农户多为中老年,45岁以上的比例达74.2%;家庭人口数量集中在3~5人,劳动力为2人的居多;家庭拥有高中及以上学历的家庭仅占21.5%;91.4%的农户选择了种养业作为当前收入的主要来源,符合样本分析的需求;保留传统粮食作物种植的农户占64.2%,而从事经济作物种植的农户占60.2%,产业结构不断优化;加入合作社的农户比例为46.2%。

受访农户中,91%的农户对农业科技扶贫政策满意,70%的农户认为了解当前政府的精准扶贫政策,76%的农户认为当地政府重视农业科技,反映出当前各级政府精准脱贫中取得的积极成效;89.6%的农户认为自己需要或十分需要农业科技的支持,对农业科技需求的类别依次是优良种子和种畜、栽培和养殖技术、生产组织方式和模式、新机械和新装备、精深加工,反映出当前贫困地区农业科技需求的阶段性特征;当地种植养殖大户和种植养殖能手是农户农业技术的主要来源(77.7%),其次是当地农技部门和科研单位(38.3%)、电视(13.5%),而来源于书本杂志和互联网的比例不足10%;72.5%的受访农户表示接受过政府主办的农业技术培训,此外农业专家的指导和支持的覆盖面也比较广,达到50.5%;32.6%的受访农户表示最喜欢的科技扶贫支持是政府免费发放的优良种子、种畜,表明农户对政府的补助依赖现象依然存在,其次是农业专家的指导和支持。

---

① 由于问卷调研对象知识水平有限,部分问卷由调研人员根据调查农户口述内容填写。

表 5-13 样本基本特征的描述

变量	选项	样本数	比例(%)	变量	选项	样本数	比例(%)
民族	汉族	152	54.5	是否接受过农业科技指导	否	61	21.9
	少数民族	127	45.5		是	218	78.1
年龄	16~44岁	72	25.8	是否了解当前政府精准扶贫政策	十分了解	25	9.0
	45~60岁	101	36.2		了解	170	60.9
	>60岁	106	38.0		不了解	76	27.2
家庭人口数量	1	6	2.2		完全不知	8	2.9
	2	28	10.0	当地政府是否重视农业科技扶贫	非常重视	77	27.6
	3	47	16.8		重视	135	48.4
	4	60	21.5		一般	59	21.1
	5	98	35.1		不太重视	8	2.9
	6	35	12.5	对农业科技是否有需求	非常需要	120	43.0
	7	5	1.8		需要	130	46.6
家庭常年外出务工数量	0	131	47.0		一般	25	9.0
	1	94	33.7		不需要	4	1.4
	2	51	18.3	农业科技需求种类	优良种子、种畜	176	64.0
	3	3	1.1		栽培、养殖技术	184	66.9
高中以上学历人数	0人	219	78.5		生产组织方式和模式	120	43.6
	1人	55	19.7		新机械、新装备	53	19.3
	2人	5	1.8		精深加工	13	4.7
家庭劳动力情况	0	30	10.8	农业科技知识来源	当地农技部门	105	38.3
	1	49	17.6		农业科研单位和大学	105	38.3
	2	178	63.8		龙头企业和专合组织	72	26.3
	3	21	7.5		当地大户和种植能手	213	77.7
	4	1	0.4		书本和杂志	13	4.7
家庭人均收入情况	2 300元以下	65	23.3		互联网（微信）	11	4.0
	2 301~5 000元	73	26.2		电视	37	13.5
	5 001~10 000元	71	25.4	获得过哪些科技扶贫支持	派驻科技干部的指导	129	47.3
	10 001元以上	70	25.1		政府主办的农业技术培训	198	72.5
家庭主要收入来源	来源于农业种植养殖	255	91.4		政府免费发放的优良种子和种畜	136	49.8
	来源于外出务工	152	54.5		农业专家的指导和支持	138	50.5
	来源于政府扶持或救助	112	40.1		当地合作社的科技支持	63	23.1
	来源于经商	19	6.8		当地科技型企业的支持和培训	9	3.3
	来源于其他	7	2.5		当地农技人员的现场指导	110	40.3

(续表)

变量	选项	样本数	比例(%)	变量	选项	样本数	比例(%)
农业生产情况	传统粮食作物种植	179	64.2	最喜欢哪种农业科技扶贫支持	派驻科技干部的指导	25	9.0
	经济作物种植	168	60.2		政府主办的农业技术培训	13	4.7
	生猪养殖	77	27.6		政府免费发放优良种子	91	32.6
	牛羊等大牲畜养殖	98	35.1		农业专家的指导和支持	57	20.4
	禽类养殖	62	22.2		当地合作社的科技支持	14	5.0
	水产养殖	5	1.8		当地科技型企业支持培训	31	11.1
是否加入合作社	否	150	53.8		当地农技人员现场指导	47	16.8
	是	129	46.2		其他	1	0.4

(二) 农业科技需求影响因素实证分析

1. 指标选取

影响农业科技推广的因素很多,站在农户的视角,林伟君(2017)认为增产增收效益,对人力、物力、财力的耗用,推广方式,自然资源,兼业化程度以及组织化水平是农业科技扶贫的主要障碍因素。李波等(2010)研究表明影响贫困农户技术需求的重要因素包括地理环境、农业信息来源、文化、性别、劳动力等。借鉴国内外学者关于农业科技推广或农业科技扶贫的影响因素研究成果,结合课题实际需要,本文将影响贫困地区农业科技推广的障碍因素归纳为民族、年龄、家庭人口、劳动力数量、外出务工数量、家庭学历水平、人均收入水平、家庭主要收入来源、种植养殖类型、是否加入合作社等因素。

2. 模型选取

根据本文样本描述和指标选择情况,构建贫困地区农业科技需求影响因素的一般模型为:Y(贫困地区农户农业科技需求状况)= P(农业科技需求的影响因素)。

本书采用二元 Logistic 模型进行分析,其模型定义为:

$$\text{Prob}(y=1) = p = \alpha + \sum_{i=1}^{n}\beta_1 X_{IJ} = \frac{1}{1+\exp\left(-\alpha + \sum_{i=1}^{n}\beta_1 X_{IJ}\right)} + e_i$$

(1) 上式中,Y 是因变量,表示贫困地区农户对优良种子和种畜需求、栽培和养殖技术需求、生产组织方式和模式需求、适用新机械新装备需求、精深加工技术的需求状况。

(2) β_i 是自变量的回归系数;n 表示自变量的个数;X_{IJ} 表示自变量,j 表示影响因素,i 表示农户编号;α 表示回归截距;e_i 表示干扰系数。

3. 变量描述性分析

根据前面选取的因变量和自变量,基于统计分析原则,给相关变量进行定义和赋值,详见表 5-14。

表 5-14 变量的含义及描述性统计分析

变量名称	定义及赋值	均值	标准差
因变量			
优良种子、种畜需求	"是否对优良种子、种畜有需求" 否=0;是=1	0.62	0.486
栽培、养殖技术需求	"是否对栽培、养殖技术有需求" 否=0;是=1	0.66	0.475
生产组织方式和模式需求	"是否对生产组织方式和模式有需求" 否=0;是=1	0.43	0.496
适用新机械、新装备需求	"是否对适用新机械、新装备有需求" 否=0;是=1	0.21	0.455
精深加工技术需求	"是否对优良种子、种畜有需求" 否=0;是=1	0.05	0.212
自变量			
民族	汉族=1;少数民族=2	1.46	0.499
年龄	1=16~44 岁;2=45~60 岁;3=>60 岁	2.12	0.791
家庭人口数量	家庭人口数量(人)	4.22	1.317
家庭劳动力情况	家庭劳动力数量(人)	1.69	0.776
家庭常年务工情况	家庭常年务工数量(人)	0.73	0.792
家庭高中以上学历情况	1=0 人;2=1 人;3=2 人;4=3 人及以上	0.23	0.464
家庭人均可支配收入情况	1=2 300 元以下;2=2 300~4 999 元;3=5 000~10 000 元;4=10 000 元以上	2.52	1.105
家庭主要收入来源情况	1=农业种植养殖;2=外出务工;3=政府扶持和救助;4=经商;5=其他		
	"是否农业种植养殖" 否=0;是=1	0.07	0.252
	"是否务工收入" 否=0;是=1	0.03	0.157
	"是否政府扶持和救助" 否=0;是=1	0.64	0.48
	"是否经商" 否=0;是=1	0.6	0.49
	"是否其他" 否=0;是=1	0.28	0.448
农业生产类型	1=传统粮食作物;2=经济作物种植;3=生猪养殖;4=牛、羊等大牲畜;5=禽类;6=水产		
	"是否传统粮食作物" 否=0;是=1	0.35	0.479

(续表)

变量名称	定义及赋值	均值	标准差
	"是否经济作物" 否=0；是=1	0.22	0.417
	"是否生猪养殖" 否=0；是=1	0.02	0.133
	"是否牛羊等大牲畜养殖" 否=0；是=1	0.46	0.499
	"是否禽类养殖" 否=0；是=1	0.78	0.414
	"是否水产养殖" 否=0；是=1	0.62	0.486
是否加入合作社	"是否加入合作社" 否=0；是=1	0.66	0.475
是否接受过农业科技指导和培训	"接受过农业科技指导和培训" 否=0；是=1	0.43	0.496

4. 农业科技需求影响因素分析

本书利用调查问卷数据，针对贫困地区农户优良种子和种畜需求、栽培和养殖技术需求、生产组织方式和模式需求、适用新机械新装备需求、精深加工技术需求的影响因子开展二元 Logistic 回归分析，其分析结果详见表 5-15。

表 5-15 贫困地区农户农业科技需求 Logistic 模型分析结果

变量	优良种子和种畜需求影响模型分析		栽培和养殖技术需求影响模型分析		生产组织方式和模式需求影响模型分析		新技术、新装备需求影响模型分析		精深加工需求影响模型分析结果	
	B	sig.	B	sig.	B	sig.	B	sig.	B	sig.
民族	−0.825*	0.068	0.278	0.496	1.227**	0.02	1.227**	0.02	227.8	0.866
年龄	0.731***	0.005	−0.427*	0.074	−0.168	0.562	−0.168	0.562	−21.695	0.917
家庭人口数量	0.178	0.321	0.086	0.593	0.214	0.304	0.214	0.304	31.477	0.882
家庭常年外出务工数量	−0.8*	0.059	0.023	0.955	0.674	0.175	0.674	0.175	−30.327	0.923
高中以上学历人数	−0.882**	0.03	0.928	0.102	−0.044	0.924	−0.044	0.924	353.432	0.864
家庭劳动力情况	0.82**	0.016	−0.208	0.536	−0.886**	0.027	−0.886**	0.027	142.181	0.884
家庭人均收入情况	0.056*	0.846	−0.281	0.373	1.288***	0	1.288***	0	347.219	0.866
家庭主要收入是否来源于农业种植养殖	0.128	0.848	1.383**	0.029	1.267	0.101	1.267	0.101	550.57	0.979
家庭主要收入是否来源于外出务工	−0.591	0.251	0.306	0.564	−0.218	0.757	−0.218	0.757	−246.239	0.874

(续表)

变量	优良种子和种畜需求影响模型分析		栽培和养殖技术需求影响模型分析		生产组织方式和模式需求影响模型分析		新技术、新装备需求影响模型分析		精深加工需求影响模型分析结果	
	B	sig.	B	sig.	B	sig.	B	sig.	B	sig.
家庭主要收入是否来源于政府扶持或救助	1.861***	0	-1.48***	0.002	-0.543	0.343	-0.543	0.343	-307.841	0.988
家庭主要收入是否来源于经商	0.135	0.854	1.247	0.291	1.388	0.24	1.388	0.24	-1 091.023	0.909
家庭主要收入是否来源于其他	-2.974**	0.017	0.587	0.624	2.351**	0.023	2.351**	0.023	4.957	1
是否传统粮食作物种植	0.16	0.752	0.521	0.332	1.048	0.085	1.048*	0.085	198.98	0.88
是否经济作物种植	-0.259	0.595	0.4	0.372	0.112	0.844	0.112	0.844	147.101	0.994
是否生猪养殖	-0.056	0.885	0.111	0.785	0.794	0.096	0.794	0.096	-506.346	0.868
是否牛羊等大牲畜养殖	0.289	0.475	-0.011	0.981	0.357	0.463	0.357	0.463	-510.106	0.865
是否禽类养殖	1.259**	0.023	0.734*	0.097	0.369	0.517	0.369	0.517	-570.642	0.891
是否水产养殖	-0.113	0.949	-23.93	0.999	-1.18	0.531	-1.18	0.531	2 202.489	0.931
是否加入合作社	-0.581	0.193	0.753	0.097	2.346***	0	2.346***	0	-321.812	0.867
是否接受过农业科技指导和培训	0.657	0.25	1.441***	0.001	2.828**	0.016	2.828**	0.016	5.707	1

注：*、**、*** 分别表示在10%、5%、1%的显著水平下显著。

（1）从民族情况来看。分析的结果表明，贫困地区汉族和少数民族对优良种子和种畜、栽培和养殖技术、精深加工技术的需求特点不同。民族特点显著正影响对生产组织方式和模式需求、适用新机械新装备需求。从样本统计结果看，少数民族农户样本中仅有37.01%的农户对生产组织方式和模式有需求；仅有15.08%的农户对农业新机械和新装备有需求。而汉族农户样本中，对生产组织方式和模式有需求的比例达到48.02%；对农业新机械和新装备有需求的比例达到22.37%；远高于少数民族农户。这一状况可能与少数民族农户文化水平总体偏低、耕地更加零散相关。

（2）从家庭劳动力情况看。家庭常年外出务工数量显著负影响数量优良种子和种畜需求。与现实情况也是基本相符的，因为外出务工数量越多，家里留守的人员基本就以老人、妇女为主，且家庭经营收入的重要性也较低，对农业科技需求的积极性就越低。家庭劳动力的数量显著负影响生产组织方式和模式和适用新机械新装备的需求。劳动力越富足，对减少劳动力的新技术、新装备需求概率就越小，也符合现实逻辑。家庭高中以上学历的人数除了显著负影响优良种子和种畜需求外，与栽培和养殖技术、生产组织方式和模式、适用新机械新装备和精深加工技术等需求并未有显著影响。看起并不符合逻辑，但和调研现实是基本一致的，主要原因是贫困地区家庭中高中以上学历的农民绝大部分都是外出务工了，留守务工寥寥无几，且大多从事商业和管理工作。

（3）从家庭收入情况来看。家庭收入情况显著正影响生产组织方式和模式、适用新机械新装备需求。从样本数据来看，有生产组织方式和模式需求的农户仅占总样本数的43%，家庭人均收入在5 000元以下的农户有生产组织方式和模式需求的比例仅占7.52%；有使用新机械新装备需求的农户仅占总样本数的19.35%，家庭人均收入在5 000元以下的农户有生产组织方式和模式需求的比例仅占1.08%；和分析结果基本一致，收入越高的家庭对农业科技需求越多元化，也更有能力购买新的农机设备和设施。

（4）从家庭收入来源来看。家庭收入主要来源于农业种植养殖显著正影响栽培和养殖技术需求；来源于外出务工与5类技术需求均没有显著相关关系，表明这类农户对农业生产越来越不重视；来源于政府扶持或救助显著正影响优良种子和种畜需求，显著负影响栽培和养殖技术需求，与贫困地区部分贫困农户还存在"等、靠、要"思想是密切相关的。

（5）从家庭农业生产的类型来看。无论是种植还是养殖都与5类技术需求均没有显著相关关系，这与现场调研情况有一定的差异，或许与样本数量和类型不足有一定关系。但是从调研了解的情况来看，一般从事畜禽养殖和水产养殖的农户对种畜和养殖技术的需求愿望大于从事种植的农户对种子和栽培技术的需求愿望，主要原因是他们认为养殖的自然风险更大、投入更大。

（6）从是否加入合作社来看。是否加入合作社显著正影响生产组织方式和模式需求、适用新机械新装备需求。调查样本中，加入合作社的农户中有生产组织方式和模式需求的比例达77.16%，而没有加入合作社的农户中仅有14.47%的农户有生产组织方式和模式需求；加入合作社的农户中有适用新机械新装备需求的比例有25.98%，而没有加入合作社的农户中仅有13.25%的农户有适用新机械新装备需求；表明合作社在组织带动小农户中发挥了一定的作用，对于推动农业机械化也有一定的作用。但是，当前贫困地区合作社的组织带动作用还不明显，合作社的组织营销能力、市场加工能力还比较弱，还亟须改善。

（7）从是否接受过农业科技指导和培训看。是否接受过农业科技指导和培训显著正相关影响栽培和养殖技术、生产组织方式和模式和适用新机械新装备技术需求。调查样本中，78.14%的农户表示接受过农业科技指导和培训，表明近年来四川省贫困地区在农业科技指导和培训上做了大量工作，成效显著。

根据上述分析和调研情况，笔者认为贫困地区农户农业科技需求的主要影响因素包括以下几个方面。一是家庭劳动力情况，特别是文化水平较高的劳动力外出务工严重制约了当前贫困地区农业科技需求。二是家庭收入情况，贫困地区家庭可支配收入普遍较低影响了农业科技的需求，没有形成农业科技需求的良性循环。三是农民组织化程度，贫困地区农民专合组织带动能力不足，制约了农业科技的需求，特别是影响了农户对生产组织方式和模式、适用新机械新装备技术的需求。四是技术培训和指导，接受培训和技术指导越多的农户越能理解科技的重要性，对农业科技的需求意愿越强，当前贫困地区培训和技术指导的不足也是制约贫困地区农业科技需求的主要因素之一。

(三) 建议

根据对贫困地区农业科技需求影响的障碍性因素的分析，现提出几点建议，期望能为贫困地区破解农业科技需求难题，提高农业科技推广效率和农业发展质量，促进贫困地区精准脱贫和产业振兴提供参考。

1. 大力发展贫困地区优势特色产业，留住和吸引农业生产经营人才

要立足贫困地区农业资源优势、区域特点、民族文化特色，以"建基地、搞加工、创品牌、促融合"为重点，大力发展特色优势产业，充分挖掘和拓展产品价值链，提高综合效益和就业吸纳能力。通过产业的发展，一方面留住部分愿意从事农业的农村青壮年劳动力；另一方面吸引大学生创业者、返乡农民工、退伍军人、退休职工等有知识、有技能的人才到贫困地区创新创业。

2. 不断加大农业科技培训力度，提高农民农业科技素质

按照"爱农业、懂技术、善经营"的总体要求，建立新型职业农民培育体系。大力开展农民夜校和农民讲习所，把农业科技培训作为重中之重；加强培养"土专家""田秀才"等本土科技人才和带头人；探索与高等职业院校建立长期培训基地，抓好农业职业教育，围绕贫困地区优势特色产业发展需要和农民科技需求，开展新型农民职业培训、农民实用技术培训等，提高广大农民技术水平。

3. 加快提升农民专合组织能力，提高合作社辐射带动能力

加大对贫困地区合作社带头人、技术负责人、市场品牌拓展骨干的培养和引进力度，增强合作社"科技""品牌"和"市场"意识，让合作社真正成为联结贫困地区小农户、对接大市场的纽带。

第六章　四川省农业科技扶贫模式分析

第一节　四川省农业科技发展现状

一、农业科研教学推广体系较为健全

农业教育培训方面，现有四川农业大学、西南民族大学等8所专门的和涉农的农业高校，其中四川农业大学是以农业科技为优势的"211工程"重点建设大学和国家"双一流"建设高校；有成都农业科技职业技术学院、眉山职业技术学院、内江职业技术学院、南充职业技术学院、宜宾职业技术学院等5所涉农高等职业院校；有四川省水产学校、四川省蚕丝学校等4所农业中专学校。有国家认定的现代农业培训基地4个、四川省认定的现代农业培训基地10个；教育培训机构的设施设备等基础条件较好。

农业科研方面，现有四川省农业科学院、四川省畜牧科学研究院等5个省级科研机构和15个市州农业科研院所，还有16个县级农业科研机构；调查统计显示，四川省农业科学领域有科研院所74家。截至2017年底，全省有基层农技推广机构9 076个，其中，省级69个、市级383个、县级2 859个、乡镇（区域）5 756个，"一主多元"广泛参与的农业科技转化应用推广体系基本建成，省、市（州）、县（市、区）和乡（镇）农技推广公益机构主体作用明显，农科教推企大联合主体深度融合，涌现出一大批龙头企业、农民合作社、种植大户等新型农业经营推广主体。四川省农民专业合作社从2010年的14 050家发展到2017年89 292家，家庭农场从2013年的6 276家发展到2017年的40 896家，土地流转率从2011年的18.39%提高到2016年的33.8%（陈开勇等，2018）。

二、农业人才较为丰富

据《全国农业系统国有单位从业人员统计表》，到2017年底，四川农业领域国有单位从业人员有66 556人，其中专业技术人员39 744人、占59.72%。学历结构上，研究生2 782人、占4.18%，大学本科20 454人、占30.73%，大学专科29 394人、占44.16%，高中及以下6 694人、占10.06%。年龄结构上，40岁以下的21 974人、占33.02%，55岁以上的5 597人、占8.41%。全省有农村实用人才129.9万人，其中大专以上学历占比提高到了3.1%，小学及未上过学的占比下降了8.5%。

自2012年四川省开展新型职业农民培育试点以来，截至2017年底，累计培训新型职业农民18.2万人，其中培训现代青年农场主1 200余人。还对种植业、农机、畜牧和水产乡镇或区域公益性农技推广机构人员全员开展知识更新培训，按省级调训和市、县

集中培训，每年培训3万人左右。及时启动实施省委《关于实施深度贫困县人才振兴工程的意见》，大力开展人才定向培养、人才在职培训、人才招引、人才援助和人才稳定五大工程，在2018年完成重点领域招录招聘6 550人、免费定向培养农村实用人才1 000人、"一村一名农技员"培训提能1 340人，以政府购买、合同管理方式特聘农技员150人。

三、农业科研教育推广基础较好

近年来，四川各级政府部门日益重视农业科技工作，农业科研经费投入总体呈现逐年递增的趋势。2017年，财政对农业科技总投入9.4971亿元，占农业支出总规模的比重达到5.36%。2003—2015年国家投资在川建设有大宗粮油作物、经济作物、畜牧、水产等不同行业的原原种分中心近200个。全省建有国家农作物改良分中心6个，国家区域技术创新中心2个，国家重点实验室1个（含国家级观测站），国家级农作物原种扩繁基地20个，农业类省级工程技术研究中心4个，省级重点实验室18个，国家级龙头企业创新技术中心10个。新一轮国家现代农业产业技术体系调整优化后，四川省在大宗淡水鱼、家禽饲料营养、油菜抗病等领域新挤进岗位专家，四川的国家级岗位专家已达到35个、建立国家试验站62个，总投入达5 550万元。国家新建6个国家级农业科技创新中心有2个分别落地成都和眉山，占新建总数的1/3。目前，四川省有4个国家新型职业农民培育示范基地、10个省级新型职业农民培育示范基地和750余家各类培训基地，每年培训新型职业农民4万人以上。四川省认真贯彻落实党中央、国务院有关文件精神，深入推进基层农技推广体系改革与建设，健全农技推广人才队伍。出台了《关于进一步健全乡镇或区域公益性农技推广体系的意见》和《关于进一步健全基层农技推广服务体系的意见》，修订了《四川省〈中华人民共和国农业技术推广法〉实施办法》，编制了《四川省乡镇或区域性农业技术推广机构条件建设规划（2011—2013年）》，在全省168个县（市、区）投资88 563.6万元建设乡镇（区域）站3 158个，通过强化政策支持、加大投入保障、完善法律保障，健全和稳定了基层公益性农技推广队伍，基本实现了中央提出的"一衔接、两覆盖"目标任务。

四、农业科研激励机制不断优化

近年来，四川省以激励农业科技人员创新创业为抓手，深入开展激励政策改革试点，出台《激励科技人员创新创业专项改革方案》《关于进一步扩大农业科技体制改革试点激励科技人员创新创业的实施方案》《四川省激励科技人员创新创业十六条政策》，并将改革政策试点单位扩大到四川省农科院等11所省级农业和涉农科研院所和成都市农林科学院等10所市属科研院所。提出鼓励科技人员离岗创办企业，允许科技人员兼职取酬，下放科技成果使用、处置和收益权，提高科研人员成果转化收益比例，完善科技人员岗位聘用和职称评定政策、支持专利实施转化，探索科技成果权属改革等16项激励政策措施。2016年，试点单位共606名科技人员兼职创新创业，33名科技人员离岗创新创业，创办领办科技型企业38家、创办专业合作社或家庭农场45个、经济实体30个，流转和规模经营土地2万余亩。

五、农业科技成果丰硕

据统计,1978年至2016年底,四川省农业领域共获得国家和省部级以上科技成果2 137项,其中有国际萨乌马奖1项、国家级科技奖106项(一等奖14项),省部级科技奖2 030项(一等奖191项)。2017年,四川省农业领域获省科技支撑计划和应用基础计划项目支持共92项;全年共组织申报国家和省部级涉农科技成果155项、授奖70项。其中,获得国家科技进步奖5项,中华农业科技奖20项,四川省科技进步奖45项;育成并通过审定品种81个,其中通过国家审定36个,省级审定45个;创制育种新材料419份,研究集成新技术16项、新工艺17项,研发新产品33个;获得植物新品种授权及专利83项,形成技术标准规程12个。经公开征集、专家论证等程序,遴选了农业主推技术52项。全省农业科技进步贡献率达58%。主要农作物和畜禽良种覆盖率分别达95%和85%以上,主推技术入户率分别达95%以上,综合机械化水平达到57%,病虫害综合损失率小于4%以内。

六、农业科技成果转化不断加快

为加快科技成果转化,2011年四川省启动实施了重大科技成果转化专项,并制定了《四川省重大科技成果转化工程实施方案(2011—2015)》指导全省科技成果转化。其中涉及农业领域的专项包括农畜超级种和现代农业优势特色产业。该专项实施以来,立足四川省优势特色产业,多维整合、协同创新,依托科技成果转化专项资金,积极推进农业科技成果转化平台建设,初步建立并逐步完善农业科技特派员制度和专家大院制度,实现农业科技成果向农业生产活动的有效转化。"十二五"期间,农业领域两大专项共实施142项重大科技成果转化项目,涉及生猪、水产、薯类、蔬菜、禽类、水果、林业、茶业、食药用菌、小麦、玉米、水稻、生物制剂等多个四川省优势特色产业。2016年重点在种植业、畜禽水产、农产品加工、农机装备等领域,实施省级农业科技成果转化资金项目37项,全年转化科技成果236项,实现销售收入219亿元。四川农业科技进步贡献率近年来呈现逐步提高的趋势。

第二节 四川省农业科技扶贫模式概况

科技扶贫是我国农村地区扶贫工作的重要措施之一。从20世纪80年代开始,四川省就开始广泛开展科技扶贫工作。2000年以后,科技扶贫便作为一项重要扶贫措施被列入国家相关规划。2012年进入精准脱贫阶段,党中央、国务院高度重视科技扶贫在精准脱贫中的作用,《中共中央 国务院关于打赢脱贫攻坚战的决定》《中共中央办公厅 国务院办公厅关于加大脱贫攻坚力度支持革命老区开发建设的指导意见》《国务院办公厅关于深入推行科技特派员制度的若干意见》等文件都将科技扶贫作为一项基础性的重要措施,中国科协、农业部、国务院扶贫办专门制定了《科技助力精准扶贫工程实施方案》指导和推动科技扶贫。在党中央、国务院相关精神的指导下,四川省作为全国六大扶贫地区之一,在科技扶贫领域进行了多年的实践和探索,取得了积极成效,并形成和总结了大量的科技扶贫模式和经验。相关学者也进行了一定的总结和研究，蒋萍（2012）将四川科技主导的扶贫模式分为龙头企业科技扶贫模式、合作社科技扶贫模式、农业专业大院科技扶贫模式、农民科技 110 科技扶贫模式、科技特派员科技扶贫模式，"挂包帮"科技扶贫模式、对口科技扶贫模式等。王自鹏等（2018）以四川省农业科学院在秦巴山区、乌蒙山区、大小凉山彝区、高原藏区"四大片区"农业科技扶贫实践为例，总结了"农业科技+精准扶贫"院地科技合作扶贫模式、国、省、院"三级人才"科技培训模式、对口帮扶扶贫模式、"五级三方""四院六方"成果转化扶贫模式等模式。

作者在总结国内学者的研究基础上，根据在四川省深度贫困地区实际调研情况，将科技支撑产业发展的主要模式分为政府主导型、科研单位自主型、市场主体牵引型以及国际扶贫项目推动型等四大类型（表 6-1）。

表 6-1 四川省深度贫困地区科技扶贫主要模式一览表

序号	科技扶贫模式类型	具体模式	备注
1	政府主导型	公益性农技推广体系扶贫模式、驻村干部科技扶贫模式、科技专项计划扶贫模式、科技特派员扶贫模式、"三区"科技人员扶贫模式	主要通过政府行政力量、财政支持的科技扶贫模式
2	科研单位自主型	院（校）地科技合作模式、专家大院模式、科技小院模式、科研单位对口帮扶模式	主要由科研院所、大专院校具体实施的科技扶贫模式
3	市场牵引型	龙头企业科技带动模式、农民合作社科技带动模式	主要有龙头企业、专合组织等新型农业经营主体带动
4	国际扶贫项目推动型	国际科技扶贫项目模式	通过引进外资在深度贫困地区实施科技项目带动扶贫的模式

第三节 政府主导型科技扶贫模式

一、公益性农技推广体系扶贫模式

（一）基本概念和运行机理

1. 基本概念

我国是农业大国，公益性农技推广体系在农业中的基础性作用十分作用，是农业推广工作的基础和组织保证，是农业科技转化为现实生产力的关键环节，是解决农业现代化问题、全面建设小康社会的重要基础（朱立军，2005）。新中国成立后，我国以公益性为主的农技推广得到了快速发展。目前，我国已经建立了"国家、省、市、县、乡"的五级农业技术推广体系，是促进我国农业科技成果转化的最重要途径，对我国农业技术进步和现代农业发展起到了极大的促进作用。

公益性农技推广体系扶贫模式主要是指依托我国现有的"国家、省、市、县、乡"的五级农业技术推广机构和人员，根据新时代贫困地区农业科技的新需求开展农业科技扶贫的一种模式，是原有农技推广体系拓展。

2. 运行机理

该模式的运行动力主要来源于国家各级行政力量推动，属于纯公益性技术扶贫范畴；推广人员主要来源于县、乡两级农技部门，经费主要来源于财政；服务对象主要为贫困地区农户；技术主要来源于各级推广的成熟技术（图6-1）。

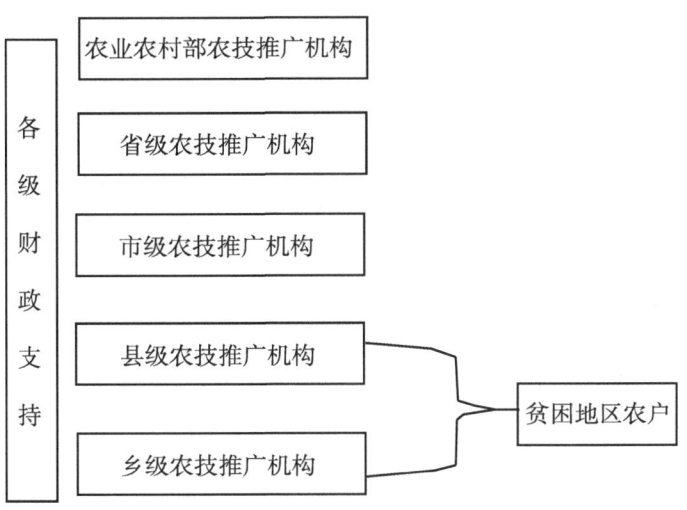

图6-1 公益性农技推广体系扶贫模式运行示意

（二）公益性农技推广体系扶贫模式评析

1. 公益性农技推广体系扶贫模式的主要优点

根据《中华人民共和国农业技术推广法，各级国家农业技术推广机构属于公共服务机构，主要履行以下公益性职责：一是各级人民政府确定的关键农业技术的引进、试验、示范；二是植物病虫害、动物疫病及农业灾害的监测、预报和预防；三是农产品生产过程中的检验、检测、监测咨询技术服务；四是农业资源、森林资源、农业生态安全和农业投入品使用的监测服务；五是水资源管理、防汛抗旱和农田水利建设技术服务；六是农业公共信息和农业技术宣传教育、培训服务；七是法律、法规规定的其他职责。具体到国家、省、市、县、乡五级农技推广机构又各有侧重点。

长期以来，公益性农技推广机构作为贫困地区科技扶贫的绝对主导性力量，为贫困地区产业扶贫发挥着巨大作用。其主要优点主要体现在以下几个方面。

（1）权威性、公益性突出。我国的农业推广体系是由政府部门领导，农业行政部门主管，下设农业推广机构，并与农业行政管理部门——对应，农技推广部门的农技推广活动一般被视作政府行为，是当前结构最完善、上下相同、最具权威的农技推广模式。当前，四川省贫困地区产业扶贫任务十分繁重，对农业科技需求面广量大，但是农民受收入水平和现代农业意识的制约，没有农业技术的支付意愿，只能依靠公益性农技推广体系提供基本农业科技。同时，由于绝大多数农业技术外部性、公益性特性突出，许多农业技术可视作公共产品或准公共产品，对于公共产品属性较强的农业科技成果，只有通过政府的公益性推广渠道才能有效转化（王甲云、陈诗波，2013）。

（2）覆盖面广、落地性强。据统计，我国现有县乡两级共有农技推广机构约35.5万所，有农业推广人员约210万人（戴立新，2008），包括种植业、畜牧业、林业、水产、农机化、水利及经营管理7个推广体系。据不完全统计，我国县、乡推广机构中达到23万余个，仅是具有国家编制内的农业推广人员就高达60.8万人以上（陈夏莉，2011）。截至2017年底，四川省有基层农技推广机构9 076个，其中，省级69个、市级383个、县级2 859个、乡镇（区域）5 756个，可见现有的公益性农业技术推广体系覆盖面十分广泛，农技人员数量众多，特别是基层农技人员长期扎根基层，熟悉贫困地区当地情况，与老百姓沟通顺畅，有利于农业科技在贫困地区落地和推广，其对贫困地区农业产业发展和农民科技水平提高的支撑作用十分明显。因此，在四川省贫困地区实施科技扶贫，必须依托现有的公益性农技推广体系，充分发挥覆盖面广、落地性强的优势。

2. 公益性农技推广体系扶贫模式存在的问题和不足

随着改革开放的深入和市场经济的发展，我国公益性农业推广体系面临的挑战越来越多，其存在的问题和短板也日趋凸显，有些地方甚至出现了"线断、网破、人散"之态，已明显滞后于经济社会的发展，亟待完善。

（1）管理具有双重性、缺乏活力。主要表现如下。

一是当前我国公益性的农技推广机构的组织管理具有双重性，不利于基层农技机构独立开展推广工作。由于推广经费主要来源于本地方财政，使县、乡农技推广机构开展工作主要受本级农业行政管理部门领导，上级农技推广机构为业务指导。管理的双重性使得公益性推广体系的相对独立性很难得到保证。一方面是可能造成"外行指导内行"，使得有些贫困地区不尊重当地生态自然条件，过度追求农业产业的"新、奇、特"和高效益预期，盲目引进新产业、新品种、上规模、算总账、垒大户。另一方面是可能受行政脱贫的影响，一些贫困地区产业选择不科学，属于"拍脑袋""听传闻"的感性行为，缺乏前期市场论证。一些地方仍然存在急功近利脱贫摘帽的心理，产业选择趋向于"短、平、快"的产业，而缺乏长远考虑。

二是农技推广机构的活力不足。基层农技推广部门绝大部分都属于农业主管部门或者乡镇的事业单位，农技人员收入尽管有财政保障，但是与基层公务员相比差距较大，且大多数地区缺乏相应的激励措施，不利于激发基层农技人员的积极性。尽管当前四川省也在不断探索激励基层农技人员的创新创业的政策和机制，但是仍然处于探索阶段，效果也还未凸显，加之贫困地区改革创新意识的不足和财政收入的不足，更加缺乏激励机制。使得许多地区基层农技人员工作主要以完成行政任务为主，工作的主动性、需求导向性和灵活性显得不足。

（2）基层农技人员专业水平偏低。其主要表现如下。

一是四川省贫困地区主要集中在偏远山区、民族地区或者高海拔地区，生活条件艰苦，农技岗位对专业人才的吸引力更差。根据课题组的调研，四川省贫困地区，尤其是深度贫困地区很难招到从事基层农技推广的大学生。而"国家西部志愿计划""一村一大"等政策安排的大学生在基层大多从事行政管理的工作，从事农技推广工作的寥寥无几。

二是现有的农技人员队伍年龄老化，思想观念跟不上新常态、新形势的需要。受地域闭塞、传统惯性思维的影响，在农技推广过程中，往往以高产为主要追求目标，对绿色、优质、产业经营的新模式新机制等现代农业理念接受程度较低，校正难度较大。此外，农技人员业务素质偏低也是贫困地区基层农技服务的一个核心问题。一方面是文化水平偏低，特别是乡镇农技人员中全日制大专以上学历的比例低；另一方面是知识更新慢，贫困地区农技人员走出去学习、深造的机会较少，业务能力和效率不足，难以满足当地产业扶贫的需求。

三是许多地区基层农技推广人员存在岗位不专职、专业不匹配的现状。一方面是非农专业人员挤占农技推广岗位，造成在编不在岗的现象；另一方面是农技人员被挪用从事其他工作，特别是一些乡镇青年农技人员被长期抽调到乡镇其他岗位上，从事民政、文秘等工作；此外，精准脱贫任务下，许多农技人员成天忙于填写各类表格和汇报材料，无时间和精力从事本职工作。

（3）基层农技推广经费不足。经费不足是基层农技推广普遍存在的问题，对于贫困地区而言问题更为严重。地方财政预算仅仅解决了农技人员的基本工资，对于农技推广的日常费用几乎没有预算。近年来，随着国家精准扶贫战略的推进，贫困地区实施了大量产业扶贫项目，但是绝大部分主要投入在基础设施上，对农业技术推广的投入略显不足。此外，绝大部分产业扶贫项目或者科技扶贫项目都没有预算基层农技推广的工作经费和劳务费，不利于调动基层农技推广的积极性。

（4）科技扶贫针对性不足。贫困地区现有的农技推广机构设置、人员编制、组织管理、目标定位都是沿用过去常规设置，许多地方并没有根据精准脱贫攻坚任务需要进行优化和调整。调研中发现，尽管各地农技部门均加强了品种引进、农民培训等农业技术推广工作，但是绝大部分地区仍然只是从行政角度对工作的加强，对于新形势下贫困地区农户农业科技的新需求针对性不足。

3. 完善公益性农技推广体系扶贫模式的对策和建议

（1）优化县、乡两级农技推广管理组织架构。当前，国内农业推广管理体制是以行政管理方式设置的，市、省、中央农技推广机构主要行使监督管理、业务指导等职能，县、乡两级农技推广机构则直接为农民提供服务（陈生斗 等，2014）。在现有体制下，贫困地区应根据脱贫攻坚和乡村振兴需要，进一步优化县、乡两级农技推广机构。在县级层面，整合各农业主管部门下属的农技推广机构和人员，将具有农技推广功能的机构与行政机构单独剥离，重组为县级农业推广机构，直接隶属于县级人民政府。由县级农业推广机构专职从事农业技术推广，根据本地农业科技扶贫需求制定农业技术推广计划，选聘农技推广人员并组织培训、指导，有针对性地组织开展推广服务。乡镇农技推广机构直属于县级农业推广机构,其人员编制纳入县级农技推广机构统一管理,主要采取县级农技机构向乡镇派驻农技人员的形式(图6-2)。

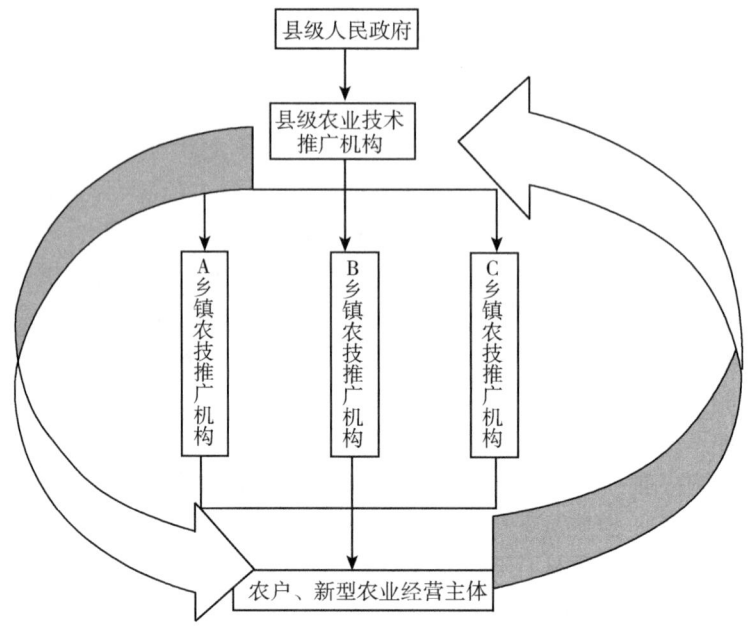

图6-2 贫困地区县、乡两级农技推广机构管理构想

(2)完善基层农技推广工作的激励机制。主要措施如下。

一是进一步完善贫困地区基层农技人员的保障机制。参照地方教育、卫生从业者,进一步提高基层农技人员的政治待遇和经济待遇,让基层农技人员的待遇不低于当地公务员的待遇。同时,建议在农业科技推广项目中安排一定奖励性资金和下乡补助资金,支持农技人员常下乡,对绩效考核突出的基层农技人员给予物质奖励。此外,还可以考虑增加一些意外保险,解决农技人员到偏远地区开展农技示范的后顾之忧。

二是优先在贫困地区开展基层农技人员创新创业政策。支持基层农技人员在完成本职工作的前提下,通过技术转让、技术承包等方式获取合理效益;支持农技人员领办、创办、帮办合作社和农业基层示范基地;鼓励农技人员离岗创办农业科技领域或者经营实体或者从事经营性的农技推广服务。

三是改革和优化基层农技推广机构内部收入分配制度。要破除"吃大锅饭"和"平均主义",以工作成绩作为衡量基层农技人员的主要指标,对基层农技人员开展业务绩效考评,并将考评结果作为绩效工资分配的主要依据,最大程度激发基层农技人员工作活力。

四是进一步加强对贫困地区基层农技人员的精神激励。要把精神激励作为一项重要手段,不断创新激励的方式和方法,提高基层农技人员的自豪感。

(3)创新科技扶贫目标考核机制。目前,作为精准扶贫的一项重要任务,农业科技扶贫还没有一套独立、完善的评价考核机制。

农业科技扶贫作为一项重要扶贫任务还没有一套完善的评价和考核机制，对农业科技扶贫绩效的考核往往是纳入扶贫考核的一个小项来评价，缺乏对农业科技扶贫主体的专项考核和奖惩。笔者认为，要根据农业科技扶贫工作的特点，建立一套完善的考核评价机制。要重点突出对基层农技推广机构的考核和评价，要把科技扶贫工作作为基层农技推广机构目标考核的重要内容，采取跟踪督办、随机抽查、定点检查等方式，随时掌握工作进度，定期通报督查情况。同时，要建立定期公示制度，通过媒体进行公示，接受群众监督。

（4）加大对基层农技推广的财政投入。由于农业技术产品的公共物品性，国内外为促进农业技术扩散，采取了大量的扶持政策。在精准扶贫背景下，要做好科技扶贫工作，更加需要发挥基层农技推广的公益性职能，必须加大政策和财政扶持力度。一是要保障基层农技人员的工资和福利等基本收入稳步合理增长；二是要不断改善农技推广条件，根据区域农技推广需求配置推广车辆和设施设备，尽量减少农业技术推广阻碍。三是设立专项推广奖励资金。用于新技术推广的奖励，不仅可以增进基层农技人员的技术服务收益，激发其开展农技推广积极性，且其自下而上的推广模式有助于改善现行的自上而下的单向传授模式，有效整合科技供求资源。四是增加基层农技人员的培训经费。不断加大对贫困地区农技人员的继续教育和知识更新力度，要根据贫困地区特色农业产业发展的需求，有针对性地开展技术培训活动。

（三）公益性农技推广体系扶贫模式：四川省苍溪县实践

苍溪县是秦巴山区和连片特困片区区域发展和脱贫攻坚重点县，地处四川盆地北缘，秦巴山脉南麓，位于东经105°43′~106°28′，北纬31°37′~32°12′，属于亚热带湿润季风气候区。区域内海拔352~1 369.2米，年平均气温16.7℃，昼夜温差3~7℃，年均降水量1 046.7毫米，年均日照1 490.9小时，年均无霜期288天，平均相对湿度73%。水资源丰富，嘉陵江、宋江两大河流流经全境，水环境质量达到国家Ⅱ类标准。森林覆盖率45.8%，大气环境质量达到国家Ⅰ级标准，土壤环境质量达到国家有机食品基地生产标准，中性紫色土壤。通过多年探索，苍溪县在推动猕猴桃产业发展中，已基本形成了以政府公益性投入为主，多种形式的市场化农业技术服务参与，政府和市场的不同功能得到充分发挥，农业各类经营主体的农业技术需求得到最大满足的农业技术推广模式（刘强 等，2014）。本案例以四川省苍溪县猕猴桃产业发展过程中的农业技术推广模式为实证，总结出全县农业技术推广的主要经验和启示，对基层农业技术推广，特别是对优势特色农业产区的农业技术推广工作有一定借鉴意义。

1. 产业发展背景

猕猴桃原产中国，我国3 000多年前便有猕猴桃种植的相关记载，多属野生状态，20世纪80年代开始进行商品化栽培。近年来发展迅速，栽培面积和产量已跃居全球第一。据统计，2015年，全国猕猴桃种植面积182万亩，产量219万吨，较2011年年均增长11.92%、14.82%；四川省猕猴桃种植面积57万亩，产量22万吨，较2011年年均增长12.26%、21.37%。分布位居全国第二位。其中苍溪县2015年猕猴桃种植面积

18.55万亩,占全省总面积32.54%;年产量8万吨,占全省总产量36.36%;年总产值达13亿元。

苍溪县是"世界红心猕猴桃发源地",历年来,县委、县政府高度重视猕猴桃这一传统、优势产业的发展,目前该县已发展以红心猕猴桃为主的猕猴桃种植基地18万亩,已经成为全国红心猕猴桃的最大产区。项目区现有猕猴桃种植面积约2 000亩,主要栽培品种包括红阳、红华、红美、华朴等,产量约为15万吨,亩均产量1 100千克,最高亩产达4 700千克。在储藏加工方面,项目区四川华朴现代农业股份有限公司已建成气调贮藏库5 000吨,引进了国际先进的分选包装线,猕猴桃酵素等精深加工生产线正在启动。品牌营销方面,全县已建成公共品牌和企业品牌11个,"红阳"猕猴桃,先后获得国家地理标志认证及国际农产品交易会、西博会金奖,已注册为全国驰名商标。全县拥有猕猴桃批发市场3个,2017年,"红阳"猕猴桃产地批发均价约为15元/千克,主要为采购商上门收购,电商销售比例约为13%。产品销售市场以国内市场为主,出口比例为8%,省外市场为49%,省内市场为43%。

2. 农业科技扶贫的模式和主要做法

(1) 创新构建公益性农业技术推广机构和体系。在县、乡两级农业技术推广体系的基础上,根据猕猴桃产业特点和种植户需求,苍溪县为推动猕猴桃这一优势特色产业发展,专门成立了苍溪县猕猴桃产业局,与县科技主管部门协调组织猕猴桃技术培训和技术服务,负责组织实施猕猴桃产业发展战略、中长期发展规划和年度计划;负责制订猕猴桃技术创新及推广、产品研发等方案;负责猕猴桃产销市场对接和信息发布,加强猕猴桃行业管理和品牌建设、文化建设等工作。同时成立了猕猴桃研究所,负责全县猕猴桃产业规划、技术标准的制定、技术培训、技术指导和技术推广;负责猕猴桃资源收集、保存、评价、种质资源创新及新品种培育与配套技术研究与示范;负责猕猴桃产业新技术研究与示范;负责猕猴桃产业新产品的研制与应用。并组建了165个乡镇、村级农业技术推广中心,165个中心依托各个乡镇农业技术推广站、农民专合社、农业园区、龙头企业等多种载体开展工作,直接接受苍溪县猕猴桃产业局的领导,覆盖全县猕猴桃主要产区,配备专职技术员,加强实用技术研究和推广应用。这一做法改变了过去较为传统的机构设置,不但实现了农业技术推广机构的专业化设置,而且根据猕猴桃产业发展区域和产业规模有针对性地设置技术推广中心,配套技术培训人员,打破了过去严格按照乡镇设置基层技术推广机构和人员的惯例,实现了农业技术推广资源的合理配置(刘强 等,2014)。

(2) 充分发挥现代农业示范园区对农业技术推广的带动作用。目前,全县已建立了以猕猴桃为主导产业的万亩现代农业园区5个,500亩以上的标准化生产示范园60个,以园区为载体示范带动了全县猕猴桃的良种繁育、栽培、采摘、储运等技术的推广和应用。通过几年的示范,全县的猕猴桃产业标准化栽培面积从5 000亩扩展到10万亩以上,示范猕猴桃栽培配套技术达50余项,示范园区带动区域猕猴桃综合生产能力大大提高,亩均产量和售价分别比其他地区高20%和15%以上。苍溪的猕猴桃现代农业示范园区建设,改变了过去一味追求建设大园区的模式,而是根据实际需求以大小园区结合,达到互动互补的效果。一方面建设万亩现代农业园区,更多地承担全县各镇、村干部、企业业主、种植业大户以及农户的参观、学习、培训的功能；另一方面建设小型示范园，通过科技人员、种植能人的带动，更直接、更利于普通农户学习和接受农业科技，并且可以避免老百姓去大园区路程较远、实训效果较差等弊病。

（3）以科研课题和项目为载体创新科技合作。目前，苍溪县已与中国科学院武汉植物园、四川省农业科学院、四川省自然资源研究院、四川大学、西北农林科技大学等单位建立了密切的合作关系。一方面县上成立猕猴桃研究所，整合县内相关科技资源进行全县的猕猴桃科研、推广以及对外合作；另一方面依托猕猴桃研究所联合国内外科研单位围绕猕猴桃产业集中开展品种选育、病害防治、精深加工等科研课题联合攻关；同时，通过项目合作和实施与科研单位合作，建立了猕猴桃种质资源圃、杂交育种圃、高产优质示范园等试验示范基地，既为科研单位提供了科研示范的场地，也为全县猕猴桃产业发展提供了科研支撑。苍溪县科技合作体系的构建，改变了过去较为松散、空洞的合作方式，以课题和项目为载体开展科研合作和推广更具针对性，实效性更强。截至目前，涉及猕猴桃产业已有10余项处于国际国内领先水平的成果在苍溪转化和示范，拥有自主知识产权研究成果20余项，有10项申请获得了国家专利。

（4）以培育和壮大农业经营主体促进农业技术高效推广。近年来，全县为培育和壮大农业经营主体采取了一系列措施。一是引进和培育了苍溪日昇农业科技有限公司、苍溪恒润农业有限公司等10余家龙头企业，分别从事猕猴桃鲜销、储运以及加工；二是全县建立了农业科技协会1家（红猕王协会），猕猴桃专业合作社、合作分社40余家；三是加大了对农民，特别是中青年农民和返乡创业农民的培训力度，提高了农民的素质。苍溪通过培育和壮大以龙头企业和专合组织为主的经营主体，把分户经营的农民组织起来，培育一大批愿意采纳现代农业新技术、有能力将新技术转变为新的生产力的现代农业产业的微观组织形式，对于全县猕猴桃技术推广的有效性起到了重要作用。

3. 主要启示与建议

（1）完善农业技术推广服务体系和运行制度是前提。对于基层农业技术推广来说，完善的农业技术推广体系，合理的机构设置，健全的运行制度对农业技术推广的健康运行和效率提高有着关键作用。因此，笔者认为，在基层农业技术推广工作中，首先应根据产业特点着力构建科学的推广服务体系，并将制度建设作为关键的任务。应不断完善科研单位、农业推广公益机构、龙头企业、专合组织、农户之间的利益联结机制，充分发挥各方的积极性，特别是完善对农业技术推广人员的绩效考核制度和机制。

（2）培育和壮大农业经营主体是关键。影响我国农业科技成果转化和推广的因素有很多，其中农业经营主体素质高低是影响农业科技最终能否被转化应用的关键因素。实践证明，单个农户由于信息不充分和个人能力有限，在农业技术接受上存在较大缺陷，务必培育和壮大农业经营主体。只有提高农业经营主体的经济实力，技术接受能力，管理能力，才能从根本上解决农业科技推广"最后一公里"问题。

（3）经费投入是保障。长期以来，我国农业技术推广资金投入不足一直是制约农业科技成果转化率的重要因素。近年来，苍溪县财政农业科技推广投入一直以20%以上的速度增长，保障了政府公益性农业技术推广机构的良性运转；同时，由于猕猴桃产业的比较效益较高，相关企业、合作社以及种植大户也大大增加了农业科技投入，特别是龙头企业在推广新品种，推广新技术等方面投入起了巨大的作用。因此，以政府投入为主导的多元化投入机制是苍溪县猕猴桃技术推广的保障，应进一步加大经费投入，落实推广人员和经费，提高基层农业技术推广人员的工作积极性。

（4）人才引进和培养是支撑。农业技术推广人才是推动农业科技进步和创新转化的关键力量。只有稳定现有农业技术人才队伍，抓好与现有特色产业发展急需的专业技术人才、经营管理人才，尤其是农业企业家队伍的培养建设，抓好各类专业技术能手、熟练工、"土专家"等有专长的劳动者队伍建设，才能带动整个劳动者科技素质的提高，提高整个产业的技术推广效率。应不断创新体制机制，营造良好的发展环境，吸引产业需要的各类人才。鼓励科技人员下基层、下农村开展多种形式的技术承包和技术咨询服务。

二、驻村干部科技扶贫模式

（一）基本概念和运行机理

1. 基本概念

驻村干部制度是中国特色社会主义的制度安排之一。其历史可追溯至解放初期的乡镇下派驻村干部制度。欧阳静认为驻村制是由解放初期的农村"工作队"演变而成，是一种反官僚化运作的工作方法，更是中国共产党"走群众路线""密切联系群众"的制度化运作机制（欧阳静，2012）。韩广富、周耕认为，选派干部下乡是由国务院贫困地区经济开发领导小组于1986年提出来的，目的在于推动贫困地区经济社会的发展，加强农村基层组织建设（韩广富、周耕，2013）。

科技扶贫是各级驻村干部的一项重要任务，驻村干部在镇、村一级科技扶贫工作中起到了重要作用，尤其是科技部门、农业部门、农业科研院所以及农业高校派出的驻村干部具有整合农业科技资源的优势，对于贫困村的科技扶贫工作更为重要。因此，我们认为驻村干部科技扶贫模式主要只是驻村干部根据当地农业产业发展需求，充分发挥其农业科技专业技术水平或整合农业、科技等资源的能力，大力实施科技助推产业发展，促进精准脱贫的一种科技扶贫模式。

2. 运行机理

开展驻村帮扶是精准扶贫的重要举措，是深入实施"精准扶贫"方略的"管道"和"总漏斗"。为推动驻村干部帮扶工作高效运行，四川省成立了全省干部驻村帮扶工作协调小组，省直有关部门（单位）为成员单位，协调小组办公室设在省直机关工委，与省"双联"工作办公室合署办公。市、县两级也参照省上做法成立了相应的领导机构，确定牵头部门负责抓好工作组织实施和统筹协调。省、市、县各部门（单位）同时建立了驻村帮扶领导机构，明确分管领导，责任处（科）室和工作联络员，确保驻村帮扶工作有效落实。构建了省、市、县、乡联动机制，形成了党政领导、部门协同、上下联动的工作合力（刘强 等，2019）。

（二）驻村干部科技扶贫模式评析

1. 四川省驻村干部科技扶贫模式的主要做法

（1）不断健全规章制度。2014年，四川省全面启动干部驻村帮扶活动。四川省直机关工委等五部门联合印发了《四川省干部驻村帮扶工作方案》，明确驻村工作组对贫困村分期分批次实现全覆盖，为精准扶贫建好"滴灌管道"。随后，中共四川省委办公厅四川省人民政府办公厅印发了《关于进一步做好干部驻村帮扶工作的通知》，通知指出，选派一批了解农村、熟悉农村、工作能力较强的干部特别是有培养前途的年轻干部驻村帮扶，对所有贫困村派驻3至4人的驻村工作组，实现全省11 501个贫困村干部驻村帮扶全覆盖。承担省级对口定点扶贫任务的部门（单位），干部职工人数100人及以上的每批次选派2人、100人以下的每批次选派1人参加驻村工作组。各市（州）、县（市、区）要结合本级行政区域内的贫困村数量选派干部参加驻村工作组。乡镇派驻贫困村的干部参加驻村工作组。现有的各类下派干部，在派人渠道不变、任务不变的情况下，下沉到贫困村参加驻村工作组。已在贫困村工作的"三支一扶"人员、扶贫志愿者等纳入驻村工作组。各县（市、区）党委、政府要结合实际，对驻村员实行统一安排、统一培训、统一管理、统一考评。驻村工作组派驻时间原则上不少于2年，贫困村不脱贫、扶贫对象不达标，工作组不撤出，驻村干部可轮换。

随后，四川省又先后出台了《关于建立干部驻村帮扶工作考评机制的通知》《深化干部驻村帮扶工作的实施意见》《四川省干部驻村帮扶工作考核办法》《四川省干部驻村帮扶工作方案》等文件，明确了行业系统、帮扶单位、驻村工作组等的职责任务，建立健全了驻村干部的培训、激励、考核、保障等机制。各地各部门（单位）分别从本地实际出发，出台一系列制度保障举措。为有效对接贫困村、贫困户和驻村帮扶信息，四川省委组织部、省直机关工委、省扶贫移民局组织力量建设全省干部驻村帮扶信息管理系统，搭建干部驻村帮扶工作信息平台，现已完成指标体系建立和模块设计。《四川省联系贫困县帮扶贫困村工作手册》也应运而生，从操作层面对省直部门联系贫困县、帮扶单位帮扶贫困村工作进行了全方位合理分类、细化分解、精要分析，明确了联系贫困县、帮扶贫困村工作的目标任务、政策措施、操作流程、职责要求和检查考核等详细内容，精心绘制了驻村帮扶的"施工图"，为驻村干部提供了一本实在管用的工具书。

2018年，四川省委办公厅、省政府办公厅出台了《关于加强贫困村驻村工作队选派管理工作的实施意见》，提出四川将按照"派最能打仗的人"要求，全面统筹人员组建驻村工作队，实现全省11 501个建档立卡贫困村一村一队。每个驻村工作队不少于3人（含第一书记），第一书记原则上兼任队长。驻村工作队每期驻村时间为2年。驻村期间，队员不承担原单位工作，党员组织关系转接到所驻贫困村。脱贫攻坚期内，贫困村退出的，驻村工作队不得撤离，帮扶力度不能削弱。在人员选派方面，该《意见》明确，省直各部门（单位）及其下属企事业单位、中央在川单位和企业、省属企业要根据干部职工人数选派不少于1~4人，按现有定点帮扶关系参加驻村工作队。市、县两级结合实际提出相应比例选派人员参加驻村工作队。承担省内对口帮扶藏区彝区贫困县任务的7个市35个县（市、区）选派人员到受扶地参加驻村工作队时，原则上数量不得低于受扶县贫困村总数的30%。

（2）制定农业科技领域的专项驻村计划。为进一步细化干部驻村帮扶工作，重点突出农业科技扶贫，四川省农业、科技、扶贫等部门都制定了相应的政策措施。

四川省农业农村厅在全省农业系统组织实施了"万名农业科技人员进万村开展技术扶贫行动"，即从省、市（州）、县（市、区）农业农村部门和乡（镇）农业推广服务机构选派了11 501名农业技术人员，深入到全省11 501个贫困村结对开展"一对一"技术扶贫行动，实现贫困村农业技术扶贫全覆盖，提升农业产业扶贫的技术支撑能力。重点组织开展了"五个一"行动，即：协助编制一个农业产业扶贫规划，积极推广一批主导品种和主推技术，帮助培育一批农业科技示范户，指导培育一批新型农业经营主体，助推发展一个主导产业（表6-2）。

表6-2 四川省万名农业科技人员进万村开展技术扶贫"五个一"行动

行动名称	主要内容	备注
协助编制一个农业产业扶贫规划	进村农业科技人员要深入贫困村进行广泛调查研究，充分发挥智力技术帮扶作用，立足当地资源禀赋、发展基础、产业优势，协助当地编制贫困村产业扶贫规划。产业扶贫规划要与"十三五"现代农业发展规划相衔接，宜农则农、宜牧则牧、宜渔则渔，培育壮大贫困地区优势特色产业，统筹谋划粮油、畜牧、经济作物、水产、农产品初加工及精深加工、休闲农业等特色优势产业发展	
积极推广一批主导品种和主推技术	加大新品种、新技术、新模式的推广和应用力度，在贫困村内集中推广一批主导品种和主推技术，提高成果转化率和农民对科技的吸纳能力，推动产业升级和结构优化	
帮助培育一批农业科技示范户	通过技术指导和培训，农业科技人员在贫困村内大力培育农业科技示范户，建立科技人员直接到户、良种良法直接到田、技术要领直接到人的农技推广新机制	
指导培育一批新型农业经营主体	根据贫困村产业发展规划，农业科技人员要加大农民合作社、家庭农场、种养大户和新型职业农民培育力度，积极引进农业企业参与扶贫工作，充分发挥新型农业经营主体在资金、技术、质量品牌、市场营销等方面的优势，鼓励各类主体与贫困户建立紧密的利益联结机制	
助推发展一个主导产业	根据贫困村产业发展规划，通过培育新型经营主体，创新机制，加强技术指导和培训，大力发展特色农牧业，着力抓好富民产业培育，达到一村一个主导产业的目标，形成一村一品的发展格局	

注：摘自《关于组织实施"万名农业科技人员进万村开展技术扶贫行动"的通知》。

2. 驻村干部科技扶贫模式的优势

（1）充分了解科技需求，有助于实现科技扶贫"精确滴灌"。充分了解基层和农民科技需求，是精准实施科技扶贫工程和科技扶贫项目的前提。驻村干部科技扶贫模式是实现从原来的"大水漫灌"式扶贫向"精确滴灌"式扶贫转变的需要，驻村干部科技扶贫是实现扶贫开发"精确滴灌"的重要"管道"，是确保各种帮扶工作最终到村到户、做实落地的"总漏斗"。驻村干部常驻农村，走村串户，可以开展长期调研，全面摸清村级经济发展、农业产业发展以及村民生活情况等问题，有利于充分了解新型农业经济主体、农民的农业科技需求。

（2）密切干群关系，提高扶贫效果。做好驻村干部科技扶贫工作，是践行党的群众路线、加强干部队伍建设需要，干部驻村开展科技扶贫有利于直接联系服务贫困地区群众，特别是困难群众。让驻村干部走进困难群众之中，感受困难群众的安危冷暖，解决困难群众的所需所盼，有利于进一步密切党群干群关系。融洽、和谐的干群关系，有利于向群众宣传党的精准扶贫政策，有利于根据当地实际有效实施精准脱贫攻坚规划和计划，有利于组织落实科技扶贫、产业扶贫项目，提高科技扶贫效果、促进贫困地区产业扶贫和农村经济健康快速发展。

（3）充实基层干部队伍，提高基层工作效率。当前，随着我国城市化进程的不断加快，贫困地区农村空心化问题十分严重，尤其是大量青年人才的流失，导致基层党组织更新能力差，基层党组织成员大多年龄偏大，文化程度偏低，能力较弱。基层党组织较为涣散，在农村工作中缺乏凝聚力、影响力和号召力[1]。驻村干部绝大部分来自县级及以上行政机关或事业单位，大多是单位的青年骨干，驻村以后极大地充实了乡镇、村级党组织队伍，有利于积极推进贫困村基层服务型党组织建设，切实解决好联系群众"最后一公里"问题和服务群众"最后一步路"问题。同时，驻村干部带来了新的工作理念、工作方法，特别是不断提高工作效率，有利于充分发挥基层党组织在打赢脱贫攻坚战役中的战斗堡垒作用和党员先锋模范作用。

3. 驻村干部科技扶贫模式存在的问题和不足

（1）驻村干部投到科技扶贫工作的精力不足。当前，四川省脱贫攻坚任务艰巨，扶贫驻村干部任务繁重，加之考核制度的不完善，在"增强基层党组织、推动精准扶贫、为民办事服务、提升治理水平"的责任定位下，许多驻村干部承担了乡干部和村干部的行政性和事务性工作，每天忙于协调各类矛盾纠纷、接待应付上级考察和检查、忙于填写各式各样的表格、撰写各种汇报材料，导致真正沉入农村、投入科技扶贫和产业扶贫中的精力被大量分散弱化。

（2）驻村干部扶贫资源不足。驻村干部对贫困村和贫困户开展一对一的帮扶是我国精准扶贫政策的一大创举。在精准脱贫攻坚背景下，全省贫困村或者贫困户都会有驻村干部入驻或定点帮扶。尽管如此，但是在帮扶过程中还是会存在个人资源不足的情况。首先，政府给予贫困村的财政支持和贫困户的扶持资金是有一定额度的，在此基础上，贫困户的脱贫就更多依赖驻村干部。而科技部门、农业农村部门、农业科研院所以及农业高校派出的驻村干部可利用的资源优势主要是在农业科技上，而贫困村、贫困户更多需要的是财政项目的投入、社会资金的资助和带动，与政府主要行政部门、国有大

---

[1] 何纯真，侯麟军．2018．精准扶贫背景下的驻村帮扶制度研究[J]．管理观察，（23）：95-96．

型企业等,农业科技领域的驻村干部相比,差距十分明显。

(3) 驻村干部科技扶贫保障激励不足。近年来,四川省不断加强对驻村干部督促考核和关心激励。在工作经费、评优选先、提拔使用、表彰表扬的方面都制定了相应的政策和措施。由于贫困县、贫困村地理位置不同,工作条件差异较大,部分贫困村地处偏远,科技扶贫工作区域较大,工作条件十分艰苦。但是,在相对统一的保障激励条件下,地处偏远的贫困村驻村干经费难以满足工作需要。尤其是以科技扶贫任务为主的驻村干部,经常需要上山下山、进村入户开展科技扶贫调查研究,开销较大,亟须得到特殊保障激励政策。

4. 完善驻村干部科技扶贫模式的对策和建议

(1) 强化科技驻村干部的专项职能。严把科技扶贫驻村干部选派关,要选派具有一定基层工作能力、热心农村工作、组织协调能力和农业专业技术技能较强的干部担任科技扶贫驻村干部。进一步明确科技驻村干部的科技扶贫专项职责,尽量减少其他与科技扶贫、产业扶贫相关性较小的其他日常事务,减少各种重复性表格填报和资料收集,统筹精简开会时间,真正让驻村干部真正沉入农村,把主要精力投入贫困村科技扶贫和产业扶贫工作中。

(2) 进一步完善驻村帮扶资源供给制度。针对当前科技驻村干部资源不足和不均衡的问题,要确保各地扶贫效果的不因驻村帮扶人员的背后资源差异而出现较大差距,要建立以当地基层干部和驻村干部为主,其他社会力量为辅的多元帮扶制度,让其他社会力量也加入精准扶贫工作中来,形成制度化、体系化的多元扶贫模式,发挥合力作用,使驻村帮扶资源供给相对均衡化,驻村干部科技扶贫才能更好地发挥作用。

(3) 强化驻村干部科技扶贫保障激励。要进一步细化保障激励,突出差异化支持方向和力度。对于长期从事科技扶贫、农技推广的驻村干部要给予一定的额外保障。例如,对于开展科技扶贫工作半径过大、路途过于遥远、高海拔以及艰险等地区的驻村干部要在意外保险、野外交通、差旅等方面给予保障,对确因科技扶贫工作需要但政策中又没有包括而产生的额外支出经费应给予合理考虑,提高驻村干部积极性。

(三) 驻村干部科技扶贫模式:四川省农业科学院驻村干部实践

凉山州木里藏族自治县是四川省农业科学院的对口帮扶县。自展开对口帮扶以来,先后派出多名干部驻村进行定点帮扶,并取得了积极成效。本书以四川省农业科学院驻村干部在木里县的工作实践为例,探讨农业科技扶贫的模式、做法和经验。

1. 主要做法

(1) 充分利用农业科技为培育全县农业产业精准施策。木里县属高原藏区,长期受交通制约和观念约束,农牧业仍以玉米、马铃薯、猪牛羊散养等传统产业为主,县内几乎没有新兴的经济作物,蔬菜70%以上靠外运,适宜种植的苹果、桃等特色水果几乎绝迹,农民收入十分有限。如何实现农业产业提档升级与提质增效是摆在农业科技扶贫驻村干部面前的现实问题。

一是深入调查研究,精准谋划全县农业产业发展思路。

木里县地域较广、资源丰富,但交通较差,导致农牧民知识闭塞、观念落后。几年来,驻村干部跑遍全县29个乡镇、70多个村、行程近2万千米进行实地调研,了解区域资源禀赋、查看农业产业情况、座谈农业发展愿景、灌输现代农业理念。通过深入调查,掌握了第一手资料,找出了问题症结,进一步确立了全县产业发展的思路,制定了全县蔬菜、皱皮柑、养殖、特色水果、食用菌等产业规划、实施方案与扶持政策,引进适宜发展的农业科技成果。

二是利用资源禀赋,精准培育壮大优势特色产业。

两年多来,充分利用木里资源禀赋,已主导建成优质水果、设施蔬菜、特色食用菌等示范基地500余亩,推广面积上万亩,传统产业与特色产业蓬勃发展,各项产业的壮大促进了种植户人均增收5 000元以上。

(2)倡导"一乡一品"产业,鼓励乡镇差异化发展。在脱贫攻坚农业产业大发展阶段,鼓励有特色优势的乡镇打造"一乡一品",并根据气候条件、市场状况、耕种习惯和藏区饮食习惯,引进适种的新品种,实施全程技术指导监控产业的发展与品牌打造。目前,芽租海椒、项脚设施蔬菜、依吉皱皮柑、西秋中药材、乔瓦观光农业、东朗春油菜等"一乡一品"产业初见成效,通过发展特色产业实现了户均增收2万元以上,指导成立了"贡巴拉"等商标2个。

芽租海椒:通过调研到芽租乡的产业历史和木里消费习惯后,建议芽租乡建设木里县海椒绿色种植基地,并引进四川省农业科学院"川藤6号"海椒新品种,全程技术监控,实施错季(6月育苗、9月上市)种植,从2015年试种13亩到2016年全乡农户种植积极性普遍高涨,面积达到100余亩。两年间,海椒收益较好,亩产可达4 000斤(1万元)以上,种植户均增收2万元左右,为打造"木里县海椒绿色种植基地"的品牌打下了基础。

东朗春油菜:东朗乡属纯藏乡,传统农业以青稞为主,但有独特的民族文化和秀丽的自然风景,2016年,驻村干部与包乡领导和乡村干部一起,引进四川省农业科学院油菜品种,以春油菜种植带动乡村旅游,当年种植了400余亩(3年内计划发展上千亩)春油菜,高原菜油远销北京,产业效益较传统农业有了大幅度提高,并召开了东朗乡第一届乡村旅游文化节,成立了"贡巴拉"商标。

(3)积极培育经营主体,组织化程度逐步提高。木里农业缺龙头企业引领、缺专合组织带动,有了好的产业和产品,还必须有专业化的组织面对市场。把重点放在培育本地企业和人才上,特别是木里知名企业、外地务工人员鼓励外地务工者杨夏娜回木里成立了木里县柴斛种植专业合作社,带领农户种植中药材、食用菌,指导成立木里县藏祥阁商贸有限公司,注册"藏祥阁"商标,建设木里县农特产品线下体验店,从生产者转变为市场开拓者,销售了上千户贫困户种植的农产品,为精准带动贫困户、提高组织化程度打下了坚实基础。

2. 主要经验

(1)制定村域农业产业促进脱贫奔康规划。自2015年下半年精准帮扶簸箕箩村以来,驻村干部深入田间地头、挨家挨户进行走访,与农户多交流、勤沟通、灌输先进理念,并进行认真地记录、梳理、归纳和总结,形成有针对性的调研报告,协助制定了《木里县簸箕箩村"精准脱贫共同奔康"村域产业发展规划》,确定了以"1+X"为主的粮食(玉米、马铃薯）、果蔬与养殖三大主导产业，打造"三个百万（蔬菜、水果、养殖年产值百万元以上）"工程，为簸箕箩村勾勒出了一幅打基础、兴产业、促发展的美好蓝图。

（2）推进村内农业产业快速发展。以规划为引领，争取产业发展资金120余万元，建成了蔬菜设施50个、露地蔬菜基地200余亩；新栽核桃20 000余株、高接换种20 000穗，新建苹果、桃、李等水果新品种示范基地110余亩，开始发展林下种草、种菜；为贫困户赠送鸡苗3 000余只，发展了24户猪、羊规模化养殖示范户，1个大型养猪场，1个大型养羊场；林下土鸡养殖（村集体经济）20余亩；累计建设了20余户30余亩羊肚菌种植基地；积极邀请专家多次到村指导、培训农民，逐步改造提升全村农业产业，打造"三个百万"产业工程已初见成效，农民增收致富效果明显。

（3）完善村内基础设施与民生工程。通过联络基础设施建设资金100余万元，先后实施了刘家坪4.2千米道路扩建工程，解决了40余户菜农卖菜运输难的问题；及时疏通了7千米因暴雨导致的村道堵塞，避免了农产品因运不出去而腐烂在地里；新建了50个大棚，加快了蔬菜产业的发展；实施了22户养殖户圈舍建设补贴，逐步带动全村适度规模养殖产业的发展；实施了60余亩土地整理与苹果基地建设工程。项目的逐步实施，解决了群众多年想做而没有能力做的事情，支撑了农业产业的发展。

三、科技专项计划扶贫模式

（一）基本概念和运行机理

1. 基本概念

科技专项计划扶贫模式主要是指科技主管部门或者政府为实现一定的脱贫任务和目标，实施的系统的、专项的科技扶贫项目或工程。例如，科技部、中央组织部等出台的"三区人才专项计划"；科技部和财政部出台的"科技富民强县计划"；科技部、教育部等部门出台的"科技扶贫行动方案"；四川省科技厅等部门开展的"四川省科技扶贫专项行动"；四川省委、省政府印发的《17个扶贫专项计划》。

2. 运行机理

该模式主要依托各级行政力量，整合科技、教育、人才、资金等资源，聚焦扶贫目标，有组织、有计划地开展扶贫工作，属于纯公益性技术扶贫范畴；专项计划实施人员主要来源于政府公务人员、科研机构、大专院校等；经费以财政专项经费为主。

（二）科技专项计划扶贫模式评析

1. 四川省科技专项计划扶贫模式的主要做法

支撑引领贫困地区经济社会快速持续发展，带动脱贫致富，2015年，四川省科技厅制定了《四川省科技扶贫专项行动实施方案》。

（1）细化目标任务。围绕"建立完善科技服务体系"的核心任务，以满足贫困地区科技需求和提升产业能力为导向，该方案提出了到2020年，初步建立覆盖全省88个贫困县的科技服务网络体系，培育壮大科技服务市场主体，创新科技扶贫模式，延展科技服务链，科技支撑脱贫致富成效显著。

实施方案不仅制定了总体目标,还提出了七项具体目标。一是构建科技服务平台。在全省四大扶贫片区建设区域综合服务平台和市级科技服务平台,并建设覆盖贫困地区的农村产业技术服务中心。二是构建产业技术支持体系。围绕贫困地区产业发展,开展转化新品种、新技术、新产品,培育壮大知名品牌,转化先进适用成果等活动。三是建立科技信息服务体系。建立"互联网+电商""互联网+智慧农业""互联网+乡村旅游"示范点、省市县科技信息服务站点,提供较完善的综合信息服务。四是建立科技人才支持体系。贫困地区科技人才柔性引进机制初步形成。五是建立科技扶贫示范体系。建立科技示范县、示范乡镇、示范村、示范户,以点促面实现集中连片贫困地区科技服务体系全覆盖。六是建立科技普及培训体系。基本形成培训中心、专家大院、产业技术服务中心和专项培训互为补充的培训体系。七是建立科技服务民生示范基地。在人口健康、生态保护、防灾减灾等领域研究推广重大先进适用技术。

(2)紧抓重点任务。重点抓好构建科技服务平台体系、建产业技术支撑体系、构建科技信息服务体系、构建科技人才支撑体系、构建科技扶贫示范体系、构建科学普及和技术培训体系、加强民生改善科技服务、全面推进"插花式"贫困地区科技扶贫工作八项重点任务。

专栏1:四川省科技扶贫专项行动重点任务

(一)构建科技服务平台体系

建设科技扶贫区域综合服务平台。支持市州建设科技扶贫区域服务平台。依托四大片区具备条件的中心城市,坚持分类指导、分级组织、分步实施,探索"自主建设、投资多元、功能综合"的建设模式,建立面向四大片区服务的区域服务平台4个、市级科技服务平台12个。实施技术转移、金融对接、要素聚集、协同创新、创业转化等功能。指导支持建设市级技术转移中心8个、科技金融服务中心8个。

建设科技扶贫创业孵化服务平台。支持各类科技企业孵化器建设。支持12个市州和10个有条件的贫困县建立科技企业孵化器。面向科技扶贫拓展孵化器功能,整合创业孵化资源,打造创业服务产业链,构筑孵化载体、技术平台、人才培育、融资担保一体化的孵化服务体系。支持贫困地区星创天地建设。将众创空间引向农业农村,建设创意创业空间、创业实训基地等星创天地50个,构建科技咨询、质量检测、科技金融、创业培训和辅导、管理、法律、财务等一站式开放性全方位新型综合服务体系。支持草根能人、返乡农民工、大学生和退役士兵在贫困地区创新创业。

建设科技扶贫产业示范服务平台。加强科技产业园区建设。支持巴中、绵阳等符合条件的市州推进国省农业科技园区建设,实施"政府指导、企业运作、院校参与、农民受益"的运行机制,联动形成核心区、示范区和辐射区,带动脱贫致富。

支持符合条件的县市区推进省级高新技术产业园区、高新技术产业化基地建设,推进基地、人才、技术、资本、项目、信息等科技创新要素聚集,加快发展县域工业促增收。

支持建设覆盖88个县的农村产业技术服务中心。按照"立足产业、市场运作、以县为主、各级联动"的运作机制和模式,鼓励探索挂靠龙头企业、依托专家大院、专合组织和现有事业机构、法人机构入股等多种形式,建设面向当地若干主导产业的综合型县级农村产业技术服务中心,或面向某一优势特色产业链的特色产业技术服务分中心(站)。

建设科技扶贫专家帮扶服务平台。探索高校、院所农业科技成果推广新模式。推广四川农业大学国家新农村发展研究院建设经验,支持有条件的在川高校、院所面向贫困地区探索新农村发展研究院模式,建立新农村发展研究院(分院)4个、产业技术研究院10个。

支持专家大院等建设。支持高校院所围绕贫困地区产业需求组建专家大院100个、科技特派员站点100个、农业科技110站点30个。采用"专家+龙头企业+农民""专家+农技推广机构+农民""专家+农村专业协会+农民"等运作模式,开展农业科技成果的中试示范、推广转化、技术培训、中介服务和产业带动，推进高校院所与贫困地区的紧密结合。

（二）构建产业技术支撑体系

培育推广一批新品种。以中（藏、羌）药材、木本油料、马铃薯、魔芋、水果、青稞、荞麦、食用菌、蚕桑、茶叶和林竹等为重点，推广一批优质、高产、专用的突破性新品种。以蜀宣花牛、高原牦牛、半细毛羊、獭兔等为草食牲畜，生猪、山地土鸡、水禽等家畜家禽，以及冷水鱼、大口鲶等水产为重点，开展品种改良推广，培育壮大地方优势品牌，支持发展现代特色农业。

集成转化一批新技术。加强贫困地区种植业、养殖业、农产品精深加工业以及民族手工业、旅游业、健康养老产业、文化创意产业、太阳能及风能、水电和矿产资源开发等领域的产业技术集成创新和转化应用，开展产业链关键环节产学研协同创新，集中攻克一批制约产业发展的重大技术瓶颈，优化产业结构，培育新的增长点。

探索完善一批新模式。探索贫困地区后发高起点的现代农业经营模式，建设一批产业特色鲜明、带动农民增收的科技园区（基地），推进现代农业规模化发展。探索三产融合的全产业链增值模式，加强技术链协同攻关，构建一二三融合产业技术支撑体系。探索企业带动技术脱贫模式，把吸纳贫困户作为重要内容，扶持龙头企业、农民合作社、专业大户、家庭农场、职业农民等新型农业经营主体，引导农户与龙头企业、合作社等建立合理的利益联结机制。支持乡村旅游、农产品产地初加工、农村电子商务、农村养老服务、农村文化创意等农村新兴业态发展。

（三）构建科技信息服务体系

建立科技成果对接机制。创新科技成果在贫困地区网络化、常态化对接交易机制，每年组织3~5次重大科技成果转化对接活动，定期发布先进适用科技成果和技术，打造一批能复制、可推广、有示范性的成果转化样板。

加强农村信息化技术支撑。创新业态，实施"互联网+乡村旅游+智慧农业"等技术示范项目。加快贫困地区信息服务平台建设，搭建贫困地区特色产业开发电商技术支撑平台，联结"小产品与大市场"。

建立完善科技信息服务机构。支持贫困地区建立科技金融服务中心、技术转移中心、专家大院、农村产业技术服务中心等各类科技服务机构，强化服务意识和服务功能。

（四）构建科技人才支撑体系

建立科技扶贫团。争取科技部设立秦巴山区科技扶贫团，加大对秦巴山片区科技扶贫的支持和协调。探索建立四大片区省级科技扶贫团。配合做好科技副县长、科技副乡长选派工作。

实施"三区"科技人员计划。选派科技人员到"三区"提供"一对一""一帮一""一带一"的精准科技服务，开展本土科技人员培训，为"三区"培养本土科技服务人员。

建立科研单位帮扶机制。选派科技特派员到贫困地区驻点帮扶，鼓励科技人员到贫困地区领办、创办、联办产业项目，动员和组织科研院所、大专院校科技人员采取多种方式参与扶贫。

（五）构建科技扶贫示范体系

打造一批各具特色的科技扶贫示范县。在秦巴山区、乌蒙山区、高原藏区、大小凉山彝区，选择一批典型县开展科技帮扶试点，重点在产业支撑、人才引进、项目支持、能力培训、科技普及等方面进行帮扶，为四大片区科技扶贫提供样板。省级建设科技扶贫示范县10个、示范乡镇20个、示范村200个、示范户1 000户；12个市州相应建设市级科技示范县12个、示范乡镇24个、示范村48个、示范户240户；88个县建设示范村352个、示范户1 760户，形成全省县乡村户科技示范体系。

抓好联系指导旺苍县脱贫工作。制定《四川省科技厅、气象局、贸促会联系指导旺苍县精准扶贫工作方案》，创新定点扶贫工作机制，集聚实施科技扶贫项目，着力提升特色茶叶、杜仲、核桃、柴胡、生猪、光伏发电新能源、石墨烯新材料、白酒饮料等特色产业技术水平，通过产业发展带动实现脱贫致富。

(六) 构建科学普及和技术培训体系

创新贫困地区技术培训模式，切实加强在贫困地区技术培训和科学普及，增强农民脱贫致富的内生动力。

加强农业生产技术培训。立足提升贫困地区产业生产水平，突出抓好种养大户、家庭农场主、农业专业合作社等骨干的培训，建立市级培训基地1个、县乡培训点100个，利用田间讲解、地头培训、面对面传授、示范带动等途径，重点培养一批农村脱贫致富带头人。

加强农民务工技能培训。健全远程培训、专题授课、科技赶场等形式，加强贫困地区农民职业技能培训。配合牵头部门做好劳务、创业等技能培训。

加强贫困地区科学普及。建设高质量科普示范基地40个、科普服务点200个，持续开展科技赶场、科技之春、科技下乡、科技活动周等科普活动，宣传、普及、传播、推广科技知识。

(七) 加强民生改善科技服务

加强地方病防治技术攻关。在甘孜州、阿坝州开展棘球蚴病、大骨节病等地方病防治技术研究及集成示范。开展远程医疗、区域协同等医疗关键技术及模式研究，推广基层卫生适宜技术。

加强生态环境保护技术攻关与示范。开展川西北生态沙化治理、草原鼠害防治、湿地生态系统保护与恢复、农村面源污染治理等技术推广，建立一批示范基地。

开展地质灾害防治关键技术攻关及应用。加强地震预警、安宁河等潜在山地灾害预判、泥石流滑坡灾害等减灾技术研究与示范，构建区域防灾减灾技术防控体系。

(八) 全面推进"插花式"贫困地区科技扶贫工作

"插花式"贫困地区所在市县科技管理部门要立足当地脱贫攻坚规划，完善科技服务体系，支撑"插花式"贫困地区扶贫脱贫工作。

要加强新型科技服务机构建设。面向贫困村、贫困户需求，发挥现有专家大院、科技特派员站点、农村产业技术服务中心等新型科技服务机构作用，强化技术服务、信息咨询、政策宣传等功能。

要加强产业技术支撑。以市县为主体，积极引导县域龙头企业、专业合作组织、家庭农场等新型农业主体示范带动贫困村、贫困户。选派科技人员，引进和推广先进实用技术成果，加快贫困村"一村一品"产业培育，发展县域特色产业。

要加强贫困户技术培训。依托科技培训基地，把贫困户务工务农技术培训作为地方科技培训的重点内容，提升贫困户科技发展能力。认真做好联系帮扶贫困村、贫困户工作。

摘自《四川省科技扶贫专项行动实施方案》。

(3) 强化主要任务分解和督查考核。对省级科技扶贫示范乡镇、省级科技扶贫示范县等建设任务进行了详细分解，明确了扶贫主要任务、年度目标、技术依托单位。

为提高科技扶贫效率，建立科技扶贫工作实绩考核体系，确保科技脱贫攻坚任务按期高效完成，为贫困县域2020年全面建成小康社会提供科技支撑，制定了《四川省科技扶贫工作实绩考核办法》，制定12个考核指标（表6-3），考核88个贫困县的科技行政管理部门。

表6-3 四川省科技扶贫工作实绩考核内容指标

考核指标	考核内容	权重	计分方式
科技精准扶贫成效（45分）	1. 科技精准脱贫成效	省市县科技扶贫示范户脱贫率达20%或示范户年人均收入同比上年增幅达20%以上	20	示范户脱贫率达到20%或人均收入增幅达20%，可得16分；每增长2个百分点加1分；每减少2个百分点减1分；无示范户脱贫或示范户年人均收入未增长的为0分
	2. 科技示范带动脱贫情况	科技扶贫示范带动脱贫农户数达200户以上	25	带动脱贫户达到200户，可得20分；每增加20户加1分；每减少20户减1分；未带动脱贫户的为0分
科技扶贫服务体系建设（40分）	3. 科技扶贫平台机构建设	建设专家大院、产业技术服务中心、技术转移中心、产业技术研究院等新型农村科技服务机构1个以上	7	建设新型农村科技服务机构1个，可得5.6分；每增加1个加0.7分；未成立新型农村科技服务机构的为0分
	4. 产业技术支撑体系建设	转化应用新品种、新技术、新产品、新模式3项以上，为特色优势产业发展提供有力科技支撑	7	转化应用新品种、新技术、新产品、新模式3项，可得5.6分；每增加1项加0.7分；每减少1项减0.7分
	5. 科技信息支撑体系建设	建立科技成果长效对接机制，推动农村信息化建设，组织或参加科技成果对接交流活动2次或建设信息化站点1个以上	7	组织或参加科技成果对接交流活动2次或建设信息化站点1个，可得5.6分；每增加1次或1个加0.7分；每减少1次或1个减0.7分；未开展相关工作的为0分
	6. 科技人才支撑体系建设	组织科技人员实施一对一精准扶贫，科技示范户均实现一对一对口帮扶	7	组织科技人员实施一对一精准扶贫，科技示范户实现一对一对口帮扶率达80%，可得5.6分；每增加10个百分点加0.7分；每减少10个百分点减0.7分；无1户实现一对一对口帮扶的得0分
	7. 科学普及和技术培训体系建设	开展技术骨干培训或科普宣传活动3次以上	6	开展技术骨干培训或科普宣传活动3次，可得4.8分；每增加1次加0.6分；每减少1次减0.6分
	8. 民生科技服务贫困地区情况	人口健康、疾病防控、生态保护和自然灾害等民生科技成果转化应用达2项以上	6	民生科技成果转化应用达2项，可得4.8分；每增加1项加0.6分；每减少1项减0.6分

(续表)

考核指标	考核内容	权重	计分方式	
保障措施（15分）	9. 组织领导	建立科技扶贫工作领导协调机构	4	建立科技扶贫工作领导协调机构，可得4分；未建立科技扶贫工作领导协调机构的为0分
	10. 产学研合作	促成与高校、科研院所合作2家以上	4	促成与高校院所合作2家，可得3.2分；每增加1家加0.4分；每减少1家减0.4分
	11. 经费保障	设立县本级科技扶贫专项	4	设立县本级科技扶贫专项，可得4分；未设立县本级科技扶贫专项的为0分
	12. 宣传报道	定期报送科技扶贫工作统计数据及科技扶贫工作简报、信息6篇以上	3	定期报送科技扶贫工作统计数据及科技扶贫工作简报、信息6篇，可得3分；每增加1篇加0.3分；每减少1篇减0.3分；未报送的0分

摘自《四川省科技扶贫工作实绩考核办法》。

2. 科技专项计划扶贫模式的优点

（1）目的性、针对性强。科技专项计划扶贫模式主要聚焦科技扶贫措施，重点围绕科技扶贫平台、科技扶贫技术体系、科技扶贫人才构建、科技扶贫培训体系等开展科技扶贫行动，其目的性和针对性更强、更加精准，绩效考核指标更具体。

（2）有利于调动科研单位和科技人员的积极性。一般情况下，中央、省级政府设立科技扶贫专项行动、专项计划，除了加大财政科技扶贫资金投入，还要求各市、县配套相应资金。此外，一些市、县级政府为促进区域科技扶贫还专门设立专项科技扶贫资金促进优势特色产业提升。因此，科技扶贫专项财政资金的设立有助于激励科研机构、农业高等院校以及科技人才在本地从事科技扶贫工作。

3. 科技扶贫专项计划模式的不足之处

科技扶贫专项计划是当前政府实施精准扶贫、提高贫困地区科技水平最有效的手段之一。但是，在具体实施过程中，由于资金、管理等多种因素的影响和制约，还存在一些不足之处，主要体现在两个方面。

一是与其他扶贫方式的有机衔接还有待加强，特别是与地方产业扶贫规划的衔接，与不同区域农民合作社、家庭农场等新型经营主体以及小农户的科技需求衔接还需进一步加强。

二是科技扶贫专项计划的投入须进一步加大，资金须进一步集中使用。当前，国家、省（自治区、直辖市）一级专项投入较大，但是涉及的区域十分广泛，投入的类别也较多，资金较为分散。此外，市、县一级的科技扶贫专项资金配置严重不足，投入力度较弱，集中展示效果较差。

4. 完善科技扶贫专项计划模式的对策和建议

（1）创新科技扶贫专项计划推进工作机制。科技扶贫专项计划要与产业扶贫、基础设施扶贫、教育扶贫等专项扶贫协同推进。一方面是要推进全流程协同,注重全过程管理,探索形成"先进适用农业技术研发—成果转化和推广—优势特色产业培育—创业主体培育"的生态链条,提高科技专项扶贫计划的可持续性;另一方面是要推动跨部门协同,完善科技、财政、发改、农业等多部门联动机制,在科技专项扶贫计划实施过程中加强部门有效配合。

(2)加强贫困地区新型经营主体科技需求分析。科技扶贫专项计划的目标是构建技术支撑体系,核心目的是支撑贫困地区产业可持续发展,助力产业精准扶贫。最根本的还是要了解产业生产者的实际需求,特别是要加强对农民合作社、家庭农场等新型经营主体以及小农户的科技实际需求的分析和判断,让科技扶贫专项计划更加精准。

(三)科技专项计划扶贫模式:旺苍县实践

四川省广元市旺苍县位于四川盆地北缘,是革命老区、秦巴山区连片扶贫县。近年来,旺苍县抢抓四川省科技厅对口帮扶、省级科技扶贫示范县的机遇,大力实施四川省科技扶贫专项行动,取得了积极成效。科技扶贫专项行动已成为帮助解开贫困山区增收致富密码的"金钥匙",有效帮助全县97个贫困村的贫困人口实现逐年稳定脱贫(向仕新,2017)。

1. 大力发展科技扶贫产业

重点依托农业科技助推产业跨越式发展,是旺苍县产业发展的成功经验。

一是借助科技力量,全面提升茶产业发展水平。构建了"科研院校—县茶办—乡镇农技站—村社(合作社)茶技员—茶农明白人"五级茶叶技术推广服务体系。注重科学施肥,全部施用有机肥和配方专用肥;注重绿色防控,大量采用国家规定的生物防控技术;注重产业链相关技术标准和规程的制定,涵盖了采摘、分批留叶,同时对杀青、摊晾、干燥、提香、筛分、入库等环节。到2017年底,旺苍县绿茶种植面积达20.2万亩,黄茶种植面积达0.4万亩,茶叶年产量6 000余吨,茶业年产值超过12亿元,带动茶农户均增收超过8 000元。先后建成中国茶叶加工示范基地、四川省级农业产业化经营龙头企业1个,"米仓山茶"被评为中国驰名商标。已辐射带动了高阳镇、木门镇、五权镇、三江镇等地1.8万余户茶农(其中贫困户3 780户)发展茶叶产业增收致富(高朝辉,2019)。

二是借助科技力量,全面提升核桃产业发展水平。旺苍县先后成立核桃研究所,与四川省林业科学研究院建成四川省东北部首个核桃品比园,成立"旺核2号选育推广及应用"课题组,建立核桃数据库,全力提升核桃产量和品质。到2017年底,全县核桃种植面积已扩大到50余万亩,年产量超过2万吨,年产值超过8亿元,种植户户均增收超过1 500元。

三是借助科技力量,全面提升"互联网+"应用水平。互联网+"已成为旺苍县科技扶贫重要手段,已在现代农业园区建成"互联网+电商""互联网+智慧农业"等信息平台10余个,其中米仓山茶业产业已建立县级电商运营中心和乡村服务站点,以茶叶为主导产业的贫困村互联网覆盖率达到100%。电商销售成本从初期的20%降低到5%,运输成本从初期的30%降低到10%,利润提高35%以上。

2. 积极壮大科技扶贫力量

旺苍县依托脱贫攻坚帮扶单位四川省科技厅，采用多种措施聚集了省内权威科研单位和优秀科技人才，出台"一对一"科技帮扶当地贫困村的具体任务（表6-4），为贫困村产业发展倾力提供技术服务，建设科技服务体系，为产业发展提供技术支撑。

表6-4 "一对一"科技帮扶旺苍县贫困村具体任务

贫困村	"一对一"科技帮扶单位	科技扶贫内容	备注
东河镇凤阳村	四川省畜牧科学研究院	猕猴桃科技产业、规模猪场圈舍设计与改造、粪污处理与循环利用技术	
高阳镇关山村、双午村、古柏村	四川省科学技术信息研究所	加强养羊、柴胡药材种植、养鸡等种养产业科技支撑。高阳镇关山村按照"大学（科研单位）+企业+专业合作社+农户"的新型产业发展模式，通过社会各界资助，村里不仅实现水、电、路、网全通，还发展起了肉羊、肉鸡、中药材、核桃、魔芋等五大支柱产业，建立了"优种+优产+优供+优销""四优"富民产业链	
张华镇松浪村	四川省农业科学院	强化猕猴桃、核桃、果树和粮油科学种植技术的推广和利用。为进一步夯实科技扶贫基础，旺苍县目前已建成科技创新服务中心、"四川科技扶贫在线"旺苍县运管中心和科技星创天地，建成13个特色产业科技专家大院、1个院士（专家）工作站、392个县乡村三级"乡土人才超市"；先后引进创业导师13名，入驻科技型经营主体50家，投入种子资金500万元，培育了一批科技特派员、科技微小企业和农村电商	

同时，为进一步壮大科技扶贫基层力量，旺苍县还根据需求大量选派大学生村官、村干部、农技人员、企业技术员到每一个行政村担任科技信息员，通过信息员及时收集推送群众发展产业遇到的技术难题、技术需求；在农业、林业、畜牧、水务、农机等行业选派技术专家223人，在线解答技术咨询近2 600条；选派22名科技副乡（镇）长和30名科技扶贫特派员，与省市选派的40名科技特派员一起对贫困村开展全覆盖科技帮扶，形成了"省市科研单位+县乡村技术人员"五级联动的科技扶贫人才体系。

3. 强化科技扶贫示范

为贯彻落实《四川省科技扶贫专项行动实施方案》，按照"科技扶贫示范县+示范乡镇+示范村+示范户"四级示范体系建设目标（表6-5），围绕茶叶、核桃、畜禽、中药材、光伏等特色产业，着力打造了科技示范乡镇27个、示范村47个、示范户215户，已推广转化"旺核2号"及"中黄1号"等新品种10个；推广农作物测土配方施肥及绿色防控等新技术 10 项；推广"魔芋—玉米"间种"核桃—柴胡"套作等新模式 10 个；建立了"互联网+电商""互联网+智慧农业""互联网+乡村旅游"3 个示范点。广元黄茶、米仓山茶、杜仲雄花等知名品牌已形成龙头示范带动效应。

表 6-5　旺苍县典型科技示范点基本情况

示范点名称	主要建设内容	科技示范重点
旺苍县尚武镇寨梁村光伏发电生态农业园	由四川省科技厅主导帮扶建成，利用光伏发电能源建成脆红李采摘园 132 亩，以及羊肚菌、竹荪、黑木耳、银耳等特色产业种植园	为四川省首个"光伏+种植"扶贫示范样板。大型种植大棚群，多组监控探头，多组自动喷淋系统，自动排风系统，湿帘降温系统等
旺苍县龙凤镇水稻直播轻型栽培技术示范点	由于省去育秧、拔秧、移栽等环节，每亩平均节约劳动力 3~4 个，节省成本 250~350 元，每亩节支增收 200 元	示范推广水稻直播轻型栽培技术
旺苍县"365"科学养殖模式	在旺苍县东河镇、白水镇、金溪镇等 7 个乡镇示范	"3"指以主养鱼获得增值、以调水鱼改善水质、以调底鱼改良底质。"6"指精准组合投喂、均衡增氧、藻菌调控、鱼病防御、"一"技术、底排污 6 大关键养殖技术。"5"指综合经济效益提高 50%

4. 创新科技扶贫模式

近年来，旺苍县坚持以脱贫攻坚统揽经济社会发展全局，以"完善科技扶贫服务体系"为重点，已探索出了"1+6+5"科技扶贫模式。"1"就是建立特色专家大院等一批科技服务平台，"6"就是健全组织、服务、支撑、集成、示范、评价等六大科技服务体系，"5"就是创新投入保障、利益联结、绩效管控、激励促进、宣传导向等五大科技服务机制。

四、科技特派员扶贫模式

（一）基本概念和运行机理

科技特派员制度诞生于福建省南平市。习近平总书记在福建工作时深入总结基层实践、科学深化提升、大力倡导推进的一项十分重要的农村工作机制创新，有力促进了农村生产力的发展和农民生活水平的提高。长期以来，学术界对科技特派员及科技特派员制度并没有统一的学术定论，根据国务院办公厅《关于深入推行科技特派员制度的若干意见》，科技特派员制度是一项源于基层探索、群众需要、实践创新的制度安排，主要目的是引导各类科技创新创业人才和单位整合科技、信息、资金、管理等现代生产要素，深入农村基层一线开展科技创业和服务，与农民建立"风险共担、利益共享"的共同体，推动农村创新创业深入开展。科技特派员则是指为执行科技特派员制度，促进和推动农业新技术的利用以及农业经济发展，通过政府选派到农村特定区域从事农业科技服务的科技人员、农技推广人员、大学生等人员（檀学文，2007）。自 1999 年，在福建省南平市开始试点以来,全国科技特派员已达72.9万人,受益农民6 000万人(马爱平,2015)。党中央、国务院高度重视科技特派员工作,2012—2017年连续将科技特派员工作写入中央一号文件。2016年,国务院办公厅印发的《关于深入推行科技特派员制度的若干意见》从国家层面为下一步开展科技特派员工作提供了政策和制度支持。随着社会经济的不断发展、农业科技需求的不断变化和延伸,科技特派员的概念不断扩大,出现了信息科技特派员、工业特派员等新的科技特派员群体。

科技特派员扶贫模式是将科技特派员制度与精准脱贫工作充分结合的一种科技扶贫模式,是利用科技特派员制度的成功经验,在脱贫攻坚的背景下,通过国家、省、市、县各级政府引导,通过科技特派员与农业经营主体利益共享与风险共担的方式、以市场为导向、科技为纽带,建立科技特派员与贫困村结对服务关系,实现科技特派员在贫困村科技服务和创业,助推精准扶贫精准脱贫的一种模式。该模式属于半公益性科技扶贫范畴,科技特派员作为实施主体主要来源于高等院校、科研院所、职业学校和企业的科技人员;其次来源于高校毕业生、返乡农民工、退伍军人、退休技术人员以及农村技术能手等;经费以政府补贴、科技项目以及自筹为主。

(二) 科技特派员扶贫模式评析

1. 四川省科技特派员扶贫模式的主要做法

四川省是全国首批科技特派员试点省,自2003年开始在县(市、区)开展科技特派员试点工作。2006年11月25日,科技部、四川省人民政府向四川省农业科学院、四川大学、成都大学等科研院所和高等院校10位四川省首批省级科技特派员代表颁发了聘书,围绕四川省农业区域优势特色产业发展,四川省科学技术厅、四川省人事厅组建了优势产业省级科技特派员团队,并聘任了155名知名专家为首批省级科技特派员。2008年在全省范围开展科技特派员试点,陆续制定了《关于加强四川省科技特派员工作的若干意见》《四川省科技特派员工作实施方案》等政策和意见,对全省科技特派员工作进行了科学部署,各市(州)、县(市、区)根据区域特色和地方需求,制定和完善了相关政策和措施,明确了科技特派员的性质、选派程序、服务内容、考核方式等内容,该项工作取得了积极成效(谢筱,2012)。

党的十八大以来,随着精准脱贫攻坚战的打响,技特派员被赋予了更崇高的使命,成为精准脱贫农业科技人才的重要支撑。四川是我国扶贫开发的重点区域,各级政府高度重视科技特派员制度在脱贫攻坚中的作用,选派了大量科技特派员到贫困地区、特别是深度贫困地区开展科技成果推广和转化,成果十分显著。为进一步发挥科技特派员在科技扶贫中的作用,深入实施科技扶贫"百千万"工程,建立科技特派员与贫困村结对服务关系,实现科技特派员对四川省贫困村科技服务和创业带动全覆盖,助推精准扶贫精准脱贫,出台了《四川省科学技术厅关于组织开展科技特派员对贫困村全覆盖工作的通知,提出要立足县域主导产业发展需求,在140个有贫困村的县(市、区)采用"一县一团"的方式组建科技特派团,每个团科技特派员不少于8人,服务期三年(2018—2020年)。通过科技特派员"一对一"和"一对多"等方式,实现科技特派员对县域所有贫困村(含已退出贫困村)科技服务和创业带动全覆盖,从而实现对全省

11 501个贫困村的全覆盖。2020年,为进一步激发广大科技特派员创新创业热情,推进助力脱贫攻坚和乡村振兴,四川省科技厅等11部门联合印发《关于深入推行科技特派员制度的实施意见》,提出到2025年,建立省级科技特派员服务团队200个,全省年选派各级各类科技特派员10 000人次以上。

2. 四川省科技特派员扶贫模式的主要优点

(1) 公益和市场相结合,利于激发扶贫主体内生动力。当前,科技特派员主要还是由各级政府机关或组织派驻,公益性服务是科技特派员开展科技扶贫服务的最主要方式。此外,按照市场经济规律,科技特派员按照创新创业的政策,又开展大量的有偿服务,特别是科技特派员以技术入股、资金入股、技术承担等形式,与贫困地区龙头企业、农民合作社、家庭农场等新型经营主体紧密合作,实现共赢,对于提高贫困地区科技特派员和新型经营主体的内生动力,实现可持续发展具有重要意义。

(2) 创业和服务有机结合,服务模式更加灵活。创业和科技服务的相互融合是科技特派员科技扶贫行为的核心特征。一方面,科技特派员长期在贫困地区开展科技扶贫工作,对贫困地区优势特色产业的资源条件和科技需求不断了解,并对产业的发展趋势和前景有着科学的判断,在一定程度上给科技特派员创新创业提供了有力支撑;另一方面,科技特派员通过"科技特派员+龙头企业+农户""科技特派员+专合组织+农户"等组织模式,建立多种创业主体,也有利于更好地带动贫困地区农户农业科技水平的提高。与传统的科技扶贫方式相比,科技特派员扶贫的组织模式更加灵活,更加接近市场化。

3. 四川省科技特派员扶贫模式的不足之处

(1) 贫困地区科技特派员创新创业的环境有待优化。当前,科技特派员在贫困地区开展科技扶贫工作很大程度上是带着"政治任务"的,服务形式主要是以公益性服务为主,在职能上和"驻村科技干部"类似。而科技特派员创新创业的灵活性和市场机制发挥不够理想,由于区位、交通、经济等多种原因,贫困地区比其他地区更加缺乏支撑科技特派员创新创业的政策、经济、市场、金融等环境。此外,经费支持不足也是制约当前贫困地区科技特派员工作的一个重要因素,一方面是科技特派员工作专项经费不足,科技特派员得到科技项目资金支持力度也不够;另一方面是科技特派员大多来自科研单位、农业高校和基层农技推广部门,其金融资源、融资渠道不足,制约了科技特派员的创新热情;再者是科技特派员所在单位安排的专项资金不足,而贫困地区大多是山区和偏远地区,科技特派员也很难得到地方上的经费支持。

(2) 科技特派员的专业结构需进一步优化。当前,贫困地区科技特派员选派大多侧重于农业技术和推广的专家。例如,《四川省科学技术厅关于组织开展科技特派员对贫困村全覆盖工作的通知》提出:科技特派团成员应为科研院所、高等学校、企业、农业技术推广与服务机构等在职科技人员,科技特派团应根据县域主导产业发展、经济发展的科技需求组建,科技特派团面向农业、农村和农民,为县域所有贫困村提供技术服务,解决或协调解决产业发展技术问题。根据《四川省科学技术厅关于成立科技扶贫科技特派员服务团的通知》,四川省共选派2 787名科技特派员,其中人员结构主要是以种植和养殖业的技术专家和农技人员为主,而专业为农业经济管理、经济管理、行政管理等经济、管理专业的比例仅为0.97%，计算机相关专业12人，旅游开发专业1人，服装设计1人，农业发展规划1人。缺乏当前贫困地区急需的市场物流、农村创业、营销及电子商务等方面的人才，从而导致科技特派员对贫困地区优势特色产业全方位的科技支撑不足。

4. 完善四川省科技特派员扶贫模式的建议

（1）进一步优化贫困地区科技特派员创新创业的环境。进一步完善鼓励科技人员创新创业的相关政策和法规，建议制定鼓励科技特派员在四川省贫困地区创新创业的实施意见，在政策上进一步明确科技特派员通过以技术入股、资金入股、技术服务等形式取得报酬的合法性，彻底解决后顾之忧。此外，要针对贫困地区经济社会的实际，加大对科技特派员创业活动的金融、税收、政策支持力度。加大专项经费支持力度，特别是鼓励市、县一级政府设立专项经费，用于支持科技特派员创业项目。

（2）进一步优化贫困地区科技特派员的结构。乡村振兴战略，是新时代"三农"工作的总抓手。习近平总书记为乡村振兴战略指明具体路径，即推动乡村产业振兴、人才振兴、文化振兴、生态振兴和组织振兴"五大振兴"。对于贫困地区而言，未来"三农"工作的重中之重是实现脱贫攻坚和乡村振兴的无缝衔接，因此，未来贫困地区科技特派员开展工作的领域应覆盖"五大振兴"，其科技特派员的专业结构应更加多元化，应涉及乡村振兴科技需求的各个方面。重点加强对乡村规划、产业规划、品牌营销、农村金融、乡村旅游等方面的人才的引进，让科技特派员制度在新时代开启新征程、焕发新活力。

（三）科技特派员扶贫模式：实践案例

以四川省农业科学院科技特派员蒋某为例，其主要做法包括如下。

（1）实地调研为成果转化谋思路。科技特派员所在贫困乡辖区面积广、百姓居住分散，为摸清全乡产业发展情况，特派员跑遍全乡行政村村民小组，根据产业实际提出《农业产业发展规划及建议》，上报乡党委政府和县级相关帮扶部门，供产业发展参考。

（2）培训指导为成果转化打基础。根据生产一线产业发展需求，有针对性地邀请专家到现场培训指导并示范推广四川省农业科学院的优质农作物新品种、新技术。指导专家涵盖羊肚菌、中药材、柑橘、蔬菜、小麦、玉米、油菜、马铃薯、农产品加工和植物保护等多个研究领域，培训内容包括羊肚菌大田栽培技术、玉米生产与农村扶贫、玉米青贮原理与方法、马铃薯高产栽培技术、四川高原油菜生产主要技术环节、皱皮柑栽培技术等，现场指导内容包括"羊肚菌栽培管理技术""中药材重楼、白及栽培技术要点""党参育苗与栽培技术""露地及大棚蔬菜种植技术""柑橘施肥、修枝等栽培管理技术""柑橘病虫害识别与综合防治技术"等。

（3）构建网络为成果转化搭桥梁。建立起"乡农牧药业技术交流"微信群，邀请省州县各级农业管理部门、科研单位、种业企业等领导专家、乡镇农技人员、广大农户代表等加入。利用现代网络技术，搭建技术交流平台，践行四川省农业科学院"创新转化一条线、专家农民面对面"的成果转化新模式，得到了当地群众和农技管理部门的认可。

(4) 项目支撑让成果转化有保障。积极申报省级科技项目，先后获得四川省农业科技成果转化、四川省"三区"科技人才、四川省农业科学院中试熟化"农业科技进贫困和民族地区"等项目支持，推动现代农业科技成果在乡转化。在乡示范种植油菜等，指导农户油菜多功能利用技术，推广种植油菜新品种，实现了当地油菜产业从无到有的转变。建成日加工能力达几吨的高原绿色油脂压榨精炼加工生产线，适用于菜籽、核桃、花生等多种油脂加工，可覆盖周边多个乡镇，解决了老百姓榨油难的困境。协助县成功申报四川省科技扶贫产业示范基地项目"县中药材规范化栽培技术示范基地建设（示范基地）"。

(5) 培训授课为山区学生传知识。特派员积极参与贫困地区失辍学学生的劝返和销号工作，在对学生开展补偿教育工作中，主动担任授课教师，为学生讲授农业先进生产技术。并邀请农业专家为学生亲自讲授"病虫害综合防治技术"等。

第四节 科研单位自主型

一、院（校）地科技合作扶贫模式

（一）基本概念和运行机理

院（校）地科技合作扶贫模式是指以精准扶贫为目标而建立的一种院（校）地科技合作模式，充分发挥农业科研单位以及大专院校的农业成果、技术和人才优势，与地方政府签订科合作协议，围绕贫困地区产业发展中的科技需求，开展科技合作和技术服务的一种扶贫模式。

院（校）地合作目的是建立科研单位（高校）与地方政府长期而稳定的交流制度，形成科研院所和政府"利益共享、风险共担、优势互补、共同发展"的政产学研合作运行机制（高鹏 等，2013）。而以科技扶贫为目的的院（校）地科技合作模式则带有大量的帮扶性质，其动力主要包括三个方面：一是地方政府打赢精准脱贫攻坚战的需要；二是农业科研单位（高校）成果转化的需要；三是全社会扶贫脱贫攻坚大局的需要。因此，院（校）地科技合作扶贫模式属于公益性为主的扶贫模式。其运行经费一方面来源于地方政府的财政专项和项目经费，另一方面来源于科研单位（高校）的项目经费以及科研经费，此外龙头企业、专合组织等经营主体也有一定经费投入。

（二）院（校）地科技合作扶贫模式评析

1. 四川省院（校）地科技合作扶贫模式的主要做法

（1）重视顶层设计，不断加强引导。四川省教育、科技资源丰富，省委、省政府高度重视科研院所和大专院校在脱贫攻坚中的作用，制定了一系列政策和意见。例如，《关于进一步加快推进深度贫困县脱贫攻坚的意见》《关于进一步加强深度贫困县脱贫帮扶工作的意见》《关于发挥高校优势助推脱贫攻坚的实施意见》等文件精神，都将发挥科研院所和高校优势助推脱贫攻坚作为重点，并制定了相应的目标任务、运行机制和保障措施，在科技帮扶、科技培训等作用十分明显。

发挥科研院所、高校优势助推脱贫攻坚的做法多种多样。例如，发挥科研院所、高校人才优势，选派扶贫干部、建立实习基地、开展志愿服务等；发挥高校智力优势，培育基层队伍、提升教育水平、开展提供科技创业服务技能培训以及提供决策咨询等；是发挥高校科技优势，帮助做好产业规划、提供农业科技服务、提供科技创业服务等。

专栏2：关于发挥高校优势助推脱贫攻坚的重点任务

（一）发挥高校人才优势扶贫

1. 选派扶贫干部。各高校要至少选派1名优秀干部到对口帮扶县挂职，直接参与脱贫攻坚工作，充实精准扶贫力量，对口帮扶挂职干部挂职期一般为2年。
2. 建立实践基地。有条件的高校要在对口帮扶县建立学生实习、实践、实训基地，定期组织学生到当地实习、调研等活动，推动大学生直接投身地方发展。
3. 开展志愿服务。充分发挥高校工会、共青团等群团组织作用，组织高校志愿者到对口帮扶县开展支教、支医、支农等志愿服务。鼓励应届大学毕业生积极参与大学生志愿服务西部计划和报考大学生村官，到对口县从事志愿服务等工作。

（二）发挥高校智力优势扶贫

4. 培育基层队伍。每年至少举办1期专题培训班，帮助对口帮扶县加强党政领导干部、基层村（社区）干部和教师等人才队伍的培训，指导加强基层党组织建设，帮助干部队伍转变发展观念，提高带领群众脱贫致富的能力和水平。
5. 提升教育水平。各高校要通过结对子等形式，帮助帮扶县受助学校更新教育理念、改善育人环境、提升人才培养质量、推进教育信息化。师范类高校要充分发挥自身优势，积极帮助受助县做好教育发展规划，加强中小学、职业学校校长和骨干教师的培养培训力度，整体提升对口帮扶县的教育发展水平。
6. 开展技能培训。各高校要根据对口帮扶县的实际需求，每年至少组织开展1次技能培训，帮助贫困县加强农村科技人员和群众技术技能培训；与对口帮扶县职业学校共建劳务培训项目，共同开发人力资源，提升群众脱贫致富的技能和本领，增强脱贫致富的主动性与创造性，形成精准脱贫长效"造血"机制。
7. 提供决策咨询。充分发挥高校"思想库"和"智囊团"作用，结合对口帮扶县经济社会发展中的重大问题，协助开展战略咨询、规划编制等工作，为当地党委政府科学决策提供重要支撑。有条件的高校可牵头对口帮扶县域经济社会发展、资源环境协调、生态文明建设、社会矛盾问题等开展专题研究，为地方政府发展规划和公共政策制定等提供决策咨询服务。

（三）发挥高校科技优势扶贫

8. 帮助做好产业规划。充分发挥高校技术和科研优势，挖掘贫困县资源优势，以市场为导向，重点围绕特色优势产业，帮助对口帮扶县做好"一县一业"产业对接和"一村一品"产业规划。围绕新项目选育引进、新技术推广示范等，着力在农副产品深加工、现代农业、特色旅游等方面寻找突破口，帮助对口县引进、打造、推广脱贫致富重点项目，提升产业发展水平。
9. 提供农业科技服务。鼓励高校在对口帮扶县建立科研试验站或工作室，选派科技特派员，帮助对口帮扶县做好技术推广和品种改良。积极搭建服务平台，打造、推广脱贫致富重点项目，帮助贫困县提升发展水平。指导贫困地区建立村级电子商务平台，帮助群众拓展农产品销售渠道。
10. 提供科技创业服务。鼓励高校与对口帮扶县共建大学生创业（孵化）园，积极鼓励高校科研人员、优秀毕业生、在校大学生领办创办产业项目；通过科技成果转化、技术优先转让等方式，帮助对口帮扶县引进、发展科技型企业。充分发挥科技优势帮助对口帮扶县孵化更多企业，为返乡农民工创业提供技术服务。

> **（四）发挥高校学科优势扶贫**
>
> 11. 开展医疗卫生服务。有条件的高校应成立医疗卫生服务队，在对口帮扶县建立医疗科研服务基地，定期培训农村医疗卫生人员，举办医疗卫生科普展览、医疗卫生健康知识宣讲，组织专家义诊，帮助群众增强卫生和健康意识。
> 12. 帮助加强文体建设。把改善贫困村贫困户人居环境与提振精气神有机结合起来，组织文艺演出下乡、优秀书画下乡、优秀图书下乡、体育活动下乡等文体下乡活动，加强贫困地区思想文化阵地建设，营造浓厚的文化氛围。组织人员挖掘地方文化精髓，帮助建立地方特色文体队伍，开展各类演出活动和趣味体育活动，提高群众思想素质和文化修养，丰富群众文化生活。
> 13. 提供法律援助服务。充分结合"法律七进"活动，积极开展普法教育，推动贫困地区全面"遵法、学法、守法、用法"，增强群众法律意识、法治观念。高校要组建普法宣讲团，每年至少1次在对口帮扶县开展内容丰富、形式多样、群众喜闻乐见的法治宣传教育活动。有条件的高校还要积极开展法律援助服务，帮助解决长期积累的法律纠纷、涉法涉诉等问题。
>
> **（五）发挥高校社会资源优势扶贫**
>
> 14. 鼓励资金支持。鼓励有条件的高校投入对口帮扶精准扶贫资金，帮助对口帮扶县加强基本道路、水利设施、村社区活动场所、学校等建设，改善群众学习、生产、生活条件。鼓励高校积极捐赠衣服、图书、生活用品等，鼓励高校教职员工与对口帮扶县建档立卡贫困学生家庭建立长期的帮扶关系。
> 15. 开展就业帮扶。高校要依托行业企业背景优势，促进对口帮扶县生源地学生就业，积极鼓励引导各类人才和优秀毕业生到对口帮扶县就业。充分发挥高校信息面广量大、渠道丰富的优势和现代信息网络作用，为对口县提供就业信息、市场资源和政策咨询。大力帮扶对口县培育新型经营主体，发展劳务经济，开发贫困地区人力资源，促进就业。

（2）科研院所（高校）积极行动，措施有力。以四川省农业科学院为代表的省级农业科研院所深入贯彻落实中央、省委关于打赢精准脱贫攻坚战的精神，高度重视科技扶贫，并依托科技和人才优势，主动行动，主动作为，通过"院县合作""院市（州）合作""院企合作""院局合作"等方式，围绕贫困地区科技需求发展，支持在高原藏区、大小凉山彝区、秦巴山区、乌蒙片区"四大片区"建设特色农业产业科技示范基地、种子种苗繁育基地、农业科技实验站，探索并创建科技支撑贫困地区农业产业发展的对口帮扶机制，助力精准扶贫、精准脱贫，充分发挥农业科技在脱贫攻坚战和同步奔康中的支撑和引擎作用。截至2018年底，四川省农业科学院已经与甘孜、阿坝、凉山、乐山、广安、广元、绵阳、宜宾、泸州、巴中、南充等四大扶贫片区的所有市（州）签订了战略合作框架协议，实现了对贫困地区的全面覆盖，并与代表性强、地方积极性高、示范辐射作用大的木里、昭觉、普格、仪陇、苍溪、金川、阿坝、理县、屏山、古蔺、旺苍等11个县，签订了"农业科技+精准扶贫"合作协议。

同时，该院认真总结、梳理在科技扶贫工作中行之有效的"四步工作法""五进工作机制""八有工作方法"等方法、机制，并加大力度在深度贫困地区复制、推广、应用。

一是创建"四步"工作法，培育产业发展驱动力。在扶贫实践中总结出了以规划和培训为前驱动力，以建基地和畅销路为后驱动力的"四步"工作法。一是深入调查研究，编制科学规划，破解产业发展"方向"问题。二是深入田间地头，现场指导产业培训，破解农民主体"观念"问题。三是建设示范基地，全程技术监控，破解产业所需"技术"问题和"技术推广"问题。四是创新产业模式,构建"企业 + 专合社(农户)+ 科技"模式,推进产销精准对接,破解销售"市场"问题。四力齐发,破解五大难题,强化科技引领,确保帮扶工作取得实效。

二是创建"五进"工作机制,打造产业发展支撑力。2015 年,四川省农业科学院率先启动实施了"农业科技进贫困和民族地区行动计划",以秦巴山片区、乌蒙山片区、甘孜州藏区、凉山州彝区、阿坝州藏区、乐山市彝区为主战场,制定"51133"具体目标,构建完善了由院党政主要领导负总责、院分管领导分片区指导、院属各单位、机关各处(室)全面参与的科技帮扶工作体系,整合院属 15 个单位、10 个分院及 60余个学科领域科技力量,聚焦贫困和民族地区农业产业由传统的粮经作物增产增效向特色产业高质量、高效益、可持续发展转变,推动科技帮扶工作由重点帮扶甘孜州以及 10 个重点县向覆盖全省 31 个深度贫困县转变,围绕党的建设、生产和加工、人才培养等重点工作,推进农业科技进支部、进基地、进田间、进车间、进学校"五进"工作机制建设,强化科技支撑,助力全省精准脱贫。

三是创建"八有"工作法则,激发产业发展后劲力。2020 年,四川省农业科学院以未摘帽的普格、布拖、昭觉、金阳、美姑、越西、喜德 7 个贫困县为重点,统筹兼顾 2019 年摘帽的 31 个县(市、区)和四大片区,建立由院领导牵头的"凉山州'7+1'决战决胜脱贫攻坚产业扶贫工作领导小组"挂牌督战,围绕高原苹果、中药材、蓝莓、蔬菜等 30 余个特色产业,创建"八有"工作法则,实现每个帮扶产业有一个院领导分片负责、有一个首席专家领衔统筹推进、有一个专家团队直接帮扶、有一个专项计划项目支撑、有一个科技服务平台、有一批科技成果示范转化基地、有一套切合实际可操作的推进实施方案、有一套检查督促考核和激励约束机制,强化工作保障,为精准脱贫攻坚接续乡村振兴高质量发展提供源源不断的动力。

四是创建"三农"智库长效机制,增强产业发展牵引力。四川省农业科学院坚持将统筹安排和发挥专家个人专长相结合,拟定年度课题计划,列出专项资金,组织专家团队深入全省贫困地区县、乡、村、社和农户家中开展调查研究,探寻脱贫瓶颈问题,研究提出应对策略,并上报省委、省政府相关领导决策参考。

以四川农业大学为代表的高等院校积极响应中央和省委号召,主动投身于全省科技扶贫工作中,整合学校科技、人才资源,不断探索"校地合作"的科技扶贫模式,有力助推了贫困地区精准脱贫。

2. 院(校)地科技合作扶贫模式的主要优点

(1)有利于构建科技扶贫的长效机制。科研院所(高校)通过与贫困地区地方政府签订具有法律效力的科技合作协议,搭建科技扶贫平台,有组织、有计划、有步骤地开展科技合作,有利于构建科技扶贫的长效机制,持续为贫困地区服务。根据调查,院(校)地科技合作协议每一轮一般为 3~5 年,因此科研单位(高校)可以稳定地在贫困地区开展成果转化、技术培训以及智力服务等科技扶贫活动,同时也可以切实摸清地方科技的真实需求。

(2)有利于充分发挥科研院所(高校)科技扶贫合力。科研院所和高校科技资源十分丰富,在科技扶贫中充当了多种角色,是国家科技扶贫的重要组成部分。一是可以充分发挥科研院所（高校）科技项目实施的优势，在贫困地区实施科技项目，辐射带动区域科技水平的提高；二是可以充分发挥科研院所（高校）科技人才优势，开展"三区"人才、"驻村干部"等活动；三是充分发挥科研院所（高校）培训优势，建立农民夜校、农民讲习所，在贫困地区高效开展科技培训；四是充分发挥科研院所（高校）科技资源的整合能力，整合农业科技企业、农民合作社等，建立农业科技园区、专家大院等科技扶贫载体，更好地服务当地；五是充分借鉴、吸纳成功的科技扶贫模式，科研院所（高校）在长期的科技扶贫实践中探索形成了大量的行之有效的农业科技扶贫机制和模式，可以在科技合作的贫困地区进行复制和推广，将起到事半功倍的效果。

（3）有利于增强科技人员的成就感。通过搭建科技扶贫的院（校）地合作平台，科技人员主动融入科技扶贫的主战场，一方面积极开展科技成果转化和技术推广工作，解决贫困地区农业产业发展的实际问题；另一方面又积极贯彻落实了中央的战略方针，履行了社会责任，实现了自身的价值，增强了成就感和荣誉感。

3. 院（校）地科技合作扶贫模式存在的不足

（1）科技扶贫合作机制有待进一步完善。长期以来，四川省科研院所、高校和各级政府在科技扶贫上探索了大量的合作机制和模式，大大促进了贫困地区农业科技水平的提高。但在具体实践过程中，还有许多地方需进一步完善。一是院（校）地科技合作细度不够。很多科技合作协议停留在框架上，细化的合作内容不足，甚至少数科技扶贫合作停留在口号和形式上，实质性内容不多。二是院（校）地科技合作或多或少还存在"一头热"的现象。由于科技扶贫周期长、见效慢，部分深度贫困地区地方政府更注重基础设施、易地搬迁等"立竿见影"的工作，而对科技扶贫重视不够，在科技扶持政策、科技项目、资金配套等方面力度不大；部分农业产业化龙头企业和农民专合社科技意识不足，投资科技的意愿不强，被动接受科研单位和高校的科技扶贫工作。

（2）基层技术服务能力不足。基层农业综合服务的"最后一公里"问题在深度贫困地区显得尤为突出，根本问题没有彻底解决，使得院（校）地科技合作不畅通。一是以农民专业合作社为代表的新型农业经营主体发展滞后、部分地区甚至形同虚设，带动能力十分有限，专业化服务能力弱。二是部分地区基层农技推广人员仍然存在岗位不专职、专业不匹配、知识更新不持续、内生动力不足的"四不"现状，采用"上传下达"式的面上照本宣科，难以实现"一业一技""一地一策"的精准服务。三是农牧民科技素质有待提高，接收新品种、新技术、新理念的能力不足。四是农业科技、农技推广协作不畅，激励措施不健全，没有形成合力。

4. 完善院（校）地科技合作扶贫模式的建议

（1）进一步完善院（校）地科技扶贫合作模式的基本框架。要进一步明确院（校）地科技扶贫合作的多个主体的责任、义务及权益，并细化相关合作内容。在制定科技合作具体内容时，要根据各个主体的特点充分考虑在操作中可能存在的管理体制、程序等方面的差异和矛盾，保障科技扶贫合作的顺利开展。要制定目标明确、可量化的考核评价机制，地方政府要将院（校）地科技扶贫合作作为农业农村、科技等相关部门重点考核内容，科研单位和高校应该院（校）地科技扶贫合作的成效作为考核科研单位、高校各个部门以及科技人员的重要内容。要不断完善院（校）地联动工作机制，提高项目推进、实施的协作性，做到清单管理、责任到人、精准帮扶，确保取得实效。

（2）不断完善院（校）地科技扶贫合作的动力机制。一方面是要增强地方农业科技推广部门和推广人员的动力。地方政府要加大政策支持力度，增加基层农技专职岗位，并按专业需求合理设置岗位；创新奖惩、考核等机制，倒逼农技人员不断更新知识和工作主动性。另一方面是要增强科研单位、高校以及科技人员的动力。地方政府要加大政策、项目、资金配套等方面的支持，鼓励科研单位、高校在积极开展科技扶贫。推广激励科技人员创新创业成果在深度贫困地区优先应用的机制。

（3）不断完善技术推广服务模式。一是创新农业科技推广模式。围绕优势特色产业，立足区域气候条件，建好农业科技示范园，培育、筛选出适合当地的良种、良技、良机；推广"讲给农民听、做给农民看、带领他们一起干"的工作机制；普及农业科技在线、App、微信等信息化手段；加速品种更新和技术进步，不断优化品种结构，提高种植水平。二是提高基层农技人员素质和工作积极性。加大政策支持力度，增加基层农技专职岗位，并按专业需求合理设置岗位；创新奖惩、考核等机制，倒逼农技人员不断更新知识和工作主动性。三是抓好新型农民培训。大力推广"大专家带小专家，小专家带土专家，土专家带本地人才"的工作方式，建立农业科技成果推广长效机制；大力开展农民夜校和农民讲习所，把农业科技培训作为重中之重；加强培养"土专家""田秀才"等"一懂两爱"的本土科技人才和带头人。四是提升农民专合组织能力。加大对合作社带头人、技术负责人、市场品牌拓展骨干的培养和引进力度，增强合作社"科技""品牌"和"市场"意识；推广"科研单位+科技人员+专合社+农户""市场+龙头企业+专合社+农户""合作联社+专合社+农户"等模式。

（三）院（校）地科技合作扶贫模式：四川省农业科学院实践

四川省农业科学院是四川省综合性、公益性农业科研机构，下设15个研究所（中心），主要研究领域涵盖了遗传育种、耕作栽培、植物保护、土壤肥料、农产品加工等60余个学科。现有在职职工1 378人，有高级专业技术人员345人、博士146人、硕士318人，拥有包括国家百千万人才在内的一大批高层次人才。"十二五"以来，全院获得国家、部省等科技成果奖135项。其中，国家科技进步一等奖1项，国家科技进步二等奖10项，通过国家和四川省审定品种385个（次）。全院杂交水稻优质化育种、小麦和玉米高产育种、油菜优质高产育种达到全国先进水平，育成一系列突破性优质高产粮油作物新品种。攻克了野生羊肚菌人工驯化栽培技术难关，并实现产业化生产，技术水平和人工种植面积国内外领先。在全省农业主产区建成8个综合性中试熟化基地、24个特色产业示范基地和专家大院，水稻、小麦、玉米三大作物均创造多项高产高效新纪录，培训"一懂两爱"人员12万人次，研究形成的55项新技术成为全省的主推技术，连续5年位居全省第一。新品种、新技术、新模式、新产品累计推广面积超过5亿亩，产生了显著的社会经济效益。

"十二五"以来，四川省农业科学院先后与18个地市州签订了科技合作协议，与32个县（市、区）签订了院地合作协议，与10个县签订"农业科技+精准脱贫"合作协议，围绕主导产业发展的关键技术问题，共同实施了一批科技扶贫、特色产业发展项目，积极开展产前、产中、产后的全方位科技服务，为全省精准脱贫、现代农业发展发挥了科技支撑作用。

1. 院地合作科技扶贫主要成效

（1）为贫困地区产业结构调整，集成推广一批优质新品种、高效生产新技术。近年四川省农业科学院坚持以市场需求为导向，在示范转化工作措施上注重良种良法集成配套、在目标上注重高产向优质、高产、高效转变。以川优6203、德优4727、川麦104、荃玉9号、川油36、川藤6号、不知火、蜀萝9号等主要粮经作物突破性新品种为核心，开展新技术、新模式组装集成及大规模示范转化。其中，川优6203作为唯一的优质水稻新品种列入省政府采购计划并向全省推广，航天水稻花香系列新品种因优质、高产目标有机融合由省政府发文通报全省推广，德优4727更是在2017年的稻香杯评比中荣获特等奖；成单30、荃玉9号是继成单14之后，四川省自育品种高产攻关再次突破吨粮并创造新纪录的玉米新品种；川麦104、川油36是高产又适合机械化的小麦和油菜突破性新品种；"羊肚菌新品种及商业化栽培"成为支撑四川省贫困地区新兴产业发展最响亮的科技成果，已在四川省脱贫攻坚、乡村振兴和"一带一路"建设上作出突出贡献；蔬菜双断根嫁接技术、柑橘留树保鲜提质增效技术，成为农户增收和市场紧俏的生产关键技术。

（2）为贫困地区产业融合发展，探索应用一批高效复合新模式。为解决劳动力减少、生产成本提高对粮经生产的制约，四川省农业科学院加强了农机与农艺融合研究及示范推广，在旱地、稻田、茶园、薯类、蚕桑、油菜机械化生产方面取得了重大突破。其中，集成研发的四川丘区小麦、油菜、玉米三大作物周年两熟新模式全程机械化生产技术，解决了省外引进农业机械、农机装备适配性和适应性差，以及农业机械研发与农艺技术不配套的问题，最终实现节本增产增效。中央广播电视台《农广天地》栏目30分钟专题宣传报道了农业农村部推荐的该新型种植模式。此外，针对小农户户均耕地面积小、种植业生产比较效益低的问题，四川省农业科学院加强了粮经、种养复合模式的构建，集成建立了"稻—鱼"耦合、果园空闲地（季）羊肚菌高效种植、两季薯类"千斤粮万元钱""马铃薯双万"等新模式，真正实现粮增产、钱增收的双重目标，为全省探索建立现代农业发展新路径提供了样板。

（3）为贫困地区打通成果转化瓶颈，探索形成了适合不同区域的示范转化新机制。围绕"四大片区"及其他市贫困县的优势特色产业，院地双方通过会商机制，确定目标任务及相关保障措施。四川省农业科学院在"农业科技成果中试熟化"专项中，设立"民族地区科技增收致富工程"和"院地合作共建"2个支撑专项。各市、州、县从本级财政中也拿出专项资金用于院地合作。如甘孜州每年安排专项资金300万元以上用于院州合作项目。为建立适合藏区、彝区的成果示范转化"绿色通道"，四川省农业科学院与地方政府紧密合作，加强院地合作机制模式的探索及应用。在高原藏区建立了省、州、县、乡科技（技术）人员混合编队，"院+州+县+乡+村+农户"和"龙头企业+合作社+专家团队"即"五级三方"合作机制。在彝区探索出破解科技扶贫"五大难题"的"四步工作法"。即：第一步，深入调查研究，编制科学规划，破解产业发展

"方向"问题；第二步，深入田间地头，依托农民夜校，破解农民主体"观念"问题；第三步，建设示范基地，全程技术监控，破解产业所需"技术"问题与技术"推广"问题；第四步，创新产业模式，联结企业农户，破解产品销售"市场"问题。

（4）为贫困地区建立了农业科技人才培养机制。通过院地合作平台，四川省农业科学院一大批知名专家带着新理念、新成果、新信息赴四川省藏区、彝区、秦巴山区、乌蒙山区、及其他一些地区的贫困县开展科研协作与成果示范转化。

先后邀请国际玉米小麦改良中心驻北京办事处主任何中虎博士、国际马铃薯中心驻北京办事处主任谢开云博士、袁隆平院士、张启发院士、谢华安院士、李玉院士、荣廷昭院士、邓秀新院士，国家现代农业产业技术体系玉米首席科学家张世煌研究员、食用菌首席科学家张金霞研究员、马铃薯首席科学家金黎平研究员等国内外知名专家多次赴四川省农村开展实地考察指导、专题培训。始终坚持"创新转化一条线，专家农民面对面"的方针，先后派出各类专家 600 余人（次），在全省贫困地区开展科技示范、科技培训、科技指导等科技扶贫活动 100 余场，培训农牧民上万人（次）。圆满完成藏区"双百人才"培养工程。示范推广农作物新品种和新技术等科技成果 100 余项，为推进贫困地区科技进步和产业发展，促进贫困地区繁荣稳定提供了有力的科技支撑。与此同时，甘孜州、阿坝州、凉山州、乐山市、达州市等农科所及农业部门先后派出专业技术人员 200 多人次到四川省农业科院通过跟班学习、合作研究方式进修学习，使其科技能力不断提高；还发挥作为农业部"现代农业培训基地"作用，定期或不定期举办各类专题培训班，对基层农技人员、新型经营主体、职业农民开展实用技术培训。这些引智借脑和本土农业科技人才及新型职业农民培养，大大提高了农业从业人员的业务水平和实际操作能力，为四川省贫困地区优势、特色、高效农业产业的发展，提供了有力的人才保障。

2. 院地合作的主要启发

（1）围绕院地合作目标，设定科技扶贫专项。围绕全省粮食生产重点县建设、现代农业示范强县建设、88 个贫困县精准脱贫等重大安排部署，设置全院成果示范转化项目，如科技增粮项目、现代经作示范项目、农业科技进贫困地区行动计划项目等。当前，围绕实施乡村振兴战略这个"三农"工作的总抓手，紧紧抓住产业兴旺这个重点，强化科技示范引领，助推乡村振兴战略实施，设立"乡村振兴整村推进现代农业示范行动计划"专项，为各区域提供产业兴旺发展示范样板，推动四川由农业大省向农业强省跨越。

（2）坚持以区域产业科技需求为引领，立足市场需求。结合各地自身区位优势、特殊生态条件，以"政府搭台、企业和合作社唱戏、科技支撑、农民实践"的机制，发展具有地域特色的产业经济，解决"生产什么、怎样生产、卖给谁、赚不赚钱"等一系列农民关心的问题，以产业发展带动农民增收。

（3）坚持探索院地合作的激励机制，调动农科人员的积极性。一方面，通过不断提高科技人员政治站位，激发科技人员的责任意识；另一方面，尽量保障项目经费，不断制定激励科技人员的措施和方法，才更能调动科技人员参与科技服务的能动性和积极性，也才能更好地发挥专家的智慧和力量。

二、专家大院科技扶贫模式

(一) 基本概念和运行机理

1. 基本概念

农业专家大院来自基层实践创新,是我国农业科技推广的一种新模式,经过10多年来的发展,全国各地的农业专家大院已经初步形成了各具特色的发展模式,为推动我国农业发展发挥了重要作用(代博,2012)。一般来说,农业专家大院通过"专家+农户""专家+龙头企业+农户""专家+合作社+农户"等模式将农户与专家联系起来。专家大院科技扶贫模式主要是指以科研院所、大专院校等科研机构为依托,以扶贫为目的,在贫困地区围绕特定的产业或行业,以专家大院为载体开展农业技术研发、转化以及推广示范工作,为农户提供技术示范、技术指导、技术推广以及人才培养等服务。

2. 运行机理

该模式有明确的载体,一般由科研机构或专家与政府部门、龙头企业、合作社等共同建设,属于公益性为主的科技扶贫模式。其经费主要来源于地方政府的财政资金和财政专项资金。

通过农业专家大院的建设,一是加快农业科技成果在贫困地区的落地转化和示范推广应用;二是拓宽贫困地区科技支撑的范围,通过专家大院把国外、省外的专家引进到贫困地区,开展科技合作和交流;三是为深度贫困地区培养一批"土专家""田秀才"以及职业农民;四是为贫困地区优势特色产业发展提供强有力的技术支撑。

(二) 专家大院科技扶贫模式评析

1. 专家大院科技扶贫模式的主要做法

自1999年西北农林科技大学与地方政府联合创建了国内第一个专家大院后,在科技部和农业部等国家部委的推动下,农业专家大院在全国快速推广(曾维忠,2006)。2004年,四川省农业科学院在四川省广汉市建立了小麦专家大院和水稻专家大院,在中江县建立了甜油桃专家大院,成为四川省首批专家大院。随后,蔬菜专家大院、食用菌专家大院、水果专家大院、水产专家大院、畜牧专家大院等各类农业专家大院在全省各地陆续建设起来。目前,全省已建立科技专家大院300多个。

党的十八大以来,随着精准脱贫的不断深入,在贫困地区依托农业科研院所、大专院校建立农业专家大院已经成为一种重要的科技扶贫模式。2015年,四川省科技厅制定了《四川省科技扶贫专项行动实施方案》,提出支持高校院所围绕贫困地区产业需求组建专家大院100个。具体做法包括几个方面:一是科研单位主动作为,把专家大院的建立作为成果转化和科技扶贫的重要平台。例如,为加大科技扶贫力度,创新科技扶贫方式,四川省农业科学院在巴中市通江县建立了马铃薯专家大院,聚集四川省农业科学院、四川农业大学、四川省农机化技术推广总站、四川薯类创新团队、成都市农林科学研究院等科研机构的专家,针对四川省秦巴山区马铃薯生产上存在的主要问题和关键技术难点，研究和推广了数十项关键技术，大大提高区域马铃薯的良种化率、马铃薯产量以及产业效益，带动了贫困地区农户增产、增收。二是地方政府主动作为，依托科研院所和大专院校，围绕特色产业发展建立专家大院。

2. 专家大院科技扶贫模式的主要优点

（1）有利于促进产学研紧密结合。科研院所、高等院校是研发、人才、技术和信息的创新源和聚集区。在贫困地区有针对性地建立农业专家大院，可使科研院所、高等院校的科技资源与贫困地区特色产业紧密结合，农业专家大院一头联结科研院所、高等院校等优质科技资源，一头联结贫困地区农技推广部门、龙头企业、专合组织、家庭农场等，农业专家既是新品种、新技术的拥有者，又是技术推广、成果转化的技术服务者，并且通过专家大院这个平台直接掌握新型经营主体的科技需求，能快速、高效地推广转化科研单位、高等院校的新品种、新技术、新模式。

（2）科技扶贫的专业化程度更深。当前，在贫困地区建设农业专家大院大多是瞄准当地特色农业产业发展的需求，其针对性、专业化特点十分突出。首先，农业专家大院一般是专注一个或少数几个特色产业建设，在服务内容上往往围绕特定的产业开展技术、培训等全方位科技服务；其次是农业专家大院集中的科研机构、科技人员、合作社、家庭农场等参与主体都是专注于特定产业的。

3. 专家大院科技扶贫模式存在的不足

（1）长效机制的建立还有待完善。在贫困地区建设农业专家大院是当前贫困地区扶贫的一项重要措施。但是在具体的实施过程中，还缺乏十分有效的长效机制，导致许多农业专家大院的运行并不十分顺畅。一是部分农业专家大院建立仅为解决短期需要或政策需要，缺乏长远的规划，发展举步维艰；二是部分农业专家大院完全由政府推动，没有考虑地方政府、科研单位、龙头企业、专合组织以及农户之间的利益联结机制，缺乏长期的运行动力。

（2）服务内容还需不断拓宽。当前，贫困地区农业专家大院的科技服务主要集中在产前和产中，例如农业科技创新、技术示范、技术培训等。一方面加快了农业新品种、先进适用技术等科技成果的转化，另一方面培养了一大批农业技术人才，有效促进了当地农业增效、农民增收。但是，农业专家大院的对于产后的指导和服务还比较欠缺，特别是对于农产品加工、营销、品牌打造等产业链后端的服务较少。

4. 完善专家大院科技扶贫模式的建议

（1）坚持分类指导原则，构建贫困地区专家大院科技扶贫的长效机制。要充分考虑贫困地区的实际情况，坚持分类指导的原则，做好顶层设计，构建专家大院的长效机制。一是根据贫困地区扶贫需要，建设全公益性的农业专家大院。建设这类专家大院，要充分考虑农业专家大院的长期运行费用来源保障，建议地方政府将运行费用纳入财政预算。二是从贫困地区实际出发，坚持市场化机制，建设市场化运行为主的农业专家大院。建设这类专家大院，要坚持政府引导，因地制宜的整体规划和设计，充分发挥地方政府、科研单位、龙头企业、专合组织以及农户等类参与主体的积极性，重点引导建立利益共同体，构建可持续发展的长效运行机制。

（2）坚持全产业链思路，不断拓展农业专家大院的服务链条。要立足贫困地区特色优势产业，充分发挥专家大院作用，围绕全产业链发展提供技术指导和全方位服务。一要服务于贫困地区特色产业规模化、标准化、绿色化建设。以区域农业产业适度规模研究为基础，分产区、产地制定技术规范、生产标准，做到"增产降低成本、提质拓展市场"两手抓、两不误。二要服务于贫困地区农产品分级包装、小型冷链设施的建设和指导。重点建设分级包装、小型冷链设施，解决特色农产品销售中损耗大、商品化程度低、销售时间过于集中等突出问题。三要服务于农产品品牌创建和运营。除了抓好优势特色农产品区域品牌和企业品牌认证、"三品一标"认证、品牌包装等工作，还应重点聚力品牌运营工作，深入挖掘特色农业资源、文化内涵，充分利用大数据、移动互联网等现代信息技术，全方位、多角度宣传品牌，打好"绿色牌""生态牌"和"特色牌"，充分挖掘和拓展产品价值链，提高综合效益。

（三）专家大院扶贫模式实践：四川省农业科学院通江马铃薯专家大院

通江马铃薯专家大院是四川省农业科学院为推动秦巴山区贫困地区马铃薯产业发展而建立的。四川省农业科学院马铃薯项目组针对当地马铃薯生产上存在的主要问题与难点，依托专家大院，经过多年探索，在科技支撑产业发展上实现了三个创新。

一是技术创新。通过引进国内外新品种、新技术与自主创新相结合，确定了"选用良种、药剂拌种、合理密植、配方施肥、高垄栽培、机械作业、清棵壮苗、二次培土、防治病虫、电商营销"10项关键技术，在试验示范比较中，形成一套标准化的技术体系，显著提高了马铃薯田间生长整齐度、薯块均匀度、品质及商品率。

二是机制创新。在试验示范过程中，四川省农业科学院开展了农科教企、产学研协作机制的探索应用，四川省农业科学院领衔的四川马铃薯创新团队在空山建立了通江马铃薯专家大院、通江马铃薯工作站，巴中市在空山建立了马铃薯研究所，在当地培育了空山马铃薯专业合作社。该社完成1 150亩空山马铃薯有机食品认证，是部、省、市3级示范合作社，为马铃薯科研、生产及营销搭建良好的平台条件，2018年带动示范区周边2万余亩马铃薯增产增收，覆盖12个贫困村，帮扶贫困户412户。

三是营销创新。为突破过去"增产不增收""农产品销售难"的瓶颈，引进互联网技术创建电商平台，申报获得"空山马铃薯"农产品地理标志，在加强马铃薯标准化生产的同时，通过电商平台加强品牌的宣传营销，使"空山马铃薯"田间收购价达到每千克2.40元，电商销售价2.5千克卖价19.9元（包邮）的业绩，在马铃薯价格波动频繁的情况下，近年的销售价一直稳定在2元/千克以上（近年四川省一些地方高产马铃薯鲜薯仅卖0.80~0.90元/千克）。

2018年7月18日，对1 150亩马铃薯高产高效标准化生产技术示范基地进行了现场验收。核心示范区100亩鲜薯平均产量5 038.8千克，田间收购价2.4元/千克，亩产值达12 093元，示范区产量突破万斤、产值突破万元，创造了马铃薯高产高效新纪录（简称"马铃薯双万模式"）。该纪录较2008年达州创造的亩产4 931千克、亩产值5 424元分别增加2.2%、122.9%。

三、科研单位对口帮扶模式

(一) 基本概念和运行机理

对口帮扶是当前扶贫的重要手段之一,是中国特色社会主义制度优越性的重要体现和实践。科研机构、大专院校等科研单位开展对口帮扶是精准扶贫对口帮扶的重要组成部分,具有显著的特点。科研单位对口扶贫可以充分发挥其在农业科技、人才等优势,从科技扶贫、产业扶贫等领域集中帮扶对口单位。

科研单位对口扶贫模式是纯公益性模式,是科研机构、大专院校贯彻落实党中央精神的具体举措。通过该模式,科研单位通过建立科技示范基地、派驻科技人员、建立科技园区、开展科技培训等措施在对口帮扶地区开展公益性扶贫。其经费主要来源于科研单位和财政资金。

(二) 科研单位对口帮扶模式评析

1. 科研单位定点帮扶模式的主要做法

精准脱贫背景下,定点扶贫工作被赋予了新的时代责任。2012年以来,四川省委、省政府将省内对口定点帮扶深度贫困地区工作作为精准扶贫、精准脱贫的一项重要举措强力推进。一是政府重视、科学部署。省委、省政府开展专题会议研究定点帮扶工作,分别安排布置省直部门及直属单位、高校、医院、中央和省属企业、金融保险行业系统的定点扶贫、驻村帮扶工作,在习近平党建思想指引下,紧跟中央、省委决策部署,围绕"两不愁三保障"总体目标,坚持"五个一"帮扶机制,2018年以来,四川省128个省直机关、115所高校、44家医院、61户国企和22个金融机构深入实施精准帮扶,实现省直部门(单位)定点帮扶88个贫困县全覆盖,在打好精准脱贫攻坚战中发挥了重要作用。二是聚焦藏区彝区等深度贫困地区。根据四川藏区彝区相对落后的实际,从2012年开始,就开始制定藏区对口帮扶的措施。2016年,将这一举措推广到全部四川省藏区彝区贫困县,即在原有对口援藏总体不变的基础上,确定一批经济基础较好、财政实力较强的县市区,开展省内对口支援藏区贫困县、扶贫协作彝区贫困县工作。根据对口帮扶方案,由四川省内7个地级市和35个县(市、区),结对帮扶藏区彝区全部45个深度贫困县市区,并制定硬性帮扶措施,确保对口帮扶落到实处。例如,要求对口支援藏区任务的市县区继续按上年地方公共财政预算收入的0.5%,以现金方式投入受扶地;新增帮扶地按上年地方公共财政预算收入的0.3%以上,以现金方式投入受扶地。四川省农业科学院、四川农业大学等省级科研单位和高校按照省委、省政府的统一部署,同时聚焦藏区彝区等深度贫困地区的帮扶,加大帮扶力度。例如:四川省农业科学院专门制定了"农业科技进藏区行动计划""农业科技进彝区行动计划"行动计划,瞄准藏区彝区等深度贫困地区开展科技扶贫。四川农业大学围绕"精准扶规、精准扶智、精准扶产、精准扶技"四大精准扶贫措施,充分发挥自身科技优势,开展科技扶贫。中国科学院成都分院着力补齐精准扶贫链条中的科技链,注重发挥中国科学院的科技和人才优势,以"政产研"的思路上接政策,下连产业,积极探索科技助力精准扶贫的新思路、新方法。

2. 科研单位定点帮扶模式的主要特点和优势

（1）帮扶执行力强。2015年，习近平总书记曾对机关企事业单位做好定点扶贫工作作出重要指示，他强调，党政军机关、企事业单位开展定点扶贫，是中国特色扶贫开发事业的重要组成部分，也是我国政治优势和制度优势的重要体现。因此，以科研院所、大专院校等单位为主开展的定点帮扶首先是站在政治的高度开展的，并且都有相应的考核目标，执行力强是最主要的特点和优势。

（2）有利于形成长效合作机制。定点帮扶周期较长，在长期的帮扶过程中，更容易建立长效的帮扶机制，待脱贫攻坚任务完成后，也容易在熟悉的领域继续合作下去。对于科研单位而言，长期在一个区域开展调查研究、科技示范以及成果转化等工作，可充分了解当地的农业情况和科技需求，当地政府部门、新型农业经营主体以及农户也能充分感受科技扶贫带来的切实好处，对于科研单位与当地政府、相关部门以及新型农业经营主体建立长期合作机制十分有利。

3. 科研单位定点帮扶模式的不足

（1）项目资金整合力量不足。科研院所、大专院校等省级科研单位与省委办公厅、省政府办公厅、财政厅、发改委等机关单位相比，其项目资金整合能力差距巨大；与大型国有企业等公司相比，科研单位可以用于帮扶单位的自有资金十分有限；因此其帮扶的宽度和力度也就差距较大。且科研单位的帮扶大多为智力帮扶，看得见的东西少、见效慢，与一些地方政府急于见到扶贫成效的期望不相符。

（2）基层过多的行政事务限制了驻村帮扶队伍的专业发挥。科研单位派出的驻村帮扶队伍本应该充分发挥科技资源，帮助贫困地区提高农业科技水平、农民技术水平，提高产业的发展质量，最终实现农民脱贫致富。但是，在具体实践中，由于深度贫困地区乡镇、村一级基层干部文化水平较低，许多驻村干部承担了乡干部和村干部的行政性和事务性工作，每天忙于协调各类矛盾纠纷、接待应付上级考察和检查、忙于填写各式各样的表格、撰写各种汇报材料，导致真正沉入农村、投入科技扶贫和产业扶贫中的精力被大量分散弱化，限制了专业水平的发挥。

4. 完善科研单位定点帮扶模式的建议

（1）完善科研单位定点扶贫机制。一是要根据科研单位的特点，更加有针对性地安排定点帮扶地点，比如选择一些基础设施相对较好，但是产业发展滞后的贫困区域，切实有效帮助定点扶贫单位与贫困区域相互深入融合，最大限度发挥科研单位科技扶贫的特点。二是要强化思想引导、树立可持续发展理念。特别是要引导贫困地区摒弃"等靠要"思想，不要把科研型帮扶单位当成"跑项目、要项目、带项目"的主力军。三是要加大科研单位定点帮扶区域科技扶贫项目的支持力度，充分调动科研人员的积极性，发挥专业特长。

（2）充分发挥科研单位帮扶队伍的特长和优势。充分发挥科研单位帮扶队伍文化水平高、专业知识强的特长，让专业的人做专业的事情。一是依托科研单位智库作用做好农业农村发展相关的规划。通过规划引领，把脱贫攻坚工作和乡村振兴工作有机衔接起来，促进贫困地区可持续发展。尤其是做好产业发展规划，探索科技支撑产业发展的新模式、新机制。二是依托科研单位不断提高贫困地区产业发展的科技水平。创新激励机制，激励科研单位在贫困地区加大推广适宜贫困地区产业需求的新品种、新技术的力度，在贫困地区加强派驻科技特派员、三区人才及驻村支部书记的力度，鼓励科技人员带技术、带品种、带项目等方式进村入户，以技术入股等形式领办创办新型农业经营主体，不断增强贫困地区优势产业发展的科技支撑力（柏连阳，2015）。

（三）科研单位对口帮扶模式实践——以四川省农业科学院对口帮扶木里县为例

凉山州木里藏族自治县地处四川西南边缘，是国家扶贫工作重点县，2008年由四川省委确定为四川省农业科学院定点扶贫对口县。

1. 定点对口科技扶贫工作情况

（1）高度重视扶贫工作，切实加强组织领导，落实对口帮扶责任。在牵头单位组织领导下，四川省农业科学院积极配合，坚持目标导向，严格履行定点扶贫工作职责，狠抓任务落实。进一步建立健全脱贫攻坚工作机制，指定脱贫攻坚责任部门。将脱贫攻坚工作纳入单位重点工作任务，与党建、业务工作同研究、同部署、同落实，多次组织全院各处室所召开会议研究对口扶贫工作。

（2）广泛组织，深入贫困地区，扎实开展对口帮扶工作。坚持每年广泛组织作物研究所、植物保护研究所、生物技术核技术研究所、服务中心、土壤肥料研究所、水产研究所、培训中心、园艺研究所、茶叶研究所、测试中心、遥感与数字农业研究所、农业信息与农村经济研究所等10余个院属单位，一大批农业专家纷纷带队深入木里县，走入簸箕箩村，开展扶贫工作对接交流，到田间地头开展技术指导，与贫困户面对面沟通。

（3）积极动员，选派精干力量派驻贫困县、贫困村，落实驻地扶贫任务。坚持向帮扶单位选派科技副县长、乡长、驻村第一书记以及驻村工作队。所有派驻干部均按照相关工作要求，及时到岗到位开展工作，并且全部脱产开展驻村帮扶工作，严格遵守工作制度，切实发挥自身特长，奋力推进受帮扶地各项脱贫攻坚工作。同时，四川省农科院人事部门负责驻村干部对接工作，加强院地两方联系，切实掌握驻村干部工作情况和思想动态，目前正按照相关文件要求，办理落实驻村干部生活补助、差旅费、保险等待遇。

（4）依靠农业科研优势，推动对贫困县的各项帮扶工作。一是发挥"三农"智库优势，协助制定贫困县产业脱贫顶层设计。通过与帮扶县充分交流对接，依托四川省农业科学院"三农"智库优势，为木里县编制了产业脱贫规划，为帮扶村—簸箕箩村编制了脱贫奔康规划实施方案。

二是充分发挥农业专业优势，推进科技产业扶贫。托本地产业发展现状，推动不同产业进一步壮大做强。利用四川省农业科学院选育的羊肚菌新品种"六妹"，由技术专家全程指导，通过示范工作，推动羊肚菌种植产业稳步发展。在东朗乡、宁朗乡等高海拔地区，传统农业以青稞为主，积极引进油菜，通过2018年推广引导工作，结合引进四川省农业科学院作物研究所选育的新品种川油36示范推广，持续壮大油菜产业。因地制宜，进一步在半山区发展水果产业，主选桃新品种松森、京艳（北京 24 号）、苹果新品种烟富 10 号等优质水果新品种。

三是着眼长远，认真开展各类技术培训和新产品、新技术的引进。近年来，派出羊肚菌、蔬菜、果树等方面的专家先后 25 批次近 120 人次到木里开展技术培训、田间指导和定点扶贫工作。

四是开展"以购代捐"行动，协助当地扶贫产品外销。为切实帮助当地农产品销售，提高建卡户生产收入，实现建卡户收入全面达标，经院党委决定，2018 年在乔瓦镇簸箕箩村开展"以购代捐"行动，，用以购买本村建卡户猪肉，这对在当前非洲猪瘟疫情下解决建卡户猪肉销售难的问题具有重要现实意义。行动由簸箕箩村驻村第一书记负责组织，驻村工作队负责落实，与村文书杨长安签订协议，由杨长安负责猪肉选购、屠宰、包装及资金结算。共计购买生猪 83 头，有 36 户参与，户均实现收入近 6 000 元。

（5）分解帮扶任务，落实对贫困户的帮扶责任。针对簸箕箩村建卡户实际情况，统一安排，将 85 户建卡户全部分解到具体责任人、责任单位，形成《2018 年度省农科院与簸箕箩村建卡户结对帮扶表》并下发，其中院党委领导带头落实帮扶责任贫困户，做到了户户有人帮，实现帮扶单位对贫困户结对全覆盖。

建立结对帮扶贫困户月度帮扶台账，各帮扶责任人、责任单位通过进村入户、技术指导、物资支持、资金帮扶、教育鼓励等形式多样的帮扶活动对建卡户开展帮扶。

2. 定点扶贫的主要经验

一是积极引进项目资金，充分整合资源。利用项目、资金，加大产业发展扶持力度，切实做好产业发展规划，充分理解当地农户生产发展意愿，量身规划，便于农户接受支持。同时做好项目示范工作，通过示范带动效应，引导农户投入产业发展中来，进一步形成合力，壮大做强产业，实现增收增效。

二是加强宣传，注意方式方法，切实加强宣传效果。利用农民夜校、入户调研、宣传资料等方式，与农户开展面对面交流，通过讲政策、摆感情、拉家常的方式，通俗易懂地回答疑问，拉近距离，尽力做好政策宣讲、感恩教育，切实转变农户思想，营造积极向上的社会氛围。

第五节　市场主导型

一、龙头企业带动型科技扶贫模式

（一）基本概念和运行机理

（1）基本概念。农业产业化龙头企业（简称"龙头企业"）是指以农产品种养殖、加工以及流通为主要经营内容，通过各种利益联结机制与农户相联系，带动农户进入市场，使农产品生产、加工、销售有机结合、相互促进，在规模和经营指标上达到规定标准并经各级政府有关部门认定的企业（马克和、侯伟，2009）。

龙头企业带动型科技扶贫模式是指：在贫困地区，龙头企业尤其科技型龙头企业围绕当地农业产业发展，以市场机制为基础，建立与当地农户之间的合作关系，通过帮助农户掌握先进和适用的农业生产技术、农业经营管理经验等，带动其摆脱贫困的同时实现企业的经济利益和社会效益（蒋萍，2012）。

近年来，四川省龙头企业充分发挥集成各类先进资源要素的优势，深入贫困地区，尤其是在四大贫困片区与贫困村、贫困户和产业化经营主体对接，开展农业科技扶贫，与贫困户建立形式多样的利益联结机制，实现效益共享、利益共沾，有效增强全省贫困地区的自我发展能力，推动全省精准扶贫由"输血"向"造血"加快转变，在带动全省脱贫攻坚特别是科技脱贫和产业脱贫中发挥了显著的作用。

根据四川省市场监管局发布的信息，截至2019年6月，四川省参与扶贫的企业超过1 000家，不仅从川粮油、川猪、川茶、川竹、川辣、川薯、川药、川桑、川菜、川烟、川果、川鱼等"川字号"优势特色农业产业上科技扶贫，同时在农产品加工、农村电商、农旅融合上注入企业科技成果转化力量，积极引领和培育农村新产业、新业态，推进产业链和价值链建设，领军农村产业融合发展，积极参与产业扶贫，建立更加紧密的联农带农和分享机制，促进贫困群众增收脱贫，为全面建成小康社会和实现四川省由农业大省向农业强省的跨越作出了重要贡献。其中已有1 155家企业（含新型农业经营主体）应用"四川扶贫"集体商标，在"四川科技扶贫在线"平台帮助贫困地区销售扶贫产品，构建便捷、高效、稳定的产品销售渠道，推动形成产业扶贫、行业扶贫、社会扶贫的大扶贫格局。其中有56家企业被命名为"四川省带动脱贫攻坚明星农业产业化龙头企业"，12家企业被认定为国家级扶贫龙头企业，4家四川企业入选中国企业精准扶贫优秀案例（2018），带动脱贫效果显著。

（2）运行机理。龙头企业带动型科技扶贫模式主要是在政府的引导下，以利益为纽带，以市场为导向，以企业为主体，通过与当地政府的联合协作，推动现代科技在贫困地区转化为第一生产力，形成规模化优势产业，最终形成联农带农利益联结体（蒋萍，2012）（图6-3）。

（二）龙头企业带动型科技扶贫模式评析

1. 四川龙头企业科技扶贫的主要做法

全面建成小康社会，打赢精准脱贫攻坚战和同步实现乡村振兴，在此过程中离不开龙头企业的带动作用，龙头企业带动已经成为一种重要的扶贫模式。四川省一直将贫困地区的产业化发展作为扶贫的重点项目，先后发布《四川省农村扶贫开发规划（2001—2010年）》和《四川省农村扶贫开发纲要（2011—2020年）》，并鼓励和动员龙头企业积极参与到贫困地区的扶贫开发，帮助实现贫困地区产业结构升级，带动贫困农民增收，推动当地农业产业化的健康快速发展。龙头企业在全省科技扶贫工作中发挥了至关重要的作用。

（1）通过科技创新与技术普及，促进农业产业快速发展。龙头企业根据自身产业发展，不仅自设研究课题，同时加强与省内外农业科研单位、高等院校的合作，主动参与并承担国家级、省级、市级科技创新课题，重点结合国家科技惠民计划项目、国家富民强县项目以及创建国家农业科技园区建设项目开展科技扶贫工作，加快科技成果转化

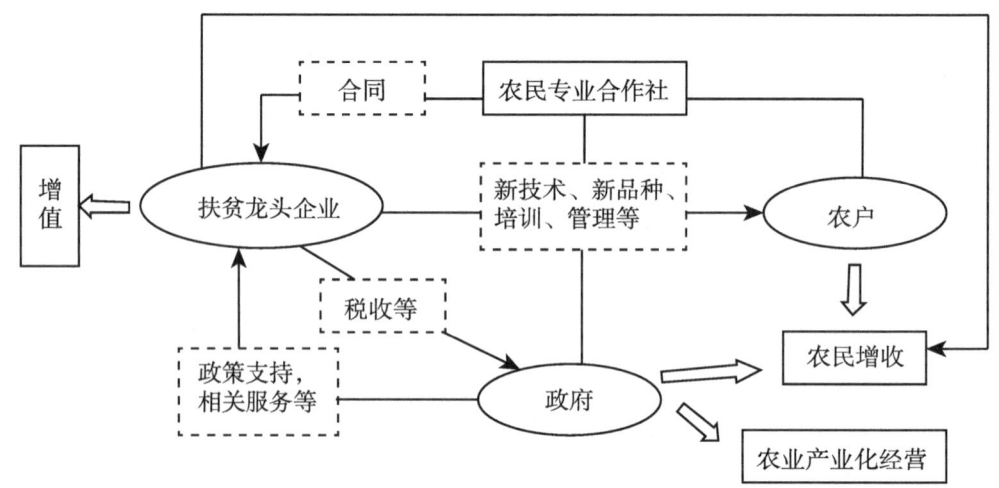

图 6-3　龙头企业带动型科技扶贫模式运行示意

速率，帮助贫困地区进行技术普及，促进区域经济快速发展（王大为、蒋和平，2017）。

（2）通过专家把脉，精准攻克企业科技扶贫难题。一是龙头企业在科技扶贫过程中组建专家团队，形成以四川省农业科学院、四川农业大学为技术依托的专家团队，精准破解龙头企业在科技扶贫过程中的难题。二是问诊科技扶贫难题，找出制约产业发展的核心要素，有针对性开展扶贫调研指导、科技创新工作，帮助企业落实科技扶贫项目，制定扶贫产业规划，通过脱贫带动贫困地区产业转型升级发展。

（3）通过建立和巩固科技示范基地，科技示范作用日益凸显。龙头企业围绕贫困地区优势特色产业的培育，不断加大农业科技示范基地建设，逐步提高示范基地的科技水平。建立不同产业的科技示范基地，并开设实验室，积极开展引智、引技工作。聘请首席专家，与省大专院校科研院所联手协作，成立技术研发中心，为龙头企业科技扶贫、贫困地区产业健康发展提供技术支撑。龙头企业建立的科技示范基地始终坚持技术先进、实用的原则，以加速对贫困地区的辐射、带动作用，不仅实现了企业增效，而且还有利于增加产品附加值和农民收入。

（4）通过"公司+基地+科技+农户"的科技扶贫模式，形成产业扶贫辐射效应。实践证明，龙头企业带动型科技扶贫模式以市场为导向，以技术为依托，形成集产品开发、产品加工、生产技术服务于一体的全产业链条，开展"公司+基地+科技+农户"的科技扶贫模式，是龙头企业科技扶贫的有效途径。四川省龙头企业利用国家科技惠民计划项目，在科技扶贫项目的支持下，建立研发中心，带动农业产业示范基地建设，采取注资、提供良种和技术服务的形式，强化贫困人口技术培训，辐射带动四川省四大贫困片区农户脱贫致富。

（5）促进贫困户土地经营权、劳动力、政策性金融资本等资源优化配置。龙头企业在科技扶贫过程中，不仅运用科技创新，还采用多种模式开展精准扶贫，促进贫困户土地经营权、本身劳动力、政策性金融资本等资源优化配置，最终实现企业与贫困户双方共赢局面。一是对贫困地区农户采取先借后还模式，解决贫困户顾虑。该模式主要针对贫困地区产业发展主动意识较强、有一定劳动能力，但是资金、技术缺乏的群众，采取"政府担保、企业垫资、群众参与、联手共建"的模式，由龙头企业依托技术优势，批量生产种苗、畜禽种等产品，先行赊借给贫困户进行种植养殖，待到产品成熟变为商品时，再由企业负责回购，统一组织市场销售，解决贫困户顾虑。这种模式有效解决了贫困户"发展产业缺资金，自力更生缺技术，销售产品缺渠道"等问题，既无"开头之难"，又无"后顾之忧"，与贫困户在生产、加工、营销全产业链上建立利益联结，实现增收脱贫；二是采取信贷变股金模式，实现企户互赢。龙头企业充分利用政府扶贫政策，创新"企业小额贷款+贫困户"模式，为贫困户有效利用小额贷款创造条件。"小额贷款+"模式推行的优点主要是贫困户享受的扶贫小额信贷变为股金，让贫困农民变为企业股东，每年可获得固定股本分红，很大程度上解决了贫困群众无劳动力、无技术、无资金进行产业投入等问题；三是采取租地务工措施，稳定增收渠道。贫困户流转承包地给企业，同时还能优先进入企业务工，使贫困户拥有两份稳定的收入，这种扶贫方式是目前四川省以乃至全国较为广泛的一种脱贫模式；四是采取订单农业模式，签订回购协议保障。龙头企业通过与合作社以及贫困户建立订单式生产关系，在布局特色农业发展，签订收购协议，解决贫困户卖难的问题，从而保障贫困户持续、安心发展产业。

2. 龙头企业带动型科技扶贫模式的优势

（1）龙头企业用于研发投入的资金较大，有利于形成核心竞争力。龙头企业经济效益较高，品牌效应突出，一方面汇聚了专业技术人才，另一方面有专项资金进行产品研发、升级，增强企业发展驱动力，同时为产业发展、带动贫困户科技扶贫夯实基础。企业充足的专项资金用于产品研发，着力提升产品核心竞争力，在加快自身发展的同时，带动相关配套企业集聚、产业集群发展。

（2）龙头企业产业链条相对完善，有利于推动扶贫产业高质量发展。龙头企业始终坚持效益导向，在科技扶贫过程中，立足技术优势，通过技术创新和联动发展，抓住产业发展机遇，不断完善上下游产业链，以产业为载体对贫困地区进行各方面的科技扶贫输出，推动扶贫产业高质量发展。同时整合产业周边等整条产业链环节，把生产、加工、销售的各个环节有机结合起来，为贫困户提供更多就业岗位与产业选择。

（3）龙头企业市场竞争力强，有利于为贫困户提供更精准供需关系。长期以来，贫困地区由于交通不便、教育水平不高、经济发展落后，造成信息严重不对称，"小生产、大市场"的供需关系问题制约了贫困地区的经济发展。鉴于龙头企业在市场中的经营主体地位，能够利用其自身产业优势和信息渠道，并通过互联网、大数据、云计算等现代信息技术，为贫困户提供更多的供需信息，引导科技扶贫对象选择具备市场竞争力和发展潜力的朝阳产业，帮助局部地区的小生产同外界的大市场进行有机耦合，实现农民可持续增收（崔论之，2015）。

（4）龙头企业资源整合能力强，有利于激发更大产能。龙头企业专注于擅长的生产领域和环节，利用其相对丰裕且具有比较优势的生产要素，能比较准确把握投资项目和贫困地区优势、相关产业、优惠政策的衔接度，理顺产业化链条中各经营主体之间的利益关系，使不同主体相互之间形成衔接紧密、有序的分工协作关系，在生产、加工、销售之间建立起合理的利益分配机制，将产前、产中、产后等各个环节与资源有机整合起来，使之成为一个通畅、协调、统一的体系，激发出更大产能，实现产业发展、企业受益、农民脱贫、政府增加税收等多赢局面，从而能快速帮助扶贫地区实现脱贫致富。

3. 龙头企业带动型科技扶贫模式存在的主要问题

（1）龙头企业生产管理成本较高。贫困地区尤其是深度贫困地区科技水平偏低、科技意识不足、农民文化水平低。龙头企业深入贫困地区发展优势特色产业，一方面需要聘用当地农民，更加需要加大科技培训力度；另一方面，通过"公司+合作社+农户"或"公司+农户"等模式，由企业提供种子种畜、技术，带动贫困户发展农业产业，也同样面临贫困户的科技素质提升的问题；一定程度上增了企业经营成本（杨克建，2018）（熊俊豪、熊山，2019）。

（2）社会效益和经济效益兼顾较难。龙头企业参与科技扶贫既是履行社会责任，同时也可以获得显著的社会效益，帮助企业树立良好的企业形象，有利于吸引优秀人才加盟，有利于扩大产品销售，有利于优化并创造更广阔的生存环境，有利于获得更多的政府优惠政策及金融支持等。但从企业自身利益角度考虑，尤其是民营企业，在面对激烈市场竞争时想要占有一席之地创造更大的价值，最根本的战略策略仍然是追求企业利润最大化。一般来说，贫困地区交通不发达、社会经济较为落后、营商配套环境较差，在一定程度上不利于企业的发展。如果企业自身实力不足，缺乏科学的规划和长远打算，贪大求全、盲目追求荣誉、被道德"绑架"或受政府摊派，而承担超过自身能力的扶贫指标和相关任务，那无异于杀鸡取卵，扼杀了企业长期扶贫的潜力（叶霄等，2019）（谭平，2015）。

（3）存在机会主义倾向风险。根据"经济人"的假设，经济主体都是理性的，追求自身收益的最大化是其根本目的。在当前脱贫攻坚的背景下，贫困地区政策机制不够健全和信息不对称的条件下，龙头企业参与科技扶贫和产业扶贫存在一定机会主义倾向。例如，为获得地方政府支持，龙头企业事前承诺积极扶贫，但当获得扶贫资金资助、低息贷款、税收减免等优惠政策后，态度发生根本变化，将扶贫资金挪为他用，更有甚者卷款跑路。闫东东，付华等对龙头企业参与产业扶贫的行为进行了进化博弈分析，研究结果表明，如果政府对企业扶贫不进行监管，或者政府对企业消极扶贫的惩罚力度太低都会导致扶贫企业的机会主义倾向（闫东东、付华，2015）。

在企业扶贫过程中，央企、国企参与多、扶贫地点相对集中且投入资源多，民营企业参与少、扶贫地点相对分散且投入资源相对少；与贫困地区资源、农村农业有关联的企业采用产业项目扶贫、就业扶贫等参与方式多，无关联的企业多数是单纯捐赠的扶贫行为，参与方式单一；同时也存在"龙头企业"和"大户"得到大量财政等公共资源投入，贫困人员被产业扶贫项目边缘化，未能直接受益等情况发生（万良杰、薛艳坤、2018）。

4. 完善龙头企业带动型科技扶贫模式的对策和建议

（1）龙头企业自身提档升级、提质增效、内部优化，确保科技扶贫能力持续供给。针对龙头企业生产成本较高问题，一是要发展壮大龙头企业实力。通过政策优惠吸引龙头企业参与扶贫，再通过精准培训降低龙头企业生产成本，以此实现龙头企业自身发展以及贫困户脱贫的"双赢"结果。二是龙头企业要建立有效的管理措施。在科技扶贫项目推进过程中，要从根本上控制生产管理成本，要从多方面建立有效的维护机制和管控措施，确保项目管理的效率。一方面，积极推进智力扶贫以及技术扶贫项目，从根源提高贫困户的整体文化水平和技术水平。在实际工作开展过程中，要始终坚持用科技扶贫、产业扶贫典型案例作为宣传根本，提升科技扶贫引导效果。另一方面，要充分利用政策性农业保险减少龙头企业的经济成本，满足用工需求，整合服务中心的综合素质。三是龙头企业要抢抓政策机遇。党中央高度重视"三农"工作，尤其是把对贫困地区的脱贫攻坚作为战略性目标，到2020年，全国实现贫困县摘帽（严方超，2014）。国家对龙头企业参与扶贫给予重大政策支持和展望，四川省政府出台《四川省人民政府办公厅关于支持农业产业化龙头企业（工商资本）带动脱贫攻坚的意见》文件，强调龙头企业在扶贫过程中起到重要作用。因此龙头企业在科技扶贫过程中可以重点结合国家科技惠民计划项目、国家富民强县项目、柱头省县域重点项目和创建国家农业科技园区建设项目开展科技扶贫工作。通过具有影响力的精准项目实施，对科技促进县域经济发展起到积极的促进和示范作用，助力完成脱贫攻坚。

（2）通过创造良好的营商环境，积极吸引龙头企业参与科技扶贫。针对龙头企业在科技扶贫过程中社会效益与经济效益难兼顾问题，一是优化、整合优惠政策，打出政策组合拳。围绕龙头企业实际需求，在现有法律法规框架范围内，进一步优化政策体系，通过政策组合优势和精准优势吸引龙头企业积极参与精准扶贫。二是建立龙头企业长效支持机制。有从根本上确保龙头企业盈利才能从根本上确保龙头企业的扶贫主动性，贫困地区各级政府要改变过去专注于项目资金支持的方式，要建立支持龙头企业的长效机制，通过金融、保险、税收、人才培养等支持方式从根本上提高企业能力。三是加大正面宣传力度。贫困地区要借助媒体的力量进行科技扶贫宣传，确保扶贫企业公众形象得以树立，不断提高扶贫企业产品的美誉度。四是健全技术支持体系。建立健全完整的产业技术支持体系，确保公共服务项目能向参与精准扶贫项目的龙头企业倾斜。

（3）加强对扶贫企业的监管力度。针对龙头企业在科技扶贫过程中存在机会主义倾向风险，一是要完善领导机制。在政府的统一领导下，成立龙头企业带动科技型扶贫使用财政涉农资金领导小组，负责组织领导重点项目审批及相关政策制定等。二是强化责任担当。强化主体责任和主要负责人第一责任，在工作推进上相互衔接、上下联动、避免龙头企业消极扶贫，将扶贫资金挪为他用，更有甚者卷款跑路时逃避责任，强化监管力度。三是严格监督考核。建立龙头企业科技扶贫目标、任务跟踪考核制度，每年对工作目标、任务的完成情况进行检查、考核，并实行动态考核，落实奖惩措施，使龙头企业对贫困地区的科技扶贫切实落到实处。建立创建活动通报制度，对开展得好的企业通报表扬，对存在机会主义倾向的企业的曝光批评，严肃问责。

（4）建议完善龙头企业带动型科技扶贫模式的策略还可以从以下几方面入手。一是龙头企业因地制宜探索贫困山区科技扶贫模式，确保贫困地区精准扶贫精准脱贫。一般情况下，企业对乡村发展与贫困地区关怀，是通过多种渠道、多种方式筹措物资，直接向民族地区贫困人员提供满足生活、生产活动的基本公共物品，贫困地区人民是被动式的接受扶贫。新时代贫困地区脱贫，除为饮水工程、农田改造与设施、农村电网改造、基础教育建设外，更应该充分发挥龙头企业的社会地位和影响力，因地制宜探索贫困山区科技扶贫模式，实现精准扶贫精准脱贫。例如开展教育脱贫，转变贫困人口"等靠要"思想观念，用新知识、新技能、新手段增强贫困人口致富能力，实现科技强农富农。二是加强龙头企业信息网络建设，促进农业增效农民增收。企业与政府联合建立科技信息网页，并在自己的官网上及时发布科技信息，以便对贫困地区实现科技扶贫的导向性作用。积极实施"科技扶贫+互联网"项目，建成信息服务平台，配备专家24小时为农民开展科技咨询免费服务。配备科技特派员活跃在田间地头，手把手为农户和示范点指导生产，辐射带动当地农民发展特色产业，从而实现农业增产、企业达效、农民增收目的。三是企业联盟，协同创新，形成扶贫协作共振效应（拓兆兵，2017）。参与扶贫的龙头企业数量越多、实力越强，对扶贫的带动作用就可能越大。为提升我国扶贫产业自主创新能力和产品竞争力，企业之间可以通过联盟，例如不同性质的企业，国企与民营企业等；不同行业的企业，农业企业、金融企业、科技创新型企业、互联网企业、综合性企业等；不同领域的企业，种植业、养殖业和旅游业等不同企业之间相互协作，探索科技扶贫新模式，创新高效率地运作扶贫产业技术标准，采用现代化的管理方法提供有效支持（李力，2014）。同时扶贫要注重协同创新，通过整合各类资源要素，优化配置，形成更大扶贫合力，打造科技引领、品牌提升、模式创新"组合拳"（邱红辉，2017），实现科技扶贫助推经济发展，创新驱动引领精准扶贫，如期全面建成小康社会。

（三）龙头企业带动型科技扶贫模式实践：凉山州中泽新技术开发有限责任公司

凉山州是全国、全省最集中的连片特困地区之一，也是全国最大的彝族聚集区，脱贫攻坚形势极其严峻。凉山州17个县市有11个民族聚居县，均为国家扶贫开发重点县，占四川省的1/3。集中连片的区域达到了4.16万平方千米，占全州面积的68.9%。截至2018年底，凉山州有11个贫困县，618个贫困村，31.7万贫困人口（常瑞 等，2019）。以彝族为主的少数民族聚居的二半山区，聚集了整个凉山州的绝大部分贫困人口。虽然近年来凉山州发展迅速、形势喜人，但由于底子薄、基础差、困难多，建设全面小康社会，让贫困群众精准脱贫，让广大群众过上健康富裕文明新生活的任务还十分艰巨（蔡莉英，2018）。凉山州中泽新技术开发有限责任公司（以下简称中泽公司）地址位于四川省四大贫困片区的大小凉山彝区，是四川省林业产业化重点龙头企业，属于技术开发导向型企业，主要致力于油橄榄优良品种的选育、种植、丰产、幼苗繁育的研究、推广以及系列油橄榄产品研制。中泽公司积极响应油橄榄产业扶贫的思路，通过引进国外先进技术、建示范基地、建标准化苗圃、建加工厂等措施，帮扶带动贫困户发展油橄榄产业，实现了企业创收和精准扶贫的有效结合。

1. 产业发展背景

凉山州具有发展油橄榄独特的自然资源和气候条件，安宁河流域是典型的干热河谷气候，属于全国油橄榄最佳适生区之一。凉山州适宜油橄榄生长的区域广，面积大，油橄榄在荒山坡地、贫瘠干旱半干旱的土地具有较强的适应性，经调查，可用于栽培油橄榄的土地资源在 300 万亩以上，具有发展油橄榄产业得天独厚的土地资源优势。油橄榄在凉山州多数县表现良好，凉山州贫困人口主要集中在二半山、土地瘠薄和干旱的区域，与油橄榄产业的适生区域相重叠，但目前油橄榄产业未形成拉动二半山地区经济发展的支柱型产业（刘伟 等，2018）。油橄榄投入产出高，成为巩固脱贫成果和乡村振兴重要的产业保障。发展油橄榄产业不仅能充分利用区域丰富而独特的农业自然资源，还是践行生态文明的重要体现，有利于提高森林覆盖率，改良土壤结构，遏制水土流失，改善生态环境（María V Rosetti et al.，2019；金银春 等，2018）。促使凉山州油橄榄产业规模化发展，有利于促进地区经济效益和生态效益的稳步推进。同时油橄榄产业链条长，市场前景广阔，油橄榄加工及加工副产物附加值高，产业特性符合当前社会消费转向绿色、健康的变化趋势（雷驭风，2018）。因此，大力发展油橄榄产业，对凉山州脱贫攻坚、发展绿色低碳循环经济，筑牢长江上游重要生态屏障具有重要意义。

2. 中泽公司科技扶贫的模式和主要做法

中泽公司坚持"科技创新驱动发展"战略，在油橄榄产业取得多项科技成果，荣获了"国家级油橄榄良种基地""国家级油橄榄种质资源异地保存库""国家林业标准化示范企业""四川省油橄榄产业国际科技合作基地""四川省油橄榄工程技术研究中心"等荣誉称号。2018 年园区依托"中国—以色列油橄榄国际合作中心"，完成"西昌—中国、以色列油橄榄科技产业园"的建设。在油橄榄的良种繁育、标准化种植示范、精深加工等方面均为大小凉山彝区农业产业发展提供了强大的科技支撑。

中泽企业充分发挥龙头企业的带动作用，在西昌市安宁河沿岸设立核心园区，总面积为 4 545 亩。依托国家级油橄榄林木种质资源库和国家级油橄榄良种基地，以中泽油橄榄企业为载体，以中国林业科学研究院、四川省林业科学研究院、四川农业大学、西昌学院、四川省油橄榄良种研发中心、凉山州国家油橄榄良种基地、中泽新技术有限公司、西昌农业投资开发有限责任公司等为技术支撑，以生态优先，市场需求为导向，以油橄榄种植新技术、循环示范推广为基础，推广高质量种苗，实施油橄榄标准化生态种植技术，打造了集智慧水平高、设施先进、有机循环、生态体验、休闲观光等为一体的油橄榄生态循环示范种植基地，带动西昌市油橄榄产业跨越式发展。同时面向攀西地区和"一带一路"国家，发挥四川省在国家向西向南开放中的独特优势，以科技扶贫落实绿水青山就是金山银山、农业新旧动能转换。

中泽企业与西昌农垦有限责任公司联合种植油橄榄，形成带动区，占地 6 000 亩，已辐射带动深度贫困地区悬崖村、会理县、喜德县、云南及其他地区发展油橄榄产业共 10 万亩以上，实现人均增收 1 947 元。

（1）"龙头企业+贫困户"模式。以"龙头企业+贫困户"模式积极参与西昌市建卡贫困户的帮扶工作。在此过程中全程精准把控质量，为贫困户免费提供油橄榄种苗、肥料等和技术指导，发展油橄榄。

（2）创建"龙头企业+农户+互联网平台"模式。针对深度贫困凉山州区域缺乏特色产品和品牌影响力不足的情况，与京东签订优质油橄榄原产地战略合作协议，大力实施"龙头企业+互联网+油橄榄"品牌扶贫3.0模式。中泽公司为贫困户提供大量的良种种苗和技术服务，让贫困户都能种上、种好油橄榄，在此基础上，回收贫困户果实原料进行加工。中泽公司生产的精品橄榄油产品在京东平台上深受消费者欢迎。京东集团负责线上销售凉山生产的油橄榄产品，并深受客户喜爱，通过电商平台，油橄榄产品终于可以走出大山，成为帮助凉山州贫困户脱贫致富的"幸福果"。

（3）打造利益联合体，创建"龙头企业+公司+合作社+农户"模式。以园区生产经营管理和可持续发展为出发点，实行四级组织模式，即"龙头企业+专营公司+合作社+农户"模式，按公司制法人结构治理方式进行商业化运作，构建多方紧密合作机制，形成龙头企业与公司、合作社、农户共同利益联合体，带动贫困地区油橄榄产业整体发展。

3. 主要启示与建议

（1）以园区为载体，因地制宜发展特色产业。龙头企业在科技扶贫过程中以园区为载体，因地制宜地培育"川字号"特色产业，把现代科技与现代化管理的标准化生产模式带到农民手中，推动产业标准化生产，提高产品附加值，以科技扶贫引领产业升级。

（2）加强与互联网合作，拓展销售平台。顺应"互联网+"新趋势，龙头企业负责整合产业线下资源，发挥产地优势、品质优势，健全电子商务基础设施、物流体系、服务平台，培育农村电商经营主体、电商人才、电商品牌，加强与京东、淘宝等电商合作，因地制宜发展农村电子商务模式与现代冷链物流体系，实现贫困地区产品线上线下同步营销，进一步增强产品和产业的抗风险能力，帮助扶贫产业真正地走向市场。

（3）以科技为导向，加强科技创新与宣传。龙头企业依托四川省农业科学院、四川农业大学等国内外合作的科研单位设立专家大院，成立产业技术研究机构、专家团队、定期开展交流大会，搭建技术传播和信息交流与科技推广转化平台。可重点围绕产品新品种培育、机械化采摘、精深加工等新技术、产品营养功能性食品、低碳生态美丽乡村建设技术、康体疗养技术、生态环境监测及评价技术等进行协作攻关，利用国内外主流媒体推动贫困地区产业跨越式发展，助力龙头企业带动科技扶贫模式发挥在扶贫路上发挥更大作用。

（4）进行机制创新，大力进行科技推广。着重发挥龙头企业带动作用，汇聚政府和社会资源，以鼓励创新创业、提高农业科技成果转化率和企业孵化成功率为目标，加强政策集成配套，加快建设一批农业科技成果转化中心、科技人员创业平台，集新技术、新品种、新产品的引进筛选、试验示范、综合集成、应用推广等多功能于一体，建设功能完善的油橄榄高新技术、企业和产业孵化基地。大力进行产业科技推广，吸纳返乡农民工、大学生、农业致富带头人创新创业，利用线下孵化载体和线上网络平台，聚集创新资源和创业要素，促进农业科技成果转化与产业化。

二、农民专业合作社科技扶贫模式

(一) 基本概念和运行机理

1. 基本概念

农民专业合作社一方面与农民有着天然联系,另一方面又是践行各级政府农业农村政策的市场主体,是政府与农民之间的中介组织。独特的制度安排和运行机制,使得农民合作社具有农业科技扶贫的内在自治性,并天然地具有益贫性组织特征(柏振忠、宋玉娥,2017)。党中央、国务院高度重视合作社发展。党的十九大和近年来多个中央一号文件,都对农民合作社发展提出了明确要求。据统计,截至2019年2月底,我国依法登记的农民合作社达到218.6万家,成立联合社1万多家,辐射带动全国近一半的农户;农民合作社产业涵盖粮棉油、肉蛋奶、果蔬茶等主要产品生产,并由种养业向农产品加工、休闲农业、观光旅游、民间工艺品制作和服务业延伸,其中种养业占70%以上;农民合作社为成员提供农资供应、农机作业、技术信息等统一服务,提供产加销一体化服务的农民合作社占比达53%。因此,在科技扶贫工作中,充分发挥农民专业合作社的作用,是提高科技扶贫效率,把小农户引入现代农业发展轨道,真正解决科技转化"最后一公里"的重要途径。

农民专业合作社科技扶贫模式是指在科技扶贫过程中,以农民合作社为主导,一方面作为科技投入的主体或者作为联系科技支撑单位的纽带,另一方面通过良种推广、科技培训、技术指导以及社会化服务等方式将分散的农户组织起来,共同发展产业,带领社员脱贫增收的模式。

2. 运行机理

该模式的运行动力一方面来源于合作社作为市场主体的市场动力,另一方面也来源各级政府的大力引导和推动。其技术推广除了合作社自身有限的科技资源实现以外,往往通过"科研机构+合作社+农户""政府农技部门+合作社+农户""科技型企业+合作社+农户"等模式实现,虽属于市场主导型科技推广模式,但是在贫困地区其公益性也十分突出。

(二) 农民专业合作社带动型科技扶贫模式评析

1. 农民专业合作社带动型科技扶贫模式的主要做法

(1) 通过统一科技服务,提高贫困户生产科技水平。当前,我国社会的主要矛盾已成为人民日益增长的美好生活需要和不平衡不充分的发展之间的矛盾。不平衡不充分在农村地区表现得较为突出,由于历史、自然条件以及资源禀赋的不同,农户获取农业信息、农业科技的渠道差异较大,各个农户掌握农业技术、农业信息的程度和水平也有较大差异。一般来讲,农村种养大户、家庭农场主、返乡人才等乡村精英农业科技信息来源渠道更加丰富、技术水平较高,而一般农户,尤其是贫困农户渠道闭塞,技术水平较低。但是,通过农民合作社这一纽带,将各类型农户组织起来实行良种、先进技术、采购、销售等几个方面的统一,能有效提高贫困户农业生产的科技水平,最大化地缩小与其他农户的差距，带动区域农业科技水平的整体提升。

（2）通过农民专业合作社对接科技资源，降低交易成本。传统的农业科技推广模式，农业专家和基层农技人员面对分散的众多农户，任务繁重且推广效益不高。通过合作社这一平台，对接农业科研机构、大专院校、基层农业推广单位以及科技型企业，将大大提升引进新品种、新技术、新模式，推进农业机械化和数字化，开展新型农民培训、提高农民科技素质，有效解决农业科技推广"最后一公里"问题的效率，大大缩短传播路径，不断节约交易成本。此外，合作社还具有农业科技示范推广的功能，合作社社员能亲眼看到和体会农业新品种、新技术、新模式的成功应用，对于新品种、新技术、新模式的推广具有积极的作用。

2. 农民专业合作社带动型科技扶贫模式的主要优点

（1）灵活性、精准性更强。基于熟人社会的组织和运行逻辑，合作社能有效对合作社社员的生计信息、个人能力进行精准掌握，在科技扶贫的过程中，在技术推广、培训等方面能够做到精准施策，且能进行动态调整，能最大化地提高科技扶贫的效率。同时，相对于各级政府、龙头企业为扶贫主体的扶贫模式，农民专业合作社带动型科技扶贫模式直接以贫困农户作为帮扶对象，而不是以贫困地区作为帮扶对象，这不仅使得扶贫对象的选取更准确，而且也极大地提高了农民参与扶贫工作的积极性。

（2）落地性、实用性更强。相对于传统农业技术推广，农户被动接受农业新技术、主动性不强的情况，基于农民专业合作社的科技需求更多是双向的，基本能够体现合作社以及社员的真实需求，有利于农业科技的推广，特别是引导贫困户积极参与科技扶贫，提高科技扶贫的效率。

3. 农民专业合作社带动型科技扶贫模式存在的问题和不足

产业扶贫的根本目的是实现农民的持续增产增收，而科技扶贫则是达到这个目标的关键。据四川省农业农村厅公开数据显示，截至2017年底，四川省经工商登记的农民合作社89 292个，比上年增长20.6%，入社成员401万户（其中建档立卡贫困农户25.2万户），带动农户696.3万户。作为上联政府部门、科研单位，下联农户的纽带，合作社在全省扶贫工作中，尤其在科技扶贫和产业扶贫中的作用也越来越明显。但是，从总体看，我国农民合作社仍处于发展的初级阶段，数量众多，但单体规模普遍较小，实力比较弱，还面临着种养技术集成水平不高、产销衔接不够紧密、加工流通能力不强、缺乏品牌宣传平台、融资难融资贵等困难和问题。这些问题在四川省贫困地区表现得尤为突出，在促进贫困地区科技扶贫中主要有以下不足。

（1）资金不足，对农业科技的投入力度不足。合作社启动资金大多来源于社员，资金不足和筹资能力差是一个普遍问题。一方面由于大部分合作社规模较小，不能通过社员入股获得足够资金；另一方面由于合作社固定资产不足，难以获得银行贷款等外部资金的注入。对于贫困地区而言，合作社自有资金更是困难，很多合作社都要靠政府扶持才能维持经营。而农业科技的供给，除了政府、科研单位等公益性支持之外，还有许多科技需求需要合作社自身投入，在合作社自筹资金不足的情况下，很难增加对新品种、新技术、新机械、新模式等农业科技产品的投入。

（2）观念亟待转变，对社员的科技带动力不强。尽管合作社大多由能人或村干部领办，但是贫困地区农户普遍受教育程度低，观念陈旧，加之大量青壮年劳动力外出务工，留守的农户以老人、妇女等为主，许多农户尤其是贫困户加入合作社大多是靠政策推动，其与合作社的利益联结机制没有真实实现，许多合作社社员只是名义上的社员，成员与合作社之间利益分享、风险共担的紧密型利益联结机制尚未建立。因此，通过合作社带动社员、特别是贫困户提高农业技术水平，存在一定的难度。

4. 完善农民专业合作社带动型科技扶贫模式的对策和建议

（1）培育和壮大贫困地区农民专业合作社，实现高质量发展。在加大对贫困地区农民合作社扶持力度的同时，重点需要做好以下几个方面的事情。一是规范农民合作社的运行机制，开展规范化建设，提升管理水平；二是加强对"空壳社""挂牌社""休眠社"的清理整顿，特别是加强对个别骗取国家补贴的合作社的清理；三是抓好科技型合作社的示范创建。重点培育管理规范、科技支撑有力，产业科技含量高的示范合作社。四是鼓励组建合作联社，按照区域特色或行业特色，打破行政边界，构建一批社员多、效益好、品牌亮的合作联社。通过培育和壮大贫困地区农民合作社，才能从根本上解决合作科技带动能力不足，科技投入不足的问题。

（2）创新机制模式，鼓励合作社加强与科技资源的对接。要提高合作社的科技带动能力，除了合作社自身加大对农业新品质、新技术、新模式以及农业科技人才的引进外，更要加强与省内外农业科研单位、本地农技推广部门以及科技型企业的对接和合作，创新机制体制，主动融入当地农科教产学研推一体化的农业技术推广体系中。各级政府要鼓励和支持农业科技人员与合作社开展技术合作，鼓励科技人员以技术参股合作社，将合作社作为创新创业的良好平台，将符合当地实际生产水平的农业科技推广到贫困户，授人以渔，带动农业科技扶贫。

（3）加强合作社科技人才的引进，加大技术培训力度。建议出台相关扶持政策，鼓励和引导合作社加强科技人才的引进，对于合作社引进全职和兼职科技人才可给予一定的补贴；进一步加强对合作社带头人、技术骨干的培训，培养适应现代农业发展需要的合作社理事长和技术负责人；加强对合作社贫困户社员的技能培训，对于有劳动能力的贫困户社员要有针对性地培训。

（4）加大金融支持力度，为合作社科技投入提供资金支持。尽管银行、保险公司等金融机构都加大了对合作社的金融支持力度，尤其是将贫困地区合作社作为金融支持的重点对象。但是总体来看，金融机构对合作的支持还远远不够，与合作社的实际需求还有较大差距。中国人民银行要充分发挥宏观调控作用，通过差异化的贷款政策引导各个金融机构加大对合作社的支持，特别是对合作社采用新品质、新技术、新设备的支持；政府部门切实采取措施，创新方式方法，例如建立合作社科技贷款担保基金或风险补偿基金，引导金融资金进入贫困地区合作社；大力推广政策性农业保险制度，鼓励商业性保险公司开发更多适合合作社生产科技需求的金融产品。

（三）合作社带动型科技扶贫模式实践——广安市初山农谷种养专业合作社

广安位于四川省东部，华蓥山中段西侧，长江二级支流渠江下游，是国家扶贫开发重点县，邓小平同志故里。区域面积 1 030 平方千米，东邻大竹县、邻水县，南接华蓥市，西连岳池县，北靠渠县、蓬安县。年平均气温 17.2℃，常年无霜期 320 天左右，年日照 1 123.4 小时，年均降雨量 1 072.7 毫米。较常见的气候灾害主要包括高温、伏旱和洪涝等。广安属于四川省四大扶贫片区之一秦巴山区扶贫片区，是国家扶贫开发重点县。下辖 6 个街道、19 个乡镇，238 个行政村、94 个社区、村民小组 2 134 个、居民小组 942 个，其中贫困村 136 个；农村总人口 89.77 万人（截至 2016 年建档立卡贫困人口 7.6 万人），贫困发生率达到 5.94%，具有贫困人口绝对数量大、贫困发生率高的特点。在过去几年，广安区广安市在脱贫攻坚阶段和乡村振兴阶段，取得了可喜的成绩，这其中，初山农谷种养专业合作社等合作社组织发挥了巨大的作用。

1. 合作社基本情况

广安市初山农谷种养专业合作社（以下简称初山农谷）由返乡创业的 3 个大学生发起创办。现有社员共 55 人，其中大股东 5 人，占合作社总社员的 9.90%；普通农户社员 50 人，占合作社总社员的 90.10%；建档立卡贫困户（2015 年）19 人，占合作社总社员的 34.55%；少数民族 1 人，占合作社总社员的 1.82%；女性社员 29 人，占合作社总社员的 52.73%。合作社以发展李子为主导产业，同时种植多种水果、蔬菜，养殖跑山鸡和小龙虾等。2020 年，合作社成功获得国际农发基金的资金扶持，在合作社规范化管理、商业发展、技术支持、专家职称等方面得到了大力支持。近几年，合作社已成长为一家具备影响力、规范化发展、科技和电商引领型的合作社。合作社组织机构健全，已设立了成员（代表）大会、理事会和监事会。每年按期召开理事会会议不 3~6 次，这确保了合作社更好地制定发展规划和正确决策；定期不定期召开监事会会议每年 3~6 次，充分发挥了监事会的监督管理作用，确保合作社运行规范。

合作社采取"合作社+小农户+农超对接"运营模式，打通了产品的销路。合作社通过"115 城配团购超市"，让农产品直接与消费者建立了紧密的联系。依托电商及快递平台，开拓了网络销售和代理配送的多元通道，进一步延长了农业价值链。更为重要的是，合作社把生态养殖与旅游结合，形成了"生产+体验+采摘"的全新农业模式。构建了农场管理的 ERP 平台，设立超市销售分拣系统，使"初山农谷"形成一条完整的产供销价值链。

2. 初山农谷科技扶贫的模式和主要做法

（1）初山农谷合作社通过提供一体化生产服务，提高异质化贫困农户科技使用效率。初山农谷合作社社员来源于彭家乡、协兴镇、浓溪镇、悦来镇、龙安乡的农户，该地区农户与我国其他地区农户一样，由于资金实力、学历履历、经验积累不同，农村社会阶层结构分化加剧，农民阶层分化现象日益显著，尤其是有劳动力或无劳动力的贫困户与一般农户的差距较大，极大地影响了产业扶贫的实施。返乡创业的大学生、乡贤、能人、退休干部等乡村精英人群资源丰富，能够比小农户、贫困农户更易获得农业科技信息和农业科技专家的支持，并且获得的支持更加丰富、更加科学、更加精准、更加及时、更容易转化，这又进一步加剧了农户的分化。初山农谷合作社通过在种子种苗、有机肥、生物农药等科技产品上实行了统一组织、统一采购、统一供应，在电商、配送、机械化和智慧农业等科技管理上推行了一体化生产服务，有效地改变了异质化农户的农业科技使用状况，改善了农户特别是 19 名贫困人口、29 名妇女和 1 名少数民族等弱势群体的生产技能和生活福利。2022 年，每个社员平均分红超过 2 100 元，贫困社员则由于获得扶贫特别的扶持金平均分红超过了 2 600 元。

（2）初山农谷通过产业链接贫困户，成功推动各类科技扶贫项目的顺利实施。2018 年，在财政部、国家发改委和农业农村部的大力支持下，国际农发基金优势特色产业示范项目成功落户四川省广安区，支持小农户、贫困户、妇女和少数民族等弱势群体参与特色产业发展，尝试利用科技扶贫、价值链分享，带动其增收致富。作为广安区新型经营主体的佼佼者，初山农谷借助国际农发基金、农业农村部和四川省农业农村厅的援助，将科技进步转化为合作社经济效益，带动小农户和贫困户致富增收。利用项目资金，建设了合作社亟须的田园超市、连栋大棚、冻库等设施，开发了商城销售分拣系统、智能监控系统，购置了果树碎枝机、冷链运输车和开沟施肥打药一体机等现代化系统和设备，推动了合作社的设施化、智能化和机械化，完善了电商配送体系。利用项目的技术援助，发挥国际国内专家产业、经济、加工和营销等方面的技术支持，合作社努力贯彻政府科技推广、农村劳动力培训等农业政策，为社员和管理人员开展各类培训，赴省内外考察学习，提升了合作社管理人员的管理水平，提升了社员的技术能力。除了合作社内部发生可喜变化之外，初山农谷还将项目支持带来的平台和经验，影响和带动了广安区其他经营主体和小农户的发展。合作社发起人撰写的《促进小农户与现代农业衔接的合作社+模式——国际农业发展基金贷款支持初山农谷种养专业合作社发展案例》成功入选第四届全球减贫案例征集活动最佳案例，成为了世界各国关注的减贫解决方案；作为优秀代表，合作社还受邀参加了在 2023 年在北京联合国大楼举办的第二届科技赋能乡村发展国际论坛。合作社通过产业链接贫困户，很好地推动了科技扶贫项目的顺利实施，取得了喜人成绩，并且这种模式具有典型示范作用。

（3）初山农谷通过与农户的天然联系，加快了农业科技的推广速度。与依赖政府部门的传统农业科技推广机制相比，初山农谷农业科技推广人员更加年轻稳定、积极性更高、服务质量效益更好，有效解决了农业科技推广"最后一公里"的现实性难题。合作社管理团队学历高、年轻化，接受现代农业科技能力强，传播农业科技的能力强。社员又是该地区的土著居民，与社员内外的农户联系紧密。初山农谷依托国际农发基金、农业农村部、四川省农业农村厅和四川省农业科学院等单位帮扶的契机，引进新品种、新技术、新设施和新装备，培养了大批拖拉机手、科技人才和新型职业农民，提升农业科技成果的转化和应用效率。

3. 主要启示与建议

（1）助力合作社内外部开展技术信息交流，扩大科技扶贫带动面和影响力。加强农民专业合作社参与内部外部的技术信息交流活动，有助于提高合作社的整体科技水平和认知水平，有助于形成良好的合作社文化，助力社员深耕种养殖技术。鼓励、支持其他社会力量广泛参与农民专业合作社科技扶贫，构建政府主导、合作社实施、其他主体参与的多元化扶贫体系，鼓励、支持合作社与科研院校建立育繁推一体化联盟；鼓励合作社外出考察学习，开展技术信息交流，鼓励社员在周边区域进行宣传交流，扩大合作社科技扶贫的带动面和影响力。

（2）担当政府链接贫困户的第三方平台。与农户有天然联系的农民专业合作社，具备成为政府链接贫困户和小农户的最优第三方平台的潜力，将农业科技和农业政策上传下达，推动政府、贫困户和小农户之间科技扶贫的有效实施。

（3）推动合作社科技扶贫工作循序渐进。一是合作社根据自身发展需要，深度对接科研院所，通过对口帮扶、科技特派员、科技下乡、"专家大院"等，发挥专家在科技推广中的积极作用；二是为贫困户和小农户统一提供种子种苗、有机肥、生物农药、技术指导等农田耕作标准与服务，提高科技对贫困户脱贫致富的贡献度，提升贫困家庭收入水平；三是成立技术指导小组、质量检查小组、综合考核小组，定人定岗定任务，做到"社有科技特派员，组有科技辅导员，户有科技带头人"，科技到户、技术到田、责任到人，将科技生产宣传到每个贫困户，让贫困户看到脱贫致富的希望，将科技扶贫融入到精准扶贫工作中。

第六节　外资项目扶贫型

一、基本概念和运行机理

通过实施外资扶贫项目，利用外资开展扶贫是我国扶贫工作的重要组成部分，为我国扶贫事业作出了积极贡献。通过利用外资实施扶贫项目不仅直接增加了贫困地区的资金投入，改善了贫困人口的生产生活条件，而且引入了比较先进的扶贫理念和科学管理模式，同时也为扶贫系统锻炼培养了一大批干部（苏贵定，2008）。随着我国经济的快速发展，改革开放水平不断提高，利用外资实施扶贫项目的水平将不断提高，科技型扶贫项目将成为国际扶贫项目的主流。

所谓外资项目科技扶贫模式，即通过引进国际组织、机构的援助资金和贷款资金在我国实施的科技型扶贫项目的一种模式。该模式一般为公益性扶贫范畴，也有少数贷款项目具有一定的营利性。其实施主体包括地方政府、经营主体以及农户等，国外机构或组织一般为项目的资金提供者和项目实施的监督者。经费来源包括国际组织的无偿援助资金和国际金融组织的扶贫项目贷款资金，大多由各级政府承贷并还款。

二、外资项目科技扶贫模式评析

1. 外资项目科技扶贫模式的主要做法

长期以来，利用外资开展的扶贫项目主要集中在教育、卫生、农村基础设施、农村生态环境等方面。党的十八大以来，我国扶贫工作进入精准扶贫阶段，扶贫的全面性、精准性、系统性、可持续性等是其突出的特点。在此背景下，我国引进外资实施扶贫项目的理念也在不断变化，从过去重视基础设施的投入转向注重提高农业科技水平。例如，世界银行贷款"第四期扶贫项目"建设重点主要包括基础设施、教育、卫生、能力建设、机构建设与项目管理，而世界银行贷款第六期扶贫项目已将重点聚焦产业发展，重点支持综合价值链开发、产业扶贫机制研究与农业推等方面。

国际农发基金是专门向发展中成员国提供粮食和农业发展贷款的金融机构。2013

年开始，国际农发基金项目重点预算方向从市场和基础建设、农业生产、灌溉、研究和推广，转向侧重于改善农户市场准入、价值链建设、帮助合作社和农户获得更多技术服务。以四川省实施的《国际农发基金贷款优势特色产业发展示范项目》为例，项目选择了苍溪县、宣汉县、广安区、仪陇县、宜宾县作为实施县，以贫困户及合作社为重点扶持对象，将科技支撑作为产业扶贫的重点，一是大力开展气候智慧型生产基地建设，主要包括绿色农业技术应用、新技术示范推广和新品种示范推广。二是大力开展能力建设，主要包括农民和相关人员能力建设，合作社能力建设，技术支持以及信息传播。

2. 外资项目科技扶贫模式的主要优点

（1）注重贫困人口的参与和互动。绝大多数外资项目都非常重视项目实施前的参与式互动，对于科技扶贫项目更是将前期的宣传、动员作为项目实施的必要条件，通过召开磋商研讨会、村民小组会议等多种形式充分征求意见，尽可能让村民了解项目、支持项目。这些做法有利于引导相关人员，特别是贫困户自愿参与到项目中，充分尊重参与人的权利和意愿，避免或减少项目建设、经营等活动可能引起的社会矛盾。

（2）注重扶持对象的精细化选择。外资扶贫项目一般选择在国家扶贫重点区域的贫困县实施，以贫困户及合作社为重点扶持对象，尤其是建档立卡贫困农户，与国家以及地方脱贫攻坚规划和目标一致；同时，项目扶持对象更加注重妇女儿童、少数民族等特殊群体，许多项目还将妇女占扶持对象的比例作为一项基本原则。

（3）注重经营主体的能力提升。把加强合作社能力建设作为重中之重，对吸纳贫困人口和妇女参与的合作社优先扶持，创建或壮大能切实带动产业发展的新型经营主体，提高农业生产、销售的组织化程度及社会化服务能力，探索"小农户、大市场"生产经营模式。具体资金支持将农民和相关人员能力建设，合作社能力建设，技术支持，价值链研讨和实地考察以及信息传播作为主要内容。

3. 外资项目科技扶贫模式的主要不足

通过实施外资扶贫项目引进国际新的发展理念，有力推动了科技扶贫机制和制度的创新。但是在具体的实施过程中也存在许多不足：一是项目前期论证周期偏长，从项目动议到正式立项一般需要3年左右，许多项目前期工作时间高达5年以上。二是与中国国情的融合还不够，不能盲目把一些其他地方的经验用到中国，要充分考虑中国政府扶贫的超强力度和经济快速发展的现实。

4. 关于外资项目科技扶贫模式的建议

（1）简化程序，提高效率。在保证论证质量的前提下，充分结合中央脱贫攻坚政策、产业政策和规划背景，进一步简化创新外资项目执行审批程序，缩短审批周期，加快审批进度，做到国内审批程序与外方审批程序的有机衔接，同步进行，确保项目能够在较短的时间内确定并实施运营，充分发挥外资经济、社会和生态效益。

（2）结合中国国情，创新利益连接机制。以项目为支撑，充分尊重项目重点扶持对象意愿，创新土地合作社等机制模式。例如，遵照"农村土地所有权、承包权、经营权"三权分置"等深化农村集体产权制度改革精神，探索构建贫困农户土地承包权和项目形成新资产股权共建产业扶贫基地及权益分配机制，或者将项目投入企业的部分财政资金形成的资产进行股权量化，以优先股的形式，由合作社或贫困户持有，实行保底分红，从而进一步深化企业和农民的利益关联度，有效增加农民的财产性收入。选举农村能人或聘请生产经营职业经理人为致富带头人，以吸纳贫困人口和妇女参与为项目补助或者贷款贴息为条件，创建或壮大切实带动产业发展的规模适度家庭农场和合作社等新型经营主体，推动"生产者—合作社—涉农企业—市场"新型价值链构建，探索建立激励农科人员创新创业技术援助、职业经理人"3+N"聘用与管理股份收益生产经营机制，建立起生产、供销、信用"三位一体"综合合作的经营结构新模式。

第七章 科技支撑四川省贫困地区产业发展的主要挑战和问题

第一节 主要挑战

一、贫困地区自然条件较为恶劣

四川高低悬殊、西高东低，多为高原、山地丘陵的情况特别明显。特别是处于秦巴山地向四川盆地过渡地带及高原地区城市，过渡地区地形地貌复杂，河谷、丘陵、山地、平坝均有分布，各地发展条件差异大，区域发展不协调、不平衡问题突出。高原地区海拔高低悬殊可高达4 000米，山地占辖区面积大，境内山高坡陡、沟宽谷深，交通运输成本高，设施农业用地极为困难，基本不具备规模化、集约化、标准化、设施化的现代农业发展条件。

同时，革命老区、整体连片贫困地区、边远山区，均是典型的山区农业，发展不足、发展滞后的基本情况没有根本改变，乡村地域广、面积大，城乡之间发展不平衡、农村发展不充分的问题尤为突出。

二、贫困地区人口文化水平较低

贫困地区农村经济发展相对滞后，村集体经济薄弱，农民增收后劲不足；城乡基本公共服务和收入水平差距较大，村庄空心化和老龄化现象普遍存在，地方乡村凋敝、人口流失、土地闲置现象突出，延续乡村文化血脉、完善基层治理体系任务迫切而艰巨。调研显示，农户及当地企业合作等参与人员的文化程度普遍偏低，大多处于初中文凭及以下，缺乏有专业素养、理论知识及实践能力的专业人员投身到农业产业中。企业专业人才的缺少，主要是由于贫困地区地理位置较为偏远、生活水平质量较低，在招聘人才工作上难度大、留住难，培养时间长、投入大等原因造成。专业人才的缺失直接导致产业发展、技术推广、产品研发、管理营销等方面不健全规范，一条完整的产业链无法形成。后续的产业发展过程中人才引进，鼓励返乡创业，规模企业的引入显得尤为重要，也是重中之重、大势所趋、必由之路。

三、基础配套设施环节薄弱

党的十八大以后，国家在贫困地区的农业基础设施方面投入了大量的资金和人力，在建设方面做了很大的努力，取得了明显成效，但存在的问题和困难仍然很多。例如农村道路建设政策有限、资金严重不足，难以实现计划目标和产业发展需求交通配套。尽管近几年来实施"村村通"工程取得了极大的成效,但由于资金严重短缺和居住地点的分散,各村很难实现道路全覆盖。导致了部分地区优势产品、特色产品有规划、有产出,但是无法输出销售,与市场脱节。高原、山地、丘陵在水利、农业设施方面等建设较为困难,基础设施老化陈旧配套设施不全,建设发展滞后,加上本身抗市场风险、金融风险等能力弱,产业发展难以健康持续形成产业链。

第二节 主要问题

一、农业科技创新能力须不断加强,实用性成果有效供给不足

四川农业科研拥有自主知识产权的原创性成果不足,实际研究中重成果研究、轻技术集成,品种、栽培、病虫害防控、加工等研究,缺乏有效衔接与配合,产前、产中、产后技术集成配套等研究不够。审定品种多,实际推广种植品种少;理论成果多,能够在农业生产中解决实际问题的成果严重不足;综合性、配套系列技术成果少,单项技术成果多;农业技术创新的靶向性不强,基于用户导向的技术成果偏少,成果不接地气;农业高新技术、基础研究和应用技术研究水平不高,前瞻性技术储备不够,解决瓶颈问题的核心技术不强。

对于贫困地区而言,农业科技有效供给和有效需求的严重不协调,供需双方因信息不对称而出现的逆向选择现象最终造成农业技术的最优交易无法实现,导致农业科技成果转化率较低、产业化水平滞后及农业科技资源闲置、浪费严重等深层次问题,无法实现"市场—科研—开发—市场"的良性循环。由此,传统农业技术的市场需求相对缩小,而新型经营主体对关键性技术、瓶颈性技术和农业高新技术的需求得不到满足。与此同时,农技推广人员知识结构和年龄结构不能满足现代农业发展需要,农技人员积极性不能得到充分发挥。

二、农业科技支撑产业发展的机制不健全,内生动力需进一步提高

一是管理机制还需不断完善。农业科技扶贫一直深受四川各级政府重视,但就具体组织、管理、运行来看,还存在系统性不够、责任主体不明、长效管理机制不全等问题。以四川省为例,目前从事农业科技扶贫管理的部门主要是科技部门和农业部门,而从事农业科技扶贫工作的还包括各级农业科研单位和龙头企业。而各级农业科研单位大多不是科技部门和农业部门的直属单位,在农业科技扶贫的工作中,往往根据单位情况自行安排,与各级部门的农业科技扶贫工作衔接不够。二是合作机制还需不断完善。农业科技扶贫涉及的单位多种多样,构建涵盖各扶贫主体、各领域、各环节的合作机制十分必要。目前,四川在推进农业科技扶贫合作的机制和做法主要包括"院(校)地合作""院(校)企合作""产学研合作""科研人员+合作社+农民"等模式,在推进农业科技扶贫的工作中起到了积极成效。但是,通过对四川农业科技扶贫的合作模式的实证调研,课题组认为现有的合作机制还存在一些问题,亟须完善。三是扶贫激励机制还需不断完善。尽管农业科技扶贫是一项政治任务,各类科技扶贫主体都有责任和义务积

极开展农业科技扶贫工作。但是，如果缺乏科学的激励机制，将大大降低农业科技扶贫的效果。四是投入机制还需不断完善。四川贫困地区产业基本以农业为基础，对农业科技的需求十分迫切。然而受诸多因素的制约，农业科技成果在贫困地区的转化和推广难度比一般的地区更为艰难，必须创新农业科技扶贫的投入机制。五是评价机制还需不断完善。目前，农业科技扶贫作为一项重要扶贫任务还没有一套完善的评价机制，农业科技扶贫绩效往往是作为扶贫成效的一个考核小项，缺乏对农业科技扶贫主体的考核和奖惩。

三、基层农技推广力量薄弱，技术推广经费不足

一是现有的农技人员队伍年龄老化，思想观念跟不上新常态、新形势的需要。受地域闭塞、传统惯性思维的影响，在农技推广过程中，往往以高产为主要追求目标，对绿色、优质、产业经营的新模式新机制等现代农业理念接受程度较低，校正难度较大。此外，农技人员业务素质偏低也是贫困地区基层农技服务的一个核心问题。一方面是文化水平偏低，特别是乡镇农技人员中全日制大专以上学历的比例低；另一方面是知识更新慢，贫困地区农技人员走出去学习、深造的机会较少，业务能力和效率不足，难以满足当地产业扶贫的需求。

二是四川省贫困地区主要集中在偏远山区、民族地区或者高海拔地区，生活条件艰苦，农技岗位对专业人才的吸引力更差。根据课题组的调研，四川省贫困地区，尤其是深度贫困地区很难招到从事基层农技推广的大学生。而"国家西部志愿计划""一村一大"等政策安排的大学生在基层大多从事行政管理的工作，从事农技推广工作的寥寥无几。

三是基层农技推广经费不足。经费不足是基层农技推广普遍存在的问题，对于贫困地区而言问题更为严重。地方财政预算仅仅解决了农技人员的基本工资，对于农技推广的日常费用几乎没有预算。近年来，随着国家精准扶贫战略的推进，贫困地区实施了大量产业扶贫项目，但是绝大部分主要投入在基础设施上，对农业技术推广的投入略显不足。此外，绝大部分产业扶贫项目或者科技扶贫项目都没有预算基层农技推广的工作经费和劳务费，不利于调动基层农技推广的积极性。

四、对科技支撑农业产业的认识不足，农业高质量发展意识滞后

受地域闭塞、传统惯性思维的影响，加上生产条件总体落后，干部群众对绿色、优质的现代农业接受程度较低，校正难度较大。一是对当地传统产业的改造提升重视不够。部分地方过度追求"新、奇、特"和高效益预期，盲目引进新产业、新品种，上规模、算总账、垒大户，却忽视了种植历史悠久、完全适合当地生态条件、特色鲜明的传统农业产业的改造提升和提质增效。二是产业同质化和跟风现象比较突出。部分地区产业选择属于"拍脑袋""听传闻"的感性行为，缺乏前期市场论证。一些地方仍然存在急功近利脱贫摘帽的心理，产业选择趋向于"短、平、快"的产业，而缺乏长远考虑。三是不少地区品种、技术更新换代慢，对种养新品种、循环农业等新技术的认识和推广还有较大差距，大多缺乏综合指导。

五、经营主体科技带动能力弱，贫困户接受程度有待提高

贫困区新型经营主体在科技示范和科技推广方面，示范带动能力不强。课题组调查发现，一是以农民专业合作社为代表的新型农业经营主体发展滞后、部分地区甚至形同虚设，带动能力十分有限，专业化服务能力弱。二是一些贫困户只想"共享利益"而不愿"共担风险"，合作观念和风险意识较低，对新型经营主体的信任度较低。三是贫困地区属于人才净流出地，外出务工的劳动力普遍是文化、技术水平高的青壮年劳动力，贫困村就只留下劳动能力弱、文化素质更低的老人、妇女和儿童从事农业生产。这就出现了贫困地区农民科技接受能力普遍较弱的局面。

六、扶贫顶层设计缺乏科学论证，重形式、轻内容

部分规划制定缺少实地走访，规划与实地情况脱节。规划制定前需要实地调查，摸清现有产业基础，听取农业企业、合作社及种植养殖大户的意见和建议。部分产业规划缺少实地调查，照抄照搬现成规划，差异化体现不出来，产业发展同质化。部分规划缺少对特色农业产业、新产业新业态的关注，缺少财政、金融、保险、基础设施保障等鼓励扶持政策，特色产业的社会化、专业化服务滞后。

不同地区之间在产业选择、产业链延伸、市场拓展等方面缺乏系统的分工协调机制。部分地区产业基础薄弱，制定的规划忽视对全市、全县、全镇的统筹谋划，各自为政，不同地区扶贫产业的空间布局不合理，而这种缺乏总体规划直接的后果就是对产业未来风险估计不足，产业发展容易出现过于乐观，出现产业同质化趋势、恶性竞争。部分地区产业规划执行能力差，大多数乡镇为了短期利益放弃长远规划，盲目发展，缺少对产业的持续跟进，产业链不长，产业布局无统筹规划、凌乱无章，交通、金融等规划与产业发展不配套，产业抗风险力低。少部分地区完成规划后，往往就不闻不问了，缺少宣传与有力的组织实施，久而久之，农民参与的积极性不高，产业发展缓慢。

产业规划求大而全，缺少做强做精的措施。农业经营主体众多，但具有引领性的经营主体缺乏，而且贫困户不具备集体产业发展意识，尤其体现在粮油、蔬菜、林药等产业上，产业增值效益不明显，生产资料、技术及销售是制约贫困户发展的关键因素；经营主体之间互动能力不够、辐射带动能力不足，未集聚成合作社、购销社等经济组织，未与农民建立真正的利益联结机制；农业合作社/企业发展不足，普遍存在着经济实力弱、经营规模小、人才培养滞后、服务水平低、制度不健全等问题，营销管理、市场规划是其发展壮大的薄弱环节，销售渠道不畅，缺乏品牌发展意识，在一定程度上也制约了农业产业化、规模化、品牌化发展。

扶贫产业规划缺少科技创新的支撑。一方面，产业扶贫随着扶贫资金的投入而产生维系，一旦扶贫资金中断，扶贫产业往往就难以继续。特别是农业产业扶贫，把基础设施建设好之后，由于管理人员的科技水平有限，出现病害死亡等现象难以运行下去，实施的扶贫产业缺乏生命力，无法落地生根。或者产业发展缓慢，转型困难，相对收益低，不具有市场竞争力，久而久之就被市场淘汰。另一方面，农业产业新业态如："农业+旅游""农业+电商"等发展缓慢，农民知识、能力不足，难以适应新潮流发展。

第八章　四川省农业科技扶贫模式选择路径优化和政策建议

经过几十年的科技扶贫实践，和全国其他地区一样，四川省农业科技扶贫探索了大量行之有效、切实可行的模式，并取得重大成绩。总的来说，四川农业科技扶贫的模式是多种多样的，除了本书总结的模式，还有"农民讲习所"等多种模式；并且，科技扶贫模式不是单一运行的，具体扶贫实践中往往是几种或多种模式交互作用。例如，许多院（校）科技合作扶贫实践中，同时包含了专家大院、驻村干部、科技特派员等科技扶贫方式和模式。为此，本书第六章分别对公益性农技推广体系扶贫模式、驻村干部科技扶贫模式、科技专项计划扶贫模式、科技特派员扶贫模式等政府主导型科技扶贫模式，院（校）地科技合作扶贫模式、专家大院科技扶贫模式、科研单位定点帮扶模式等科研单位主导型科技扶贫模式，龙头企业带动型科技扶贫模式、农民专业合作社带动型科技扶贫模式等市场主导型科技扶贫模式进行了分析，并提出了完善的相关对策和建议。当前，打赢脱贫攻坚战是贫困地区最重要的任务，目前已经到了决战决胜阶段。但是，对于贫困地区而言，打赢脱贫攻坚战不是终点，只是实施乡村振兴战略的起点，推进脱贫攻坚和乡村振兴协同推进、有机衔接是十分重要的任务。在此背景下，本章站在四川乃至全国贫困地区可持续发展的角度，就当前四川省科技扶贫模式未来发展的路径优化进行探讨。

第一节　模式选择路径优化思路

一、充分尊重农民意愿，以新型经营主体的真实需求为根本导向

在充分尊重农民意愿、充分了解农业科技真实需求的基础上，才能科学配置合理的科技扶贫方式和模式。

一是要充分尊重农民的意愿。地方政府、科研单位等开展科技扶贫工作之前，要充分听取农民的意见和建议；实施科技扶贫项目要做到事前公示，必要的时候要召开听证会，充分吸纳农户意见；使农民主动参与到科技扶贫工作中去。

二是要充分了解新型经营主体和农民的实际需求。进一步明确科技扶贫核心对象是农民专合组织、家庭农场以及农民，要精准识别贫困地区农户的文化水平和对新品种、新技术、新机械、新模式等农业科技要素的认知水平，科学分析农户特征与科技扶贫模式的相关性，准确判断农民对农业科技的真实需求。

二、与当地产业充分结合，通过科技引领产业高质量发展

农业科技归根结底是为产业服务的。贫困地区选择什么科技扶贫模式，要充分考虑当地产业的特点、发展阶段以及未来的需求。一是要围绕贫困地区产业类型配置科技人才、科技成果等科技要素，根据科技要素的特点和需求来选择科技扶贫模式，力求最大化的发挥科技扶贫模式的效益。二是要把科技扶贫作为产业扶贫的基础性、公益性工程，各级政府要加大财政资金的投入力度，要把科技投入这种无形的投入与道路、水利、房屋等有形的投入放到同等重要的地位。

三、围绕提升贫困地区农民科技素质这个核心，稳定脱贫效果

大力实施科技扶贫项目、建设科技扶贫服务平台、引进科技扶贫机构等只是科技扶贫手段，不是科技扶贫的最终目的。科技扶贫核心的目的是稳步提高贫困地区农民的科技素质，增强农民可持续发展的能力。因此，无论选择什么样的科技扶贫模式都要考虑科技培训和科普宣传，把提高贫困地区农民生产技能作为评价科技扶贫模式的核心指标。只有农民科技素质稳步提高、农民市场意识稳步提高、农民依靠科技致富的能力稳步提高，才能真正稳定贫困地区的脱贫效果，真正杜绝返贫。

四、因地制宜，分类引导科技扶贫模式

四川是全国脱贫攻坚任务最繁重的6个省份之一。贫困区域主要集中在秦巴山区、乌蒙山区、大小凉山彝区、高原藏区"四大片区"（表8-1），深度贫困地区主要集中在大小凉山彝区、高原藏区。不同的贫困区域，其自然条件、经济社会条件、农业产业类型、农民文化水平、民族文化等差异较大，在引导贫困地区选择农业科技扶贫模式时必须充分考虑区域差异性和特点。

表8-1 四川省"四大片区"分布

片区名称	所辖贫困县名单
秦巴山区	平武县、北川县、利州区、昭化区、朝天区、苍溪县、剑阁县、旺苍县、高坪区、嘉陵区、南部县、仪陇县、蓬安县、营山县、广安区（包括前锋区）、邻水县、华蓥市、岳池县、通川区、万源市、达川区、宣汉县、开江县、大竹县、渠县、巴州区（包括恩阳区）、通江县、南江县、平昌县
乌蒙山区	合江县、古蔺县、叙永县、沐川县、高县、筠连县、珙县、兴文县、屏山县
大小凉山彝区	木里县、盐源县、普格县、布拖县、金阳县、昭觉县、喜德县、越西县、甘洛县、美姑县、雷波县
高原藏区	汶川县、理县、茂县、九寨沟县、松潘县、金川县、小金县、黑水县、马尔康县、壤塘县、阿坝县、若尔盖县、红原县、康定县、泸定县、丹巴县、九龙县、雅江县、道孚县、炉霍县、甘孜县、新龙县、德格县、白玉县、石渠县、色达县、理塘县、巴塘县、乡城县、稻城县、得荣县

第二节　完善我国农业科技扶贫的政策建议

到 2020 年我国将消除绝对贫困，但是相对贫困将继续长期存在，农民科学素质的提高还需要一个漫长的过程。因此，不断完善农业科技扶贫模式，对于不断提高贫困地区科技扶贫效率和农民科技素质，促进农业高质量发展具有重要意义。

一、做好顶层设计，进一步提高对科技扶贫工作的认识

贫困地区贫困原因多种多样，长期以来国内学者开展了大量研究。例如，邱金锋（2009）认为转型期中国农村贫困的原因主要包括农业发展的动力机制不足、农村劳动力就业机制不完善、农产品的市场流通体系尚未健全、农村保障体系不健全等原因。王金营（2013）以燕山、太行山和黑龙港地区农户样本进行定量分析，发现家庭劳动力情况、自然环境、耕地状况是影响家庭困难的主要因素。李艳（2013）将中国的农村贫困群体主要致贫原因归纳为农村贫困群体自身原因、劳动寻求不足和再就业机会缺失、农村基础设施薄弱、资金性贫困、社会资本缺乏等。概括起来，主要包括自然条件恶劣、基础设施落后、文化水平偏低、人才不足、资金技术缺乏等原因。近年来，为解决深度贫困地区交通、住房、教育、文化、产业等基础设施薄弱的问题，各级政府出台了大量政策和措施，投入力度巨大，成效显著。但是，对于科技扶贫的顶层设计，特别是投入水平相对不足。尽管国务院、科技部等国家相关部委都围绕科技扶贫出台了一些意见和措施，例如，国务院办公厅出台了《国务院办公厅关于深入推行科技特派员制度的若干意见》，中国科协、农业部、国务院扶贫办制定了《科技助力精准扶贫工程实施方案》，农业农村部出台了《农业农村部办公厅关于加强农业科技工作助力产业扶贫工作的指导意见》。但是，总体来看，缺乏中长期的、全面性的科技扶贫顶层设计。

科技是产业发展的根本支撑和持久动力，只有通过科技扶贫才能真正实现贫困地区从"输血"到"造血"转变，不断增强贫困群众内生动力和自我发展能力。因此，笔者建议，一要深入贯彻习近平总书记关于扶贫工作重要指示精神，充分认识到农业科技对于贫困地区农业产业发展、打赢脱贫攻坚战、实施乡村振兴战略的重大意义；二要做好农业科技扶贫的中长期规划和远期战略规划，为产业扶贫和产业振兴提供持续支撑。

二、加大财政投入力度，夯实科技扶贫关键要素基础

根据对科技扶贫模式的分析，由于科技扶贫天然的外部性和公益性，使得无论采用哪种模式都离不开政府的支持，尤其是各级财政的投入。当前，各级政府按照"两不愁三保障"的要求，扶贫资金重点投向了交通、住房、教育以及医疗等方面，而对于农业科技的投入相对较少。例如，2016 年，中央财政扶贫资金投入为 670 亿元①，而科

---

① 数据来自中华人民共和国国务院新闻办公室，2016，《中国的减贫行动与人权进步》，http://www.scio.gov.cn/zfbps/32832/Document/1494402/1494402.htm.

技扶贫经费仅为5.15亿元①,仅占0.77%。

做好科技扶贫工作的关键要素是人才、资金、技术等投入,而人才、技术归根结底也离不开资金的保障和支持。因此,建议加大各级财政对科技扶贫的投入力度,提高科技扶贫在扶贫投入中的比重。尤其是到2020年我国消除绝对贫困以后,更要进一步加大科技扶贫投入,一方面巩固脱贫攻坚的成果,防止返贫;另一方面也为贫困地区乡村振兴提供持续科技支撑。

三、创新农业科技扶贫机制,不断提高科技扶贫的动力和效率

围绕提高效益、增加内生动力为主要目标,创新农业科技扶贫机制和模式,是建立科技扶贫长效机制的根本措施。按照农业科技扶贫的特点,至少应在农业科技扶贫管理机制、农业科技扶贫合作机制、农业科技扶贫激励机制、农业科技扶贫投入机制以及农业科技扶贫评价机制等5个方面进行优化和完善。

1. 创新农业科技扶贫管理机制,齐力推进四川农业科技扶贫工作

农业科技扶贫一直深受各级政府重视,但就具体组织、管理、运行来看,还存在系统性不够、责任主体不明、长效管理机制不全等问题。以四川省为例,目前从事农业科技扶贫管理的部门主要是科技部门和农业部门,而从事农业科技扶贫工作的还包括各级农业科研单位和龙头企业。新的农业科技扶贫形势下,科技部门和农业农村部门谁是农业科技扶贫的第一责任人,就存在一定的争议,甚至可能存在互相推诿责任的问题。另外,各级农业科研单位大多不是科技部门和农业部门的直属单位,在农业科技扶贫的工作中,往往根据单位情况自行安排,与各级部门的农业科技扶贫工作衔接不够。因此,笔者认为,农业科技扶贫是一项公益性强的工作,必须以政府为主导,应明确各级党委、政府为农业科技扶贫的第一责任人,由各级党委政府成立科技扶贫的领导机构,统筹协调农业、科技、科研单位等组织,合理分工,明确责任,齐力推进农业科技扶贫工作。

2. 创新农业科技扶贫合作机制,协同推进农业科技扶贫工作

农业科技扶贫涉及的单位多种多样,构建涵盖各扶贫主体、各领域、各环节的合作机制十分必要。目前,四川在推进农业科技扶贫合作的机制和做法主要包括"院(校)地合作""院(校)企合作""产学研合作""科研人员+合作社+农民"等模式,在推进农业科技扶贫的工作中起到了积极成效。但是,通过对四川农业科技扶贫的合作模式的实证调研,笔者认为现有的合作机制还存在一些问题,亟须完善。一是要进一步坐实农业科研院所与地方政府的合作,细化合作内容,优化工作机制,探索"农业科研院所+地方政府+龙头企业+专合组织+农民"的合作共赢模式,充分发挥各方优势,避免合作流于形式。二是要大力推广"产学研"合作模式,使科研和生产环节紧密结合,将龙头企业的资金、管理优势和科研院所的技术优势充分结合,实现精准农业科技扶贫。三是完善利益联结机制,积极推广"专家大院+合作社+基地+农户""农业科

---

① 数据来源于经济日报. http://www.stdaily.com/cxzg90/kjzw/2017-04/19/content_535618.shtml.

园区+龙头企业+合作社+农户"等模式。

3. 创新农业科技扶贫激励机制

尽管农业科技扶贫是一项政治任务，各类科技扶贫主体都有责任和义务积极开展农业科技扶贫工作。但是，如果缺乏科学的激励机制，将大大降低农业科技扶贫的效果。因此，必须完善农业科技扶贫激励机制，鼓励和引导各类农业科研院所、科技型龙头企业以及社会组织积极参与农业科技扶贫。一方面是鼓励各级政府将农业科技扶贫绩效作为部门考核的重点内容，激发政府工作人员的积极性；另一方面通过市场、政策等手段激励农业科研单位和科技人员积极参与农业科技扶贫。

4. 创新农业科技扶贫投入机制

四川贫困地区产业基本以农业为基础，对农业科技的需求十分迫切。然而受诸多因素的制约，农业科技成果在贫困地区的转化和推广难度比一般的地区更为艰难。因此，实施农业科技扶贫工程，必须创新农业科技扶贫的投入机制。一是各级政府要加大对贫困地区农业科技扶贫的投入，应重点投向农业科技成果的转化和农业科技推广方面，通过农业科技成果转化项目资金、技术、人才的投入，培养贫困地区的农业支柱产业，实现农业增效、农民增收；二是要通过政策、税收等手段引导和鼓励金融机构、社会资金、龙头企业加大对农业科技扶贫的投入，并构建政府、社会、金融机构、企业、农民共同参与投入的多元化投入机制。

5. 创新农业科技扶贫评价机制

目前，农业科技扶贫作为一项重要扶贫任务还没有一套完善的评价机制，农业科技扶贫绩效往往是作为扶贫成效的一个考核小项，缺乏对农业科技扶贫主体的考核和奖惩。笔者认为，要根据农业科技扶贫工作的特点，建立一套完善的考核评价机制。一方面是要构建针对各级政府部门，特别是农口部门和科技部门的农业科技扶贫的专项考核机制；另一方面是要构建针对各级科研院所的农业科技扶贫的专项考核机制。

四、创新农业科技推广模式，壮大基层农业技术推广力量

一是在现有体制下，贫困地区应根据脱贫攻坚和乡村振兴需要，进一步优化县、乡两级农技推广机构。在县级层面，整合各农业主管部门下属的农技推广机构和人员，将具有农技推广功能的机构与行政机构单独剥离，重组为县级农业推广机构，直接隶属于县级人民政府。由县级农业推广机构专职从事农业技术推广，根据本地农业科技扶贫需求制定农业技术推广计划，选聘农技推广人员并组织培训、指导，有针对性地组织开展推广服务。乡镇农技推广机构直属于县级农业推广机构，其人员编制纳入县级农技推广机构统一管理，主要采取县级农技机构向乡镇派驻农技人员的形式。

二是进一步完善贫困地区基层农技人员的保障机制。参照地方教育、卫生从业者，进一步提高基层农技人员的政治待遇和经济待遇，让基层农技人员的待遇不低于当地公务员的待遇。同时，实施农业科技推广项目中安排一定奖励性开支和下乡补助资金，支持农技人员常下乡，对任务实施比较好的基层农技人员给予奖励。此外，还可以考虑增加一些意外保险，解决农技人员到偏远地区开展农技示范的后顾之忧。

三是优先在贫困地区开展基层农技人员创新创业政策。支持基层农技人员在完成本职工作的前提下，通过技术转让、技术承包等方式获取合理效益；支持农技人员领办、创办、帮办合作社和农业基层示范基地；鼓励农技人员离岗创办农业科技领域或者经营实体或者从事经营性的农技推广服务。

第九章 四川省农业科技扶贫模式实践与案例

第一节 基于四川省贫困县农业科技扶贫的调研报告

一、四川省贫困地区农民合作社科技需求调研报告

农民专业合作社是以农村家庭承包经营为基础,通过为农民和成员提供农产品的生产、销售、加工、运输、贮藏以及与农业生产经营相关的技术、信息等服务来实现合作社成员互助的组织,具有经济互助性的特征。拥有明确的组织架构,合作社成员享有相应权利,同时需要承担有一定责任。《中华人民共和国农民专业合作社法》第一章总则第二条对农民专业合作社进行了明确的定义,包括两个方面:一是从概念上的定义,即"农民专业合作社是在农村家庭承包经营基础上,同类农产品的生产经营者或者同类农业生产经营服务的提供者、利用者,自愿联合、民主管理的互助性经济组织";二是从服务对象上的定义,即"农民专业合作社以其成员为主要服务对象,提供农业生产资料的购买,农产品的销售、加工、运输、贮藏以及与农业生产经营有关的技术、信息等服务"。农民专业合作社主要为成员服务,提供农业生产资料、投入品等的购买,农产品产出后的统一销售、加工、运输、贮藏以及与农业生产经营有关的技术、信息直至市场和网上交易等服务。

农民专业合作社是脱贫攻坚战场的一支重要力量,在科技扶贫过程中,也具有其特殊的地位和重要作用,一方面合作社是农户尤其贫困户重要的组织载体,由其将分散的农户组织起来,共同发展产业,带领社员脱贫增收。另一方面是农业科技的重要需求主体和向农户推广的载体。报告以四川省贫困地区43个农户合作社调查数据和笔者长期在贫困地区的调研积累为基础,站在农民合作社的视角,分析农民合作社发展现状以及对农业科技的需求,分析制约合作社科技水平提升的主要因素,为下一步基于农民合作社的科技扶贫提供依据和参考。

(一)农民合作社发展情况

1. 注册时间和注册资本

从注册时间看,绝大部分注册时间在5年以内,占比83.4%,其中3~5年的比例最大,占比44.2%,1~3年的占比32.6%,1年以内的占比4.7%。注册时间达到五年以上的,仅占18.6%。近年来,按照中央关于打赢脱贫攻坚战的重要战略部署,要求加快贫困地区农民合作社培育,采取试点示范倾斜、开展专题培训、加大财政支持等措施。调查发现,随着脱贫攻坚战略的深入实施,依托政策鼓励和农业产业发展的实际需

求,四川省贫困地区合作社80%是在"十三五"期间注册,实现数量上的快速发展。在注册资金方面,300万~1 000万元的合作社占比达到39.5%,占比最高,其次是100万~300万元占比25.6%,50万~100万元占比20.9%(图9-1)。

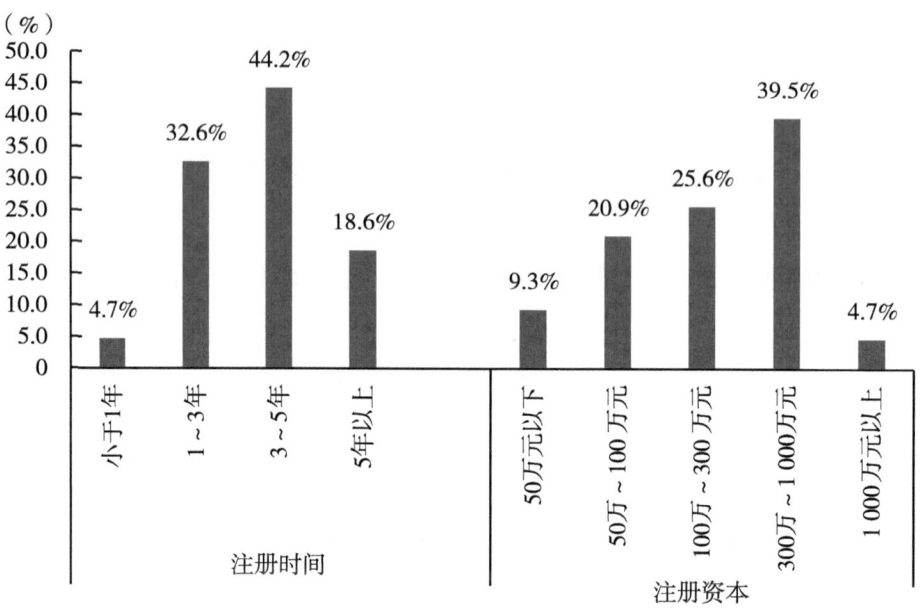

图9-1 农民合作社注册时间和注册资本情况

2. 合作社成员情况

从合作社成员看,101~200人以及200人以上的合作社比例最高,分别均为30.2%,合计占比达到60.4%。其次是1~20人和51~100人合作社,分别占比均为16.3%,21~50人规模的合作社比例最低,仅占7%。在贫困户占比方面,2019年底,全国贫困地区培育发展农民合作社68.2万家,385.1万个建档立卡贫困户加入农民合作社,平均每个合作社带动贫困户6.1人。根据调查数据,四川省贫困地区合作社贫困户占比远高于全国平均水平,较好地发挥了农民合作社对贫困户的组织和带动作用。调查范围内,贫困户占比超过20%以上的合作社达到53.5%,其中贫困户占比20%~30%的占比41.9%,比例最高,贫困户占比30%以上的占比11.6%。贫困户占比20%以下的合作社合计占比46.5%(图9-2)。

3. 合作社主要经营产业类别和规模

从合作社主要经营产业类别看,从事水果产业经营的合作社占据了绝大多数,达到67.4%,其次是粮食作物和干果,均为9.3%,蔬菜、中药材等其他产业占比14%,四川省"四大片区"宜农地区普遍拥有较好的光热条件和自然生态条件,有利于的特色种植业的发展,其中水果产业消费市场好,比较效益相对突出,成为合作社重点经营的产业。在经营规模方面,1 000亩以上的合作社占比最高,达到39.5%,其次是100~300亩和500~1 000亩,均占比20.9%,合作社规模化经营取得了一定的成效(图9-3)。

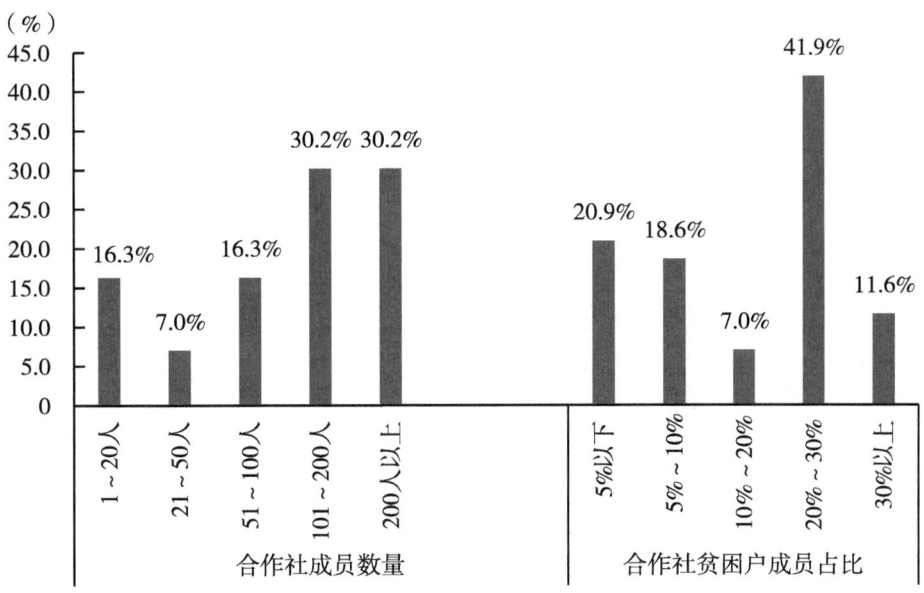

图 9-2 农民合作社成员数量和贫困户占比情况

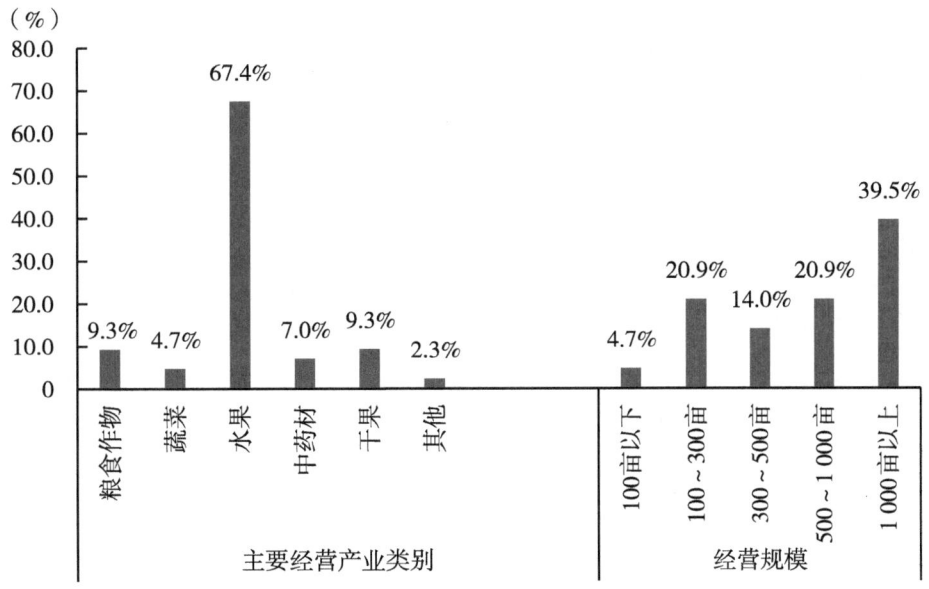

图 9-3 合作社主要经营产业类别和规模

4. 合作社理事长教育水平和职业状态

从合作社理事长教育水平看,主要集中在初中和高中文化水平,分别为 32.6%、37.2%,合计占比 69.8%,近年来,各地积极引导大中专毕业生到贫困地区就业创业,对回乡创业的大学生给予资金和政策的支持,大专及以上教育水平合作社理事长占比达到了 20.9%。在合作社理事长职业状态方面,仍以兼职为主,比例达到 69.8%,仅有 30.2% 为全职状态(图 9-4)。

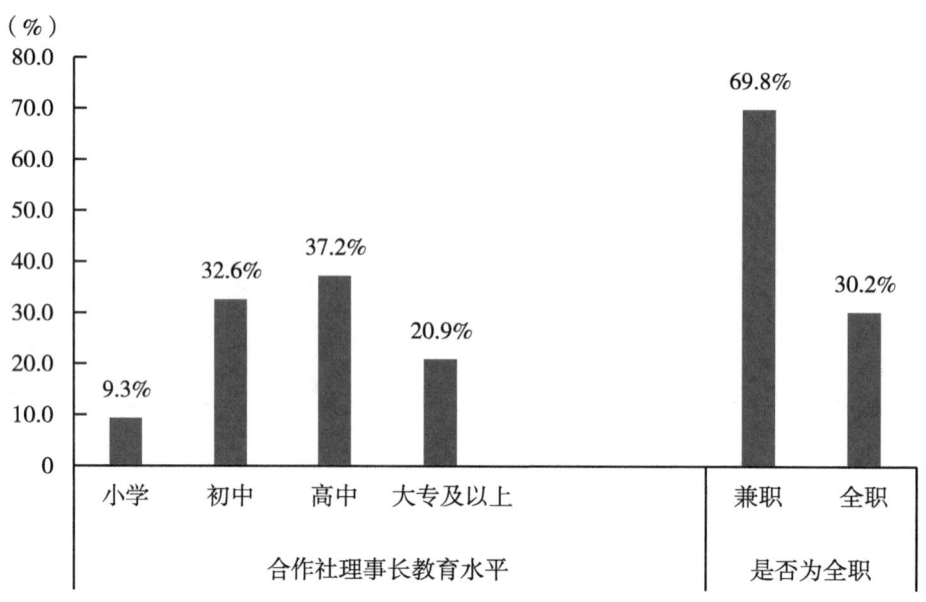

图 9-4 合作社理事长教育水平和职业状态

5. 合作社专业技术人员和培训情况

从专业技术人员方面看，60.5%的合作社没有专业技术人员，主要为社员自身技术积累，按经验进行种植、养殖生产活动，有39.5%的合作社配置有专业技术人员。在合作社技术培训频率方面，普遍偏低，2次及以下甚至未开展技术培训的合作社比例达到79.1%（图9-5）。

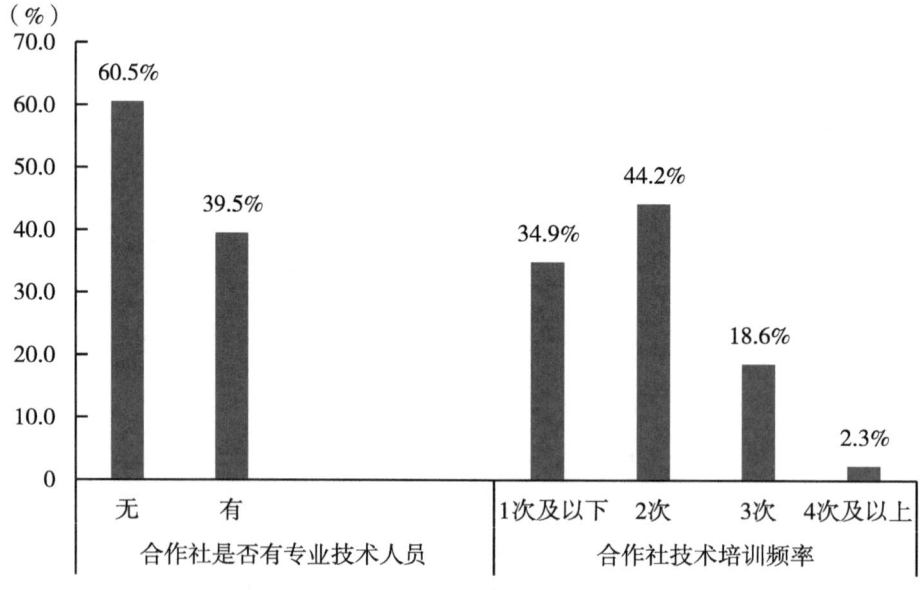

图 9-5 合作社专业技术人员和培训情况

(二) 农民合作社农业科技需求及制约因素

1. 政策支持的需求

（1）合作社对农业扶持政策了解和支持力度评价。从合作社对国家有关农业扶持政策了解情况看，55.8%的合作社对扶持政策了解程度一般，20.9%的合作社较为清楚，仅有11.6%的合作社非常清楚。在合作社对扶持力度的评价方面，39.5%的合作社认为力度一般，认为支持力度较大和非常大的合作社占比共计46.5%，总体上，调查的合作社对国家扶持农业的力度表示认同（图9-6）。

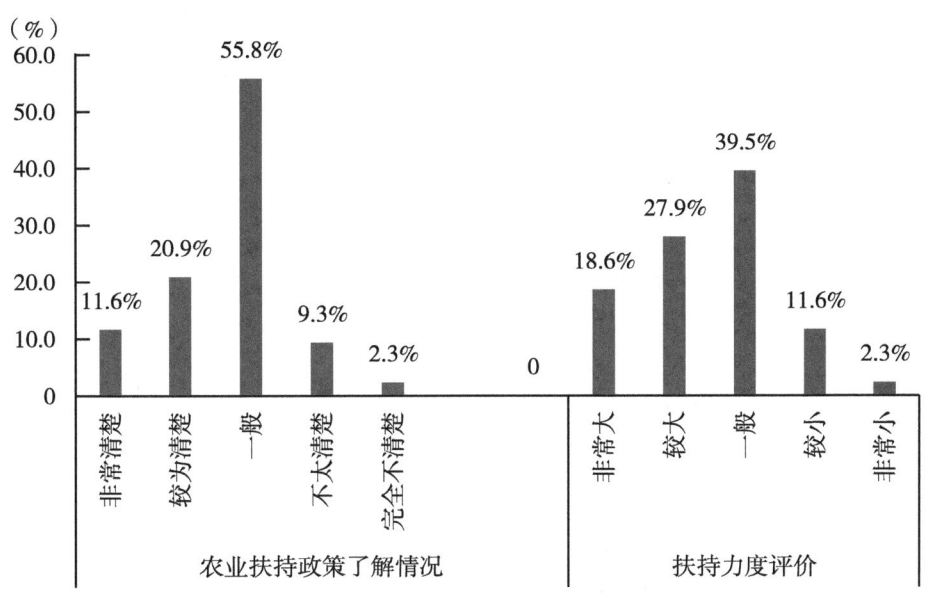

图9-6　合作社对农业扶持政策了解和支持力度评价

（2）合作社获得政策支持和支持方式需求情况。从获得扶持情况看，获得过科技培训的比例最高，达到76.7%，其次是项目支持获得比例为55.8%，税收减免获得比例为18.6%，贷款担保贴息和其他支持获得比例均低于10%，体现出各级政策对农业科技培训和项目支持的力度较大。从需求情况数据看，对项目扶持需求比例最高，达到88.4%，其后依次是科技培训53.5%、用地支持37.2%、贷款担保或贴息32.6%、税收减免14%、其他支持4.7%。总结政策支持和合作社需求匹配情况可以看出，科技培训、税收减免获得比例大于需求比例，其他支持获得与需求持平，贷款担保或贴息、项目扶持、用地支持获得的比例低于需求比例，可认为未完全满足合作社需求（图9-7）。

2. 农业科技的需求

调查显示，95.3%的合作社认为农业科技非常需要，可看出农科科技对合作社的重要性。具体需求方面，从高到低依次是生产管理和组织技术90.7%、绿色防控86%、栽培新技术81.4%、机械化技术81.4%、农产品加工技术81.4%，以上需求比例均达到80%以上，对优良种子的需求比例为65.1%，为最低（图9-8）。

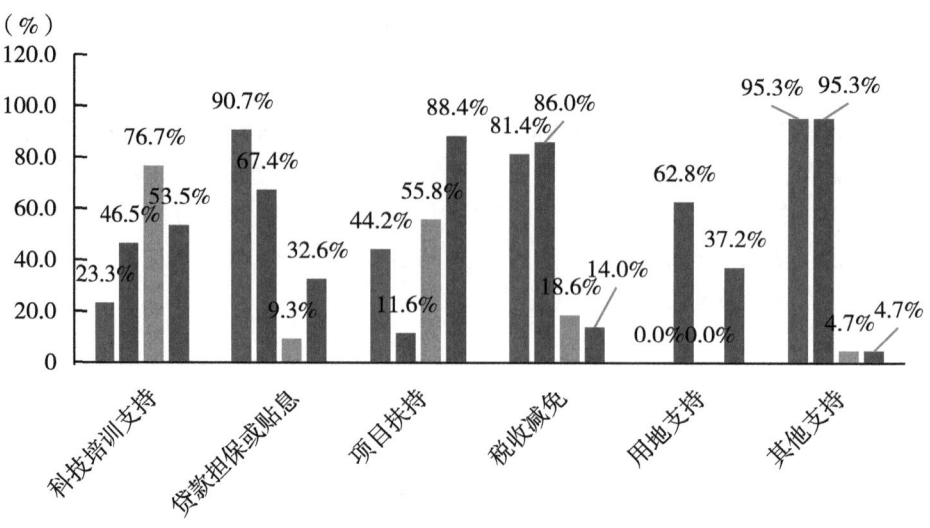

图 9-7 合作社获得政策支持和支持方式需求情况

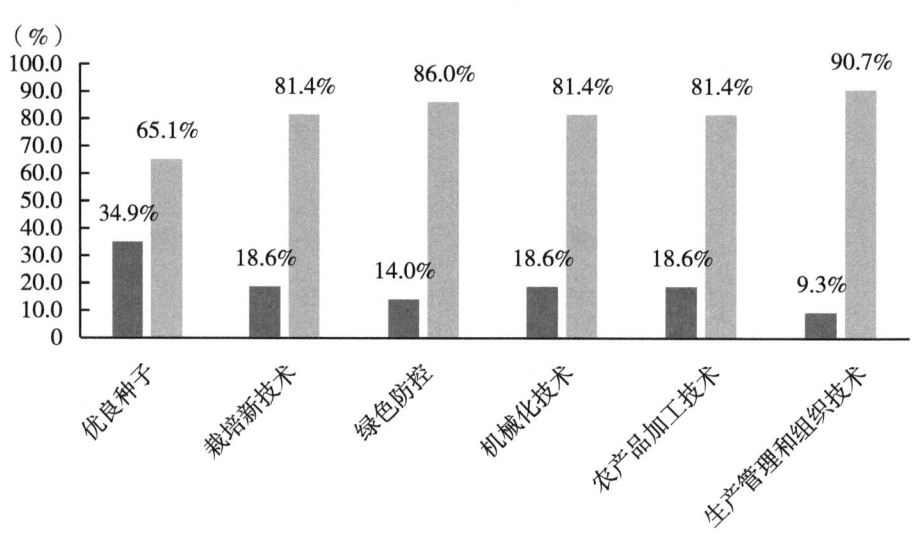

图 9-8 合作社对农业科技的需求情况

3. 农业科技的来源

调查显示,合作社农业科技来源主要为当地农技部门和自有技术人员,覆盖比例分别达到 65.1%、60.5%,其次是农业科研单位,覆盖率为 32.6%,龙头企业和其他途径覆盖比例均低于 10%(图 9-9)。与以往研究基本吻合,董淑华等(2011)的调查研究发现,农民合作社农业科技来源于当地农业部门和农技推广服务站的占 89%,来源于科研院所、地方高等院校、农业企业的农业科技进入比例较少。孔祥智等(2012)发现,尽管农业科技仍以政府推广机构为主,但非政府农技推广服务组织尤其是科研院校的作用越来越大。

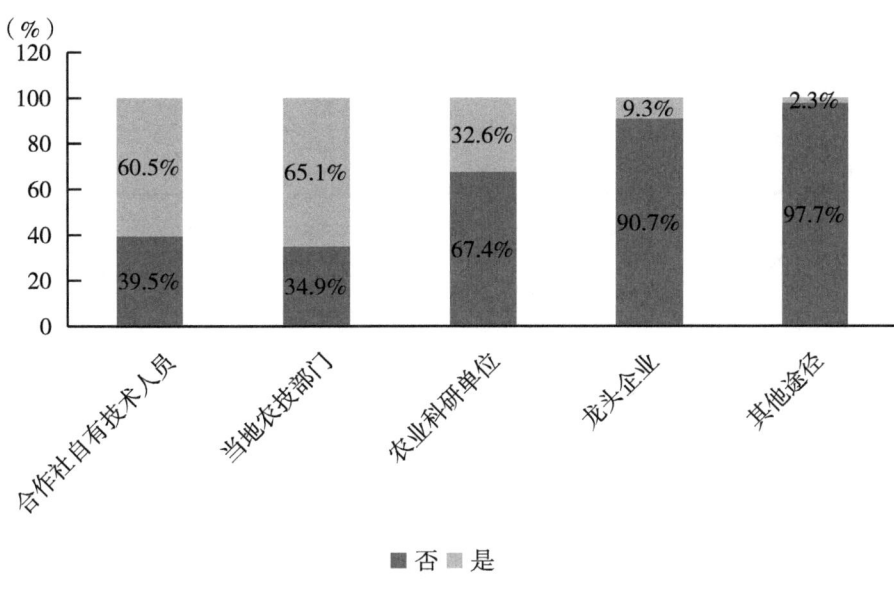

图 9-9 合作社农业科技的来源

4. 制约合作社科技水平的因素

影响合作社科技水平和农业科技推广进入的因素很多,朱梅等(2017)分析认为农民专业合作社农业科技推广问题的主要问题和制约因素是农民合作社资金来源少、合作社管理者和科技推广人员整体素质不高、农民科技素质偏低、管理者积极性不高等。施勇峰在对杭州农民合作社进行调查后发现,合作社在搞科研创新和推广应用过程中的最大障碍是资金短缺问题和技术水平问题。借鉴以往学者的研究成果,结合本调研报告的实际情况,将影响贫困地区农民合作社农业科技水平和推广的制约因素归纳为科技人员数量、农业科技经费、技术引进或合作成本,种子、技术引进渠道,社员意愿等。

从分析的结果看,认为缺乏农业科技经费制约科技水平提高的合作社比例最高,达到90%,其次是认为技术引进或合作成本过高的合作社占比达到83.7%,前两大制约因素均与资金相关,农民专业合作社有别于企业,也不是公益事业部门,合作社成员80%都是农民,成员投资能力普遍偏弱,合作社须通过自身经济活动达到公共积累从而为广大成员服务。加上目前国家和地方财政支持力度不够,治理机构不够完善和农村金融体制制约了合作社资金的供给,农民合作社资金短缺的问题是一个较为普遍的现象,把投入和成本问题作为最大的制约因素符合现实考虑。认为科技人员数量不足制约的合作社占比 69.8%,前文也已提到,60.5%的合作社没有专业技术人员,主要为社员自身技术积累,按经验进行种植、养殖生产活动。最后,认为种子、技术引进渠道不畅通的比例为53.5%,认为社员意愿不强的比例为41.9%(图9-10)。

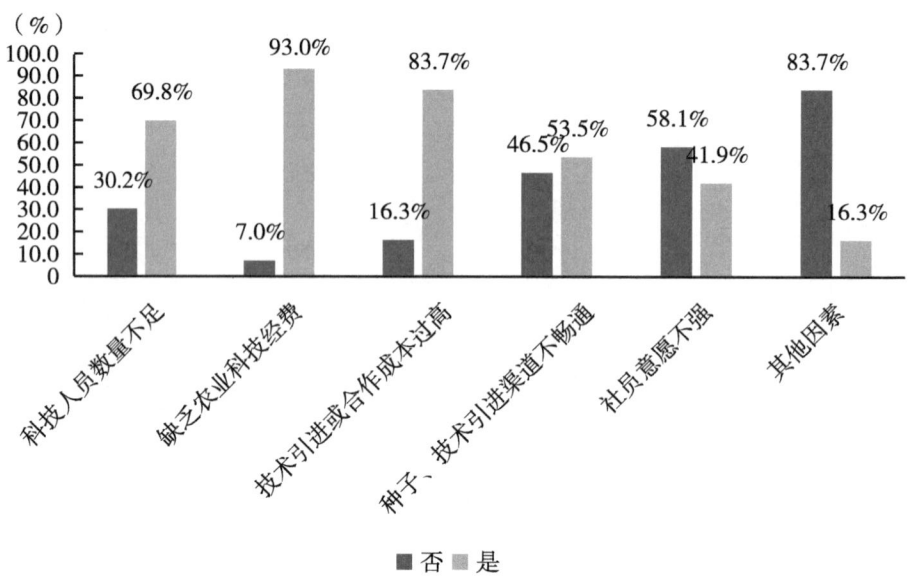

图9-10 制约合作社科技水平的因素

(三) 农民合作社科技扶贫对策建议

1. 加大对合作社科技提升的引导和扶持力度

一是加大资金支持,多种措施缓解合作社资金短缺问题。中央、省各级政府进一步向农业科技推广倾斜资金配置,调整资金支持的结构,加大对合作社科技发展的资金支持力度。调查发现,现有的农业科技推广财政资金支持中,主要集中在对涉农企业、科研院所和大中专院校等的支持,而对农民专业合作社等经营主体支持力度太小,没有形成有效的激励、扶持和规范的机制。充分分析合作社在科技推广中的关键载体作用,对合作社及以往重点支持的各主体在农业科技推广中的实际作用做量化评估,根据评估结果进行优化配置。同时,充分发挥国家政策性金融机构的作用,深入贯彻落实"各级人民政府投资设立的涉农担保机构依法为农民专业合作社提供融资担保服务"的政策方针,完善农村金融体系,鼓励商业性金融机构为农民合作社提供金融服务。进一步加大对合作社贷款担保或贴息、项目、产业用地方面的扶持。可认为未完全满足合作社需求。同时,二是基层政府引导中小农民专业作社进行合并重组。通过形势分析、宣传动员、牵线搭桥等方式,并结合合作社高质量发展相关要求,采取有效的政策激励措施来促进合作社走规模化发展道路。合作社成员规模过小,尤其贫困地区合作社还有较大比例的贫困户,在技术推广和融资方面明显不具有组织和规模优势。

2. 强化农民合作社在科技扶贫和农技推广中的作用

农民合作社通过对其成员及周边农民提供产前、产中、产后全方位的服务,可以将服务渗透到从生产到流通的全产业链各个环节,有效解决了农民普遍存在的信息难寻、门路难找、技术难学、产品难销等问题,推动生产水平的提升和产销高效对接,成为现阶段新型农业经营主体和社会化服务体系的重要新生力量,极大地丰富了农村经营体系的内涵。从某种程度上讲，农民专业合作社现已承担着基层农业科技扶贫和农技服务体系的许多职能，一个农民合作社就是一个农业科技需求主体，一个培训基地，一个乡土人才的聚集基地。目前基层农技服务体系的功能呈现弱化趋势，农技的引进推广正面临有效载体缺失的问题，一方面需要推动农技服务推广体系进一步完善，加快农业技术的引进和推广，另一方面强化合作社在农技服务推广体系中的作用，使其成为脱贫地区产业健康可持续发展的重要推力。

3. 提升科研院所和大中专院校推广服务能力

调查发现，农民合作社农业科技来源仍然主要为当地农技部门，科研院所和大中专院校服务能力和覆盖率有较大的提升，但仅为32.6%，县乡政府农技推广组织是当前农业科技推广和服务的基本力量和主力军，为合作社提供服务的渠道比较畅通，公益性体系相对健全。科研院所和大中专院校拥有大批的高新技术成果和实用性成果，需要特别进一步提高重视程度，加强引导，促进科技成果的转化，突出这些机构科技成果的市场性、创新性和实用性等鲜明特色和优势，弥补政府公益性推广技术体系的短板。

4. 进一步增强农业科技供给的有效性

充分研究合作社的技术需求特征，高效衔接供给与需求，最大限度满足合作社的需求。尤其重视营销管理、组织建设、标准化和信息生产技术等生产管理和组织技术的科技供给。根据不同的产业类型和发展规模，持续开展绿色防控、栽培新技术、机械化技术、农产品加工技术以及优良种子种苗等亟须的农业技术的创新和推广服务。

二、四川省贫困地区现代农业园区科技扶贫调研报告

早在2015年，四川就启动现代农业示范园区建设工作，着力提升现代农业发展水平，到2017年底，全省共命名省级现代农业示范园区85个。2017年起，围绕推进农村一二三产业融合发展，全省启动现代农业产业融合示范园区建设工作，累计建成产业融合园区430个。2018年以来，围绕全面实施乡村振兴战略，省委十一届三次全会作出了高质量建设现代农业园区的决定，全省乡村振兴大会专门进行了安排部署，省委书记彭清华对园区建设作了明确指示要求。省委、省政府印发《四川省现代农业产业园建设考评激励方案》，省委农村工作领导小组出台《四川省现代农业园区认定评分标准》，2019年四川省委1号文件提出以建设"10+3"产业体系为重点发展现代农业园区。把发展现代农业园区作为重点强力推进，抓住这个"牛鼻子"，充分发挥示范引领作用，构建10+3特色农业体系，推动全省农业综合实力和农业发展水平迈上新的台阶，把现代农业园区建成农村改革"试验田"、农业技术"推广站"、现代农业"样板区"。高标准推进现代农业园区建设，突出"10+3"特色产业发展，加快推进三大先导性产业发展。2020年全省高规格召开现代农业园区建设推进会，21个市州、176个涉农县均出台了本级园区建设推进方案，编制了市、县两级园区建设总体规划。

四川省综合研判资源禀赋、区位条件及薄弱环节，确立了川粮油、川猪、川茶、川菜、川酒、川竹、川果、川药、川牛羊、川鱼10大优势特色产业和现代种业、现代装备、现代烘干冷链物流3大先导性支撑产业，省委、省政府出台《关于加快建设现代

农业"10+3"产业体系推进农业大省向农业强省跨越的意见》，明确将园区建设作为构建现代农业"10+3"产业体系的核心载体。

同时，四川省以现代农业园区为载体持续推进深度扶贫，推动贫困地区农业产业高质量发展，从坚持园区引领，提升产业发展质量；加强产销对接，增强农产品市场竞争力；提升带贫能力，确保贫困群众稳定增收；强化人才支撑，推动农业产业持续发展等方面发力，加快培育一批能带动贫困户长期稳定增收的优势特色产业，并推广"园区+贫困户"模式，让贫困户合理分享全产业链增值收益，加快产业扶贫和科技扶贫工作，取得了积极的成效。

（一）四川省贫困地区园区建设现状

近年来，四川省围绕川粮油、川猪等十大优势特色产业和现代种业等三大先导性产业，持续推进66个原国家级贫困县的现代农业园区建设，成效显著。截至2020年底，四川省66个原国家级贫困县累计认定各级园区260个，其中创建国家级2个，包括四川省南江县现代农业产业园（主导产业：黄羊+金银花）、四川省苍溪县现代农业产业园（主导产业：猕猴桃），前者正在创建中，后者已成功获得认定；培育省级42个、认定省星级24个，认定市级园区107个、县级园区127个，在贫困地区基本形成了国省市县联动推进、梯次发展的工作局面。各类园区覆盖产业基地324万亩，规模养殖场2 515个，种养循环覆盖面83%，各类园区平均农产品初加工率达84.75%，综合产值达584亿元，吸引各级龙头企业542家进驻园区，培育农民合作社5 575个、家庭农场6 195家，带动56.71万户农民入园就业，园内农民人均可支配收入达15 474元。为贫困地区脱贫以及现代农业发展作出了较大贡献，提供了有力支撑。以下为苍溪、南江两个国家园区详细情况及昭觉县省级园区简介。

1. 四川省苍溪县现代农业产业园

苍溪县国家现代农业产业园于2018年8月经农业农村部、财政部批准创建，2020年12月，四川省苍溪县现代农业产业园入选第三批国家现代农业产业园认定名单。产业园总耕地面积26.43万亩，其中，主导产业红心猕猴桃规划面积23.06万亩，覆盖全县20个乡镇，115个行政村，农户3.16万户，农业人口10.48万人，劳动力6.15万人。产业园总投资66.46亿元，2019年总产值79.12亿元，其中主导产业产值71.1亿元，占总产值的89.8%。苍溪是全国农产品质量安全监管示范区、全国猕猴桃特色农产品优势区、全国农业全产业链发展示范区、全国农村产业融合发展示范园。2019年全国产业扶贫现场推进会、2020年全省现代农业园区建设推进会等会议先后在该县成功召开。产业园创新探索的"产业园扶贫""四保四分红""自强农场"等联农带农机制，受到国家领导人的充分肯定，经验在全国推广；产业园农业供给侧结构性改革经验被央视新闻联播等国内多家主流媒体头条报道。

（1）基地建设情况。建成全国最大的红心猕猴桃基地。制定并推广《苍溪红心猕猴桃有机产品标准》《红心猕猴桃有机产品生产管理技术规程》，统筹安排山坪塘、高效节水项目及引水渠、蓄水池、提灌站和滴灌等工程设施建设，产业园节水灌溉覆盖率达85.36%以上。通过重点建设红心猕猴桃出口备案基地、农机农艺融合示范基地和购置采摘智能化农业械装备、轨道运输车等措施，极大地提高了产业园劳动生产率与产品商品化处理率。目前，产业园已全面完成新建红心猕猴桃基地6.8万亩，建成69个千亩以上的红心猕猴桃标准化生产示范基地，年产优质红心猕猴桃16.5万吨的任务，基地总面积达23.06万亩，是目前全国最大的红心猕猴桃生产基地。产业园建成全国一流的红心猕猴桃良种繁育基地。通过政府引导，依托国有企业圣丰农业公司建成猕猴桃良种繁育与脱毒苗中心1个、红心猕猴桃良种繁育基地200亩、无病毒红心猕猴桃花粉生产基地200亩，产业园红心猕猴桃种植基地无病毒苗木覆盖率达100%。

（2）农业科技支撑情况。建立全国第一个红心猕猴桃产业研究院。产业园通过"政府+基地+院校"的合作模式，与北京大学、中国科学院微生物研究所、四川农业大学等高等院校和科研院所合作，引进猕猴桃知名专家12人，目前，已建成红心猕猴桃科技创新中心1个，猕猴桃溃疡病研究防治中心1个，选育世界红心猕猴桃系列品种16个，建猕猴桃资源圃（品比园）560亩，猕猴桃良种推广面达100%，测土配方施肥技术推广面达95%，种养殖业实用技术普及率达95%，病虫草害综合防治技术推广面达85%，耕种收综合机械化率达80.2%。

建成产业园才智共建资源中心。依托北京大学现代农学院、四川农业大学、四川省农业科学院等高校和科研院所，建立院士专家工作站、田间试验站，示范推广新品种、新技术，实现镇村"一站一室"全覆盖，每个乡镇农业技术服务站配备专业技术人员1人，每个村技术服务室配备技术人员1人。

构建起耕种收现代装备体系。依托农机装备和现代农业发展项目、数字农业试点县建设项目，大力推进猕猴桃避雨栽培，100M光纤入户，购置App信息服务手机，完善提升"12316""三农"信息平台，大力购置安装水肥一体化设施，产业园基本实现数字化、现代化。

（3）产业融合发展情况。种养循环产业链衔接紧密。大力推进畜禽标准化养殖场（园）建设，全产业园推行猕粮、猕蔬、猕药套作等立体种植，大力推广"畜—沼—果"等种养循环模式，产业园种养循环生产基地覆盖面达62.5%，发展有机肥加工，加大废弃纸条、果袋等废弃物回收与资源化利用，农业废弃物资源化利用率达95.22%。

加工冷链物流链健全完善。整合红心猕猴桃加工园、物流园、采后处理中心、精深加工厂等项目，新建产地初加工点40个，完善提升精深加工中心2个、冷链物流中心2个，农产品初加工转化率达86.08%，精深加工率达45%，冷链物流设施配套完善，建成全国最大的红心猕猴桃冷链物流中心。产业园红心猕猴桃商品化处理率高于95%。

农业文化旅游链深度拓展。打造环嘉陵江百里红心猕猴桃旅游观光带，建成红心猕猴桃植物园、玉带峡等国家3A级旅游景区，玉女、狮岭、将军等国家2A级旅游景区。完善红心猕猴桃会展中心，建成红心猕猴桃博物馆，开发红心猕猴桃旅游商品5个，建成"七彩田园"综合体，创新产村融合发展的有效模式，多渠道拓展农民增收空间。

产品营销服务链完善配套。以红心猕猴桃交易中心为核心，打造苍溪特色农产品电子商务交易中心，完善提升红心猕猴桃科普馆（品牌展示馆）、会议中心、猕都大道及猕猴桃文化广场等场馆设施功能，在北京、成都、重庆等大中城市建立苍溪红心猕猴桃展销中心、旗舰店。建设五星级农业社会化服务中心20个、农资专营店20个、田头批发市场20个。

（4）新型经营主体培育情况。农村产权制度改革全面完成。产业园农村土地承包经营权确权登记颁证工作全面完成，建成农村产权交易市场和农村产权交易平台，探索推广"一次流转，二次认包"的新型高效土地流转模式，通过重点培育扶持一批规模在50~150亩的适度规模经营主体，目前，产业园适度规模经营率达80.39%。

新型农业经营主体持续壮大。设立优质新型经营主体奖励补贴专项资金，编制完成工商资本进入现代农业产业园建设指导意见和投资目录指南，促进产业园农业产业化集群式发展，产业园引进省级以上农业产业化龙头企业6家，培育合作社109家、家庭农场1 193个。

新主体"双创"示范成效明显。建立产业园"双创"政策支持体系、"双创"服务站、互联网众创基地，创新"一窗式"服务方式，引进入园返乡创业人员569名，农民创新创业带头人459名。

（5）品牌与质量安全情况。猕猴桃标准化生产水平较高。农产品"两品一标"占比达62.9%，农田灌溉保证率达65%，灌溉水利用率达62%。主要农作物亩均化肥、农药使用量比园外降低30%，化肥、农药利用效率分别达50%和48%，持续实现零增长，农业废弃物转化利用率达95.46%，病虫害防控覆盖率95%以上。种养循环覆盖面达62.5%，标准化生产全域全程覆盖。

生态资源保护与修复成效显著。开展耕地质量保护与提升行动。制定实施耕地质量保护与提升行动计划，通过创新推进"过腹还田"模式，产业园水土流失和产地环境治理实现全覆盖。

"一控两减三基本"全面落实。建立和完善产业园猕猴桃病虫害预警与控制系统、农药安全使用监测系统，全面推行统防统治的病虫害防治模式，产业园农药利用率48%。建立农业高效节水体系，农田灌溉水有效利用系数提高到0.69。

农产品质量安全保障机制健全。新建"互联网+"电商平台120个，新增苍溪红心猕猴桃营销服务网点120个，新建快递物流服务网点80个。农产品订单生产率达到90%以上，农业保险实现全覆盖。建立覆盖全园的县、乡、村三级农产品安全监管体系、三级农业投入品监管体系、四级农产品质量检测体系，农产品质量安全抽检合格率达100%，质量安全可追溯实现全域覆盖。大力推进农业信息化建设，信息进园入村实现全覆盖。

名优品牌影响力不断加大。积极参加全国农产品交易博览会以及国际国内特色农产品展销会，持续举办苍溪红心猕猴桃采摘节等重要节会，大力实施"母子"品牌战略和"双百"工程，认证地理标志产品2个，公用品牌使用率达100%。猕猴桃"三品一标"认证率稳定在100%，其中"两品一标"农产品占比达62.9%。在全国大中城市建立猕猴桃品牌旗舰店40家。

（6）乡村建设与城乡融合情况。建成老区乡村振兴典型样板。推进产业园特色产业兴旺与美丽乡村同步建设，在陵江、云峰、元坝、歧坪、岳东等五镇建设宜业美丽乡村20个，产业园建设"四美新村"的经验在全省推广，歧坪镇创成全国环境优美乡镇,将军村被评为全国最美乡村。

生态宜居乡村建设成效突出。产业园农村人居综合治理覆盖面达95%以上,创建省级乡村振兴示范村2个,旅游示范村5个,85%以上的村发展有集体经济项目,产业园行政中心村全部达到生态文明乡村标准。

城乡融合发展不断深化拓展。产业园党群公共服务中心实现全覆盖,乡村道路全面贯通,硬化黑化率达95%以上,产业园乡镇主要行政村建成污水处理设施,污水、垃圾处理率达82.49%。县、镇两级职业技能培训和医疗服务体系建立完善,城乡社会保险全覆盖。

2. 四川省南江县现代农业产业园

南江县国家现代农业产业园位于南江县中部,包括南江县仁和镇、高桥镇、石滩镇、兴马镇、大河镇、关门镇、公山镇等7个乡镇中的74个村;面积531平方千米,耕地面积126 636亩;农业人口104 700人,占全县17.7%。产业园2019年总产值41.98亿元,其中:以南江黄羊、金银花为主导产业的一二三产业总产值24.8亿元。产业园已通过国家中期评估,目前正组织开展认定工作。

(1) 主导产业情况。主要有以下2种。

"南江黄羊":品种优势突出,南江黄羊占据全国肉山羊品种的领先主导地位。南江黄羊是我国第一个人工培育的肉用山羊突破性品种,国家畜禽遗传资源委员会认定"南江黄羊是目前国内肉用性能最好的山羊新品种",被誉为"亚洲第一羊","南江黄羊新品种培育"获得国家科技进步二等奖,是农业农村部在全国肉用山羊产业中的主推品种,至2019年,南江黄羊已经推广到全国28个省(自治区、直辖市)1 200余个县,已累计推广南江黄羊种羊20余万只,据推测全国存栏南江黄羊及杂交羊1 000万余只,占全国山羊总数8%左右,在全国肉山羊品种中居主导地位。全县南江黄羊养殖规模占据全省养殖总量的60%。南江县养殖羊历史悠久,农民养殖习惯浓厚,加之养殖效果良好,养殖量长期位居全省养羊县前列。2019年全县南江黄羊饲养量88万只,占全省南江黄羊的比例达到60%。产业园所在区域是全县南江黄羊养殖核心优势区域,养殖总量大、规模化养殖水平高。2019年,产业园内南江黄羊存栏12.1万只,出栏14.4万只,产业园南江黄羊适度规模标准化养殖比重达到65%以上。

金银花:南江县1981年被定为全国金银花生产基地县;2002年南江县被省政府授予"四川省优质金银花生产基地县";2009年南江县被省政府授予"四川省优势特色效益农业金银花基地"称号;2011年南江县被省政府评为"四川省现代农业产业基地强县(中药材)";2014年四川巴中市(南江县)被农业部列为特色农产品(金银花)优势区域之一;2018年获四川省优质品牌农产品称号。南江县是四川金银花道地产区和主产区,常年产干花350万千克以上,南江金银花已成为花农的种植习惯和主要收入来源之一,2019年全县总产量占全省金银花产量55%以上。产业园内以金银花为主的中药材种植规模达到6.6万亩,占全县总面积的52%。

(2) 农业科技支撑情况。主要情况如下。

产业园建立了南江黄羊研究所1个、金银花研究所1个,省级肉羊生产技术创新团队1个,院士(专家)工作站1个,省级南江黄羊工程技术中心1个。建有国内规模最大的种羊场四川南江黄羊原种场，有国家级核心育种场 1 个、部省级标准化示范场 3 个、国家示范合作社 1 个。产业园建有现有农技推广站（含畜牧兽医）15 个，水保站 5 个，专业技术人员 300 人，其中农业技术推广研究员（正高级）3 个，副高级职称 10 个。每个乡镇有财政供给的负责南江黄羊、金银花技术服务的专职技术员各 1 名，每个村有 1 名负责南江黄羊、金银花技术兼职技术员。大力开展落实省上的"万名农技人员进万村"活动，落实一村一名农技帮扶人员 276 名，依托绿色证书培训工程、新型农民科技培训工程和农民创业培植工程等重点项目，大力开展以提高南江黄羊养殖者和金银花种植者劳动技能和综合科技素质为目标的培训，培育职业农民 1 108 人；南江县财政设立 1 200 万元专项用于产业技术联盟、大专院校、科研单位合作以及科研成果转化和农民实用技术培训，兴办农民夜校，年培训新型主体与职业农民 5 000 余人次，种养殖业先进实用技术普及率达 90% 以上。

（3）加工流通情况。产业园有南江黄羊精深加工企业 9 家，省市级龙头企业 4 家，2019 年产业园南江黄羊加工业产值占全县加工产值的 89.3%，园区南江黄羊加工能力占全县加工能力的 97% 以上，仅四川德健南江黄羊食品有限责任公司，其年加工能力就达到 50 万只以上，拥有冷鲜、休闲、腌腊、酱卤、佐餐等全产业链精深加工生产线及 8 000 吨速冻冷库，企业通过强化与四川省肉食品重点实验室、成都大学食品与生物工程学院等科研机构研发合作，针对老中青消费群体实际，以及红叶节旅游发展需求研发黄羊冷鲜食品、黄羊罐头、黄羊香肠、手撕羊肉休闲食品等系列产品 30 余种，实现企业产值达到 8 亿元以上。产业园金银花规模加工企业达到 6 家，加工能力占全县的 98% 以上。

（4）新型经营主体培育情况。产业园内有南江黄羊专业合作社 87 个，300 只以上规模养殖企业 35 家，家庭羊场 132 家，面积 6.7 万亩、饲养量 10 000 只的肉用山羊种羊繁育场，标准化养殖比重达到 70%。以金银花为主的中药材种植规模达到 53 567 亩，占全县总产值的 52%。合作社 84 个、家庭农场 48 个。通过培育新型经营主体，开展适度规模经营，发展电商等新业态，实施"双百"工程，新型经营主体养殖南江黄羊出栏量、种植金银花面积分别占产业园出栏量的 67.1%、73.8%，已成为产业园规模经营的主导力量。

（5）绿色发展情况。产业园坚持"绿水青山就是金山银山"发展理念，突出绿色发展导向，努力增加生态循环产业比重，围绕南江黄羊和金银花主产业，加快构建资源综合利用、全产业链循环完备的发展格局，实现引领园区产业升级，提高资源利用率，有效降低成本，产品环境友好，农业绿色、低碳、循环发展长效机制基本建立。畜禽粪便（或秸秆）综合处理率达 90% 以上，粪污资源化利用率达 82.5% 以上，农膜回收率 90% 以上；病虫害防治水平提升显著，绿色示范防控面积 5 万亩，病虫害损失控制在 4% 以下。大力推行种养循环绿色生产，规模以上养殖企业严格执行"以畜定草，因草养畜"，实现草畜平衡，已发展成为全县绿色畜牧生产的主导形式。

（6）产业扶贫情况。黄羊产业扶贫模式列入联合国全球减贫优秀案例。推广"企银政合作、共建共营"合作发展模式，产业园推行龙头企业+金融机构+政府+农户"四方合作"模式，企业以固定资产提供融资担保；银行根据农户需求，由企业担保后向农户发放贷款；农户作为承贷主体，与企业签订订单种养协议；政府负责产业发展的宣传引导，做好银行、企业、农户间的协调服务工作。探索应用"借羊还羊、滚动发展"的实物借贷模式，通过"五方共保"（财政保投入、农业保技术、银行保融资、专合保生产、企业保回收），积极推行"借羊还羊"，将种羊借给有养殖意愿且适合黄羊养殖的农户1只公羊和20只母羊，期满后，农户仅归还等量或等价的黄羊。倡导项目村引进专业养殖大户集中"托管代养"，没有养殖能力的贫困户可以入股分红。南江黄羊养殖产业扶贫模式解决了贫困户发展产业面临的资金和技术难题，更重要的是带动了贫困户发展生产的积极性，也推动了南江黄羊产业规模化、专业化发展。该模式被联合国粮食及农业组织（FAO）、联合国粮食农业计划署（WFP）等机构联合评为全球减贫优秀案例。

3. 昭觉县蔬菜+肉牛现代农业园区

园区于2020年被评为四川省三星级现代农业园区。园区总体占地5 000亩，主导产业设施蔬菜种植面积3 025亩，建设年存栏肉牛1 200头现代化肉牛养殖场，实现年产值2 833.4万元。园区高标准农田面积5 000亩占比100%。全基地配备智能农业物联网及水肥一体化灌溉系统，搭建数据传输网络平台一套。全部实施机耕、机播。自建冷库2 000平方米，主要农产品遇冷率达100%、冷链运输率达54%。拣选加工车间2 000平方米，配套清洗、分拣、冷藏等初加工设施，农产品拣选初加工率100%，与冷藏加工龙头企业、精深加工县级龙头企业等达成供销协议。培育休闲乡村一个，建有6 000平方米现代农业主题玻璃温室展厅，开展草莓采摘活动，在阿里巴巴等电商平台开展电商销售，同时举行直播带货等促进销路多元化。园区拥有"虹谷拉达""火普村""三河村"注册商标，通过供港基地认证并申报红油菜薹的绿色食品认证。并拥有"一种大棚用蔬菜除虫装置""一种大棚温室种植提高覆盖范围的灌溉装置""畜牧养殖养牛用饮水装置"等三项专利技术。园区良种覆盖率100%，成立有昭觉县涪昭现代农业园区专家工作室、科技扶贫万里行蔬菜产业技术服务18团等专家团队，通过新品种引进、新技术推广、农技培训等方式开展服务。园区目前培育有1家省级龙头企业，2家州级农业产业化龙头企业，省级示范合作社1家，县级示范家庭农场4个，农业产业化合作联社一家。建有"123"利益联结机制，培育职业农民21人，提供工作岗位420余个，惠及贫困户977户，3638人。园区在省内属行业领先水平。多次受到中央、省、州领导称赞，并由各级新闻媒体宣传报道。

（二）面临的主要问题

1. 建设水平滞后

66个原国家级贫困县多数地处丘陵地区、民族地区和山区，基础设施普遍比较薄弱，受经济发展水平、地形地貌、交通条件、农民素质、产业基础等限制，农业装备、冷链烘干物流等现代农业产业发展存在短板，现代农业发展制约因素较多，除苍溪县、南江县两个国家园区以及部分优秀省级园区外，大部分园区与省内其他地区相比，园区建设水平还存在一定差异。

2. 科技支撑能力还不够强

科技支撑能力弱是四川省农业园区尤其是原深度贫困地区面临的共性问题，很多园区反映，在种植、加工等生产环节缺乏核心技术，缺乏先进适用的农机装备，信息化水平低，这些问题的根本原因就是创新能力不足、缺乏研发、科技服务团队或平台。近年来，通过农业科技扶贫等措施，虽然全省贫困地区农业科技支撑有了较大改善，但是总体看，全省区域农业科技进入和支撑能力仍然呈现不均衡态势，农业科技创新能力和支撑能力、投入能力、产出能力表现突出主要仍集中在发展条件较好的地区。

3. 产业融合程度有待深化

四川省贫困地区的农业园区冷链加工短板较突出。四川省贫困地区自然条件优越，蔬菜、水果、生猪、牛羊等特色产业丰富，但农产品精深加工和冷链物流发展滞后是制约四川省贫困地区特色产业高效发展和产业园高水平建设的短板瓶颈，农产品产地初加工和商品化处理水平还待进一步提高。产业融合程度角度。主要表现在加工、物流环节薄弱，休闲、生态、文化等多功能开发不足，入园企业总体上偏少，个别的甚至只有一家龙头企业唱独角戏，产业集聚、企业集群效应无法充分发挥。

4. 利益联结机制有待完善

通过调研发现，相当数量的园区入园主体与农户间的利益联结只是简单的土地租赁关系，或是劳动力聘用或农产品买卖关系，而土地资产入股、订单农业、二次分红、保底收益等联农带农新机制的探索和实践还不够，持续有效的多元化利益联结机制尚未健全完善，并未真正起到推动小农户和现代农业发展有机衔接的作用，带动农民增收受限。

（三）农业科技扶贫对策建议

1. 推动园区产学研联合

从国外农业园区的先进经验可看出，现代农业园区的发展离不开科技创新，贫困地区园区的发展更离不开农业科技扶贫的支撑。四川省贫困地区农业园区科技创新应该着眼于园区的长远发展，面向园区产业需求。从当前农业科技创新体制看，政府始终是其主要推动力量，企业是园区运作及科技创新主体，大学及科研机构是科技创新的发源地。应发挥政府主导作用，鼓励、引导农业园区与科研机构、大学建立紧密的产学研联盟，形成技术研发、试验示范、成果转化为一体的快速通道。此外，四川省贫困地区还应注重园区的示范作用，鼓励园区面向农民建立各种示范、教育、咨询、培训平台，提升园区辐射示范效应。

2. 组建"三支队伍"

继续加强深度贫困县大力组建农技帮扶"三支队伍"，通过在全国率先设立的"一村一名农技员"制度，向45个深度贫困县派出实干、实用的农技员，整合组建农业技术专家服务团，优化组建农业技术巡回服务小组，实现贫困村农业产业技术帮扶全覆盖，探索、总结、推广"基层点菜、专家上门"的菜单式服务模式，精准对接产业发展和农户需求，为贫困村、贫困户提供农业产业发展技术支撑。

3. 强化农技推广

以凉山州"一院四校四所"等模式基础，推动深度贫困县与中国农业大学、四川创新团队、四川省农业科学院、四川农业大学、四川师范大学、成都理工大学等省内外科研院校建立"产学研用"合作关系，打造农业科技创新转化和集成示范基地，在深度贫困县建立农业科技示范基地。发展农业科技示范户（主体），培养科技示范户，使贫困群众种植养殖技术水平得到较大提升。

4. 注重人才培养

针对深度贫困地区长期存在的招人难、空编严重的问题，强化并指导甘孜、阿坝、凉山和乐山等深度贫困地区实施深度贫困县农技推广服务特聘计划工作，通过政府购买服务的方式在45个深度贫困县招募特聘农技员。对当地贫困户中具备产业发展能力的，将其纳入种养大户和高素质农民培育范围，举办各种形式的培训班，培训贫困户，培育新型职业农民，切实为当地培养一支"不走"的农业人才队伍。

三、四川省苍溪县农业（猕猴桃产业）科技扶贫调研报告

（一）四川省苍溪县基本情况

1. 区位条件

苍溪县位于四川盆地北缘山区，秦岭—大巴山南麓，长江上游嘉陵江中段，东连巴中、南江，南邻阆中，西抵剑阁，北接旺苍、广元，县境地跨东经105°43′~106°28′，北纬31°37′~32°10′，南北宽61.6千米，东西长70.5千米。距省会成都市340千米。

2. 气候条件

苍溪县属中亚热带湿润性季风气候区，大巴山暴雨影响区。多年平均降水量1 088毫米，雨量空间分布由北向南递减，降水多集中在夏季；年平均最高气温为16.6℃，极端最高气温为39.2℃，极端最低气温为-4.6℃；无霜期平均为288天；县境日照充足，日照时数年平均为1 395小时。

3. 自然资源

苍溪县地形复杂多样，属低中山为主的深丘窄谷长梁地貌，山地面积占92%。境内地势由东北向西南倾斜，海拔700~1 000米。苍溪县境内嘉陵江、东河纵贯南北，插江、深沟河等12条支流结成河网，绝大部分属嘉陵江水系。苍溪县有土地351.97万亩，耕地128.38万亩，占土地总面积的42.31%。苍溪土壤类型多样，水稻土约为43万亩，紫色土约为21万亩，少数为新老冲积土、潮土、黄壤。除潮土类比较肥沃外，其余都较贫瘠。

4. 社会经济

苍溪县是国家级贫困县，于2019年底脱贫摘帽。全县包括39个镇（乡），718个村民委员会，4 940个村民小组，总人口为79.09万人，总户数为26.11万户，其中农业人口66.92万人。2018年全年实现地区生产总值152.9亿元、增长8.3%，增速分别高于全国、全省1.7、0.3个百分点。城镇居民人均可支配收入达到29 589元、增长8.7%。农村居民人均可支配收入达到12 006元、增长9.9%。

5. 产业概况

苍溪县地处秦巴山区，地形崎岖、耕地面积少。近年来，苍溪县通过大力发展以猕猴桃为代表的农业特色产业，带动贫困户脱贫增收，探索走出了一条适合贫困山区发展特色产业脱贫之路。苍溪是中国"雪梨之乡"、中国红心猕猴桃原产保护地。

苍溪猕猴桃是四川省苍溪县特产，中国国家地理标志产品。苍溪是红心猕猴桃原产地、中国红心猕猴桃第一县、国家现代农业猕猴桃示范区、全国绿色食品标准化原料生产基地、国家出口猕猴桃质量安全示范区，苍溪猕猴桃的红阳成为全球第三代猕猴桃首选换代品种。

6. 农业科技扶贫经验与模式

立足于"三园联动"发展模式，苍溪县把现代农业产业园、村特色产业示范园、户办产业小庭园"三园联动"作为发展壮大猕猴桃产业的有效路径。充分发挥现代农业产业园为特色农业产业提供产业体系、生产体系、经营体系的依托作用，发挥村特色产业示范园上连现代农业产业园、下连户办产业小庭园的纽带作用和作为村集体经济发展的平台作用，发挥户办产业小庭园作为贫困户产业直接增收脱贫致富的载体作用，实现小农户和现代农业发展有机衔接。根据猕猴桃产业融合要求规划"三园"产业，实现大园小园庭园产业联动，带动贫困户进入产业；依托企业、合作社、家庭农场、业主大户带动广大农户建设"三园"，实现大园小园庭园立体联动，带动贫困户发展产业；主推"五统一分"（统一品种、生产资料、技术、品牌、销售，分户生产）模式，实现大园小园庭园经营联动，带动贫困户对接市场；建设区域品牌、企业品牌，开展统一营销，实现大园小园庭园利益联动，带动贫困户产业增收。

苍溪县被评为"四川省科技扶贫示范县"。该县大力实施"科技兴农"战略，依托农业科技助推产业扶贫，针对产业发展和农业科技扶贫的需要，建立猕猴桃研究所和苍溪雪梨研究所；建成起全国最大的猕猴桃基因库，红心猕猴桃无病毒苗繁育中心；还成立了4个院士工作站，5个科技创新服务中心，218个农产品质量安全站点。全县结合农机购置补贴政策，大力推进农业机械化、信息化、自动化建设，全县配备各类耕种收农业机械58 000余台，建机电提灌站416个，益农信息社584个。经过多年研究培育和科技扶贫，苍溪目前已选育红心猕猴桃、苍溪雪梨品种16个，创新五线棚架、双向嫁接培育、无病毒苗容器等新型栽培技术12项，制定全国首个红心猕猴桃绿色、有机生产技术标准。苍溪县目前已获省部级奖励11项，国家专利18个，科技成果转化率达到70%，农业实用技术推广面达85%以上，农业科技贡献率达65%。

(二) 四川省苍溪县猕猴桃发展特点

1. 品种资源独特，竞争优势强

苍溪县是世界红心猕猴桃品种原产地。1982年苍溪县选育出世界首个红心猕猴桃品种，1995年成功选育"红阳"猕猴桃，2004年获得国家质检总局原产地域产品保护，2005年国家对选育的"红阳""红华""红美"实施品种保护，成为全球第三代猕猴桃首选换代品种；被列为全国首批猕猴桃驯化栽培试点县，是全国培育猕猴桃新品种最多的区域。2015年被国家质检总局认证为"生态原产地产品保护"产品，是世界红心猕猴桃唯一原产地保护品种。其中，"红阳"品种已在61个国家和地区申请品种登记，被引种至四川、贵州、安徽、浙江、广西等全国多个省（自治区、直辖市）。

2. 种植规模较大，发展基础好

苍溪县是全国猕猴桃特色农产品优势区的主要基地。同时也是"中国红心猕猴桃第一县"的主产区。现已建成三井、天新、青龙、双龙、大金、三九、三会、江南、玉红、白桥、江南、东青等万亩红心猕猴桃现代农业产村融合园区12个,千(百)亩融合园45个,产业庭园8 900个,集中连片标准化种植红心猕猴桃18万亩,占全县红心猕猴桃种植面积的49.5%,占四川红心猕猴桃种植面积的35%。

3. 品牌响亮全国,市场前景广

苍溪县是全国名优果品区域公用品牌基地。先后获得国家地理标志证明商标、中国驰名商标、四川省著名商标。被评为"2016年全国名优果品区域公用品牌",四川省首届消费者最喜爱的100件四川商标。成功注册红阳、川猕1-4号、新观2号、九龙1号、红阳、红华、红美、红昇等商标14个。通过建立"母子"商标体系,实施"双百"工程,支持企业申请国际标准认证,创建国际品牌,红心猕猴桃品牌享誉全国和世界多个国家和地区。产品销往全国大中城市的100多家超市,出口欧盟、日本、美国等国以及中国香港和台湾地区。

4. 加工物流集群全省同类产业最大

苍溪县通过科学规划,出台招商引资优惠政策,建设红心猕猴桃精深加工园区,推动加工物流集群化发展。现入驻园区的省市级龙头企业8家,其中:上市企业1家,建有年产10万吨猕猴桃专用有机肥生产厂、年产值10亿元猕猴桃精深加工中心,新开发猕猴桃果酱、汁、酒、果脯、酵素等6大系列30多种产品,红心猕猴桃主导产业加工转化率达76.4%,高出全省同类产品38.2%,建成年储运能力达15万吨的冷链物流园区,引进国内首家红外线检测冷链分选万吨猕猴桃采后处理中心。2017年,苍溪县冷链及加工产值达37.36亿元(表9-1)。

表9-1 苍溪县国家级现代农业产业园精深加工园省市龙头企业现状

企业名称	主要产品	加工类别	年产值(亿元)	国家/省龙头企业
合计			37.36	
四川华朴农业科技有限公司	猕猴桃酵素系列	精深加工	10.52	省龙头企业
苍溪县猕猴桃食品有限责任公司	猕猴桃果浆、果汁饮料、果脯等系列产品	精深加工	7.10	省龙头企业
四川毅力猕猴桃产业有限公司	猕猴桃干红、猕猴桃维生素C口服液	精深加工	6.06	省龙头企业
四川毅力猕猴桃产业有限公司	猕猴桃干红、猕猴桃维生素C口服液	精深加工	5.03	省龙头企业
四川鸿宇冷冻食品有限公司	猕猴桃有机肥生产	初加工	4.40	省龙头企业
四川食为天农业有限公司	猕猴桃冷链制品	初加工	1.23	市级龙头企业
香港日昇猕猴桃有限公司	猕猴桃冷链制品	初加工	1.87	市级龙头企业

(续表)

企业名称	主要产品	加工类别	年产值（亿元）	国家/省龙头企业
利群红心猕猴桃包装公司	猕猴桃包装	初加工	1.15	市级龙头企业

5. 发展环境优越，政策支持有力

全县先后出台支持苍溪县新型主体培育、投入创新、用地、金融服务、科技创新、人才支撑、品牌创建等各类政策，创建支持力度持续加大，初步形成系统化政策支持体系。已出台苍溪县建设的各类支持政策13条，支持产业基地建设政策2条，猕猴桃加工用地政策2条，扶持新型经营主体规模经营2条，科技创新与人才创业3条，金融保险政策2条，品牌创建2条。坚持"渠道不乱、用途不变"的原则，推行"1+N"涉农资金整合方式，增加猕猴桃基地建设投入。2017年统筹整合涉农项目资金5.8亿元，用于解决苍溪县发展的道路、水利、电力、通信、土地治理、高标准农田建设等基础设施配套建设。财政资金撬动资本效果好。苍溪县通过大力实施"以奖代补、先建后补"，2017年撬动新型主体和农户投入11.9亿元以上，投入猕猴桃改土建园等基础建设，发展红心猕猴桃产业。通过激励农业公司上市，撬动资本市场投入猕猴桃产业发展。金融扶持发展成效显著。设立猕猴桃产业贷款基金，采取公司担保、财政贴息等方式撬动金融企业发放小额贷款，探索建立"土地银行"和土地承包经营权流转风险基金，创新"经营权抵押贷款+扶贫再贷款""小额贷款+农村保险""债贷结合+拼盘整合"三大模式，初步构建了债、贷、投、扶相结合的金融扶持产业发展体系。截至目前，共发放小额扶贫贷款8.2亿元、扶贫再贷款2.2亿元、农村产权抵押贷款2.51亿元，惠及农户1.9万户；"农地经营权资本转化"经验在全省推广；创新成立扶贫资金互助合作社31个，其中，岳东镇益民资金互助合作社是全国首家经证监会批准成立的农民资金互助合作社。"订单+保单"风险防控机制强化。苍溪县创新实施"订单+保单"双单保险，化解经营风险机制。目前，红心猕猴桃订单生产率达95%，产业保险覆盖率达95%以上。

(三) 面临的主要问题

1. 基地标准化程度不高

苍溪猕猴桃经过多年发展在种植规模、经营主体、基地建设、良繁体系、品牌包装、行业标准等方面取得了不错成绩。但苍溪猕猴桃产业整体标准化水平依然不高。突出表现在标准化基地建设比重较低，苍溪猕猴桃生产以农户分散种植为主，其在园地建设、田间管理、基础设施等方面的缺少有效指导和资金投入，使得基地标准化的比例不高，导致产品品质、产量参差不齐。

2. 生产品种结构单一

近年来，苍溪县狠抓"红阳"猕猴桃的发展，其规模不断扩大。对生产品种多样性有忽视。多样性不意味着各种品种都要发展，而是指以红肉猕猴桃为主，还可根据市场消费需求、结构、对象，配套发展部分绿肉、黄肉猕猴桃等不同档次的品种；目前红肉猕猴桃的产地收购价格较高，企业加工成本过大，也可选育出适应性强、产量大、营养指标高、果形好的加工专用型品种；现在周边的都江堰、彭州、绵竹、什邡、元坝、旺苍，外省陕西周至、江西宜丰、福建建宁也有发展红肉猕猴桃，猕猴桃品种结构同质化现象越来越明显，为了保证在苍溪猕猴桃产业的持续健康发展，也要求苍溪实现生产品种的多样化。

3. 技术普及程度不高

苍溪县技术普及度不高，技术推广难，主要表现在：一是农民掌握现有生产管理技术存在难度，由于青壮劳动力外出务工，参与猕猴桃生产的农户老龄化严重，加上知识水平的原因，掌握技术存在难度；二是专业技术人员缺乏及分布不平衡，苍溪县共有39个乡镇，部分边远乡镇条件差，往往技术人员要承担多个乡镇的技术指导，少数乡镇还没有猕猴桃技术人员；三是技术人员自身的技术更新缓慢，获取途径单一，不能快速、准确掌握猕猴桃的新品种、新技术、新方法等知识。

（四）农业科技扶贫对策建议

1. 集聚生产要素，加强技术装备集成创新

以建设资源节约型、环境友好型产业为导向，加强与国家级或省级科研机构及科技型龙头企业的深度合作，进一步提升红心猕猴桃产业研究院技术水平和推广深度，进一步增强猕猴桃产业的科技创新能力，积极申报创建省工程技术中心及省级重点实验室。重点开展猕猴桃种质资源利用与红心猕猴桃新品种的研发、红心猕猴桃绿色有机农产品生产技术、绿色防控技术、测土配方施肥技术、水肥一体化技术、农业物联网技术、农业废弃物资源转化利用技术，以及红心猕猴桃绿色保鲜物流技术、精深加工技术等研究与科技成果产业化示范。

2. 强化产业融合，加快全产业链技术发展

以构建集"生产+加工+科技+营销+服务"于一体的全产业链经营模式为主线，以农业科技为支撑，加速农业科学技术与全产业链融合，加快构筑形成产加销、贸工农一体化的生产经营格局，探索以企业为主体的科技协同创新机制和产业化带动机制，形成以科技支撑全链，二产带强一产、三产带活一产，主体融合、三产联动的良好格局。引进红心猕猴桃深加工企业和物流企业，开展红心猕猴桃采后初加工、精深加工和冷链物流相关技术开发与应用。

3. 促进转型升级，加快绿色技术发展

牢固树立绿色发展、生态文明和可持续发展理念，按照保护优先、适度开发的基本原则，推动苍溪县农业可持续发展，积极开展绿色食品、有机农产品和地理标志农产品的认证，扩大"三品一标"农产品生产规模。广泛开展质量管理体系（ISO）、良好农业操作规范（GAP）等标准的认证评价，提高农业经营主体标准化生产水平。结合苍溪县内养殖业发展，推进"过腹还田"模式，鼓励使用有机肥、生物肥料和绿肥种植。健全农产品质量安全保障机制。加快建立完善苍溪县农产品质量安全保障体系，加强苍溪县农产品检验检测体系和监管能力建设，提升苍溪县县级农产品综合性检测中心技术

水平，完善检验技术手段，提升农产品检验检测能力和水平，建成产地环境、投入品和农产品全面监控的农产品质检体系。

4. 提高种植技术，发挥农业科技保障作用

重点攻关猕猴桃的品种选育、高效栽培、病虫害防治等技术难题。持续加强与专家及科研院校的合作，逐步发展一批猕猴桃新品种或者猕猴桃新技术，加快推进拥有自主知识产权的红昇、金红等优良红心新品种推广力度，保证猕猴桃产量、质量的提高和产出效益的提升。继续加强对溃疡病等疑难病害的防治工作，强化猕猴桃溃疡病防控技术攻关和推广，加强技术培训，持续遏制全县猕猴桃溃疡病扩散风险。深入推行"一控两减三基本"，提高化肥、农药的使用效率，改善过度依赖化肥的现状，引导生物防控和有机生物肥料的使用，实现绿色生产，提高产品品质，保障质量安全，进而提升产出效益。大力研究推广避雨栽培、节水技术、节药技术、套种、叶面施肥等各种节约猕猴桃生产成本的技术。按照出口猕猴桃农残检验要求，进一步规范出口基地用药用肥的标准，督促其按标准施用，带动进一步扩大出口基地规模。

四、四川省马边县农业科技扶贫支撑乡村振兴调研报告

（一）四川省马边县基本情况

1. 马边县区位环境

马边彝族自治县位于四川盆地西南边缘小凉山区，地处乐山市南面，东北邻沐川县，西北交峨边彝族自治县，东部与宜宾市屏山县接壤，南部和西部分别与凉山彝族自治州的雷波和美姑县毗连，行政区域面积2 293平方千米。随着乐山"一航两环三铁四快速五高速"交通规划的实施，将使马边全面融入乐山"一小时交通圈"，出境更加通达快捷。目前，全县正按照"打破外瓶颈、畅通内循环，构筑产业路、完善连接点"思路，大力实施交通先行战略，着力构建"两高四干七通衢"的1小时交通网络，打造大小凉山和乌蒙山结合带区域交通枢纽。预计乐西高速、仁沐新高速在2022年前均可建成，这也将大幅缩短与中心城区特别是发达地区的时空距离，其交通与地理区位优势十分明显。

2. 马边县自然环境

（1）地形地貌。全境地处横断山脉东部、四川盆地和云贵高原的过渡地带，属山地地貌，地势由西南向东北倾斜。山脉多半近于南北走向。境内峰峦重叠，岭谷相间，有大小山峰1 985个。境内大风顶为全县最高点，海拔4 042米，最低处为石梁乡雷打石的马边河河面，海拔448米，县境相对高差3 594米。马边河蜿蜒其间，形成陡峭的梯形剖面。全县可分为三个自然地貌区，即低山河谷区，中山区、亚高山区。低山河谷区海拔1 000米以下，主要分布在建设、劳动和荣丁等乡镇，占全县土地总面积的12.7%。中山区海拔1 000~3 500米，全县各乡镇都有分布，占全县土地总面积的86%。亚高山区海拔3 500~4 042米，主要分布在县境西缘，占全县土地总面积的1.3%。

（2）水文气候。马边彝族自治县境内水利资源丰富。有大小溪流226条，全长200多千米的马边河横贯全境，集雨面积1 998平方千米，平均地表径流总量30亿立方米，

耕地亩平均有水 6 204 立方米。马边地处中亚热带季风气候带，由于地形复杂，受季风影响和山地地形的制约，立体气候明显，在不同的海拔高度，日照、气温、积温、降雨、霜雪状况均有明显的差别。马边城区年平均气温 17.1℃，最冷月（1 月）平均气温 7.6℃；最热月（7 月）平均气温 25.4℃，历年极端最高气温 38.5℃，极端最低气温 -3.0℃。年平均降水量 976.0 毫米，其中 5—9 月降水量 795.00 毫米，占年均降水量的 81%。年平均相对湿度 80%。年平均无霜期 314 天。年平均日照时数 942.3 小时。年平均风速 1.4 米/秒，最多风向为东北偏北风。年平均蒸发量 1 035.3 毫米。年平均雷暴日数 45.6 天。主要气象灾害有暴雨、洪涝、大风、冰雹、干旱、雷电以及低温连阴雨。

（3）土地资源。2015 年末，马边彝族自治县土地总面积为 229 309.82 公顷。农用地面积为 216 548.65 公顷，其中耕地面积为 27 415.84 公顷；园地面积为 5 160.92 公顷；林地面积为 170 133.72 公顷；草地面积为 5 322.25 公顷；其他农用地面积为 8 515.92 公顷。建设用地总面积 3 097.54 公顷，其他土地面积为 9 663.63 公顷。农田有效灌溉面积 2 万亩，建成标准农田 3.3 万亩。

（4）土壤条件。县境内土壤类型多样，土壤分 5 个土类、10 个亚类、21 个土属、41 个土种。以水稻土、潮土、紫色土三种土类为主。出露地层包括三叠系、侏罗系和第四系部分分岩组及湖沼泽、近代河流冲积与洪积层。土类酸碱度中性，质地中壤至重壤，自然养分含量高，无机养分丰富，保水保肥力较强，是主要耕作土壤。

3. 马边县社会环境分析

马边地处四川省乐山市、宜宾市、凉山州结合部，辖 5 个镇，15 个乡，9 个社区，114 个村，59 个居民小组，724 个村民小组，行政区域面积 2 304 平方千米。截至 2016 年底，马边总户数 68 312 户，户籍人口 218 255 人，其中少数民族占 49.22%，比上半年增加 2 806 人。其中彝族占 47.51%，农业人口占 77%。乡村高中文化以上常住人口占 15.8%，20~50 岁青壮年劳动力占 43.6%。2017 年全县城镇居民人均可支配收入 28 611 元、增长 8.7%，农村居民人均可支配收入 10 344 元、增长 9.7%。

4. 马边县经济环境分析

苍溪县是国家级贫困县，于 2019 年底脱贫摘帽。2017 全年实现地区生产总值 37.59 亿元、增长 4.2%。三次产业结构优化调整为 21.5∶42.5∶36。农业发展方式逐步转变，土地规模经营率 35.5%，提高 6 个百分点，农机化率 41%。城乡居民收入比缩小至 2.76∶1。节能减排和环境保护扎实推进，预计单位地区生产总值能耗下降 4.29%。城镇登记失业率控制在 3.69%，新增就业 1 509 人，转移输出劳动力 5.5 万人，实现劳务经济收入 6.7 亿元。

（二）四川省马边县农业产业结构

近年来，马边县委、县政府围绕"农业奠基、工业强县、林茶畜富民"的总体思路，以提升农业规模化、特色化、品牌化为方向，稳定粮油等基础产业，初步形成"茶叶、竹笋、青梅、猕猴桃、优质畜禽、冷水鱼"为特色的生态农业产业体系。2017 年，实现农林牧渔业增加值 86 514 万元，位列全省 45 个深度贫困县前列（排名第七），成效十分显著（图 9-11）。

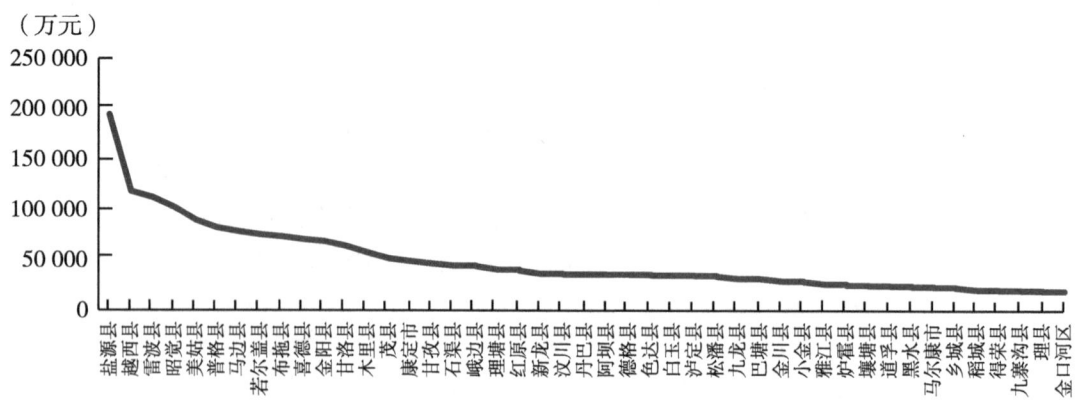

图 9-11　45 个深度贫困区农业增加值比较（2016 年统计数据）

1. 产业结构不断优化，优势特色产业初显规模

将农业产业结构优化、农产品品质提升作为抓手，大力发展茶叶、林竹、青梅、猕猴桃、畜禽、冷水鱼等优势特色产业，基地规模不断扩大。全县茶园面积达到22.5万亩，鲜叶总产量5.04万吨；成片或散生竹林面积达148.17万亩，笋用竹林80.74万亩；青梅产业焕发新的生机，不断引进新品种和实施标准化基地建设，面积已接近5万亩；在下溪镇、三河口乡等海拔适宜区发展优质猕猴桃基地近1万亩；引进龙头企业发展冷水鱼繁育和养殖，年销售冷水鱼鱼苗100万尾，养殖大鲵5万余尾；畜禽养殖在总量保持稳定的基础上，养殖结构不断优化，良种率和草食家畜比重不断提升。2017年，肉类总产量为14 934吨，年出栏肉猪为15.48万头，出栏肉用牛16.59万头；出栏肉用羊8.49万只，出栏家禽52.16万只。肉牛、肉羊良种率分别达到65%和85%。

截至2017年末，马边县茶园面积22.5万亩，其中有机茶园面积15.8万亩，鲜叶总产量5.04万吨，较2016年增加6.2%，鲜叶产值8.32亿元，同比增长8.9%，实现茶叶综合产值16亿元，茶业单位产值2 045.48元/亩，茶叶产量10 484吨，增长6.6%。

全县成片或散生竹林面积达148.17万亩，林下竹131.88万亩，占89%，纯竹林16.29万亩，占11%；其中笋用竹林80.74万亩，占全部竹林的54.4%，每年竹笋产量6 000~7 000吨，林竹单位产值1 069.81元/亩（图9-13）。

青梅产业焕发新的生机，不断引进新品种和实施标准化基地建设，面积已接近3万亩，主要涉及三河口、梅子坝乡、沙腔乡。在下溪镇、三河口乡等适宜区发展优质猕猴桃基地近1万亩，产量1 800吨，年产值3 200万元。

养殖结构不断优化，优质畜禽比重增加，马边县利用政策导向，通过招商引资以及培养本地专合社、龙头企业大力提升养殖水平。引进四川巨星集团落户投资生猪产业，扶持发展了青山莲畜禽养殖专业合作社、红星种养循环标准化养殖场等本土龙头企业。2017年肉类总产量为14 934吨，增长5.4%。年内出栏肉猪为15.48万头，增长3.2%，以大约克、长白为主的优质生猪，杂交改良本地品种，同时引进了优良DLY品种，汉区杂交猪改良率达到100%；出售和自宰的肉用牛16.59万头，同比增长4.5%，引进了西门塔尔牛、利木赞牛等优良品种杂交改良本地牛，杂交改良

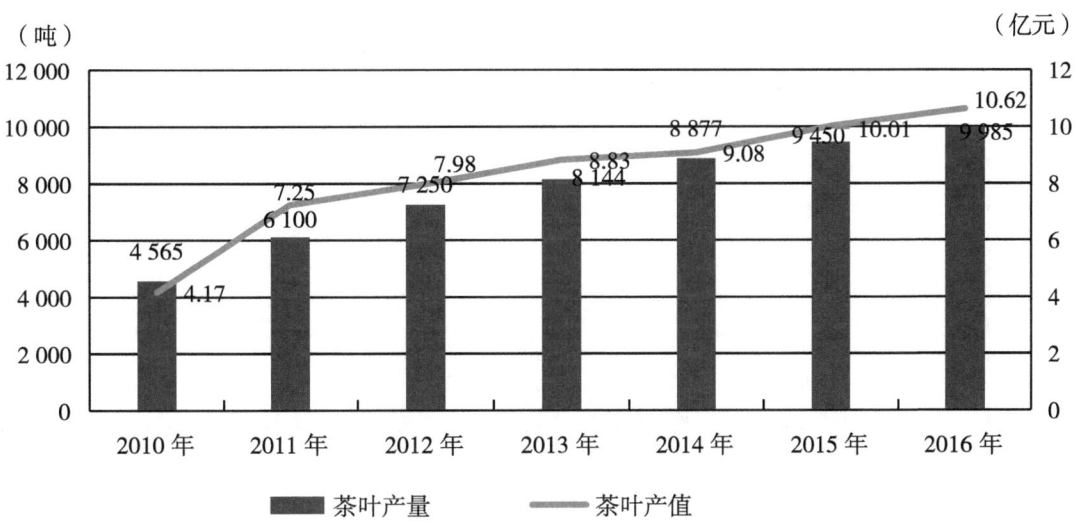

图 9-12　马边县 2010—2016 年茶叶产量及产值情况

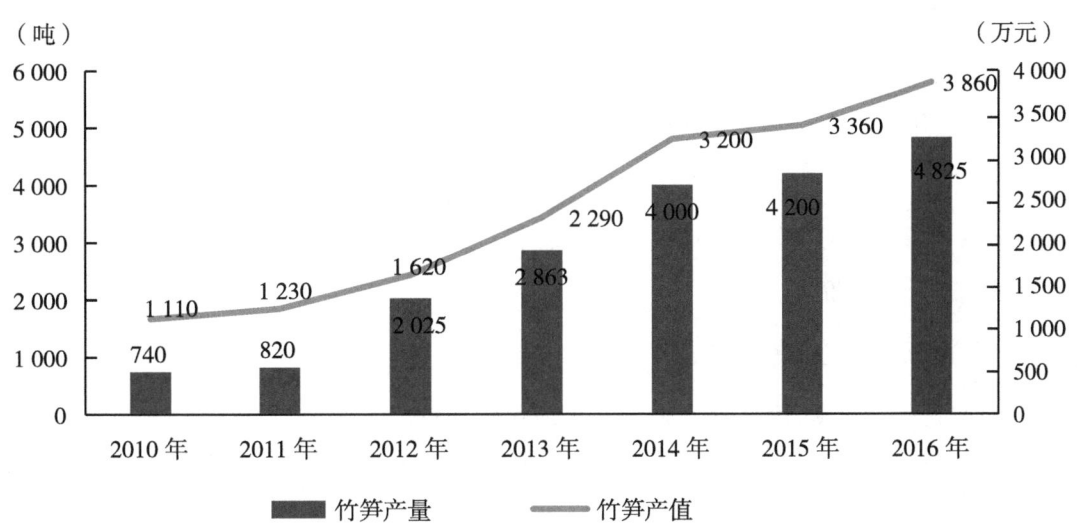

图 9-13　马边县 2010—2016 年竹笋产量及产值情况

率已达 65%；出售和自宰的肉用羊 8.49 万只，同比增长 4.7%，引进了南江黄羊、波尔山羊、金堂黑山羊等优良品种实施羊品种改良，山羊杂交改良率已达 85% 以上，建立了南江黄羊纯繁基地 4 个，波尔山羊种羊场 1 个，扩繁场 3 个；出售和自宰的家禽 52.16 万只，同比增长 3.9%；出售和自宰的肉用兔 7.11 万只，同比增长 3.2%。马边县畜禽养殖规模不断扩大，养殖结构不断优化。通过招商引资发展冷水鱼繁育和养殖，引进四川巨海渔业落户投资冷水鱼产业，全县水产品总产量 130 吨，水产类合作社 12 家，共养殖大鲵 5 万余尾；在袁家溪建立了冷水鱼标准化繁育基地，年销售冷水鱼鱼苗 100 万尾。

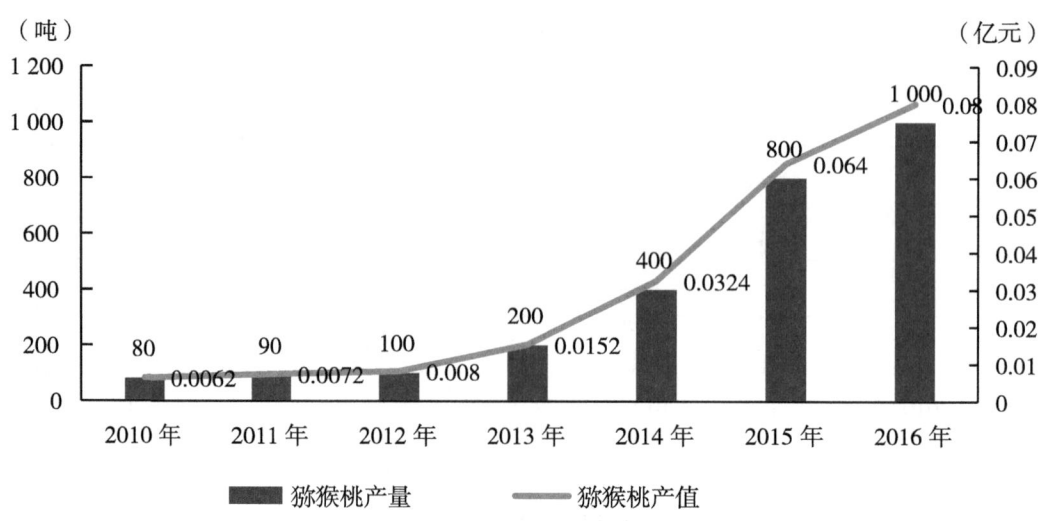

图 9-14 马边县 2010—2016 年猕猴桃产量及产值情况

2. "新模式、新主体、新业态"催生发展新动能

在生产上积极探索以"猪—沼—粮(果、菜)""畜禽—沼—茶(菜)""牛—沼—粮(果、菜)""羊—沼—茶(菜)"等种养循环模式,种养结构得到优化,资源得到充分利用。新型经营主体数量逐年增加,农民专业合作社 226 家,家庭农场 24 家,创建国家级示范社 2 家,省级示范社 8 家。一二三产业融合进一步发展,"互联网+"模式在农产品销售上得以应用,电商数量不断增加。农旅融合的民宿、农庄等新业态也初见端倪。随着农产品产地初加工、精深加工、冷藏保鲜项目的建成,将进一步延长产业链条,提升产业价值。

(三)面临的主要问题

1. 农业发展方式仍然粗放,农业科技应用水平较低

马边县农业科技发展水平整体不高,农业生产方式仍然比较粗放,农业科技对发展农业产业发展和推动贫困地区形成优势特色农业产业的支撑引领作用还不够。全县农业投入品施用量逐年增加,从化肥施用指标分析,马边县化肥使用量从 2011 年的 6 804 吨增长到 2016 年的 8 118 吨,目前施用强度达到 293 千克/公顷,已高于川南经济区平均水平和全国平均水平,在全国实施化肥农药零增长的趋势下,马边农业发展方式亟待转变(图9-15)。据统计,马边县劳均产值1.24万元/人(图9-16),尽管高于周边雷波县(0.94万元/人)、峨边县(0.91万元/人)、美姑县(0.81万元/人)水平,但与川南经济区其他区县相比劳均产值依然偏低(在川南经济区排名倒数第三)(图9-17),农业现代化水平仍处于起步阶段,现代农业科技和实用技术应用不足,否则将会丧失农业比较优势尤其是生态优势未能充分发挥。

2. 乡村劳动力外流明显,人才匮乏成为农业科技扶贫"短板"

随着城镇化进程加快,大量青壮年劳动力离开农村,农民老龄化、农村缺人才的问

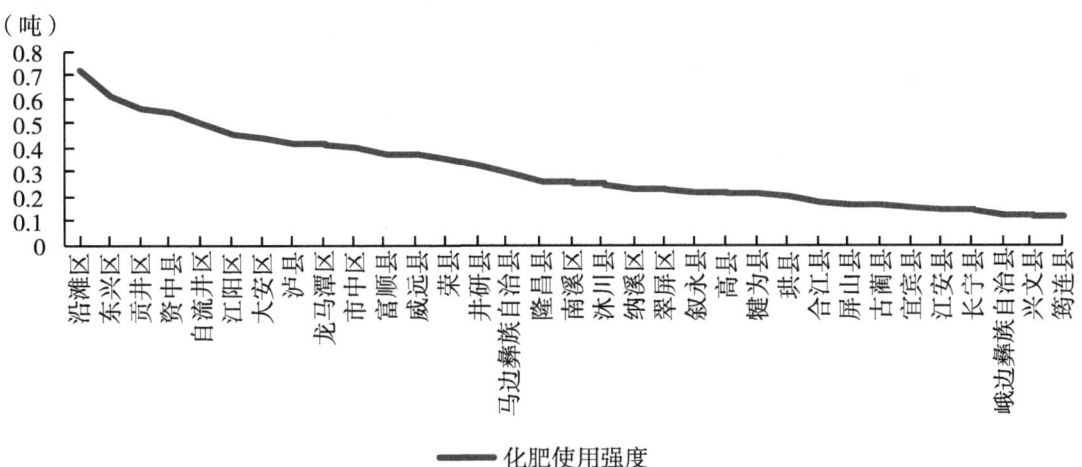

图 9-15 川南经济区各区县化肥使用强度比较分析

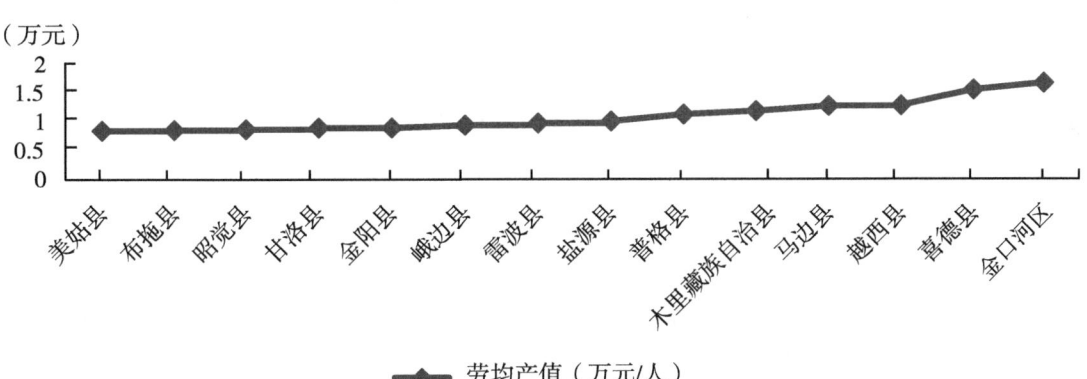

图 9-16 马边周边深度贫困县劳均产值比较分析

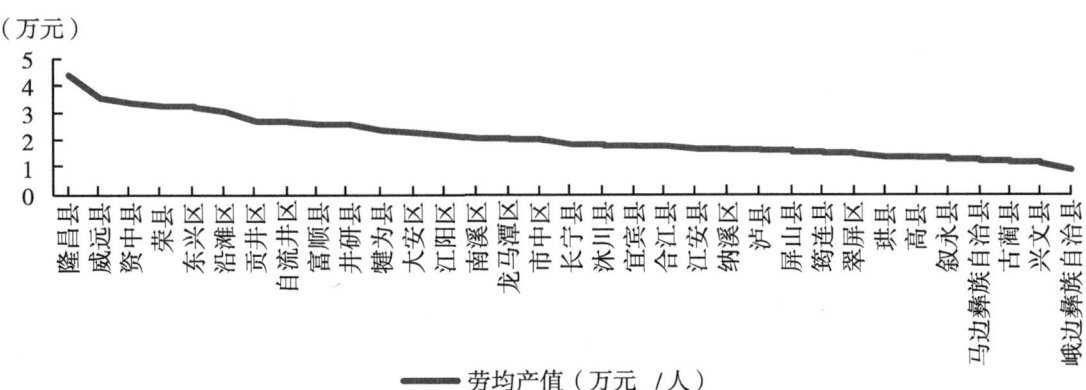

图 9-17 川南经济区各区县劳均产值比较分析

题日益突出。全县 20 个乡镇中高中文化以上常住人口占乡村常住人口的 15.8%，20~

50岁青壮年劳动力占劳动力总数不到50%（图9-18），留守老人、留守妇女、留守儿童成为乡村人员主体。农业科技接受和应用能力强的劳动力外流趋势明显，"人才短板"成为马边农业农村经济发展以及乡村振兴的最大"拦路虎"，也是农业科技进入的主要障碍。

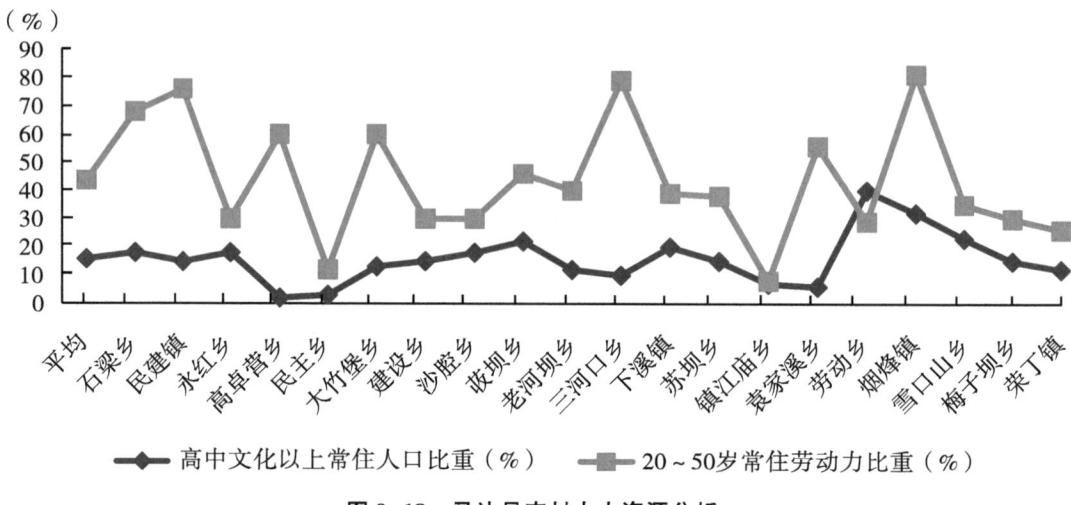

图9-18 马边县农村人力资源分析

（四）农业科技扶贫对策建议

1. 做牢"6+X"产业科技支撑

（1）茶叶。突出马边茶叶品种优良化、技术标准化，建设全国知名的生态茶叶生产基地，全国知名的有机茶示范基地。加快推广优良茶树品种，保护老川茶品种，保护和开发野生茶资源。科技支持低产茶园改造、绿色有机标准化茶园打造、逐步推广机采技术和物联网技术。引导和支持龙头企业同大专院校、科研院所密切协作，引进先进技术、生产设备、工艺流程，利用高新技术提高产品附加值，扩大发展茶叶深加工范围。

（2）林竹。研究推广林下种植、养殖、采集、森林景观利用的新技术、新模式，以及林茶、林菌、林禽、林畜、林药、森林旅游等林地高效综合利用技术。

（3）青梅。不断引进新品种，推广应用配套种植技术，进行品种示范、标准化产业示范。逐步改变传统粗放式的栽培方法，与科研院所合作，推广现代科技栽培管理，在立地选择、品种布局、密度与栽植、幼树管理、病虫害防治、保花保果、采收与加工等方面，将高新农业技术应用于青梅基地管理，实现高产高效。

（4）畜禽。持续推广"猪—沼—粮（果、菜）""畜禽—沼—茶（菜）""牛—沼—粮（果、菜）""羊—沼—茶（菜）"等循环农业模式和技术，以标准化养殖单元为载体，实现畜牧养殖业低排放、无污染的良性循环。

（5）猕猴桃。完善基地技术装备与生产应用，深入推广产品质量安全管控和绿色发展技术。发展智慧果园，推广智能化生产相关技术。

(6) 水产。强化水产种质资源保护，推广苗种繁育和标准化养殖技术，科技支撑建设以冷水鱼为主的水产繁育基地、养殖基地，开发冷冻调理食品和冷冻保鲜技术。

2. 加强科技支撑建设

强化四川省农业科学院、四川农业大学、乐山市农业科学研究院等科研院所的支撑，以农业科技园区（场）为载体，进一步深化全县"四院六方"农业科技扶贫成果，有效推进"校企合作""院县合作"模式，加强科技联合攻关能力，积极鼓励全县市级以上农业龙头企业、示范组织和个人以多种形式参与农业科研开发，加快培育农业科技创新的新主体。完善新型农技推广体系。在依托传统的公益性推广体系基础上，整合专家解决乡村振兴的关键问题和瓶颈，探索由新型农技推广体系。整合四川省农业科学院茶叶、林竹、水果等专家在马边彝族自治县建实验实践基地、专家大院以及采取科技110、科技特派员等方式和模式，推进院地、院企、院农间的深度合作，促进农科教、产学研的紧密结合，支撑现代农业发展。

3. 提高农业机械化水平

加大先进适用农机具推广应用力度，提高农机装备水平，聚集耕整、种植、收获、植保、烘干、秸秆处理等环节，推进农机农艺融合。引进研制经济作物专用型生产、加工机械设备，积极应用智能温室圈舍、自动饲喂等先进设施。

第二节 农业科技支撑产业扶贫的规划研究案例

一、布拖县生态特色农业发展总体规划

(一) 发展环境

1. 地理区位

布拖县地处长江中上游和川滇结合部，位于凉山彝族自治州东南部，东经102°43′~103°04′，北纬27°16′~27°56′，距自治州首府西昌114千米。东与金阳县、云南省巧家县相接；北临昭觉县；西南与普格县、宁南县毗邻。境域轮廓呈现南北向长条状，南北长73.60千米，东西宽33.60千米。

2. 社会经济

全县面积1 685平方千米，辖30个乡镇（3个镇、27个乡），190个村民委员会，1 014个村民小组，总人口约19.12万人，农业人口约为17.73万人、劳动力9.45万人。2014年全县实现地区生产总值约23.78亿元，农林牧渔业总产值10.39亿元，农村居民人均纯收入5 368元。

3. 自然资源

气候条件。布拖县属亚热带滇北高原气候区，受地理位置和地形海拔影响，气候呈立体型，主要气候特征是"长冬无夏，气候寒冷、无霜期短、雨量充沛、干湿季明显、日照充足，灾害频繁"。年均温10.1℃、年均降水量为1 102.1毫米。全县气候大致分为金沙江干热河谷、亚热带半干旱、暖温带半湿润、温带湿润、冷凉潮湿、高寒潮湿6

个类型，具体气候指标如表9-2所示。

表9-2 布拖县农业气候指标情况

指标	金沙江干热河谷区	亚热带半干旱区	暖温带半湿润区	温带湿润区	冷凉潮湿区	高寒潮湿区
≥0℃积温（℃）	≥6 370	6 370~5 180	5 180~3 990	3 990~3 190	3 190~2 200	<2 200
≥10℃积温（℃）	≥5 580	5 580~4 230	4 230~2 890	2 890~1 990	1 990~870	<870
无霜期（天）	≥315	315~270	270~220	220~190	190~155	<155
4—9月积温（℃）	≥4 140	4 140~3 530	3 530~2 930	2 930~2 520	2 520~2 010	<2 010
年平均气温（℃）	≥17.4	17.4~14.2	14.2~11	11.0~8.9	8.9~6.3	≤6.3
年降水量（毫米）	<700	700~900	900~1 000	1 000~1 200	1 000~800	<800
海拔高度（米）	<1 000	1 000~1 600	1 600~2 200	2 200~2 600	2 600~3 100	>3 100
主要灾害性天气	严重干旱	春旱洪涝	春旱低温	低温、阴雨、洪涝、冰雹、霜冻	低温、阴雨、冰雹、霜冻	低温、阴雨、冰冻、冰雹、大雪

地形地貌。布拖县地处川滇边区大凉山，属云贵高原北面。境内有南北走向的2条山脉，即乌科梁子—吉留秀山脉和日补呷物—阿布择鲁山脉。地貌以中山山原为主，东南低而陡，西北高而缓。东南部由于河谷深切，地形较为复杂、破碎，形成了典型的中山深切地貌。西北部山体连绵不断，山峰高度平均在3 500米，山间点缀着大小不等的山间盆地，以布拖坝子、西溪河坝子、拖觉坝子最为典型。

土壤肥力。布拖县境内土壤类型多样，主要有潮土、紫色土、红壤、石灰岩土、黄棕壤10个大类，14个亚类、15个土属。县域耕地土壤pH值在4.5~8.5，以酸性（4.5＜pH值≤5.5）和微酸性（5.5＜pH值≤6.5）为主，分别占耕地总面积的41.12%和40.03%。耕地土壤有机质含量10~20克/千克、20~30克/千克、30~40克/千克的耕地分别占其耕地总面积的6.34%、58.14%、35.12%。从乡（镇）分布来看，采哈乡、火烈乡等21个乡（镇）有机质含量在30~40克/千克。土壤有机质含量在20~30克/千克的乡镇主要集中在西部区域。补尔乡和乌科乡耕地土壤的有机质含量相对较低。

土地利用。布拖县土地以林地为主，草地和耕地次之。全县农用地244.5万亩，占土地总面积的96.73%。其中林地126.9万亩，占农用地总量的51.9%；草地75.79万亩，占农用地的31%；耕地41.15万亩，占农用地总量的16.83%，其中旱地40.46万亩、水田6 884亩；园地6 403亩，占农用地总量的0.26%。

(二) 农业发展现状

1. 特色产业

近年来，布拖县以扶贫开发、助农增收为重点，加快农业产业结构调整，全县生态特色农业稳步发展，初步形成了马铃薯、特色粮食、草食畜禽、中药材等特色产业，建成"四川省优势特色产业马铃薯基地县""四川省马铃薯原种繁育基地县""中国附子第一大县""凉山半细毛羊原种场"，培育出布拖乌洋芋、高山燕麦、高山荞麦、布拖附子、凉山半细毛羊等特色农产品。"布拖乌洋芋""布拖燕麦"成功申报国家地理标志商标。

2014年，优质马铃薯基地面积20万亩，居全州第三位，产量27.9万吨，位居全州第五位。初步建成了一批种薯扩繁基地和标准化生产示范基地，创建全国绿色食品原料马铃薯标准化生产基地10万亩。乌洋芋种植面积达1.02万亩，总产量6 375吨，产值达1 912.5万元。采取"公司+基地+农户"的经营方式，不断壮大附子产业，布拖附子基地面积达到7 100亩，年产商品附子100万千克。建成畜牧科技示范园区4个，畜禽标准化养殖示范基地18个。

2. 基础设施

全县有中型水库1座（瓦都水库），塘坝工程8处，总容积1.25万立方米，其中地洛乡桥边村3处，罗家坪乡翻身村5处。水利设施建设滞后，缺乏农田水利设施，工程性缺水问题较为突出。对外交通主要依靠国道G356，通村道路、机耕便民道等级低，多为简易路面，部分地区生产、生活运输仍靠原始的人背马驮。全县公路总里程1 050千米，其中油路为120千米。2014年全县拥有各种农机具2 626台（套），耕种收综合机械化水平约10%。

(三) 发展优势

1. 农业产地环境优

布拖县位于四川省西南边缘，地处凉山州东南部金沙江流域，现状生态环境整体良好。金沙江、西溪河等主要水体出境断面水质达到了国家《地面水环境质量标准》Ⅲ类水域标准，空气质量也达到规定的《环境空气质量标准》二级标准。区域工业发展缓慢，对环境影响较小，土壤有机质含量高无污染，加之海拔高、气候冷凉、昼夜温差大，紫外线强，病虫害发生大大少于内地，十分有利于生态特色农业的发展。

2. 市场发展潜力大

随着城乡居民收入的增长，人们的消费观念和消费水平也相应地发生了很大的变化，对农产品的消费正朝着安全、营养、无污染方向转变，对生态特色产品的需求逐步凸显。通过近几年的发展，布拖县初步形成了马铃薯、特色粮食、草食畜禽、中药材等生态特色产业，其独特的气候条件和优质的生态环境造就了其优质的品质，市场发展潜力巨大。

(四) 存在的问题

1. 农户观念保守是制约产业发展的重要阻力

一是布拖县由于经济社会发展滞后，长期处于偏僻的交通区位，以及劳动力文化科技素质相对落后，农牧民依然习惯于广种薄收和传统种养殖模式，对新技术、新品种接受意愿低；二是在小农经济格局下，布拖县大量青壮年劳动力进城务工，现存农村老龄人口无力承担农业生产任务。通过土地流转实现农业规模化、集约化、高效化的经营，已逐渐成为农业现代化发展趋势。但受就业、社会保障、收益增值等问题，布拖县农民参与土地流转的积极性不高。

2. 基础设施薄弱是提升生产效率的主要瓶颈

近年来，布拖县基础设施虽然得到一定程度的改善，但薄弱的基础设施仍是制约产业快速发展的"瓶颈"。一是灌排工程设施较为缺乏且分布不均，部分存在年久失修的状况，有效灌溉面积仅达14.09%，工程性缺水和季节性缺水矛盾十分突出。二是县、乡、村道路路网技术等级低、路况差，农村公路通达率通畅率不高，产业机耕道路配备不完善。三是全县农业机械化水平低，单位耕地面积农机总动力仅为1.36千瓦/公顷，远远低于凉山州和全省平均水平。

3. 产业链条短板是推进产业化经营的绊脚石

布拖县农业产业化水平不断提升，布拖县马铃薯、草食家禽、附子在全省已具有一定的市场和品牌优势。但整体来看，布拖县农业产业化还处于发展的初级阶段。一是产业结构模糊，特色产业规模效应不突出。传统优势产业不自觉受经济规律的支配，只能开展习惯性种养，生产管理较为粗放，适度规模经营发展不足，特色农产品量小、市场化程度低。二是缺乏专合组织、龙头企业等经营主体示范带动，特色农牧产品加工不足，现有加工产品结构较为单一，产品附加值低。三是特色农产品品牌建设与市场拓展不足，缺乏具有较强影响力的农产品区域品牌及企业品牌，"三品一标"、ISO9000、HACCP、GAP、GMP、QS等品牌及商标认证数量少、体量小，特色农产品宣传及推销力度不强，品牌知名度、市场占有率及经营效益有待提高。

4. 科技转化不足是产业发展后劲乏力的根源

2014年，布拖县每万人拥有科技人员1.01人，达标率仅为0.71%，远低于四川省的141.1人/万人、凉山州的50.25人/万人，布拖县科技对农业发展的支撑作用明显不足。一是科技推广体系不健全。农业推广科技投资渠道单一，经费严重不足，导致了人员流失、离岗，农技推广时间减少，农技机构设施建设滞后，乡镇级农技推广机构合并，出现了"线断、人散、网破"的尴尬局面。二是农技人员队伍不稳。农技人员的数量远不能满足产业发展需要，尤其缺少指导生产管理、流通销售、经营管理类的人才。三是传统型农技人员多。近年来，农作物品种和农业技术的更新速度加快，现有农技人员中多数存在新知识新技术缺陷，思维方式老化、对生态特色农业的发展方向把握不准和预见性不强等问题。大量农民迫切需要的农业科技成果被闲置，难以转化为现实生产力。

（五）发展思路

调结构、转方式、促增收为主线，以现代化种业、标准化生产、产业化提升、基础设施配套、服务体系支撑五大工程为抓手，按照"五年任务、三年攻坚、两年巩固"的要求，全面推动农业生态化、特色化、产业化发展，推进农业供给侧结构性改革，促进农民持续增收，确保实现产业精准扶贫，精准脱贫，全面建成小康社会。围绕"攀西高原生态特色农业示范县"的总体定位。布拖县农业产业结构明显优化，农业基础设施条件显著改善，农业综合生产能力显著增强，产业化经营水平显著提高，农产品竞争力显著增强，农民收入显著增长。建成"产业特色化、布局区域化、生产标准化、经营产业化、服务社会化、产品品牌化"的高原生态特色农业。

（六）农业科技扶贫重点

1. 农业科技推广体系

（1）农技推广体系。一是建立县乡村三级农技推广体系。建立健全以"县农技中心—乡镇农技推广综合服务站—村特派员、示范户"为主体的县乡村三级农技推广体系，壮大基层农技队伍，加强基层农技人员知识更新培训。二是以乡镇农技推广综合服务站为主要抓手落实农技推广。新建火烈乡、地洛乡等17个乡镇农技推广综合服务站，购买相应的仪器设备；每个乡镇农技推广综合服务站至少配备2名专职专业农技人员。三是积极建立以社会化服务组织为主体的农技推广体系。充分发挥龙头企业、农民专业合作组织、种养大户、家庭农场等经营主体的带动作用，引导其结合自身生产经营活动开展农技推广服务，提高农业科技服务的专业化、社会化水平。

（2）农技推广方式。一是创新农技推广方法。依托四川省农业科学院等科研院所的合作，开展新技术推广、新成果转化、新产品中试的方式，建立"科研院所+地方政府""科研院所+企业""科研院所+推广机构"的新型"产学研"合作联盟，积极推广专家大院、院县共建、科技特派员等农技服务模式，以布拖特色优势产业为重点，开展实验示范基地建设、基层农技人员培训和农民培训、科技咨询与服务等。二是强化落实基层推广。大力推行"包村联户"推广机制和"专家—农技人员—示范户"服务模式，以乡镇农技推广综合服务站为主要依托，在产业主产区落实生产环节、农时季节需求，开展关键农时、关键环节的技术服务，探索建立"科技人员直接服务到户、良种良法直接服务到田、技术要领直接服务到人"的基层农技推广机制，全面推进农业科技进村入户，提升农业科技成果的入户率、到位率和覆盖率。

（3）农民技术培训。一是加强农民教育培训能力条件建设。整合现有资源，加大投入力度，充分发挥政府农民教育培训机构的主渠道作用，加强培训场所、设施设备和教师队伍建设；鼓励和支持符合条件的涉农企业、农民专业合作组织及其他培训机构参与农民培训工作。二是大力开展农民技术培训。积极开展多层次农民教育培训工作，探索与高等职业院校建立长期培训基地，抓好农业职业教育，围绕产业发展需要和农民科技需求，深入开展新型农民职业培训、农民实用技术培训等；依托相关农民培训项目，系统开展农民职业技能培训，提高广大农民的务工技能和竞争能力，促进劳动力转移，从而增加农民收入，帮助群众脱贫致富。到 2020 年，共实施实用技术培训 5 万人次，职业技能培训 5 000 人次。

2. 农业机械化服务体系

（1）农机装备能力。一是提高农机装备水平。加快农机具装备更新改造和升级换代，按照农民自筹为主、国家资金补贴的方式，购置与主要产业发展配套的农业新机械，到 2020 年使全县农机总动力达到 6 万千瓦时，其中主要用于农业（农村）经济发展的动力机械达到 5 万千瓦时以上。二是提高农机作业水平。以三个坝子为核心，带动其他高山地区发展农机具，三个坝子以机播、机收为突破口，重点发展大中型机具，高山地区以小机具为主，要在三个坝子的带动下将机械化延伸到耕、种、收三个关键生产环节，特别是马铃薯、玉米的机械化水平要取得实质性突破，设施农业、特色农业、养殖业机械化协调推进，促进全县机械化综合水平整体推进，主要农作物耕种收综合机械化水平达到 40%。

（2）农机社会化服务。按照"政府引导、市场运作、规范管理"的原则，探索建立以基层农机服务站、农机合作社、农机作业服务队等专业服务组织为龙头，农机大户为基础，农机中介组织为纽带的农业机械社会化服务体系，带动高性能机械、先进农业技术推广应用和适度规模经营发展，支持引导开展跨区域作业等产前、产中、产后农机社会化服务。到 2020 年，在全县建成 7 家以上设施完备、功能齐全、特色鲜明的农机专业合作社。

3. 动植物保护防治体系

（1）植物病虫害防控。一是构建植物疫病防控网络。加强县、乡植保机构建设，在县农场新建 10 亩观测场及药械库，在特木里镇、拖觉镇、龙潭镇、乐安乡、俄里坪乡新建病虫害测报观测点 5 个，每个点新建 20 平方米药械库，配备人员和相应设施设备，强化对植保员病虫害防治知识的培训；建立健全植物检疫市场监管机制，推进产地检疫和调运检疫的开展，宣传和普及农业植物检疫法规政策，遏制逃避检疫、违规调运行为；建立重大病虫害监测预警应急防控机制，将重大病虫害防控由政府统一组织防控，提高防治效果。二是积极推行病虫专业化统防统治、绿色防控。大力推进植保专业化防治，培育发展植保专业合作社，推行统防统治；提倡农业防治、生物防治、物理防治，减少化学农药防治；实施施药机械更新换代与杀虫灯推广，购置施药机械 500 台，安装杀虫灯 400 盏。

（2）动物疫病防控。一是加强动物疫病防控网络建设。建设完善县、乡、村动物防疫机构，加快动物防疫基础设施建设，新建县级动物（水生）疫病预防控制中心 1 个，乡（镇）药浴池 30 个（每个乡镇 50 立方米），村级畜牧兽医站 190 个（每个 60 平方米），配套人员和设备；加强畜牧兽医队伍建设，规范队伍管理，提高基层人员素质。二是完善动物疫情防控机制。提高养殖场区动物疫病源头控制能力，狠抓畜禽免疫、预警预报、消毒灭源、检疫监督、应急管理等综合防控措施落实，采取强制免疫、强制检疫、强制消毒、强制灭疫等措施，有效控制疫情发生传播。三是构建动物无害化处理体系。分别在特木里镇、拖觉镇、龙潭镇、补洛乡、俄里坪乡建设一个日处理能力为 1 吨的畜禽无害化处理场，通过无害化处理场建设，全县范围的病死畜禽可以得到有效的无害化处理,确保公共卫生安全。

4. 农产品质量安全体系

(1)监测能力建设。强化检验检测能力建设,健全以"县质检中心—乡镇质检室—村(田头)速测点"为基础的农产品质量安全检验检测体系,建设县质检中心1个、乡镇质检室30个、村(田头)速测点100个,配备相应人员和检验检测设备;加强队伍建设,实行监测人员培训上岗制度;积极倡导在生产基地(场)、批发市场、农贸市场开展农(兽)药残留等有害物质检测,示范推广速测技术,实现对农产品产前、产中、产后全程监控;加强质量追溯配套建设,建立主导品种生产履历,逐步打造质量安全追溯体系。

(2)质量安全监管。深入开展执法监管,严格投入品监管,围绕重点产业和突出问题实施专项整治,严厉打击投入品生产、流通、销售等环节违法违规行为,严防违禁品流入农产品生产环节;开展农资打假专项行动,推进"放心农资下乡进村"示范活动。深化监测检验,深化例行监测和质量普查,扩大农兽药残留、水产品药残、饲料及饲料添加剂等监控范围,强化监督抽查,依法查处不合格产品,严厉打击违法违规行为。加强农产品市场质量安全准入工作,定期或不定期开展农产品产地环境、农业投入品进行抽查、调研和监测,定期发布农产品质量安全状况。

(3)健全追溯体系。加快农产品质量安全追溯系统和制度建设,按照从生产到销售每个环节可相互追查的原则,建立农产品生产、经营记录制度。由政府和龙头企业合作共建溯源体系管理平台,实现"企业+平台+产品"的智能化管理;采用一维条码、二维条码、RFID等识别技术给产品赋予"身份证"、追溯码,形成对农产品生产、仓储、分销、物流运输、市场及消费者等环节进行数据采集跟踪,实现对农产品全程可视化追溯管理。

5. 农业信息服务体系

(1)信息化能力建设。整合农业服务资源,构建以县市场信息服务中心为龙头、区域信息服务站点为基础的县、乡(镇)、村三级信息服务网络,积极利用"互联网+农业"的方式,推进整个农业信息网建设,加强在农产品的供求信息、价格信息、农业实用技术、农业政策法规、动植物病虫害防治等方面全方位为政府、企业、农户提供优质高效的农业信息服务,实现产品与市场、专家与农户、政府与农民三个层面的有效对接。

(2)信息化服务建设。主要通过"农信通"等短彩信服务系统、农业广播、手机报等信息服务载体,为农民、农民专业合作社、农业企业提供政策、科技、市场等各个方面的信息服务。鼓励企业、专业合作社等经营主体积极发展网络电商交易,拓宽营销渠道;在乡(镇)和重要中心村建立一批电商服务站,提供生产、流通、交易、竞价、网上超市等服务,促进"三农"经济发展。鼓励规模以上企业,采取"互联网+"模式,促进产业现代化发展进程。

二、峨边彝族自治县万坪乡产业扶贫规划

峨边彝族自治县(以下简称"峨边县")既是四川省集中力量打赢扶贫开发攻坚

战确保同步全面建成小康社会的主战场之一,又是四川省小凉山区重点区域脱贫攻坚行动的重点。党的十八大以来,峨边县坚定不移把扶贫开发作为一项全局性任务、最大的民生工程来部署推进,峨边县提出深入结合全县脱贫攻坚面临进入啃"硬骨头"、攻坚拔寨的实际,准确把握峨边新阶段脱贫攻坚的总体要求和主攻方向,厘清思路、明确目标任务,落实措施,切实做到精准扶贫、精准脱贫。目前全县脱贫开发工作已取得了不少成绩,但受各方面因素制约,与全省其他地区相比仍面临众多困难挑战。其中万坪乡就属于峨边县推进脱贫攻坚工作中的"硬骨头"之一,全乡涉及2个村、695户2 887人,其中贫困户101户428人,贫困发生率高达14.8%。其经济社会发展受历史、自然、交通等多因素制约,发展相对滞后,是一个名副其实的贫困乡,迫切需要加大扶持力度,突出产业发展对扶贫开发工作的推进作用,加快区域经济社会发展步伐。

规划范围包括峨边县万坪乡,涉及万坪乡约嘎村、冷其村,不包含川南林业局管辖范围,规划区总面积100.1平方千米;涉及全乡总户数695户2 887人,其中贫困户数101户428人。

(一)发展现状

1. 区位条件

峨边县地处四川小凉山,位于成都、川南和攀西经济区接合部,属于成绵乐旅游经济带末端。峨边县位于四川省西南部小凉山区,距乐山市90余千米,距成都市200余公里。境内有省道306线和成昆铁路沿大渡河穿境而过,是小凉山地区通往大凉山地区的门户。万坪乡位于峨边彝族自治县南部,距县城约50千米,与马边彝族自治县、美姑县交界。万坪乡所在的峨边彝族自治县位于成都平原经济区、川南经济区和攀西经济区的接合部,属于成绵乐旅游经济带末端。乐汉高速和成昆铁路复线建成通车后,峨边彝族自治县将融入乐山1小时经济圈和成都2小时经济圈。

2. 自然条件

地形地貌:地处四川盆地与云贵高原过渡带上,属中高山地貌。万坪乡属四川盆地边缘区,处于四川盆地与云贵高原的过渡带上,地势自西南向东北倾斜。境内山地连绵,沟壑纵横,山高沟深,绝大部分为中高山地貌,是典型山区乡镇。万坪乡平均海拔2 597米,最高海拔3 576米,最低海拔1 414米,相对高差2 162米,坡度在20°以上的土地面积占总土地面积的60%左右。由于地形复杂,相对高差较大,境内土壤、气候、水文、植被等都有较明显的区域性差异,呈现出明显的垂直分布规律。

气象条件:气候温和,雨量充沛,气候条件垂直差异明显。万坪乡属亚热带湿润季风气候,由于地形悬殊,气温随海拔高度而异,垂直差异明显,形成"一山分四季,十里不同天;山顶戴雪帽,山脚百花鲜"的小凉山区气象景观。具有气候温和,雨量充沛,云雾多,湿度大,光照少,无霜期长,农业气候四季分明,有春迟、夏短、秋早、冬长的特点。万坪乡年平均气温16.6℃,极端高温为35.7℃,极端低温为-3.2℃,7月最热,月平均温度为25.3℃;1月最冷,月平均温度为6.5℃。多年平均降水量800.9毫米,主要集中在6—8月,约占全年区域降水量的50%。多年平均日照总时数为1 049小时，无霜期235天。

土地资源：耕地资源稀少，耕作条件较差；森林覆盖率高，林地资源极其丰富。万坪乡耕地资源稀少，共计1.94平方千米，仅占总面积的0.8%，其中约嘎村0.57平方千米，冷其村1.37平方千米。根据《峨边彝族自治县耕地地力评价》，万坪乡土壤条件以三级地为主，酸碱度以微酸性为主，N、P、K和有机质含量丰富，但有60%左右的耕地坡度较大，保水保肥性能差，耕作条件较差。万坪乡现有林地面积93.2平方千米，占总面积的93.17%。天然林资源保护森林管护面积55.5平方千米，其中国有林53.2公顷，集体公益林5.4平方千米，森林覆盖率高达87%以上。林地内竹笋、珙桐、香樟以及道地药材重楼、天马、黄连、厚朴等资源丰富。

3. 社会经济

人口及劳动力资源现状：万坪乡是峨边彝族自治县八个纯彝族乡镇之一，现共有695户，2 887人。现状劳动力总数共计1 707人，占总人口的59.6%。其中，从事第一产业的有1 068人，占劳动力总数的62.6%；外出务工劳动力217人，占劳动力总数的12.7%。

贫困现状：全乡建档立卡贫困户共计169户，631人。截至2017年，全乡已脱贫68户203人，现仍有建档立卡贫困户101户，428人，贫困发生率14.8%。其中，约嘎村现有建档立卡贫困户48户，204人，冷其村现有建档立卡贫困户53户，224人。

农村经济情况：以一产业为绝对主导，农村经济收入主要来源于农业及劳务收入。2016年万坪乡农村经济总收入为2 228万元，相比2015年增长6.7%。其中农林牧渔收入2 166万元，占农村经济总收入的97.22%；无第二产业收入；第三产业收入62万元，占农村经济总收入的2.78%。统计资料显示，2016年万坪乡农村经济总收入全部来自农民家庭经营收入，并无村组集体经营收入。农民家庭经营收入又以第一产业收入占绝对主导，其中农业收入共计915万元，占第一产业收入的42.24%，林业收入657万元，占30.33%，牧业收入594万元，占第一产业收入的27.43%。2016年，万坪乡农民可分配净收入总额共计2 267万元，其中农民外出劳务收入共计965万元，占农民所得的42.57%。农民人均可支配收入7 913元，相比2015年增长约7%。

4. 农业产业

种植业和养殖业：种植业以传统粮食占绝对比重，养殖业发展条件较好，猪牛羊养殖比重大。万坪乡地处峨边西南，属于小凉山彝区传统乡镇，农业产业以种植业、林业和畜牧业为主，二三产业尚未起步。种植业方面，全乡传统粮食作物种植占绝对比重，种植制度主要是大春净作，产量不高。2016年，全乡农作物播种面积共计4 380亩，复种指数约1.5。粮食作物播种面积4 110亩，其中大春粮食作物播种面积3 810亩，以玉米、薯类、豆类为主，总产量563吨；小春粮食作物仅有薯类，面积300亩，总产量52吨。部分农户在自家房前屋后种植有蔬菜瓜果，面积较小，产量不高。养殖业方面，全乡养殖业发展条件较好，是峨边花牛遗传资源保种地。现状家畜养殖中，猪、牛、羊养殖比例大。截至2016年，羊存栏1 827只，占54.4%；牛存栏905头，占27%；生猪存栏539头，占16%。另外，全乡还养殖有少量马、鸡、鸭和蜜蜂。

农业经营现状：农业新型经营主体规模小，农民组织化程度较低，缺乏强有力的经营主体带动。农业经营主体方面，万坪乡现有经营主体3个。其中家庭农场1个，从事峨边花牛保种养殖，共养殖有230头峨边花牛。有种植业农民专业合作社1个，主要从事竹笋的移栽、扶壮以及重楼的人工种植。有种养结合农民专业合作社1个，从事牦牛、肉羊的养殖和竹笋的移栽、扶壮以及重楼的人工种植。万坪乡现有农业经营主体少，规模小，带动能力较弱，与农户尤其是与贫困户的利益联结机制需进一步完善。

（二）发展优势

1. 自然环境优越，生态红利凸显

万坪乡远离大城市，未受工业污染，全乡森林覆盖率达87%以上，整体认证为无公害农产品基地，且空气整体质量达到国家环境空气质量Ⅰ级标准，水质综合评定为Ⅱ类，具有优越的生态环境质量。近年来，万坪乡加快实施可持续发展战略已成为峨边县各级领导和全社会的共识，万坪乡坚持绿水青山就是金山银山，以绿色发展理念推进环境保护与经济建设的协调发展，在发展中保护环境，在保护环境中发展，全面推进生态文明建设，加快形成人与自然和谐发展的现代化建设新格局。积极推进国家重点生态功能区建设。同时万坪乡地处长江上游的生态屏障区，优越的生态环境优势将得到有效延续。

2. 支柱产业突出，产品质量极佳

万坪乡独特的地理环境，孕育出高品质的"峨边竹笋""峨边中药材""峨边黑猪""峨边马铃薯"，其中"峨边竹笋""峨边马铃薯"已获得国家地理标志认证。特别是"峨边竹笋"驰名中外，在1972年美国总统尼克松访华时，峨边竹笋曾作为国宴菜肴而闻名遐迩。峨边竹笋是传统的绿色森林蔬菜、天然有机食品，富含糖、蛋白质、纤维素、矿物元素和维生素等多种营养成分，味道鲜美，营养丰富，自古以来被誉为"寒士山珍"，受到世人、特别是文人雅士的喜爱。近年来还发现竹笋具有减肥、降血脂、抗衰老等多种保健功能，是一种新型的保健食品，倍加受到市场热捧，产品已畅销东亚、东南亚以及北美地区。

（三）存在问题

1. 耕地资源稀缺，产业支撑较弱

据统计，万坪乡总耕地面积2 910亩，占总用地的0.8%，且60%左右的耕地坡度大于25°，全乡人均耕地仅有1亩，远低于了全国及全省人均耕地水平，并且区域受地区地形、地貌、气候等不利因素的制约，导致耕地的生产力和利用率极端低下，耕地产出对区域农民脱贫致富能力带动有限；但万坪林业资源丰富，每年采收野生竹笋已成为全乡农民收入的主要来源，目前鲜笋生产仍停留在自然状态，每年出笋期间，万坪及周边乡镇笋农及周边县彝汉群众自由进入林区，基本处于无限制采笋作业状况，加上受利益驱使，采笋演变为掠夺性的采伐，严重地破坏了竹根（鞭），损伤了竹笋的再生能力，竹笋产业的可持续增收能力待进一步提升。

2. 基础设施薄弱，制约产业突破

万坪地处偏远位置、地质构造复杂，交通、水利、电力、通信、教育、医疗等基础设施建设和维护成本高、难度大且投入有限，农村物质资本匮乏，并长期处于相对封闭状态，众多环境因素严重制约了区域基础设施条件，基础设施建设与全省其他区域相比欠账较多。同时还必须看到，区域自然资源富集、生态环境优良，如果农村的交通、电力、供水等设施不首先改善，将严重制约万坪乡现代产业和农村非农产业（商贸物流、产品加工、特色旅游等）的繁荣兴旺。

3. 生产状态原始，产业化水平低

从目前情况看，由于体制制约和地域封闭、经济增长方式落后、科技推广困难等长期历史原因，造成万坪乡特色产业生产状态原始，农业产业链条短且各关联主体相互割裂。多数农副产品仍然停留在直接卖农产品上，即使有加工，也只是初级加工、粗加工，具有多个链条环节的精深加工极少；营销距离也短，产业发展以内生循环为主，绝大多数就地出售，出县、市的不多，出省和外贸出口的比重更小。从利益实现方式来看，多数农副产品转化增值分别在不同利益主体手中实现，利益分别由不同主体独享，缺乏一体化经营与发展的利益联结机制。

4. 市场销售不稳，品牌效益低下

"峨边竹笋""峨边中药材""峨边黑猪""峨边马铃薯"等是万坪乡最具市场价值的招牌性地方产品，其中"峨边竹笋"品牌价值最高。早在1988年，峨边竹笋"丛林牌"清水罐头就被国家评为部优产品，同时峨边竹笋已获得国家地理标志认证，其中清水罐头笋、盐渍笋出口日本、新加坡、马来西亚等国和台湾地区，受到社会一致好评。竹笋以就地鲜销、加工为主，主要依靠本地鑫欣种植养殖专业合作社以及周边的黑竹沟公司和五旺公司进行加工销售，但近几年，笋农、药农追逐眼前利益，对竹笋、野生中药材持续恶性开采，尤其于2010年竹林开始大面积开花死亡，竹笋、中药材产量直线下降，黑竹沟公司和五旺公司的竹笋产品加工同时也受到了较大影响，目前产品线已向蔬菜加工转型。形成了目前特色产品市场销售不稳，品牌利用不够，效益低下等局面。

5. 农村教育滞后，发展意识薄弱

万坪乡全乡劳动力资源总数1 707人，总体呈现劳动力综合素质差，自我发展能力极弱等特点。群众受教育年限不足6年（远低于全省9年的平均水平），学前教育尚未起步，区域仍存在教育投入不足、办学条件差、学生求学难、辍学率高，教师队伍不稳定、师资力量薄弱等问题；农村劳动力文盲、半文盲率较高；农村青壮年中还有相当一部分人不懂汉语，就业能力弱、创业意识差，苦熬守穷、贫困代际传递现象依然存在。

6. 生态保护制约，经济发展受限

万坪乡乡镇经济发展相对滞后，要素集聚能力弱，迫切需要通过大量建设项目加快区域发展，但当地生态环境脆弱，洪涝、低温冷害、滑坡、泥石流等自然灾害频发，加上万坪乡各类土地面积约241平方千米，其中林业用地面积就有225平方千米，占土地总面积90%以上，全乡属于国家限制开发的重点生态功能区，生态建设地域广、要求高、难度大，资源开发与环境保护矛盾突出，生态保护任务繁重，对乡镇经济发展戴上了资源承载力的"紧箍咒"。如何通过现状资源和条件引领全乡脱贫奔康，将是本次规划重点要解决的问题。

(四) 发展思路

1. 发展策略

第一调结构：调整农业产业结构。

立足万坪乡资源条件及发展现状，结合政策导向及市场前景，突出念好"林草经"、打好"双色牌"，抓好生态效益型农业发展，调整农业产业结构，培育壮大优势特色产业。一是紧抓峨边县创建乐山国际旅游目的地第三极的战略目标，依托紧邻黑竹沟景区的区位优势，大力发展休闲农业与乡村旅游；二是围绕休闲农业与乡村旅游业发展，重点发展生态效益型农业，以生态养殖、特色种植为重点，同时积极培育本地适宜、效益较好的新兴产业，保障产业后续跟进，形成产业发展梯次，增强农民增收后劲支撑；三是同时延伸产业链接，拓展农业多种功能，积极发展农产品加工物流，实现三产融合发展，形成农业生产、生活、生态功能的统一，构成一二三产业联动融合发展的现代农业产业体系。

第二优布局：优化农业生产布局。

结合万坪乡山区立体气候条件，对全乡现状产业结构进行调整，并优化农业生产布局。一是对接峨边县国家重点生态功能区产业准入负面清单，在耕地区和经济林区重点布局以峨边竹笋为重点的生态林竹业，并根据土地承载力适度发展以峨边黑猪、土鸡为重点生态养殖业；二是依托产业基地建设，大力实施农文旅一体化发展战略，布局以彝家田园观光、彝家风情体验、彝家山水体验为重点的休闲农业和乡村旅游业态；三是根据区位、交通条件、自然资源、地质灾害影响、辐射带动效益等综合考虑，实施项目驱动战略，推进"农业产业重点项目、产业融合重点项目"点网格局。

第三转方式：转变农业经营方式。

转变原来传统小规模、单家独户分散经营的方式，加快构建集约化、专业化、组织化、社会化的新型农业经营体系。加快农村土地承包经营权、林权确权颁证，着力发展适度规模经营，大力推动土地流转，出台配套的鼓励和扶持政策，推进农民"依法、自愿、有偿"流转。坚持以市场为导向，培育和发展一批经营规模大，科技水平高，辐射面广，带动力强的龙头企业、合作经济组织、专业种养大户和家庭农场，与农户建立起紧密的利益关系，积极推进产业化经营，坚定不移推进市场化改革，促进劳动力、资产、土地等资源要素的合理配置和高效利用。构建新型农业社会化服务体系，解决农业生产经营中服务不足的问题，克服小而全弊端，为提高农业生产经营绩效提供保障。

第四夯基础：夯实农业基础支撑。

加强项目资金申报和整合，集中打捆用于农村道路、农田水利、耕地质量提升等农业物质装备条件改善，夯实基础设施支撑。加强生态本地建设，保持生态环境质量优势，夯实农业生态基础。加强农业科技创新与推广，推广新品种、新技术、新模式，加大特色产业后期管护力度，夯实科技服务支撑。保障财政对农业投入，建立农业信贷担保体系，创新农村金融服务，引导带动更多资金投向现代农业建设，为农业发展创造良好环境和必要条件，提高抵御风险的能力。

2. 总体定位

落实创新、协调、绿色、开放、共享新发展理念，贯彻乡村振兴发展战略，按照产业兴旺、生态宜居、乡风文明、治理有效、生活富裕的总要求，紧抓生态文明建设、大小凉山脱贫攻坚、乐山打造国际旅游目的地等发展机遇，立足生态优先，走生态特色农业的发展道路，将区域打造为集生态化的现代农业、融合化的现代产业、产业化的经营主体、合理化的基础配套、鲜明化的地域品牌于一体的四川省盆周山区镇域生态经济发展示范区，并探索四川省大小凉山地区脱贫攻坚、脱贫致富的路子，为全省大小凉山地区全域推进脱贫攻坚、全面建成小康社会提供可复制、可借鉴的示范样板。

(五) 农业科技扶贫重点

1. 强化公益性农业科技服务能力

加快基层农技推广体系建设与改革，强化乡镇农业技术综合服务站、村级农业服务超市等公益性服务机构建设，采取政府订购、定向委托、奖励补助、招投标等方式，积极引导经营性组织参与公益性服务，大力开展农技推广、代耕代种、联耕联种、统防统治、代销代购等各项生产性服务。

(1) 乡镇农业技术综合服务站。按照"综合设置、整合资源、功能强化、设施配套"的思路，支持县、乡政府整合基层农业生产服务机构和人员，配套建设万坪乡农业技术综合服务站，做到"一站式"管理，实行"窗口式"服务，探索创新各种务实有效的服务形式，帮助经营主体集聚创新资源、突破关键技术、进行技术推广、产品示范、项目合作、联合攻关、决策咨询、技术培训等服务；引进农业、林业、畜牧、水利、土肥等方面专业技术人才2名，提高乡镇或区域性农业技术推广、动物疫病防控等公共服务能力。

(2) 村级农业服务超市。依托专业合作组织（基地），建立村级农业服务超市2个，成为直接面向农民的农业终端服务平台，依托农业服务超市开展农资、农技、农机、劳务、信息等社会服务。在特色农业产业重点区域，实行农业服务全覆盖。

(3) 社会化专业服务组织。在全乡新培育各类农业专业化社会服务组织1个，扩大政府购买农业公益性服务试点，支持供销合作社开展农业社会化服务，引导社会资本积极参与组建各类综合性社会化服务公司，推广开展技术承包、全程托管、代耕代收等社会化服务，为新型经营主体提供产前、产中、产后全程化服务。

(4) 科研院所产学研平台。依托区域重点产业，积极借力中国农科院、四川省农业科学院、四川农业大学等科研院所的智力服务，鼓励采用"专家+龙头企业+农民""专家+农技推广机构+农民""专家+专合社+农民"等运作模式与科研院所搭建产学研平台，成立专家农技服务基地；加强高效栽培、疫病防控等领域的科技集成创新和推广应用，大力推广先进实用、节本增效技术、农业标准化生产技术。

2. 提升农业科技信息化服务能力

积极利用"互联网+"的方式，加强物联网、云计算、大数据、移动互联等现代信息技术在现代农业经营、管理、服务等各环节广泛应用,实现信息化与现代农业融合发展。建立覆盖县、乡镇、村三级的农业综合信息服务体系,实施环境土壤资源监测、县级农产品电商平台、农产品溯源平台等建设,不断促进农业信息化水平提高。

(1)加快农业信息化基础建设。大力实施"宽带乡村"工程,推动地区光网建设,完善配套相应的网络和硬件设备,加强与相关单位的合作,建立电子政务、农技宝、电子商务、教育网、农业信息网、农信通、农政通、数字乡村等信息化服务平台,促进农村经济发展,推动农业产业结构转型升级;加强对农民信息知识的普及和培训,建立农村信息服务市场,指导农民"以需定产"、加工企业"以求定供",促进农业生产;健全农业气象要素观测系统,构建以区域气象观测站,农田小气候观测仪器共同组建的农业气象观测网络,基本实现对主要农业气象要素的专业化观测,为农业气象服务提供基础信息,进一步拓展农业气象情报、预报业务领域,提高农民利用农业气象信息安排农业生产活动和防御灾害能力。

(2)加快农业信息化示范推广。利用信息技术推动崇仁现代农业发展,加快实现"生产过程可视化、生产管理智能化",提升农业生产智能化、智慧化水平,逐步创建智慧农业生产体系;以"互联网+农业"为驱动,促进传统农业和互联网融合发展,加快新型农业经营主体和新型职业农民信息化培训,提升其农业信息接收和应用水平,呈现农业经营"大众创业、万众创新"的局面,创建农业跨界融合发展新业态;利用云计算、大数据、物联网、移动互联等新一代信息技术促进农情调度、农产品质量监管、市场监测等智慧化,构建现代农业治理新体系;充分利用信息技术改变和创新传统信息服务方式,构建农产品市场和农业生产相结合,多元化、多样化、网络化的农业信息服务新态势。

3. 提升标准化生产技术水平

(1)大力发展生态农业。探索生态补偿机制,鼓励发展保护生态平衡和可持续发展的生态农业。立足农产品质量安全,鼓励发展有机、绿色农业,建议政府探索农业生态补偿机制,依托专业合作社发展专业农业生态服务,为农家肥、有机肥、生物肥与种植户对接提供服务,以减少化肥用量和污染排放,减少面源污染。

(2)大力推进标准化水平。按照"全域绿色"的总体要求,围绕万坪优势特色产业,完善相关地方标准,在"峨边竹笋""峨边花牛""峨边马铃薯"等已有地理标志产品的品牌基础上,围绕"峨边中药材""峨边黑猪""峨边土鸡"着力推进"三品一标"、GAP、GMP、QS等登记认证,并大力推动绿色农业、有机农业快速发展。到规划期末,全乡销售农产品绿色食品认证率达100%,力争创建国家有机产品认证示范区。

三、金阳县山地特色农业产业规划

(一)发展基础

1. 基本概况

(1)地理位置。金阳县地处四川省西南部,凉山彝族自治州东南部边沿,金沙江北岸大小凉山交界带，位于东经 102°56′30″~103°30′20″，北纬 27°22′10″~27°57′40″。东北与雷波县、西北与昭觉县相接，西隔西溪河与布拖县毗邻，东、南两面为金沙江，与云南省的永善县、昭通市、巧家县隔江相望，总面积1 588.23平方千米。金阳县距离成都市 550 千米、距离西昌市 212 千米。

（2）区位条件。金阳县全县公路总里程为1 694.8千米，大中型桥梁110座。G353 线（原 S208）穿境而过，宜攀和西昭 2 条过境高速以及 G356 正在建设，同时金沙江航运开发建设，"两纵三横加水运"的大交通格局雏形初显。过境高速路的建成，金沙江航运的开通，周边的大交通建设，将带动金阳县交通发展步入"黄金期"。全县已建成通乡油路32 条、通村硬化路162 条，全面实现乡镇通油路、建制村通硬化路两个"100%"，初步形成了以县城为中心，省县道为骨架，乡、村道为网络的交通发展格局。

金阳县位于金沙江下游，地处长江上游重要干流流域，属长江上游重要生态屏障，是国家重点生态功能区，是强化生态建设升级的地区，负有国家南水北调水源保护责任和职责。

（3）社会经济。金阳县辖 4 镇 30 乡，下设 2 个居委会、177 个村委会。2018 年年末总人口 213 320 人，其中乡村人口 196 304 人；男性人口 110 125 人、女性人口 103 195 人，有汉族 34 614 人、彝族 177 612 人、其他少数民族 1 094 人，分别占总人口的16.2%、83.3%、0.5%。

2018 年地区生产总值（GDP）达到 321 094 万元，一二三产业占国内生产总值的比重为 23.3∶47.0∶29.7。全年实现农林牧渔业总产值（现价）144 273 万元，增长 3.93%，其中农业产值 83 540 万元、林业产值 7 275 万元、牧业产值 51 109 万元、渔业产值 47 万元、农林牧渔服务业产值 2 302 万元。全县公共财政总收入 2.46 亿元，城乡居民人均可支配收入分别达 26 367 元、8 715 元。

（4）贫困状况。金阳县是国家新一轮扶贫开发工作重点县，是全省 45 个深度贫困县之一。截至 2019 年底，全县已退出贫困村 112 个，剩余贫困村 38 个，累计减贫10 361 万户 59 921 万人，贫困发生率从 46% 降至 14.6%。

2. 自然基础

（1）地形地貌。金阳县属凉山山原地貌向西南山地地貌过渡区域，以波洛梁子为界，界北为凉山山原地貌区，海拔多在 2 100 米以上，相对高度差较小；界南为西南山地地貌区，岭谷高差大，一般为 1 500~2 000 米，呈内陆型的幽谷地貌。整个地势西高东低，北高南低，呈西北向东南倾斜。海拔相对高差为 3 627 米。最高点为尔觉西乡北部的狮子山，海拔 4 023 米。最低点为向岭乡的葫芦坪子，海拔 396 米。全县以海拔 1 000~4 000 米的山地地貌为主，坡度集中在 10°~20°，呈多种微型地貌，有平坝、台地、低山、低中山、中山、高山、山原、丘状高原 8 种微型地貌。

（2）自然气候。金阳县气候属亚洲大陆东部季风区域中亚热带的云南高原——察隅气候区，境内多数地区气候温和，干湿季分明，呈立体分布。县城多年平均气温15.7℃（表 9-3），年平均最高气温 16.9℃，最低 14.8℃，年较差为 2.1℃。平均年降水量 800 毫米左右，最高达 1 152.1 毫米，最低为 601 毫米，常年平均蒸发量为 146 毫米。县境内年均日照为 1 574 小时左右，太阳辐射能 105.4 千卡/平方厘米。良好的立体气候条件，宜于分层次、分地区发展多种作物和多种经营，发挥独特气候的优势。结合区域气温、地形地貌、农业产业等各项指标，将全县划分为3个农业气候区，分别为低山对坪地区、县城天地坝镇、高山南瓦地区。

表9-3 金阳县气候分区指标

区域名称	低山对坪地区	县城天地坝镇	高山南瓦地区
海拔高度（m）	600	1 450	2 400
年平均气温（℃）	21	15.7	10.5
≥10℃积温（℃）	7 328.3	4 320	2 835.7
无霜期（天）	全年基本无霜	220~300	180

（3）土地资源。根据第二次全国土地调查数据统计，全县面积1 587平方千米，土地利用现状类型以林、草地为主，耕地次之，农林用地总面积达183.29万亩，其中耕地面积33.97万亩，占土地总面积的14.28%，水田0.81万亩、旱地33.16万亩，主要分布在依达乡、天地坝镇等地，成片的耕地主要集中在河谷、低山地区，基本沿江河流域分布；园地面积16.01万亩，占土地面积的6.73%，对坪镇、老寨子乡等乡镇分布较多；林地面积（包括退耕还林面积）130.90万亩，占土地总面积的55.01%，主要分布在全县东西两侧的中高山地区；草山草坡面积48.45万亩，占土地总面积的20.36%，集中分布于山麓、河谷地带。

（4）水利资源。金阳县属丰水区域，多数地区降水量在1 000毫米左右，多年平均径流深为560.6毫米，径流总量达80 206.7万立方米，加上西溪河过境水（金沙江未计入）72 477.5万立方米，总有水量为143 059.4万立方米，其中可利用水量为70 582万立方米。金阳县属于长江上游金沙江水系，内除金沙江外，有自身发育的大小河流23条。其中积雨面积在100平方千米以上的有金阳河、西溪河、芦稿河、尼洛依达河、威史洛依达河等5条河流，总长162.22千米，积雨面积115.25平方千米，总流量达78.22立方米/秒。水能蕴藏量22.33万千瓦，占全县水能总蕴藏量的87%，可开发利用量6.46万千瓦，目前已开发的仅占可开发利用的3.2%。

（5）土壤资源。由于地形、地貌的多样性和生物气候带的复杂性，导致了全县土壤类型多样化，全县共有9个土类，16个亚类、23个土属，约44个土种，从低山至高山主要土类有：燥红土、红壤、黄棕壤、水稻土、潮土、酸性紫色、石灰岩土等。金阳是典型的中山深谷地貌，成土母质繁多，土壤富含氮、磷、钾和有机质，耕地土壤pH值在4.5~8.5，以中性（6.5<pH值≤7.5）为主，有机质主要集中在20~40克/千克，速效钾含量主要集中在100~200毫克/千克范围内，有效磷以10~20千克/千克为主。

3. 产业基础

（1）产业结构。金阳县在提升粮食生产能力的基础上，以推进产业结构调整和内部优化为主线，不断优化高山、二半山、河谷地带"三带"经济布局，实现"三棵树"应栽尽栽，创新推广"春薯秋菜"种植模式，不断改变高寒山区传统耕种方式，初步形成了优质花椒、优质核桃、绿色华山松、生态马铃薯、优质生猪、绿色蔬菜、特色乌洋芋、特色魔芋、热带特色水果、特色养殖等特色产业协同发展的局面。2018年，发展青（红）花椒103.57万亩，总产量1.095 5万吨；发展核桃76.06万亩，总产量3.48万吨；发展马铃薯15.9万亩，总产量22.5万吨；发展特色魔芋7.3万亩，总产量3.2万吨；发展高山蔬菜基地6.5万亩，总产量13万吨（表9-4）。年出栏肉羊15.673 9万只、生猪12.993 9万头、家禽45.997 3万只、肉牛1.004 9万头（表9-5）。

表9-4　2018年金阳县主要产业基本情况

类　型	青（红）花椒	核桃	华山松	马铃薯	高山蔬菜	魔芋
面积（万亩）	103.57	76.06	22.5	15.9	6.5	7.3
总产量（万吨）	1.095 5	3.48	0.3	22.5	13	3.2

表9-5　2018年金阳县畜禽产业基本情况

类　型	羊	生猪	家禽	肉牛
总产量（万只/头）	15.673 9	12.993 9	45.997 3	1.004 9

（2）新型经营主体。金阳县鼓励和引导农村能人、种养大户、农业企业发起组建农民合作组织，新型农业经营主体在各级政府的大力扶持推动下蓬勃发展。全县176个行政村中已有135个村建立了以种养业为主的村集体经济组织，农民专业合作社达388个（省级专业合作社2个、州级4个），龙头企业5个（州级重点龙头企业1个），家庭农场310个（家庭农场成员1 273人），新型农业经营主体茁壮成长。通过合作社的管理引导，蔬菜、水果、牲畜等农产品初步实现了产供销一体化，逐步形成了以"龙头企业（专合组织）+基地+农户"的产业化经营体系。

（3）基础设施。全县基础设施建设稳步完善。围绕特色农产品基地，完成东风大堰续建配套与节水改造工程；维修养护渠道11.6千米，新增有效灌面500亩；建成高标准基本农田1.35万亩；新建一座冷链物流冷冻库房。2019年末，国道356完成县城至仓房段、务科至瓦池段建设；建成通乡油路32条、通村硬化路162条，全县公路里程达1 564.7千米；建成水电站13座，总装机11 640千瓦，基本满足生产生活用电需求；光纤宽带高覆盖，通信网络便利。

（4）现代农业园区。金阳县以国家"三区三园一体"现代农业项目建设为契机，探索建立多功能综合农业产业园，正组织建设完善1个省级现代农业园区、3个州级现代农业园区和5个县级现代农业园区，将有力促进林业、农业、畜牧等金阳绿色、特色农业产业的有机结合，实现"林上、林中、林下"三赢，促进了生态建设、产业发展、农民增收的互动提升，带动全县农业、牧业、服务业、加工业"全产业"发展模式，推进了一二三产业深度融合，实现了经济、生态、社会三大效益的有机统一。

（5）产业融合。近年来，金阳县以突出精深加工、"互联网+"、农文旅结合为重点，推进农村一二三产业深度融合。建设蔬菜冷链物流冷冻库、饲料加工厂、畜禽养殖场、污水处理厂等,着力打造金阳县农业供给侧改革三产融合扶贫生态示范基地,促进农业工业化发展。实施"互联网+"行动计划、电商扶贫工程、品牌创建工程,建成县级电子商务服务中心1个、乡镇服务站3个、村级服务点6个,计培育电商从业人员2 103人,建设电商服务点39个、开设网店895个,实现了全县农产品电商交易额1.68亿元。依托得天独厚的旅游资源,培育了宿彝家新寨、尝彝家美食、品彝族文化、赏彝乡美景等乡村旅游新业态。

(6) 品牌建设。近年来,金阳县充分发挥生态优势,大力推进农产品标准化基地建设,成功创建全国首个"国家级出口青花椒、白魔芋质量安全示范区",国家级电商扶贫综合示范项目落地金阳,实现青花椒、白魔芋出口创汇100万美元。并获得国家"生态原产地产品保护示范区""生态原产地保护产品""中国青花椒第一县"和"中国青花椒之都"称号,获得"国家级出口食品农产品质量安全示范区"等品牌。全县已创建特色农产品"三品一标"15个,"大凉山·金阳"绿色生态农产品品牌31个,认证国家地理标志产品3个,国家生态原产地保护产品2个。

(7) 科技推广。采取各项有力措施,保障农业科技措施的落实。积极开展农业科技入户活动,组织农技人员根据农时季节和产业发展,逐乡、逐村、逐个产业进行技术指导,推广应用农业实用新技术,积极引进和推广优良品种,开展农作物高产创建活动,实施"百亩核心攻关、千亩展示示范、万亩辐射带动"工程,完成农村实用技术培训860多人次。分别在丙底乡打古洛村实施精准扶贫玉米高产示范片项目、依达乡依达村实施精准扶贫马铃薯新品种示范基地项目,通过基地示范作用,全县主要农作物良种覆盖率达90%以上。

(二) 存在问题

1. 基础设施十分薄弱

农业基础设施薄弱是制约金阳县现代农业发展的最大短板。一是交通基础设施制约明显,对外交通少,路网密度低于全州平均水平,金阳县内高速公路较少且大多交通道路等级低;二是水利设施建设滞后,缺乏农田水利设施,县内提灌站设施不完备,蓄水能力弱,工程型缺水和季节性缺水问题较为突出;三是耕地质量普遍不高,中低产田所占比重较大,旱涝保收的高产稳产良田比重较小,二半山、高山耕地占比达94.7%;四是农产品物流网络建设不完善、农贸市场数量少,农产品冷链物流设施缺失,尚未形成生产、储藏、运输、销售、冷链物流链条,影响农产品销售质量。

2. 产品价值未能激发

青(红)花椒、白魔芋等主导产业在全省已具有一定的市场和品牌优势,但农产品价值未能得到激发。一是产业结构模糊。这些传统特色产业不自觉受经济规律的支配,盲目开展自发性种植,造成农业探索发展的沉没成本巨大;二是现有农产品结构单一,产地商品化不足,特色农产品市场化程度低;三是特色农产品品牌建设与市场拓展不足,"三品一标"、ISO9000(质量体系标准)、HACCP(危害分析和关键点控制)、GAP(良好农业操作规范)、GMP(良好操作规范)、QS(食品质量安全)等品牌及商标认证数量少、体量小,增值效益流向下游环节。

3. 产业融合发展不足

金阳县农业融合发展水平不足。一是种植与养殖结合度不高，以种定养、种养循环、种养平衡的生态发展模式未真正形成；二是农业产业链延伸不足，特色农畜产品预冷、烘干、分选、包装、屠宰、分割等产地商品化初加工配套较欠缺；三是农业发展与现代信息技术结合不足，智慧农业、网上销售等新业态体量较小；四是生态农业发展未充分与旅游和地方特色文化深度融合，对现代农业生态、生活功能挖掘不足，乡村旅游功能性服务设施缺乏，尚未形成农旅融合发展合力。

（三）发展优势

1. 自然地理条件独特

金阳县气候独特，生物资源丰富，为亚热带季风气候，呈现出"一山分四季，十里不同天"的独特山地立体气候，土壤有机质含量高且无有害物质污染，适宜多种优质粮食经济作物的生长，境内青花椒、白魔芋、蚕桑等特色作物已形成规模种植，有"中国青花椒第一县""中国白魔芋特产之乡"的美誉，拥有适生丰产农作物430种。独特的地理环境，造就了金阳县农业生物资源多样性，适宜发展多种特色优质农产品。

2. 生态环境质量优越

金阳县是国家重点生态功能区，远离大城市、远离工业、生活污染源，环境优良，水源洁净，森林覆盖率41.68%，空气环境质量长期处于优良状态，农业生态环境优越。拥有索玛花4A级景区、龙窝溶洞、百草坡等自然、人文旅游资源，具备发展生态农业、乡村生态旅游和生态康养的绝佳优势。

3. 农产品品质优良

独特的地理环境、气候和土壤等因素，成就了金阳花椒、白魔芋等产业的优良品质。金阳青花椒颗粒硕大、品质精良、味道纯正浓郁，为各类花椒之首，是国家地理标志产品。同时，金阳拥有"中国青花椒之都""中国青花椒第一县"称号，是"国家级出口青花椒质量安全示范区"。金阳白魔芋以圆滑、饱满、品质好、肉质洁白而著称，与国内其他生产的魔芋相比较，晒干率高出1倍，所含葡甘露聚糖高出30%~40%，出粉率高出20%~30%，是国家地理标志保护产品及国家地理标志证明商标，被誉为国际魔芋王牌。金阳花椒、白魔芋等优势特色产业，在中外市场上以优良品质而闻名，是金阳县对外宣传的重要名片。

4. 政策资金支持有力

为全面实现脱贫奔康，金阳县领导重视的程度史无前例、支持政策的叠加史无前例、扶持资金的投入史无前例、全民参战的合力史无前例，为金阳农业产业发展注入强大的政策、资金、人才力量。同时广汉市对口帮扶、东西部扶贫协作帮扶，将为金阳县提供先进的农业技术管理经验和资金人才支持。

（四）发展思路和目标

1. 发展思路

按照"三年打基础、五年见成效"的发展思路，以构建现代农业产业体系、生产体系、经营体系为抓手,以做大产业、做优产品、做强品牌为重点,加快推进青花椒、白魔芋、马铃薯等产业现代化发展。到2025年,将金阳县建成特色优势产业突出、产业高度集聚、布局分工合理、基础设施完善、生态环境优美、具有核心竞争力的"四川省山地生态农业发展示范县""大凉山优质特色生态农产品生产基地"。

2. 发展目标

充分考虑金阳县现实农业发展水平、阶段特征和发展趋势,坚持以乡村振兴为总揽,规划期内努力实现以下主要目标。

——农业农村经济快速增长。农林牧渔总产值保持平稳较快增长,年均增长达5%以上,产业结构持续优化;产业助农增收人均增幅明显高于全省平均水平,产业带动贫困群众增收致富能力进一步增强,全面做大做强扶贫产业。

——农业产业结构不断优化。农业供给侧结构性改革成效显著,优质、特色、精品农业比重大幅提升,适销对路农产品规模大幅增加,生产、加工、储藏、包装、销售各环节竞争力显著增强,三次产业融合发展水平大幅提升。

——农业设施装备水平提升。现代设施、装备、技术手段广泛应用于农业生产,农业良种化、机械化、科技化、信息化、标准化水平大幅提升,产业道路、农田水利等配套基础设施基本完善,农业生产、生活条件明显改善,土地产出率、资源利用率和农业劳动生产率进一步提高。

——农业信息化水平持续提高。随着全县生产智能化、经营网络化、管理数字化、服务精准化建设,生产智能化示范点建设,全产业链大数据、农业自然资源大数据、农业灾害监测预警建设,健全农产品质量安全保障体系以及数字监管、数字服务、数字乡村治理建设,农业农村数字化、信息化水平将迈上新台阶。

——农业经营体系不断完善。农村土地经营权流转速度加快,多种形式适度规模经营广泛开展,种养大户、家庭农场、农民合作社、龙头企业等多种新型经营主体发展壮大,家庭经营、集体经营、合作经营、企业经营等多种经营方式规范协调发展。

——农业综合竞争力不断增强。"三品一标"产品数量不断增加,农产品商品化率、农产品销售收入大幅增长,农业质量效益大幅提高,农业品牌知名度扩大,农业综合竞争力不断增强。

(五) 农业科技扶贫重点

1. 增强科技人才支撑

(1) 增强科技支撑。以项目引导、政策扶持等途径,支持涉农部门、企业与四川省农业科学院、四川农业大学、四川大学等科研院校开展多途径的技术合作,形成产学研合作长效机制,尽快促成一批科技成果转化示范项目落地;建立现代农业专家顾问团,充分发挥专家顾问在产业发展中的智力支持、科技成果转化和新型职业农民培训中的重要作用;加快科技成果在适宜地区的中试示范、转化推广;对于专家顾问团在金阳县的科研项目申请、推广等予以优先支持。

(2) 增强人才支撑。采取任职、挂职、兼职、聘用等"引进来、送出去"的方式,加强对农业管理干部的提升培训;采用技术承包、技术或管理入股、项目合作(开发）、创办企业等多种形式，引进高层次专业人才；积极培育本地乡土专家。在政策、资金、技术培训等方面给予乡土专家支持，激励乡土专家带领本地村民创业致富。设立乡土专家支持培养计划，将其逐渐培养成为引领地方产业发展、科技扩散的带头人和领路人。

2. 大力提升农业现代化装备水平

完善落实农机购置补贴政策，积极推广适应特色产业生产、加工、运输等环节的新型农机具，促进农业产业化高度融合。加快轻便、耐用、低耗、中小型耕种、收割、植保等适用农机具的引进和推广，加强产业基地建设的标准，预留机械作业空间，尝试引进和逐步推广先进适用、适应规划区地形地貌的农机具。探索建立以基层农机服务站、农机作物服务队等专业服务组织为龙头，农机大户为基础，农机中介组织为纽带的农业机械社会化服务体系，提高农业机械社会化服务水平。到2025年，全县建成34个农机维修网点，建成3个维修服务队，农机装备水平达40%，农机作业水平达45%。

3. 完善农业科技社会化服务

围绕主体多元化、服务专业化、运行市场化的方向，加快构建公益性服务与经营性服务相结合的新型农业社会化服务体系。到2025年，新培育各类农业专业化社会服务组织34个，农业社会化服务体系健全完善，服务能力与水平大幅提升农业经营性社会化服务长足发展。农机、农技、植保、营销、配送等专业经营性服务广泛开展，主要农作物、特色优良品种及先进适用技术普及率达到90%。

（1）乡镇农业技术综合服务站。按照"综合设置、整合资源、设施配套、统一分配"的思路，支持县、乡政府整合基层农技服务人员，新建提升乡镇农业技术综合服务站10个，做到"一站式"管理；引进农业、畜牧、水利、土肥等方面专业技术人才30名，提高乡镇或区域性农业服务、动物疫病防控等公共服务能力。

（2）村级农业服务超市。依托村级综合服务中心或专业合作组织，建立村级农业服务超市34个，覆盖现代农业园区等产业重点区域，成为直接面向农民的农业终端服务平台，开展农机、农技等农业社会化服务。

（3）社会化专业服务组织。大力培育新型社会化服务组织34个、信息化服务中心1个，扩大政府购买农业公益性服务试点，引导社会资本积极参与组建各类综合性社会化服务公司，重点推进县域农产品质量安全检测平台搭建，为新型经营主体提供产前、产中、产后全程化服务，以适应现代农业生产的需求。

四、广元市元坝区猕猴桃产业发展规划

（一）发展基础

1. 区位条件

广元市元坝区位于四川盆地北缘山区，秦岭—大巴山南麓，东经105°33′9″~106°07′20″，北纬31°53′41″~32°23′27″；地处川、陕、甘三省接合部，东连旺苍县，西接剑阁县，南邻苍溪县，北靠利州区，东西长58.8千米，南北宽53.2千米。元坝区是广元市东、西、南三个方向进出口通道的必经之地，绵广、广巴、广南高速公路和兰

渝、成普铁路穿越区境，国道212线、环线公路和嘉陵江纵贯南北；距广元飞机场仅28千米，境内还有建设中的广元港，是四川五大港口之一；机场、公路、铁路和水运于一体的交通格局，使元坝成为扼水陆要冲、控南北咽喉的交通枢纽。元坝区地处川陕交界处，紧靠广元市中心，随着广巴高速、广南高速通车以及兰渝铁路、兰渝高速的全线贯通，元坝将全面融入以成都、重庆、西安、兰州为中心的四大西部城市腹心地带，使得元坝成为川北地区的中心区，控制南北咽喉的一个重要节点。规划范围涉及元坝区元坝镇、卫子镇、太公镇、昭化镇、紫云乡、晋贤乡、石井铺乡等21个乡镇部分村，规划面积20万亩，全部为猕猴桃种植适宜区。

2. 资源禀赋

地形地貌。元坝区地处四川盆地北部边缘，地质构造体属龙门山北东向华夏式构造体系，米仓山、龙门山和盆北低山三大地貌交会地带；地势北高南低，由东向西倾斜，延缓下降，江河溪沟纵横，山体切割强烈，地表起伏不平；地貌复杂多样，可分为中山、低山、河谷、台地四种地形，其中以中低山为主，主要分布于米仓山走廊以南，为典型的侵蚀台阶状中低山体；海拔在393~1 431米。

气候条件。元坝区属亚热带湿润季风气候区，垂直气候差异显著，全年四季分明，光照充足，雨量充沛，热量丰富；年平均气温15.1℃，年平均日照数1 389.1小时，平均年降水972.6~1 142.8毫米，平均相对湿度63%，全年无霜期平均263天；全年降水量集中在5月至10月中旬，占全年总降水量的93%。

水文条件。元坝区内溪沟密布，河流均属嘉陵江水系。过境河流主要有嘉陵江、白龙江、清水河、长滩河等。区境内嘉陵江水系流域面积900平方千米，其入境口流量为220平方米/秒，出境口流量为495立方米/秒，过境流量为52.98亿立方米。白龙江以东南流向至昭化镇两河口处汇入嘉陵江，境内流长10千米。长滩河流域面积达121.8平方千米。

土壤条件。根据土壤普查资料，全区共有水稻土、紫色土、黄壤土、黄棕壤土、冲积土等五大类，7个亚类，22个土属，45个土种，68个变种，其中以紫色土和山地黄壤分布较普遍。土壤pH值5.0~7.0，水解氮12.4毫克/千克，有效磷16.7毫克/千克，有机质1.19克/千克，有效磷含量处中等水平，其土壤质地较好，无污染，适宜高品质猕猴桃生长。

土地资源。元坝区面积215.25万亩，耕地71.57万亩，主要集中河流沿岸相对平缓坡地区域，占总面积的28.26%。其中水田45.04万亩，旱地26.48万亩；林地128.10万亩，其中有林地125.30万亩，灌木林地0.92万亩。

社会经济。截至2011年末，元坝区辖1个街道、9个镇和18个乡，包括213个村数，1 413个村民委员会，总人口为21.43万人，总户数为5.97万户，其中纯农户4.46万户。2011年全区实现生产总值10.1亿元，其中农业生产总值8.04亿元，农民年人均纯收入4 403元。

基础设施。截至2011年末，元坝区已完成建设通村机耕道有200条，硬化25条，通社机耕道470条，硬化120条，连接组数520个，连接农户15 000户，可通达农机作业面积4.2万亩；建设各类水利设施16 777处，总蓄引提水能力9 716万立方米，有效灌面13.48万亩，占总耕面积的63.68%。虽然，近年来元坝区基础设施建设水平有了较大的提高，但由于元坝区属省级贫困县，地方财力薄弱，农业基础配套设施建设仍然比较薄弱。

3. 优势分析

元坝区委、区政府高度重视猕猴桃产业的发展，并依靠科技和体制创新，在全区实施了以猕猴桃基地建设和精深加工为主要内容的猕猴桃产业化项目。截至2011年12月，在元坝区紫云、昭化、元坝、柳桥、卫子、清水、磨滩、柏林沟、王家、晋贤、文村、太公、张家、石井铺等14个乡镇建成了2.4万余亩优质猕猴桃基地，初步形成了以国道212线为轴线，从元坝至清水的百里猕猴桃长廊（表9-6）。

表9-6 元坝区猕猴桃基地种植面积　　　　　　　　　　　　　单位：亩

乡　镇	面　积	涉及村
元坝镇	1 150	青树、大坝、杏树、桂花
柳桥乡	1 200	柳桥
紫云乡	3 800	三清、嘉川、紫云、中槽、云雾、金花
昭化镇	1 270	石盘、天雄
清水乡	1 340	清凉、普贤、树丰
石井铺	1 370	元柏、石井、八庙岭
柏林沟镇	3 450	马蹄滩、岚黎、白马、冯家坪、明安
卫子镇	4 500	卫子、刘家河、新云、板石沟、冯家岭、沈家阁、商家梁
王家镇	1 580	更新
晋贤乡	950	保民、中山、千秋、道角
文村乡	850	助国、双龙、党阳
太公镇	2 430	太公岭、大树
张家乡	400	大雾
磨滩镇	280	龙桥
合计	24 570	

元坝猕猴桃产业发展基础良好。元坝已建成2.4万多亩猕猴桃生产基地，主要分布在元坝镇、柳桥乡、紫云乡、柏林沟镇、卫子镇等乡镇，引进了紫升公司、中新公司等从事猕猴桃生产、加工、销售的龙头企业，通过承包租赁土地，已在元坝区昭化镇的石盘村和天雄村、元坝镇大坝村、柳桥乡柳桥村、文村乡双龙村、清水乡普贤村等建立了高标准的优质猕猴桃科技示范园。同时，紫升公司在紫云乡新建的2 000吨保鲜库已完成厂房建设，中新公司也正在元坝工业发展集中区规划新建5 000吨保鲜库。

2010年元坝区向国家质检总局申报了国家级标准化示范基地，现已通过专家评审，目前正在申报"中国黄肉猕猴桃第一县"。元坝作为国家标准化猕猴桃生产示范区，产业发展现已初具规模，为元坝标准化、产业化发展猕猴桃奠定了坚实基础。

品牌建设成果显著。2007年1月,"紫云红心猕猴桃"获得农业部无公害农产品认证;2009年6月,"紫云猕猴桃"在国家工商总局注册成功,获得我国猕猴桃行业中首个地理标志证明商标;2009年10月,在中国·西部农产品博览会获得"消费者喜爱农产品"奖;2011年3月,"紫云猕猴桃"被中国绿色食品发展中心授予A级猕猴桃绿色食品认证标识,在2011年第九届中国国际农产品交易会上获"第九届中国国际农产品交易会金奖";2010年向国家工商总局申报了猕猴桃驰名商标,并在2011年7月授牌;"紫云猕猴桃"品牌的成功创建,大大提升了元坝猕猴桃产品的知名度,增强了猕猴桃产业在国际国内市场上的竞争力,给元坝区猕猴桃产业发展带来了前所未有的机遇。

环境条件优势。元坝区属中亚热带湿润季风气候,周年垂直气候差异显著,全年四季分明,光照充足,雨量充沛,热量丰富,年均日照时数1 389小时,年降水量1 080毫米,相对湿度68%,山地气候有利于农业生产,适宜猕猴桃生长。元坝区境内土壤pH值5.0~7.0,水解氮12.4毫克/千克,有效磷16.7毫克/千克,有机质1.19克/千克,硝酸盐反应1~3级,以一级为主,有效磷含量处中等水平,其土壤质地好,无污染,适宜猕猴桃生长。元坝区地处盆周丘陵向山区过渡地带,地势北高南低,以低山为主,最高海拔1 431米,最低海拔393米,平均海拔900米,是适合猕猴桃生产的较佳海拔。元坝区周边无重工业,境内空气清新,水质良好,生态绿地比重大,无任何工业、金属污染,为大力发展无公害、绿色、有机猕猴桃提供了有利条件。

(二) 存在问题

1. 产业服务体系不完善

元坝区猕猴桃产业处于初级发展阶段,猕猴桃产业链建设投入不足,从猕猴桃生产到加工、销售的产业链还不完善,还未建立起生产农户和销售企业间的联系平台。目前,全区的冷储仓链体系不健全,精深加工企业缺位,产业化发展道路还很漫长,还未建立起区、(镇)乡、村三级技术服务网络和猕猴桃产业农资配送体系,关键季节猕猴桃生产所需农资紧缺。

2. 技术服务不到位

目前,元坝区在猕猴桃种植方面的技术服务人员少,服务工作跟不上,导致农民的栽培和管理与阶段性生产要求相脱节。猕猴桃研究所虽已成立,但专业科研人员缺乏,导致在新品种选育和品种改良上与苍溪、成都等地区相比,仍然滞后。猕猴桃技术服务网络尚未成型,全区专业技术人员极其有限,懂技术、懂管理的技术型人才缺乏,技术服务跟不上。乡镇设置的猕猴桃技术推广站仅有站长一人,且由农业服务站人员兼任,无专职猕猴桃技术指导人员,猕猴桃种植基地村基本无专职技术人员。农户急需种植技术指导,但由于技术服务体系脱节断档,无法将技术及时送到种植农户手中。

3. 病虫害防控体系不健全

猕猴桃溃疡病、根腐病、黑斑病、根结线虫等病虫害属于猕猴桃检疫性病虫害,在元坝区已有一定面积发生,群众难以做到有效防治,如不加强统防统治将影响猕猴桃产业持续健康发展。

(三) 目标思路

坚持以科学发展观为指导，按照四川省委、省政府提出的打造龙门山脉—秦巴山脉100万亩猕猴桃产业增长极的要求，遵循元坝区委、区政府打造特色基地农业和产业富民的发展思路。以市场为导向，以农民增收为重心，以园区和示范片为载体，以引进和培育龙头企业为重点，以合作社为依托，以"三链合一（产业链、生态链、循环链）、种养结合、适度规模、低碳循环"为原则，建立猕猴桃标准化、规模化、产业化、品牌化的现代"四化"产业基地，延伸产业链条，实现一二三产业互动，将猕猴桃产业建成为元坝区农业经济重要支撑和新的经济增长极。

1. 第一阶段

2011—2013年，猕猴桃种植面积达到13万亩，完成猕猴桃核心示范园建设。猕猴桃种植示范区产业基础设施、农机装备、商品化处理、物流仓储等硬件设施明显改善，物流、市场、科技支撑和标准技术管理体系初步形成。

2. 第二阶段

2014—2015年，猕猴桃种植面积达到20万亩，基础设施配套、优良品种覆盖快速向辐射带动区扩散；逐步形成产前、产中、产后链条联系紧密，环节完善的产业链条；科技、技术、管理服务水平显著提升；建成产业体系完善、品牌影响力广泛、市场竞争力强、区域优势明显、产品特色突出的中国猕猴桃优势区域。

(四) 农业科技扶贫重点

1. 猕猴桃专家大院建设

(1) 建设定位。以"创新转化一条线，专家农民面对面"为宗旨建立元坝猕猴桃专家大院，搭建猕猴桃科研与生产结合的平台助推猕猴桃产业发展。依托大专院校、科研单位的人才和科技优势，建立1个具有特色的"元坝绿色猕猴桃"科技专家大院，使之成为发挥科技优势，推动产业发展的重要支撑。

(2) 建设内容。主要建设内容有以下两点。

①专家组建设。专家组是专家大院的核心。积极与国内外猕猴桃研究方面的知名专家合作，聘任首席专家，提升专家大院的科研水平。与四川省自然资源研究所、四川省农业科学院、四川农业大学等科研院所签订科技合作协议，建立猕猴桃专家库和猕猴桃科技成果项目库。利用专家大院平台，加强地方种植能人、猕猴桃科技人员等的培训，积极培养一批知识丰富，技术过硬的本地"土专家"队伍。

专家大院职能包括：专家队伍轮流到岗，开通相关专家热线，接待农民来电来访，免费提供科技与信息服务，疑难分析诊断和24小时应约上门服务。同时面向广大农民提供规范化的猕猴桃种植栽培、肥水控制、整形修剪、科学技术培训；面向农业生产基层干部提供绿色、有机农产品政策宣传、产品认定等培训；面向猕猴桃生产企业提供产品出口咨询培训。

②场地建设。专家大院建设地点位于紫云乡，包括专家办公室、专家休息室、专家培训室、能实行技物配套服务的专家工作服务室等。配备较完善和先进的现代信息设

备,实现现代信息服务。

2. 农业技术推广体系建设

以专家大院和技术联盟为依托,完善区—镇—村三级农技推广站建设,加强技术推广人才的培养和引进,创新技术推广模式,建立高水平、高效率的猕猴桃技术推广体系。

(1) 积极发挥技术联盟力量。建立完善由广元市猕猴桃研究所、四川苍溪猕猴桃研究所、元坝区猕猴桃研究所和苍溪区职业高级中学等共同发起的广元市猕猴桃技术联盟(以下简称技术联盟)。完善联盟章程,规范权利义务,健全运行机制,加强人才引进,不断吸纳猕猴桃专合社、企业参与,壮大技术联盟;积极开展猕猴桃资源收集和新品种选育、猕猴桃标准化生产技术的研究与示范推广、猕猴桃病虫害生物防治、猕猴桃安全生产和产品质量可追溯技术研究、猕猴桃残次果深加工技术研究、猕猴桃产业化发展生态适应区研究等方面的联合攻关,推动猕猴桃科技成果转化,拓展国际合作和交流,为元坝及广元市猕猴桃产业发展提供强大的技术支撑。

(2) 完善技术推广站建设。建立区—镇(乡)—村三级技术推广站,推广猕猴桃种植、生猪养殖和循环农业技术。加强区农业技术推广队伍建设,充实乡镇农业技术人员,每800~1 000亩猕猴桃配备1名村级技术推广员,解决待遇编制,稳定基层农业科技推广队伍。把种植能人,专合社、园区业主吸纳到农技推广中,壮大农技推广力量。各农技站要加大对农民培训,开展多层次、多形式的技术培训和指导服务,增强在产品标准到位率,质量管理,投入品管理、生产档案制度、基地产品检测和准出制度、质量追溯制度等方面的培训,充分发挥猕猴桃技术推广站的作用。

(3) 创新农业技术推广方式。充分发挥专家大院、技术联盟、农民专业合作社、园区业主和龙头企业在农业技术推广中的积极作用,创新农业技术推广模式。大力发展"专家(技术联盟)+农民专业合作社+农户""专家(技术联盟)+龙头企业+专业合作社+农户""专家(技术联盟)+龙头企业+农户""龙头企业+合作社+农户""专家(技术联盟)+基地+合作社+农户""龙头企业+基地+合作社+农户"模式,加快农科教相结合,将农业教学、科研与技术推广有机结合在一起,优化推广资源,确保猕猴桃新技术的推广和循环农业生产技术的全面实施。

五、叙永县现代农业发展规划

(一) 发展本底

1. 自然资源禀赋

(1) 地理位置。叙永县位于四川盆地南缘,云贵高原北端,地处川、滇、黔三省接合部,长江上游与赤水河上游之间。历为边陲重镇、商旅孔道、革命老区、巴蜀名城,素有"川南门户""鸡鸣三省"之美誉。县境东面与四川泸州市古蔺县、南面与贵州省毕节地区、西面与四川宜宾市兴文县、北面与四川泸州市纳溪区等地毗邻;东北面与四川泸州市合江县、贵州省赤水市,东南面与四川泸州市古蔺县,西南面与云南省镇雄县、威信县,西北面与四川宜宾市兴文县等地接壤。地跨东经105°03′~105°40′,北纬 27°42′~28°31′。东西宽 54.3 千米，南北长 94.9 千米，辖区面积 2 976.6 平方千米。

（2）地形地貌。叙永县地处四川盆地与云贵高原的过渡地带，属娄山山系北缘的余脉，县境内整个地势南高北低，最高海拔 1 902 米（罗汉林），最低海拔 247 米（观音桥），相对高差 1 655 米，按地貌划分：中山占 53.2%，低山 33.9%，丘陵占 12.9%。由于地貌受内外营力的作用，以叙永镇为界，南部为中山地貌，山岭纵横，山体下部沟谷陡峭，越过后山、海坝梁子一线，相对高差减小，地势较为平缓开阔，呈高原景观，县城北部为低山与丘陵犬牙相嵌，溪河密布，属低山、丘陵地貌。

（3）气候。叙永县属亚热带湿润性季风气候类型，年均温 18.0℃，年均降水量 1 147 毫米。气候温和，最冷的 1 月月平均温度 8℃ 左右，平均最低气温 6℃；最热的 7—8 月月平均温度为 27℃，平均最高气温 32℃ 左右。受整个叙永的海拔高度由北向南递增的影响，呈现出北暖南寒、最南部干热河谷的立体气候特征，使得叙永县适宜多种作物种植。以后山、海坝梁子一线为界，北侧为暖湿气流的迎风面，热量丰富，雨量充沛，年降水量 1 512 毫米（后山）；南侧为背风面，因临近赤水河干热河谷，气候干燥，年降水量仅 848 毫米（摩尼）。叙永县不同地貌类型气象要素见表 9-7。

表 9-7 叙永县不同地貌类型气象要素一览

地 貌	海拔高（米）	年平均气温（℃）	年积温（℃）	年均降水量（毫米）	四季降雨比重（%）				日照时数（小时）
					春	夏	秋	冬	
丘陵区	337.5	17.3~18.4	>6 000	1 100~1 200	24	42~45	24	7~10	900~1 400
低山区	845	13.6~17.3	5 000~6 000	1 200~1 450	22.3	43.6	24.6	10	800~1 200
中山区	1 200	13.3	3 400~4 500	1 100	39.4	30	19.2	11.4	643~1 043

（4）水文。叙永县河流均属长江水系。因受地形地势影响，境内溪、河发育完善，分布格局紊乱，主要的长江支流有永宁河和赤水河。永宁河起源于中部山区，由南往北纵贯境内中北部，经纳溪汇入长江，县境内流长 111 千米；赤水河位于叙永县南部，永宁河的反背，东西横穿，流经贵州后，于合江县注入长江。其余还有古宋河、墩梓河、水尾河、倒流河等二级支流。全县常年可利用的溪河有 33 条（段）。普站王家河地下水已引出，建成冷水河引水工程，进行灌溉发电。地下水资源丰富，全县有浅层地下水 4.24 亿立方米。因水量时空分布不均，丰枯悬殊和区域性灾害严重。随着农业产业结构的不断调整，急需开发利用水资源，改善农业生产用水。

（5）土地利用与土壤。叙永县辖区面积 2 977 平方千米。其中：耕地 117.24 万亩、园地 6.06 万亩、林地 247.90 万亩、草地 22.13 万亩，城镇村及工矿用地、交通运输用地、水域及水利设施用地、其他土地等共 53.27 万亩。

叙永县土壤主要为山地黄壤，其次是紫色土和水稻土。山地黄壤分布于海拔 1 000 米以上的中山地区，成土母岩为三叠系（除飞仙关组）至寒武系的砂岩、页岩、板岩等。由于矿物质的化学风化作用较强烈，故一般土体深厚，全剖面以黄色为基调，层次分化不太明显，呈微酸至中性反应，pH 值 5.5~7.0，有机质含量 2.1%~7.9%，全磷含量 0.08%~0.13%，全氮 0.15%~0.40%，全钾 3.6%~4.9%。紫色土分布于海拔 1 000 米以下的低山、丘陵区，由侏罗系和三叠系飞仙关组的紫色砂岩、泥岩风化发育而成。该土类在生物气候条件下，风化速度快，铝化度高，淋溶作用强，土层厚度一般 40~90 厘米，pH 值 5~7，质地多为壤土，含矿物质养分丰富，自然肥力高。

（6）植被。叙永县植被属川东盆地偏湿性常绿阔叶林亚带，娄山北侧东端植被小区。由于境内雨热条件优越，自然植被发育较好，植物种类繁多，根据叙永县林业志记载，仅乔灌木种类达 79 科，331 种。原生的常绿阔叶林组成种类繁多，层片结构复杂，生长茂密，特别是山茶科、山毛榉科、樟科的植物十分丰富。有以杉、松、柏为主的针叶树 9 种，以樟、檫、喜树、泡桐、板栗为主的阔叶树 40 多种，有楠竹、绵竹、方竹等 20 多种，还有核桃、油茶、柿、桃、樱桃等经济树种。在马岭清凉洞、水尾画稿溪等地发现有成片桫椤树。丹山旅游区的 1 000 余株鹅掌楸，为珍贵树种。

2. 社会经济现状

（1）辖区及人口。叙永县行政区划为 25 个乡（镇），其中辖 11 个镇、14 个乡（其中：苗族乡 3 个，彝族乡 2 个），有 230 个行政村、1 657 个村民小组，28 个居民委员会、210 个居民小组。全县总人口 73.10 万人，其中农业人口 61.41 万人，占总人口的 84.01%。叙永县是乌蒙山特困地区片区县、国家级扶贫开发工作重点县、四川省一类革命老区。

（2）劳动力构成。全县劳动力 38.95 万人，占总人口的 53.28%；从事第一产业 19.72 万人，占总人口的 26.98%；常年外出务工劳动力 14.09 万人，占总人口的 19.27%。作为国家级贫困县和山区，劳务输出仍是叙永县农民收入的主要来源，且外出务工的都是青壮劳力，空心村现象较为严重。

（3）生产总值及三次产业结构。2013 年，叙永县地区生产总值（GDP）实现 84.09 亿元，其中，第一产业增加值 18.99 亿元，第二产业增加值 38.85 亿元，第三产业增加值 26.25 亿元，三次产业比例为 22.6∶46.2∶31.2。

（4）农业生产与农民人均纯收入。2013 年，农业总产值实现 30.53 亿元，农、林、牧、渔和服务业分别实现 16.58 亿元、2.26 亿元、11.1 亿元、2 881 万元和 3 020 万元。全县农民人均纯收入 6 123 元，其中工资性收入 2 335 元，家庭经营性收入 3 245 元。农村恩格尔系数 45.7%。

3. 主要农业产业现状

（1）粮食。2013 年，叙永县粮食作物播种面积 87.5 万亩（主要粮食作物含水稻 26.2 万亩、玉米 20.9 万亩、马铃薯 16.7 万亩、高粱 8.0 万亩、小麦 7.0 万亩），较上年 107.7 万亩下降 18.8%。其中，大春粮食作物播种面积 62.0 万亩，较上年 76.3 万亩下降 18.7%；小春粮食作物种植面积 25.4 万亩，较上年 31.4 万亩下降 19.1%。全年粮食产量达到 23.93 万吨，其中：大春粮食产量 20.28 吨；小春粮食产量 3.65 吨。主要粮食作物的产量共 21.02 万吨（水稻 10.86 万吨、玉米 6.69 万吨、小麦 0.98 万吨、马铃薯 2.50 万吨）。据统计，叙永县耕地复种指数 225%，低于泸州复种指数；2013 年粮食平均单产为 278 千克/亩，低于泸州市平均水平，距离四川省 2013 年全年粮食单产 349 千克/亩差距较大。粮食良种面积 46.5 万亩，总体良种化率 53.14%，其中水稻良种化率83.97%、马铃薯良种化率89.93%大幅高于其他粮食作物。

（2）果蔬。叙永县是赤水河流域鲜食精品甜橙果品生产基地县和全省无公害农产品基地，现有果园4万余亩，年产量600万千克左右，主要品种有赤水雪橙、椪柑、苹果、桃子、冰脆李、柚子、枇杷、樱桃等。2013年，全县桃、梨、甜橙等水果总产量16 759吨，比上年增长20.7%。叙永县蔬菜主要自产自销，多以"粮—菜"轮作、"烟—菜"轮作的模式进行生产，在中南部高山地区有一定规模的高山蔬菜。2013年，全县蔬菜播种面积18.86万亩，大棚蔬菜生产基地面积800亩，全县蔬菜产量18.17万吨，比上年增长1.9%。

（3）林竹。叙永县是全国造林绿化先进县、世界银行贷款国家造林项目先进县、四川省速生丰产用材林基地县、四川省竹林基地建设重点、四川省林业产业十强县，2013年全县林业用地249.7万亩，竹林面积113.9万亩，全县森林覆盖率达53.8%。近年来叙永县大力发展林竹产业，北部乡镇的竹业发展迅速，通过政府的调控，已从原来的纯卖料杆发展到了多种经营，从鲜竹笋到深加工、从竹片到深加工均形成了一定的市场。其中20万吨纸浆项目正在建设中，料杆价格一路走高，从最低时期的280多元/吨上涨到480元/吨，林业收入持续稳定增长。

（4）畜牧。叙永县畜牧业发展历史悠久，有久负盛名的川南山地黄牛、叙永水牛、丫杈猪、丰岩乌骨鸡、川南黑山羊等地方优良品种，是全国秸秆氨化养牛示范和商品牛生产基地县、国家优质生猪战略保障基地县、四川省生猪调出大县和四川省现代畜牧业重点县。全县有可利用草山草坡184万亩产草量200万吨、年产农作物秸秆100万吨、年产白酒糟15万吨，资源可载畜量巨大。2013年，育肥出栏生猪81万头；存栏牛16.3万头、出栏肉牛2.78万头；羊存栏2万只，出栏2万只；家禽存栏280万只，出栏林下土鸡362万只。肉类总产量3.84万吨，畜牧总产值达15亿元（现价），占农业总产值的52%，农民人均畜牧业纯收入达到1 500元。

（5）茶叶。叙永县是全省绿色食品A级茶基地，是茶树的原产地之一，历来是泸州市产茶大县，种茶、制茶历史悠久。得天独厚的自然条件，悠久的种茶制茶历史，使茶叶产业成为叙永县农民增收的一个重要来源。全县茶叶基地面积2万余亩，年产茶叶近40万千克，主要产品有后山茉莉花茶、后山春螺、后山毛峰、草坪翠芽、红岩春茶等，曾获农业部和四川省优质农产品奖、中国西部"陆羽杯"金奖。

（6）烤烟。叙永县是全省烤烟种植区划中最适宜区县之一，烤烟种植历史悠久，是全国优质烟叶生产基地县，所种植的烟叶曾八次荣获全国金奖，叙永优质烟叶已漂洋过海，远销欧洲。现全县有一半的乡镇（12个）种植烤烟，种烟户达12 580户，烤烟常年种植面积10万亩，2013年，烤烟种植面积9.2万亩。作为一个"双控"产业，四川全省烤烟种植面积在连续两年较大幅度增长以后，今年呈现了略增的态势。

4. 农业基础设施现状

（1）交通。西南出海大通道321国道纵贯叙永县全境；叙威公路把叙永与云南连接在一起，川黔高速公路纳溪至叙永段使叙永与外界链接得更为紧密。近年来，叙永县农村道路交通飞速发展，公路基础设施不断完善。2013年改建通乡、通村公路176.4千米，全县通车总里程达2 882千米。县内村组道路连接成网，初步形成了四通八达的农村交通网络。但是现有村组内部道路不足、机耕道、作业便道缺乏且质量较差、通畅率低,以土路为主,制约农业产品运出,远不能满足现代农业发展的需要。

(2)农田水利。截至2013年,全县共有水利工程3174处,其中:水库44座,中型水库1座,小(一)型水库16座,小(二)型水库27座;山坪塘1730处、石河堰11处、机电提灌站座45处、引水工程1344处,灌溉渠道3730千米,集雨节灌工程2000多处。全县年蓄引提水能力9664万立方米,年实际供水量8936万立方米。多年平均径流深700毫米,年径流量21.16亿立方米,多年平均降水量为1138毫米。虽然水量充沛,但降水时空分布不均,蓄引提能力偏低,工程性缺水严重,制约经济发展,还需加大水利基础设施建设力度,方可保证灌溉用水需要。

5. 经营主体现状

截至2013年底,叙永县有家庭农场1个,农民专业合作社258个,其中被认定的示范性合作社45个,参与农户9463户。叙永县有市级以上农业产业化龙头企业21家,其中,农副产品加工龙头企业16家。初步建立了以三友打叶复烤公司、川天食品公司、马岭粮油、长窖酒业、泸州野植珍、金山林木业等为主体的农副产品加工企业400多家,其中:白酒、茶叶、屠宰、大米等十余类农副食品加工企业100余户。

(二)发展优势

1. 优良的区位条件

叙永县位于地处川、滇、黔三省结合部,历来是川南黔北交通要冲,古时"永宁"历为川滇黔三省商贸集散地,素有"川南门户""鸡鸣三省"之美誉,具有优良的区位条件。叙永虽深处内陆,交通优势却十分突出,321国道纵贯全境,是四川出海要道;叙蔺高速、宜叙高速正在加快建设,2016年可全面通车;随着川黔铁路向南的顺利延伸,使叙永成了这条大动脉上的一座重要城市;由于与泸州集装箱码头近距离的联通,使滇东北、黔西北物资能通过叙永,能够低成本流向四川,经长江通往全国乃至世界各地;距泸州航空港仅100千米,更让叙永形成了海陆空立体交通网络。

2. 优越的自然生态条件

叙永县水资源丰富,林地资源丰富、森林覆盖面积53.8%,拥有丹山、画稿溪、龙泉洞等众多生态景区,自然生态条件优越。叙永县地形地貌多样,海拔相对落差大,立体气候明显,适宜发展林竹、水果、蔬菜、烤烟、茶叶等多种特色产业;光照充足、年均温高、昼夜温差大,各类特色水果品质、口感、外观俱佳,营养含量更丰富,商品性能优越;由于高山区夏季凉爽、雨量充沛,高山蔬菜以其错季节上市填补低矮地区秋淡季节市场空缺,市场竞争力极强。

3. 农业产业具备良好的发展基础

叙永县2013年底粮食播种面积近90万亩、马铃薯产量全省第五;是全国优质烟叶生产基地县、常年种植面积保持10万亩左右;是四川省竹林基地建设重点县、四川省林业产业十强县,林地面积近250万亩、竹林面积达110余万亩;是赤水河流域鲜食精品甜橙果品生产基地县,其"赤水河水果"品牌潜力巨大;是全国秸秆氨化养牛示范和商品牛生产基地县、国家优质生猪战略保障基地县、四川省生猪调出大县,畜牧业占全县农业总产值的50%；农业产业初具规模，具备良好的发展基础。

(三) 发展劣势

1. 现代农业发展进程明显滞后

叙永县仍以传统农业为主，产值低，效益差，抵抗市场冲击的能力不够。小农业没有形成大市场，农产品未能做大做强，农业产业不具备特色，规模优势不突出，产业结构亟待优化调整。信息服务体系、"公司+农户""订单农业"等产业化合作模式发展还没有形成大气候，缺乏具有代表性的产业示范亮点，缺乏具有较强市场竞争能力的大型龙头企业和知名农产品品牌，农业产业化水平较低。

2. 基础设施薄弱

农业基础设施薄弱，靠天吃饭的现象普遍存在。通村机耕道质量较差、通畅率低，田间生产道路缺乏，大量竹、菜等产品无法运出，已有田间生产道路狭窄，多为土路，制约产业发展。现有水利工程蓄引提能力占水资源总量的比例低于全国平均水平，已成水源工程渠系续建配套与节水改造滞后，农田灌溉"最后一公里"问题仍然突出，渠系水有效利用率低于全国平均水平，灌溉保障率低。坡耕地面积大，其中坡度小于6°的耕地面积仅占总耕地面积的9%左右；中低产田的比例较大，中低产田土占全县耕地面积的73.87%，且高产田土中仅2/3属旱涝保收的高产稳产田。

3. 科技水平较低

农业科技投入力度太小，劳动生产率、土地生产率较低，农业科技人才十分缺乏，新品种、新技术推广运用不足，农业从业者综合素质不高，观念较为落后，思想不够开放，缺乏创新意识。受技术保障体系不健全，技术推广机制不完善、推广机构的公共服务能力弱、科技人才缺乏等多方面的影响，造成标准化技术、无公害技术、环境调控技术、防治病虫害技术、防疫技术、可持续发展技术应用率低，农业优势特色产业产量、质量和效益不高。

(四) 思路目标

按照发展"产出高效、产品安全、资源节约、环境友好"的现代农业发展总体要求，坚定不移加快转变农业发展方式，实现以生态农业、精细农业、循环农业、休闲农业为主要特征的叙永县现代农业有序发展、全面发展和科学发展，加快全县实现农业现代化进程，把叙永县建成川南低中山区农产品生产龙头县、乌蒙山连片扶贫开发示范县、川滇黔接合部重要的农产品加工物流节点、川南黔北农旅融合发展示范区。

——农业经济总量持续扩张。到2025年，农牧渔业总产值达133亿元；农民人均纯收入达到30 000元以上，基本消除绝对贫困人口。

——农业物质技术装备水平显著提升。加大基础设施建设与生产示范，农业科技、农业机械化对农业增长的贡献率进一步提高，农业和农村信息化水平明显增强，带动全县农业装备水平明显提升。到2025年，有效灌溉面积达到30万亩，灌溉水利用系数达到0.55；高标准农田总量达30万亩，农机化水平达70%，农业科技贡献率达65%，主要农作物良种覆盖率达到98%以上。

——农业产业结构与功能不断优化。积极发展以农产品加工为重点的农村二三产业，优化产业结构，延伸农业产业链，高科技农业、设施农业和集约化养殖业占主导地位，农产品加工业与流通业日益完善，休闲农业和观光农业初具规模。畜禽规模化养殖比重达到75%，主要农产品"三品"认证基地比重达到95%以上，农产品商品化率达90%，乡村旅游收入达20亿元，农业生产组织化带动比重达90%。

——农业生态环境明显改善，环境竞争力大幅提高。农业生态环境保护指标达到国家级生态县标准。秸秆综合利用率达99%，养殖小区沼气池配套率达到95%，规模化养殖场废弃物综合处理率达95%。

（五）农业科技扶贫重点

1. 农业科技支撑

（1）农业科技创新。依托四川省农业科学院、四川省畜牧科学研究院、四川农业大学等科研单位和院校的合作，开展新技术推广、新成果转化、新产品中试的方式，建立"科研单位（院校）+地方政府""科研单位（院校）+企业""科研单位（院校）+推广机构"的新型"产学研"合作联盟，分年度制订科技合作计划；以叙永特色优势产业粮食、畜牧、竹、水果、蔬菜、木本油料等为重点，加快原始创新、引进消化吸收再创新，力争在作物种植模式及配套栽培技术、良种培育、地力提升、作物丰产优质安全、加工储运、绿色防控等方面取得自主创新成果。在产业主产区设立若干个由推广机构及农民专业合作社、农业龙头企业等组成的区域试验站，有效链接科研体系、推广体系及生产单位的结合体，进行共性技术、关键技术的研究、集成、试验、示范和推广。

（2）农业科技推广。加强乡镇农技推广机构建设，配备完善乡镇农技推广机构办公室、会议和培训室、档案资料室、农作物病虫害诊断室等基础设施，提升农技推广公共服务能力，建设"有先进服务手段、有优良专业人员、有规模示范基地、有严格责任制度、有稳定财政保障"的"五有"乡镇农业技术推广综合服务站25个。依托村级综合服务中心或专业合作组织（基地），加强村级农业科技服务站建设，明确专职人员从事农业科技服务。探索建立新"科技人员直接服务到户、良种良法直接服务到田、技术要领直接服务到人"的科技成果快速转化通道。

（3）农技人员队伍建设。加强基层农技人员队伍建设。一是加强农技推广岗位证书培训。强化新进入人员、现有在岗人员农技推广岗位证书培训，将其作为乡镇农技人员竞聘上岗、职称评聘的重要依据。二是强化知识更新培训。与粮食生产能力提升工程、现代农业产业基地建设工程、测土配方施肥、农产品质量安全、农机化和现代畜牧业建设等农业重大项目结合，持续开展基层农技人员知识更新培训。三是实施骨干人才培养计划。组织骨干农技人员参加全国农技推广骨干人员培训班、国家现代农业产业技术体系实地研修，围绕本地农业主导产业发展需要，培养基层农技推广领军人才。四是开展优秀农技员评选活动。结合四川省农业部门"万人进万村联万户技术走基层"活动，对贡献突出的农技人员授予"优秀农业技术人员"称号，激励广大基层农业技术人员干事创业。到2025年，培训农技员1 000人。

2. 生产服务体系

（1）良种繁育与管理体系。主要有以下几个方面。

一是农作物良种繁育体系。

依托国家、省市农业科研院所、高等院校的科研力量，围绕竹、烤烟、粮食、畜牧、水果、蔬菜、茶叶、木本油料等优势、特色产业发展，以改善和提高农产品品种结构、品质结构和优质安全为目标，以现代农业科技示范园、大棚育苗中心、新品种引种品试区试基地建设为重点，以育苗基地、制种基地为基础，构建全区农作物良种繁育体系，到2025年，全县主要农作物良种覆盖率达到98%以上。

水果良繁苗圃基地建设。在龙凤镇头塘村建立优质水果苗圃区300亩，以甜橙（荷尔脐橙新系、福本脐橙、台湾椪柑、不知火杂柑等）、李（脆红李、凤凰李、冰脆李等）、梨（韩国甜脆黄金梨等）为主要品种。其中，引种母本园50亩，繁殖区250亩；每亩每年出圃1万株，合计年出圃优质容器苗300万株，为全县水果产业提供优质无病毒容器苗。

茶叶良种繁育基地建设。坚持良种化、市场化方向，注重品种合理搭配。以福鼎大白茶、福选九号、名山131、乌牛早、清心乌龙等特早或有性川群体种为主。特别是高山生态茶场，为保留产品特色与资源，发展川小叶品种整体优势更加明显，更能突显原生态。同时，适当引进新品种，在后山镇天元村建立良种茶苗繁育基地，建设200亩无性系茶树良种苗圃繁育基地，为周边地区老茶园或新建茶园提供优质种苗。

二是畜禽动物良种繁育体系。

围绕牛、羊、生猪、土鸡等畜禽养殖产业发展，以改善畜禽动物品种结构、品质结构为目标，建设标准化优质母猪繁育场1个（叙兴种猪场），以乡镇扩繁场为基础，构建生猪良种繁育体系，推广长白、约克、杜洛克、PIC、托佩克等优良品种；建立肉牛养殖联盟1个，以兴隆乡泸州市川天食品有限公司、叙永县落卜镇东牛牧场、摩尼镇泸州市三园汇科技发展有限公司为核心，通过以合作社为中介从肉牛繁育基地引进优质肉牛，采用工厂化方式进行育肥饲养，同时向基地农户提供母牛及仔牛，构建牛良种繁育体系，推广西门塔尔、短角牛、安格斯等品种；以四川景盛生态农业有限公司为核心，建立肉羊养殖联盟1个，以乡镇或企业种养扩繁场为基础，年出栏300只、100只、50只以上繁育基地各200户/年，构建羊良种繁育体系，推广川南黑山羊、南江黄羊、简阳大耳羊、建昌黑山羊等品种。积极保育和推广川南山地黄牛、叙永水牛、丫杈猪、丰岩乌骨鸡等地方优良品种。到2025年，全县生猪良种率达到95%，羊良种率达到80%，牛良种率达到80%。

（2）疫病防控监测体系。主要包括如下。

一是农作物病虫害综合防治体系。

坚持"公共植保、绿色植保"的理念和"预防为主、综合防治"的植保方针，加强农业有害生物预警与监控体系建设，建立健全病虫害预测预报系统及检疫防治制度，根据病虫草害发生形势，科学制定综合防治方案，提倡农业防治、生物防治、物理防治，减少或不用化学农药防治，大力推进植保专业化防治，培育发展植保专业合作社。建立重大病虫害监测预警应急防控体系，对影响农业发展的重大病虫害防控，纳入公共安全范围，由政府统一组织防控，提高防治效果。加强有害生物综合防治设施设备建设，每个乡镇建立农业有害生物监测预警站1个，配备机动弥雾机、烟雾机等相应设施设备。

二是畜禽动物疫病监测防控体系。

贯彻"预防为主、防重于治"的方针，不断完善动物疫情应急机制，加快动物防疫基础设施建设，加强动物标识及疫病可追溯体系建设，提高养殖场区动物疫病源头控制能力，狠抓畜禽免疫、预警预报、消毒灭源、检疫监督、应急管理等综合防控措施落实，采取强制免疫、强制检疫、强制消毒、强制灭疫等措施，有效控制疫情发生传播。加强突发重大动物疫情防控体系建设，制定突发重大动物疫情应急处置预案，及时有效地预防、控制和扑灭重大动物疫情。加强乡镇畜牧兽医队伍管理，建立健全基层动物防疫员队伍，提高基层动物防疫队伍素质，积极探索基层动物防疫工作新机制。

（3）农业机械化服务体系。主要包括如下。

一是大力培育农机社会化服务组织。

按照"政府引导、市场运作、规范管理"的原则，探索建立以基层农机服务站、农机合作社、农机作业服务队等专业服务组织为龙头，农机大户为基础，农机中介组织为纽带的农业机械社会化服务体系，逐步形成功能齐全、网络完善、纵横联系、方便及时的新型农机社会化服务体系，不断提高全区农业机械社会化服务水平。

二是进一步拓展农机作业和服务领域。

大力发展优势农产品生产机械化，因地制宜地向高效作物、设施农业、养殖业和加工业发展，围绕全县主要产业，积极引进示范推广保护性耕作技术、节约型农业机械化技术等农机作业新技术，不断提高农业机械利用率和利用效率。加快农机具装备更新改造和升级换代，进一步提高全区农机化装备水平。根据叙永县地形地貌特点和现代农业发展要求，实行大中小型农机配套，示范推广各种配套农机具，引进先进动力机械及配套机具，做到一机多用，一具多能。到2025年，区域内耕、种、收综合机械化水平提高到70%，全面推进示范区农业机械化。

（4）农业信息服务体系。主要包括如下。

一是建立以农业和农村经济监测预警、市场监管和公共信息服务为主要功能的农业信息体系。

整合农业服务资源，构建以市场信息服务中心为龙头、区域信息服务站点为基础的县、乡（镇）、村三级信息服务网络，并逐步向村、龙头企业、农民专业合作组织、中介组织、种养大户延伸，实现叙永县与泸州市、四川省及全国农产品市场网络互联和数据共享，逐步形成现代化的信息收集、加工、传输系统。鼓励企业、专业合作社等经营主体积极发展网络电子交易，拓宽营销渠道。

二是建设农产品质量安全追溯体系。

加快农产品质量安全追溯系统和制度建设，按照从生产到销售每个环节可相互追查的原则，建立农产品生产、经营记录制度；通过加强农产品产地监管、农业投入品监管、农产品加工企业监管、电子地图管理、产品包装与标识管理、风险评估与预警机制管理、信息交流互动平台管理等系统建设，以及采用网络技术及其设备如条形码、RFID 标签等对产品赋予"身份证"、追溯码，形成对农产品生产、仓储、分销、物流运输、市场巡检及消费者等环节进行数据采集跟踪，实现对农产品生产、销售、流通、服务全程监控管理。

三是健全农业气象要素观测系统。

构建以区域气象观测站，农田小气候观测仪器共同组建的农业气象观测网络，基本实现对主要农业气象要素的专业化观测，为农业气象服务提供基础信息，进一步拓展农业气象情报、预报业务领域。特色农业、设施农业、养殖业等农业气象服务不断完善，提高农民利用农业气象信息安排农业生产活动和防御灾害能力。

六、金川县金眉雪梨现代农业园区建设规划

（一）发展基础

1. 区位条件

金川县隶属四川省阿坝藏族羌族自治州，位于四川西北部，阿坝州西南缘，大渡河上游，地跨东经 101°13′~102°19′，北纬 31°04′~31°58′，辖区面积 5 524 平方千米。东邻小金县，西靠壤塘、甘孜州道孚县，南边与甘孜州丹巴县交界，北边同马尔康市毗连。东南距省会城市成都 420 千米，东北距自治州首府马尔康 90 千米，西北距壤塘 206 千米，南距丹巴 90 千米，是阿坝州的西南出州门户，连接甘孜州的重要通道。园区位于金川县城北部，紧邻城区。

园区所在的金川县拥有 G317、G248（原 S211 提升改造）、S451、S220 等 4 条外部进入通道，并与太阳河谷沿线县道等组成县境内部交通的主体框架，县城距红原机场直线距离 153 千米，康定机场 160 千米，已经形成外畅内活的交通格局。园区内部主干道 G248 沿大金川河纵贯全境，各乡镇全部实现道路互通，已形成较为完善的园区环线和支线道路体系。

2. 自然条件

（1）气候资源。园区气候属于大陆性高原河谷气候，日照长、晴天多、温差大，干湿季节分明，垂直差异突出，有"阿坝州小江南"之称，是发展优质雪梨的适宜区。多年平均气温 12.8℃，年均无霜期 184 天，多年平均相对湿度 58%，多年平均降水量 733.4 毫米，主要集中在 5—9 月，晴天多，日照丰富，多年平均日照时数为 2 435 小时，太阳能资源丰富。

（2）地形地貌。园区位于大金川河河谷地带，海拔在 2 099~2 714 米，平均海拔在 2 200 米左右。雪梨种植核心区集中分布在河谷两岸的冲积阶梯状台地和半山缓坡，核心区整体区域坡度位于 15°以下，适宜农业生产活动和开发建设。

（3）土地资源。园区总面积 26 283 亩，其中农林用地面积 16 662.63 亩，占园区总面积的 63.40%，其中耕地面积 12 130.71 亩，占园区总面积的 46.15%，园地面积 2 526.53 亩，占总面积的 9.61%；建设用地面积 3 232.18 亩，占园区总面积的 12.30%，未利用地面积 5 057.99 亩。

(4) 水文资源。园区内水力资源丰富,大金川河由南向北纵贯园区,长约 7.5 千米,水电蕴藏量 520 万千瓦,居阿坝州第一。园区建有大金水文站,人均拥有水量 4.27 立方米,为全国的 13.7 倍,农业生产生活用水充足,水电蕴藏量丰富,为园区建设提供充足电能。

(5) 生物资源。园区所在的金川县位于川滇森林及生物多样性功能区,生物资源丰富,森林覆盖率达 42%,有杉、桦、栎等珍贵树种,松茸、羊肚菌、黄丝菌等野生食用菌,虫草、贝母、羌活等名贵野生中药材。工业化程度低,土壤、空气、水质无污染,是生产无公害、无污染、绿色农产品的净土,是雪梨、苹果、双边白瓜子等水果、干果最适生长区。

3. 社会条件

(1) 社会经济。2019 年,金川县地区生产总值 20.05 亿元,同比增长 5.5%,三次产业结构比为 20.0∶6.7∶73.3,农村经济结构以第一、第三产业为主导,其中第三产业拉动 GDP 增长 4.5 个百分点,是拉动经济增长的主要动力,接待游客 132.2 万人次,旅游总收入 10.2 亿元。地方一般公共预算收入 8 165 万元,地方一般公共预算支出 170 364 万元,收支相差较大;全县城镇居民人均可支配收入 35 072 元,农村居民人均可支配收入 14 188 元。园区农村经济总收入 1.8 亿元,人均可支配收入达 14 250 元。

(2) 人口及劳动力。截至 2019 年末,全县共有藏族、羌族、回族、汉族等 14 个民族 7.3 万人。园区总人口 11 203 人,共 3 402 户,总劳动力 8 267 人,户均劳动力 2 人(表 9-8)。

表 9-8 人口劳动力情况

乡 镇	村 名	总户数(户)	总人口(人)	总劳动力(人)
勒乌镇	金马坪村	462	1 797	1 119
庆宁乡	庆宁村	204	895	588
	团结村	221	737	483
咯尔乡	金江村	428	1 159	851
	复兴村	786	2 251	1 715
沙耳村	沙耳尼村	320	1 032	999
	丹扎木村	516	1 976	1 374
	山埂子村	465	1 356	1 138
总计		3 402	11 203	8 267

4. 产业概况

(1) 基地规模。园区农业主导产业为雪梨,品种以鸡腿梨为主,辅以生猪养殖、林下中药材和小家禽养殖,同时兼有少量葡萄、核桃和苹果等。截至 2019 年末,园区已建成规模化雪梨种植基地 1.2 万亩,并在金江村建成标准化雪梨示范基地 30 亩,进行新品种试种、种植技术试验。

（2）加工物流。园区以龙头企业为引领，农产品生产、加工、销售和旅游融合等不断深入，围绕金川雪梨独特风味和药用价值，不断延伸产业链条。截至2019年末，园区共有小型农产品加工点36个，规模加工企业3个，主要从事生产雪梨膏、雪梨汁等农产品初加工，农产品初加工率达83%，初步形成了从小型加工点到规模企业、覆盖初精深加工的农产品加工体系。

（3）业态融合。园区将农业与乡村休闲旅游、文化教育、康养等产业有机结合，多种产业形态融合，农业新业态丰富。园区围绕雪梨产业建成了国家4A级景区——世外梨园，集生态农业观光、乡村休闲旅游、阳光康养度假于一体，增加了金川县县域旅游产品，丰富了旅游业态。同时园区围绕雪梨等主导产业，连续几年成功举办采摘体验活动、农事体验观光、农业科普教育、民俗体验活动，举办金川"古树梨花节""红叶节"等节庆活动，拥有星级农家乐7家，在川内打响了一定知名度，已经形成金川重要的特色旅游品牌。金川县是电子商务进农村综合示范县，农村电商发展较为迅速，"四位一体"农村电商应用服务网络初步形成。园区与京东数字科技合作，从品牌包装、物流运输、产品生态圈方面，将雪梨膏、雪梨糖等产品，通过京东惠民小站推向全国。

（4）新型经营主体。园区积极引进企业，采取"公司+基地+农户""合作社+基地+农户"的模式运行，通过土地经营权转让、土地入股，推行"股权量化""飞地模式""返还式"扶贫等利益机制，有效地带动村级集体经济壮大。截至2019年末，园区有龙头企业1个，专业合作社256个、家庭农场14个；职业农民104人。

（5）品牌建设。近年来，金川不断挖掘优势资源，以品牌赋能现代农业，围绕雪梨这块金川农业的金字招牌，大力开展品牌建设，培育了金川雪梨等地标产品。一是持续开发培育优势产品，依托四川省农业科学院，开展品种选育培育、加工技术研发，保证雪梨品质优质、种类丰富。二是加大品牌宣传力度。积极参加"农博会""西博会""金芒果地博会"等一系列有影响力的大型展会，召开品牌发布会，宣传金川雪梨的高原特色生态品质。三是做强"净土阿坝"区域品牌，鼓励企业打造自身产品品牌，积极申报"两品一标"认证。目前，金川雪梨已成功申请绿色食品及地理标志产品认证。

（6）科技支撑。科技支撑方面，园区与四川省农业科学院园艺所以及眉山市科学院建立了长期合作关系，着力解决新品选育、创新农业科技手段、黑心病攻克技术等方面难题。以院县、校地合作为技术支撑，聘请专家教授成立主导品种专家顾问团队，建成技术示范基地30亩，良种示范基地100亩。园区依托省农科院，积极开展新品种培育，"梨省力简化篱架栽培技术""山地水肥一体化节水节肥灌溉技术"等新技术试验，"农业信息化物联网追溯体系"等产品质量检测技术指导。

5. 基础设施条件

（1）基础设施。近年来，金川不断加大对园区基础设施的资金投入，着力改善园区农业生产条件，已基本形成园区二、三级路网，水、电、路、渠等基础设施完善，实现了电网、通信及光纤网络基本全覆盖，符合园区农业大生产、大流通要求。完善农业增产增收的基础工程，助推现代农业发展。

（2）设施装备。园区通过实施小流域综合治理和高标准农田建设等项目，完善水利灌溉设施，增加宜耕面积，提高园区标准化水平。通过崇化水利工程、崇化试点项目、崇化配套项目的实施,园区农田水利工程设施完好率达82.6%;积极购置农业机械设施装备,实施高标准农田项目,高标准农田占耕地总面积的78.5%;园区采用先进的物联网技术、互联网技术和区块链技术,初步建立了可视化物联网追溯系统,为园区管理提供数据支撑。

(二) 发展优势

1. 生态环境优,产品质量高

园区位于川西高原,气候条件舒适、昼夜温差大、阳光资源丰沛、沃土丰盈、水源充沛,自然条件得天独厚,滋养了万物生长,孕育了优质的金川雪梨。正是因为地理位置的天然优势,雪梨生长环境纯天然无污染,绿色生态,造就了外观光洁、皮薄如纸、果肉脆嫩化渣、汁多味甜的优质雪梨。"金川雪梨"从20世纪80年代以来便以其优异的品质享誉全国,拥有广泛的市场影响力,是中国地理标志产品,营养价值高,具有清肺止咳、润嗓化痰等药用功能;用途广泛,其加工副产品形态较为多样,有雪梨膏、雪梨饮料等。

2. 基地风景美,融合市场大

园区是全世界范围最大的原生态、高海拔雪梨种植区,梨花、红叶景观规模大,空气环境优质,风光壮美婀娜。漫山遍野的梨花与蓝天、白云、麦地、河流、民居、碉楼等共同描绘出一幅幅宛若图画的世外梨源风光,农业产业、景观一体化,具备发展生态农业、乡村生态旅游和生态康养的绝佳优势。园区包含国家4A级景区,雪梨景观和红叶景观被评为"中国美丽田园"景观,旅游品牌吸引力强,以及金川优越的旅游区位、丰富多彩的旅游资源,将为金川特色农产品、休闲农业、乡村旅游和生态康养提供巨大的旅游消费市场。

3. 金眉共携手,后盾机遇佳

金川现代农业发展及金眉现代农业园区建设具有特有的区位优势——与眉山市携手共建。一是提供项目资金人才协助。眉山市在产业协作、劳务协作等方面为金川提供全域结对帮扶,不断加大资金投入,强化帮扶项目建设,为金川培养一批干部人才队伍,助力金川现代农业建设,乡村振兴发展。二是提供技术经验指导。眉山市先后建成中法农业科技园、岷江现代农业示范园等现代农业园区,在现代农业建设方面具有丰富的实战经验,将为金川县现代农业发展和园区建设提供先进的技术指导和丰富的管理运营经验,为现代农业建设提供了坚实的后盾。

4. 支持力度大,政策保障强

近年来,金川县认真贯彻落实生态农业、绿色农业、休闲农业的发展理念,全面实施"农业二次创业"战略,围绕打造阿坝新江南发展目标,把现代农业园区建设作为壮大县域经济,加快农业现代化进程的重要抓手。一是组织机构保障。成立以县委书记和县长为组长、各部门领导和乡镇负责人为成员的园区建设推进小组,从规划设计、政策扶持、技术保障等方面统筹园区建设。二是政策扶持。出台了《关于引导农村土地经营权有序流转发展农业适度规模经营的实施意见》《关于加强金川雪梨林资源保护与综合开发的决议》等一系列支持园区产业发展和资金投入的保障性文件,为园区建设营造了良好的政策环境。

(三) 存在问题

1. 基地标准化程度不高

园区产业基地有一定规模,但整体基地标准化程度不高。一是基础设施级别不高。园区道路初步形成体系,但存在主要干道及生产道路等级不高,仍需要进一步硬化、扩宽改造提升,尚不能满足未来园区生产运输需求及农旅融合的长远发展。除此之外,喷滴灌、水肥一体化等高效节水灌溉设施配置方面尚存在不足;二是老果园占比较大,品种结构单一。园区梨树树龄较大,存在树形高大、病虫害多发等问题,造成雪梨产量低下、品质不佳。品种以鸡腿梨占主导,结构单一,早、中、晚熟品种不配套,晚熟品种占87%,造成成熟期、上市期集中;三是种养循环模式推广不足。园区已建成的种养循环基地较少,种养循环示范带动不足,循环农业发展较为缓慢。四是缺乏优质良种繁育基地。园区绿色防控和良种繁育方面还存在较大短板,良种覆盖率较低,需要进一步提升良种比例,强化种质资源保护工作。

2. 产业链条延伸度不足

园区具有一定的加工能力,但总体产业化程度较低。一是产品精深加工滞后。园区产品加工多停留在初级加工阶段,加工产品较为单一主要是梨浓缩汁和梨罐头,加工技术水平不高,综合利用率低,精深加工不足,产业链条不长,制约农业产业持续健康发展。二是缺乏规模较大的龙头企业及专业合作社。园区无一家规模上百亩的龙头企业,龙头企业带动效应不明显,专业合作社多而不精,省级以上示范性专合社、家庭农场等新型经营主体建设不足,无大额资金投入产业,造成生产标准化及产业化滞后,未能真正发挥产品价值及附加值。三是功能拓展不足。园区业态融合发展不足,未充分实现与三产的融合,产业多停留在生产功能,综合效益不高。四是果品的商品化处理技术落后。果品的分级、包装、贮藏条件比较落后,仅2%的雪梨进行了规范分级、统一包装。果品的贮藏保鲜量仅占总量的0.04%,大部分还是原始初级产品形式投放市场,产品效益较低。

3. 现代化生产方式欠缺

园区作为高原现代农业园区,在现代化方面仍存在较大不足。一是现代化设施装备缺乏。园区在灌溉设施装备上基本能满足生产需求,但在水肥一体化、产业智能化、数字化、信息化等现代生产方式和国内先进设施设备上存在欠缺。二是科技支撑不足。与科研院所联系不够紧密,缺乏专家大院、科技示范园、科技示范户等服务载体,未能充分发挥科技对产业发展的支撑作用。三是经营性服务发展不足。大部分龙头企业、专合社更注重自身发展,缺乏向自身以外的农户、家庭农场等提供社会化服务的内在动力,加之专业服务公司较少,现有服务多集中在产前和产中环节,产后服务较为薄弱,信息服务、金融服务等尤为缺乏。

(四) 定位与目标

1. 发展定位

立足园区高原生态特色农业及雪梨产业优势,通过高标准建设基地、优化生产加工体系、丰富农业业态、完善产业品牌体系、强化科技创新支撑等推动生产管理方式转型,重塑雪梨产业转型升级发展的大体系和新格局,提高金川雪梨市场占有率,增强核心竞争力,以高原生态为突破口,扩大园区雪梨品牌影响力,实现雪梨产业高质量发展,将园区打造成为高原藏区生态特色现代农业示范区、"川果"产业融合发展样板区、藏区乡村振兴先行区。

2. 发展目标

充分考虑园区现实发展水平、阶段特征和发展趋势,坚持以脱贫奔康提升、产业乡村振兴为统揽。到 2022 年,园区雪梨产业在产业总量、产业结构、生产水平、绿色发展、融合发展、市场竞争力等方面显著提升,全面实现发展产业壮大。

——产业平稳较快增长。雪梨产业综合总产值保持较高增速,生产效率大大提升,物流及储藏能力大大提升,产业集聚功能不断优化。雪梨产值明显增加,加工及第三产业增加值大幅提升,雪梨产业运行质量和效益明显提高,促进农业经济健康快速发展。

——产业结构明显优化。着力培育及引进龙头企业,促进中小企业发展壮大,规模经济产业集中度明显提升,重点建设提升大型雪梨龙头企业领军能力。高原生态雪梨产品市场占有率及品牌知名度明显提高,金川雪梨品牌影响力明显提升,集散及周转能力明显提升,第三产业对雪梨产业的发展的贡献越来越大。

——生产体系不断完善。现代设施、装备、技术手段广泛应用于农业生产,农业良种化、机械化、科技化、信息化、标准化水平大幅提升,绿色生态理念深入实施,农业生态环境明显改善,农业现代化水平由起步阶段向基本实现阶段跨越。

——绿色发展水平提高。雪梨产业基本实现"一控两减三基本",产业废弃物综合利用率明显提高,清洁能源普及率显著提高,绿色高效筑牢。优质雪梨供给数量大幅增加,产品品质更优、特色更亮、营养更好,雪梨绿色发展水平处于较高水平。

——融合发展水平提高。产业融合项目数量大幅增加,旅游项目及产品竞争力增强,第三产业接待能力显著提高,第三产业发展带动直接就业人数与日俱增,打造富有金川特色休闲农业旅游点,为周边市民乃至成都、眉山等区域大都市提供休闲旅游地。

——综合竞争力不断增强。"两品一标"产品数量不断增加,品牌化建设取得显著成效,农产品商品化率、农产品销售收入大幅增长,农业质量效益大幅提高,农业综合竞争力不断增强。

金川县金眉雪梨现代农业园区建设指标见表 9-9。

表 9-9 金川县金眉雪梨现代农业园区建设指标

序号	一级指标	二级指标	单位	现状值 2019 年	规划值 2022 年	属性
1		主导产业产值占园区总产值比率	%	81	90	预期性
2		单位产出效益高于当地平均水平	%	23	25	预期性
3	主要经济指标	农民人均可支配收入高于当地平均水平	%	0.4	20	约束性
4		乡村旅游总收入	亿元	0.05	0.3	预期性
5		乡村振兴示范村数量	个		2	预期性

(续表)

序号	一级指标	二级指标	单位	现状值 2019年	规划值 2022年	属性
6	基地建设	主导产业规模	亩	12 000	13 500	预期性
7		生猪养殖规模	万头		1	预期性
8		高标准农田占比	%	78.5	80	预期性
9		机械化耕作水平	%	82	85	预期性
10	设施装备	农业综合信息化水平	%		65	预期性
11		农业服务中心	个		1	约束性
12		农产品预冷率	%	80	85	预期性
13		冷链运输率	%	66	75	预期性
14		农产品产地初加工率	%	83	90	预期性
15	产地加工	秸秆综合利用率	%		100	约束性
16		农膜回收率	%		100	约束性
17		畜禽粪污综合利用率	%		90	约束性
18		农业主题公园和美丽休闲乡村	个		2	预期性
19		益农信息社覆盖率	%	85	100	约束性
20	农业新业态	直播带货	次		3	约束性
21		农产品电商销售占比	%	34	40	预期性
22		农业社会化服务覆盖率	%	42	50	约束性
23		种养循环覆盖面	%		90	约束性
24	质量品牌	质量监测合格率	%	99.2	100	约束性
25		新型经营主体建设质量安全追溯制度占比	%		80	约束性
26		年度抽检样品	个		50	约束性
27		良种覆盖率	%	88	100	约束性
28	科技支撑	专家工作站	个		1	约束性
29		先进实用配套技术推广应用率	%		98	约束性
30		新型经营主体从业人员培训	次		3	约束性
31		省级以上龙头企业	家		2	预期性
32	组织方式	省级示范社/示范场	家	2	5	预期性
33		农业产业化联合体	个		1	预期性
34		利益联接机制带动农户面	%		80	约束性

(五) 农业科技扶贫重点

1. 提高良种覆盖率

(1) 思路目标。按照"高产、优质、高效、绿色"的良种推广总体要求,全力推进园区雪梨品种良种化进程,建立健全良种繁育体系。强化科技创新驱动作用,深化"科研机构+土专家+农技员"的技术支撑模式,深化校院企地融合,构建产学研农业科技创新平台,积极引进、筛选、推广名特新优雪梨新品种,开展良种展示示范,持续引进并优化雪梨品种结构,强化产业发展的科技创新和推广。

到2022年,园区开展良种示范达100亩以上,雪梨产业良种覆盖率达100%以上。

(2) 重点建设内容。开展良种示范推广行动。一是建设良种示范基地。依托园区老化果园改造项目,建立园区良种示范推广基地,应用高产优质品种,配套现代化设备设施,以点带面,加快良种推广应用。二是健全良种推广体系。完善省农科院、乡镇农技部门和农户生产的有效对接体系,提高当地技术人员从事良种繁育与推广的能力和水平,并针对示范性生产农户提供良种培训指导。另外,通过新闻媒体、广播、宣传手册等方式宣传良种栽培技术知识,真正做到良种推广、科技下乡。

构建种质资源保护体系。建成系统完整、科学高效的种质资源保护与使用体系,一是在沙耳尼村新建种质资源圃20亩,培育壮大一批以雪梨良种开发为主的企业,推动资源优势转化为产业优势;二是要在园区开展雪梨种质资源全面普查建档、系统调查与抢救性收集,实施古树名木挂牌保护,逐一登记造册,设立标识标牌,完善资源分级保护名录,开展种质资源中长期安全保存;三是搭建专业化、智能化资源鉴定评价与基因发掘平台,建立种质资源鉴定评价体系,实施分级管理,实行统一身份信息管理。

2. 提升技术创新能力

(1) 思路目标。支持园区与四川省农业科学院、眉山市农业科学院等科研院所开展深度合作,组建专家团队开展标准化高效栽培技术的集成与示范、轻简省力化集成与应用、肥水一体化示范、病虫害绿色综合技术应用推广等技术创新行动。

到2022年,与省级科研院所、大专院校建立密切的技术服务关系,建成专家工作站和科研实验室各1个。

(2) 重点建设内容。雪梨科研创新振兴。一是支持园区与四川省农业科学院、眉山市农业科学院建立深度合作关系,在园区建立1个专家工作站,打造雪梨科研实验室、科技推广示范基地2个以上,实现科学技术向生产力的转变,为园区乃至全县雪梨产业发展提供技术支撑;二是建立雪梨振兴人才资源库,在修剪、挂果等关键阶段,传授疏花疏果等科学管理技术,为雪梨产业发展培养专业的管理人才。

雪梨病虫害全产业链预防研究。围绕梨树休眠期、花前花后、幼果期、果实膨大期、采收期、采收后等不同环节,针对梨黄粉蚜、梨小食心虫、梨木虱黑心病等叶、果病虫害进行防治,控制为害程度,提高商品率。推行专业化的统防统治,降低园区病虫害发病率。

3. 增强科技推广度

(1) 思路目标。依托金川县农业技术推广中心搭建园区农业技术培训平台,加强园区生产技术人员的培训,以提高科技素质、职业技能、经营能力为核心,加强实用技术培训,培育一批种植能手和专业大户。

到 2022 年,园区每年应用新技术、新设备、新工艺、新产品数量达 2 项以上,园区先进实用配套技术推广应用率达 98%以上,开展新型农业经营主体从业人员培训 3 次及以上。

(2)重点建设内容。健全农业科技推广体系。充分发挥金川、眉山及四川省农业科学院的科技、信息人才特点,建立农技推广机构,健全新型、高效的农业科技推广体系,搭建农技推广服务平台,依托示范基地每年应用推广红太阳、早酥红梨、黄金梨等新品种和新技术 2 个以上,加速雪梨新品种、新技术、新模式转化应用和推广。

建立农业科技示范点。深入实施农业科技示范工程,在金江村打造农业科技示范基地,重点推广雪梨技术管理、节本增效、绿色防控的栽培集成,推广应用肥水药一体化系统,智能化滴灌等现代栽培技术、叶片诊断施肥技术等一批农业科技实用技术。开展新型农业经营主体从业人员培训 3 次以上,每年培训 1 000 人次。

具体科技支撑重点项目见表 9-10。

表 9-10 科技支撑重点项目

重点项目		建设内容及规模	实施年度	建设地点
提高良种覆盖率	开展良种示范推广行动	依托良种示范基地健全良种推广体系,提高良种覆盖率	2020—2022 年	全园区
	构建种质资源保护体系	新建种质资源圃 20 亩,开展雪梨种质资源全面普查、系统调查与抢救性收集,搭建专业化、智能化资源鉴定评价与基因发掘平台	2020—2022 年	全园区
提升科技创新能力	雪梨科研创新振兴	与科研院校建立深度合作关系,打造 2 个以上雪梨科研实验室、科技推广示范基地;建立雪梨振兴人才资源库	2020—2022 年	全园区
	雪梨病虫害全产业链预防研究	建立雪梨产前、产中、产后病虫害预防机制	2021 年	全园区
增强科技推广度	健全农业科技推广体系	建立健全新型、高效的农业科技推广体系,推广新品种和新技术 2 个以上	2020—2021 年	全园区
	建立农业科技示范点	打造农业科技示范基地,重点推广现代农业科学技术,每年培训 1 000 人次	2020 年	金江村

参考文献

阿马蒂亚·森著，2002. 以自由看待发展 [M]. 北京：中国人民大学出版社.

柏振忠，宋玉娥，2017. 农民专业合作社科技扶贫理论逻辑与实践研究 [J]. 科技进步与对策，34（18）：21-25.

蔡莉英，2018. 与贫困进行伟大斗争 攻克深度贫困堡垒——以凉山州扶贫为视角 [J]. 中共乐山市委党校学报，20（1）：13-17.

常瑞，金开会，李勇，2019. 深度贫困地区农业产业资本形成推动乡村振兴的路径探究——基于凉山州脱贫乡村产业发展视角 [J]. 西南金融（1）：44-54.

陈灿平，2016. 集中连片特困地区精准扶贫机制研究——以四川少数民族特困地区为例 [J]. 西南民族大学学报（人文社科版）（4）：129-133.

陈传波，王寯穆，刘勇强，等，2020. 四川藏区科技精准扶贫的实施效果绩效分析 [J]. 软科学，34（0）：139-144.

陈开勇，蔡红，张帆，等，2018. 四川农业科技竞争力提升调研报告 [J]. 四川农业与农机（4）：7-10.

陈蓝燕，张子剑. [2017-11-10]. 全国深入推行科技特派员制度现场会在南平召开 [N]. 福建日报. http://fj.people.com.cn/n2/2017/1110/c181466-30906861.html.

陈莉，2017. 以人民为中心的中国精准扶贫机制构建 [J]. 改革与战略（2）：13-16，30.

崔论之，2015. 大扶贫格局下企业扶贫的理论和实践研究 [D]. 成都：四川省社会科学院.

邓博文，2016. 贵州民族地区精准扶贫工作机制探讨——以威宁县迤那镇精准扶贫实践探索为视角 [J]. 贵州民族研究（7）：153-157.

迪帕·纳拉扬，等，2001. 谁倾听我们的声音 [M]. 付岩梅，等译. 北京：中国人民大学出版社.

杜毅，孙晓锦，2016. 我国农村贫困致因研究综述 [J]. 洛阳理工学院学报（社会科学版）（8）：52-56.

冯楚建，2018. 西藏地区科技精准扶贫模式研究 [M]. 北京：中国农业科学技术出版社.

高朝辉，2019. 旺苍县农牧业科技扶贫的实践 [J]. 中国畜牧业（4）：71-72.

高天跃，2016. 贵州民族地区金融精准扶贫的难点及对策研究 [J]. 黑龙江民族丛刊（4）：71-75.

高杨，薛兴利，2013. 扶贫互助资金合作社试点运行状况分析——以山东省为

例 [J]. 农业经济问题 (6): 43-49.

高英, 2017. 农业机械化对农业经济贡献率的实证分析 [J]. 河南农业 (17): 1.

耿宝江、庄天慧、彭良琴, 2016. 四川藏区旅游精准扶贫驱动机制与微观机理 [J]. 贵州民族研究 (4): 157-160.

宫留记, 2016. 政府主导下市场化扶贫机制的构建与创新模式研究——基于精准扶贫视角 [J]. 中国软科学 (5): 154-162.

郭远智, 周扬, 刘彦随, 2019. 贫困地区的精准扶贫与乡村振兴: 内在逻辑与实现机制 [J]. 地理研究, 38 (12): 2819-2832.

贺海波, 2018. 贫困文化与精准扶贫的一种实践困境——基于贵州望谟集中连片贫困地区村寨的实证调查 [J]. 社会科学 (1): 75-88.

侯波, 2017. 基于创新扩散理论的科技精准扶贫研究 [J]. 自然辩证法研究, 33 (10): 85-88.

胡宜挺, 成金鹤, 2018. 山东省扶贫模式剖析与策略深化 [J]. 改革与战略 (1): 120-124.

黄承伟、叶韬、赖力, 2016. 扶贫模式创新——精准扶贫: 理论研究与贵州实践. 贵州社会科学 (10): 4-11.

蒋谨慎, 2017. 论阿玛蒂亚·森对贫困理论的变革 [J]. 社会科学家 (5): 41-45.

蒋萍, 2012. 四川省科技主导的扶贫模式及其效果评价研究 [D]. 成都: 四川农业大学.

蒋永甫, 龚丽华, 疏春晓, 2018. 产业扶贫: 在政府行为与市场逻辑之间 [J]. 贵州社会科学 (2): 148-154.

金银春, 高山, 刘盖, 等, 2018. 四川省油橄榄栽培现状及产业发展对策 [J]. 四川林业科技, 39 (3): 83-87.

雷驭风, 2018. 四川凉山州油橄榄产业发展调研报告 [J]. 林业经济, 40 (11): 122-126.

李博, 方永恒, 张小刚, 2019. 突破推广瓶颈与技术约束: 农业科技扶贫中贫困户的科技认知与减贫路径研究——基于全国 12 个省区的调查 [J]. 农村经济 (8): 42-50.

李静, 2017. 精准扶贫背景下我国农村旅游扶贫的优势、困境和策略 [J]. 改革与战略 (10): 126-128.

李明, 徐志刚, 2011. 小额信贷扶贫的治理机制、运营模式及发展困境——以中国社会科学院 "扶贫经济合作社" 为例 [J]. 农村经济 (6): 63-67.

李树信, 张海芹, 2018. 四川省乌蒙山区旅游扶贫路径研究 [J]. 农村经济与科技, 29 (14): 170-171.

李艳, 2013. 现阶段农村贫困群体贫困原因分析 [J]. 经济研究导刊 (13): 38-39.

李燕, 成德宁, 郑鹏, 2017. 农业基础设施对农业产出的影响及其区域差异——基于 2004—2013 年中国 232 个地级市的分析 [J]. 广东财经大学学报 (6):

106-113.

李治兵，肖怡然，毕思能，等，2019. 深度贫困地区旅游精准扶贫的多维约束与化解策略——以四川藏区为例［J］. 湖北民族学院学报（哲学社会科学版），37（3）：142-147.

林俐，2016. 供给侧结构性改革背景下精准扶贫机制创新研究［J］. 经济体制改革（5）：190-194.

刘北桦，詹玲，2016. 农业产业扶贫应解决好的几个问题［J］. 中国农业资源与区划（3）：1-4+175.

刘冬梅、刘伟，2014. 秦巴山片区科技扶贫中心的选取及相关建议［J］. 中国软科学（8）：29-37.

刘建生，陈鑫，曹佳慧，2017. 产业精准扶贫作用机制研究［J］. 中国人口资源与环境，27（6）：127-135.

刘利，2018. 新形势下大小凉山精准扶贫脱贫的策略与路径［J］. 三峡大学学报（人文社会科学版），192（4）：61-65.

刘强，李晓，林正雨，2014. 优势特色农业产区农业技术推广模式研究——基于四川省苍溪县猕猴桃产业的实证分析［J］. 四川农业科技（6）：4-6.

刘强，曲波，胡旭，2019. 精准扶贫背景下驻村干部科技扶贫模式的探讨［J］. 四川农业科技（12）：58-60.

刘伟，罗玲，钟奇，等，2018. 四川油橄榄生态适应性评价［J］. 四川农业科技（1）：58-60.

卢阳春，肖君实，程润华，2018. 科技扶贫服务平台经济效应评价及县域差异分析——基于四川秦巴山区的调查［J］. 农村经济（10）：97-104.

罗章，王烁，2018. 精准扶贫视阈下乡村旅游内生脱贫机制——以重庆市"木根模式"为例［J］. 农村经济（1）：51-55.

马比双，张恒，于旭，2013. 贫困问题研究综述［J］. 经济研究导刊（10）：16；17.

纳克斯，1966. 不发达国家的资本形成问题［M］. 北京：商务印书馆.

彭晓琴，唐波，徐一，等，2018. 关于四川秦巴山区扶贫开发工作的思考［J］. 四川农业与农机（1）：45-47.

邱红辉，2017. 创新产业扶贫模式 引导企业打造特色品牌农业［J］. 中国畜牧业（12）：83-84.

荣莉，2015. 西南连片特困区的农村扶贫模式创新与思考［J］. 中国农业资源与区划（5）：110-114.

世界银行，2001. 2000/2001年世界发展报告［R］. 北京：中国财政经济出版社.

苏志鑫，2008. 我国农村扶贫性金融的构建策略［J］. 农村经济（12）：68-71.

孙永震，2017. 印度BAIF发展研究基金会农村科技扶贫的实践及经验借鉴［J］. 世界农业（2）：135-140.

万良杰，薛艳坤，2018. "精准脱贫"导向下企业参与民族贫困地区扶贫工作机制

创新研究 [J]．贵州民族研究，39 (11)：38-44．

汪三贵，2017．习近平精准扶贫思想的关键内涵 [J]．人民论坛（20）：54-55．

王大为，蒋和平，2017．基于产业发展视角下的农业标准化推广应用研究——以四川省蒲江猕猴桃产业为例 [J]．农业展望，13 (3)：61-65+70．

王思铁，2014-03-27．浅谈精准扶贫 [RB/OL]．四川扶贫外资网，http://www.scfpym.gov.cn/show.aspxid=25213．

王妍，王勇德，等，2015．重庆市秦巴山区科技创业扶贫模式与运行机制分析 [J]．南方农业，9 (7)：31-35，45．

王自鹏，周评平，彭建华，等，2018．四川"四大片区"农业科技扶贫探索与实践——以四川省农业科学院为例 [J]．农业科技管理 (1)：82-8．

西奥多·舒尔茨，1999．改造传统农业 [M]．北京：商务印书馆．

向仕新，2017-07-12．科技创新引领精准脱贫—旺苍县解开贫困山区增收致富密码 [N]．广元日报．http://www.scgw.gov.cn/Detail.aspx?id=20170712081721251．

熊俊豪，熊山，2019．四川省贫困地区精准扶贫工作难点与对策研究 [J]．山西农经 (3)：43-45．

薛曜祖，2018．吕梁山集中连片特困地区科技扶贫的实施效果分析 [J]．中国农业大学学报 (5)：218-224．

闫东东，付华，2015．龙头企业参与产业扶贫的进化博弈分析 [J]．农村经济 (2)：82-85．

杨克建，史涛，施莉，2018．贫困地区农村电子商务精准扶贫面临的问题与对策——以四川省凉山州为例 [J]．农村经济与科技，29 (23)：137-139．

姚力，2017．贫困与反贫困的学术视野与研究进路——《鉴往知来——十八世纪以来国际贫困与反贫困理论述评》[J]．中国农业大学学报（社会科学版），34 (5)：127-130．

叶晨曦，2017．我国乡村旅游扶贫模式与发展策略 [J]．改革与战略（10）：141-143．

叶霄，曾静，李钰，等，2019．四川省贫困地区精准扶贫存在的问题及对策建议 [J]．农村经济与科技，30 (1)：151-153．

袁树卓，刘沐洋，彭徽，2019．乡村产业振兴及其对产业扶贫的发展启示 [J]．当代经济管理，41 (1)：30-35．

张华泉，2020．我国71年农村科技扶贫变迁历程及演化进路研究 [J]．科技进步与对策，37 (15)：18-27．

赵华，夏建军，赵东伟，等，2014．我国贫困地区科技扶贫开发模式研究——以冀西北坝上地区为例 [J]．农业经济 (3)：87-88．

赵武，王姣玥，2015．新常态下"精准扶贫"的包容性创新机制研究 [J]．中国人口资源与环境 (2)：170-173．

郑宝华，晏铃，2017．精准扶贫需要高度重视的理论与实践问题 [J]．农村经济 (1)：11-16．

朱宝莉、刘晓鹰，2018. 精准扶贫视域下的民族地区全域旅游：经验和思考——以贵州黎平为例 [J]. 社会科学家（2）：104-109.

庄天慧，杨帆，曾维忠，2016. 精准扶贫内涵及其与精准脱贫的辩证关系探析 [J]. 内蒙古社会科学（汉文版），37（3）：6-12.

F O ADERETI, 2005. Use of Agricultural Science Teachers as a Means of Poverty Reduction Among Farmers in Ijebu Ode Local Government Area of Ogun State, Nigeria [J]. Journal of human ecology, 18 (1): 73-76.

GIDEY YIRGA, 2013. Adoption of Improved Beehive Technology for Poverty Alleviation in Northern Ethiopia [J]. International journal of ecology & enviromental sciences, 37 (3): 85-91.

ISDR (United Nations International Strategy for Disaster Reduction), 2002. Living with Risk. A Global Review of Disaster Reduction Initiatives. ISDR, Geneva.

KASSIE, M SIMTOWE, F LIPPER, et al., 2012. Poverty reduction effects of agricultural technology adoption: a micro-evidence from rural Tanzania [J]. The Journal of Development Studies, 48 (9): 21.

MARÍA V ROSETTI, ANDREA C FLEMMER, LUIS F HERNÁNDEZ, 2019. A detailed description of morphological and anatomical characters of olive (Olea europaea) fruits in relation to phenological growth stages [J]. Annals of Applied Biology, 174 (3).

SHIFERAW, B MURICHO, G KASSIE, et al., 2011. Agricultural technology, crop income, and poverty alleviation in Uganda [J]. World Development, 39 (10): 1784-1795.

SIMONE CECCHINI, CHRISTOPHER SCOTT, 2003. Can information and communications technology applications contribute to poverty reduction Lessons from rural India [J]. Information Technology for Development, 10 (2): 1: 10.

THOMALLA F, DOWNING T, 2006. Reducing Hazard Vulnerability: Towards a Common Approach Between Disaster Risk Reduction and Climate Adaptation [J]. Disasters, 30 (1): 39-48.

TRAVERSO S, 2016. How to escape from a poverty trap: The case og Bangladesh [J]. World Development Perspectives, 4: 48-59.

WANG JING, HUO XUEXI, ASSEM ABU HATAB, et al., 2012. Non-neutral technology, rmer income and poverty reduction: Evidence from high-value agricultural household in China [J]. Journal of Food, Agriculture Environment, 10 (34).

附 件

附件1 农业科技精准扶贫机制研究调研问卷（农业科技主管部门）

问卷填写说明：请在所选择选项后的"□"内划"√"，或者在横线上填适当的文字、数据；除特别说明外，问题回答为单选。

被访问者所在地点：_____（区、市、县）_____（局）

一、单位基本情况

1. 单位人数：①1~10人□　　②10~30人□　　③30~50人□　④50人以上□

2. 单位农技人员数量：_____人，其中高级职称____人，中级职称____人。

3. 单位农技人员年人均待遇：①3万元以下□　　②3万~5万元□　　③5万元以上□

4. 单位每年用于农业科技扶贫（含农技推广）的经费：_____万元。其中，上级经费_____万元，本级经费_____万元。

5. 目前，贵县现有的农技科技扶贫模式主要有（多选）：①农业科技园区□　②专家大院□　　③院地合作□　　④挂包帮□　　⑤科研单位+企业□　　⑥科研单位+合作社□　　⑦科技特派员□　　⑧其他_____

6. 目前，贵县的农技推广方式主要有（可多选）：①现场指导□　　②培训□　③通过大众媒体宣传□　　④网络□　　⑤书本和杂志□　　⑥手机短信、微信□　⑦其他_____

二、对农业科技精准扶贫的认识

1. 您认为农业科技对于精准扶贫是否重要：①非常重要□　　②重要□　　③一般□　　④不重要□

2. 您认为本地区亟须解决的农业科技问题有哪些（可多选）：①优良种子、种畜□　②栽培、养殖技术□　　③运行新模式、新机制□　　④新机械、新装备□　⑤精深加工　⑥其他_____

_____。

3. 您认为那种农业科技扶贫模式最好：①农业科技园区□　　②专家大院□　③院地合作□　　④挂包帮□　　⑤科研单位+企业（合作社）□　　⑥科技特派员□

⑦其他_____

4. 您认为目前农业科技扶贫存在哪些问题（可多选）：①科技人员数量不足□ ②农业科技经费投入不足□   ③机制体制存在障碍□   ④优质品种、技术引进渠道不通畅□   ⑤农民意愿不强□   ⑥缺乏龙头企业□   ⑦其他_____

5. 您对农业科技扶贫有哪些建议（可多选）：①增加农技人员□   ②增加农业科技扶贫投入□   ③创新农业科技扶贫模式□   ④加大农民培训力度□   ⑤发展重点项目□   ⑥其他_____

附件2　农业科技精准扶贫研究调研问卷（龙头企业）

问卷填写说明：请在所选择选项后的"□"内划"√"，或者在横线上填适当的文字、数据；除特别说明外，问题回答为单选。

企业所在地点：_____（区、市、县）_____（镇、乡）

企业名称：_____

一、企业基本情况

1. 注册时间：_____。

2. 注册资金：①100万元以下□   ②100万~500万元□   ③501万~1 000万元□   ④1 000万元以上□

3. 资产总额：①1 000万元以下□   ②1 001万~3 000万元□   ③3 001万~5 000万元□   ④5 001万~1亿元□   ⑤1亿元以上

4. 公司员工数量：①50人以下□   ②51~100人□   ③101~200人以上□   ④200人以上□

5. 公司科技人员数量：①5人以下□   ②6~10人□   ③11~20人以上□   ④20人以上□

6. 主要经营产业类别：①粮食作物□   ②蔬菜□   ③水果□   ④牛、羊等大牲畜□   ⑤生猪□   ⑥家禽□   ⑦水产□   ⑧林业□   ⑨其他_____

7. 经营规模：_____。

8. 经营收入（2016）：①1 000万元以下□   ②1 001万~3 000万元□   ③3 001万~5 000万元□   ④5 001万元以上□

9. 科技投入（2016）：①100万元以下□   ②101万~300万元□   ③301万~500万元□   ④501万元以上□

10. 目前的农业科技主要来源（可多选）：①自有技术人员□   ②当地农技部门□   ③科研单位+龙头企业□   ④其他_____。

二、对农业科技精准扶贫的认识

1. 您是否了解当前政府精准扶贫的政策：①十分了解□　②了解□　③不了解□　④完全不知□

2. 您认为当地政府是否重视农业科技扶贫：①非常重视□　②重视□　③一般□　④不太重视□

3. 您认为农业科技对于精准扶贫是否重要：①非常重要□　②重要□　③一般□　④不重要□

4. 企业是否需要农业科技：①非常需要□　②需要□　③一般□　④不需要□

5. 企业对农业科技的需求主要体现在哪些方面（可多选）：①优良种子、种畜□　②栽培、养殖技术□　③运行新模式、新机制□　④新机械、新装备□　⑤精深加工技术□　⑥其他_____

6. 您认为以下哪种农业科技扶贫方式最好：①派驻科技干部□　②建设农业科技示范园区或基地□　③搞好农业技术培训□　④建设农业专家大院□　⑤通过合作社寻求科技支持□　⑥引进农业科技型企业带动□　⑦创新新的生产组织方式□　⑧其他_____

7. 您是否满意目前的科技扶贫工作：①非常满意□　②基本满意□　③一般□　④不满意□

8. 你认为制约企业科技水平的因素主要（可多选）：①科技人员数量不足□　②缺乏农业科技经费□　③科技引进或合作成本过高□　④优质品种、技术引进渠道不通畅□　⑤其他_____

9. 您对目前农业科技扶贫有哪些建议：_____

附件3　农业科技精准扶贫机制研究调研问卷（科技人员）

问卷填写说明：请在所选择选项后的"□"内划"√"，或者在横线上填适当的文字、数据；除特别说明外，问题回答为单选。

一、个人基本情况

1. 您的年龄：①20~30岁□　②31~50岁□　③50岁以上□

2. 您的职称：①初级□　②中级人□　③高级□　④无□

3. 您的专业领域：（可多选）①育种□　②栽培□　③农业农村经济□　④其他_____

4. 您参与的农业科技扶贫包括（可多选）：①农业科技园区□　②专家大院□　③院（校）地合作□　④挂包帮□　⑤科研单位+企业（合作社）□　⑥科技特派员□　⑦其他_____

二、对农业科技精准扶贫的认识

1. 您认为农业科技对于精准扶贫是否重要：①非常重要□　②重要□　③一般□　④不重要□
2. 您认为四川省亟须解决的农业科技扶贫的问题有哪些（可多选）：①优良种子、种畜□　②栽培、养殖技术□　③运行新模式、新机制□　④新机械、新装备□　⑤精深加工□　⑥其他_____。
3. 您了解当前四川农业科技扶贫的方式有哪些（可多选）：①派驻科技干部□　②建设农业科技示范园区或基地□　③搞好农业技术培训□　④建设农业专家大院□　⑤引进新品种□　⑥创新农业经营新模式和新机制□　⑦引进农业科技型企业□　⑧其他_____
4. 您了解的农业科技扶贫模式有哪些（可多选）：①农业科技园区□　②专家大院□　③院地合作□　④挂包帮□　⑤科研单位+企业（合作社）□　⑥科技特派员□　⑦科技在线服务□　⑧科技扶贫专项项目□　⑨其他_____
5. 您认为当前四川搞的比较成功的科技扶贫模式有哪些（可多选）：①农业科技园区□　②专家大院□　③院地合作□　④挂包帮□　⑤科研单位+企业（合作社）□　⑥科技特派员□　⑦科技在线服务□　⑧科技扶贫专项项目□　⑨其他_____
6. 您认为目前农业科技扶贫的障碍有哪些（可多选）：①科技人员数量不足□　②农业科技经费投入不足□　③机制体制存在障碍□　④优质品种、技术引进渠道不通畅□　⑤农民意愿不强□　⑥缺乏龙头企业□　⑦其他_____
7. 您对农业科技扶贫有哪些建议（可多选）：①增加本土农技人员□　②增加农业科技扶贫投入□　③创新农业科技扶贫模式□　④加大农民培训力度□　⑤发展重点项目□　⑥其他_____

附件4　农民专业合作社科技需求调研问卷

问卷填写说明：请在所选择选项后的"□"内划"√"，或者在横线上填适当的文字、数据；除特别说明外，问题回答为单选。

合作社所在地点：_____（区、市、县）_____（镇、乡）

合作社名称：_____合作社

一、合作社基本特征

1. 注册时间（距离填问卷时间）：①小于1年□　②1～3年□　③3～5年□　④5年以上□
2. 注册资金：①50万元以下□　②51万～100万元□　③101万～300万元□　④301万～1 000万元以上□　⑤1 001万元以上□
3. 合作社成员数量：①1～20人□　②21～50人□　③51～100人□

④101~200 人□　　⑤200 人以上□

4. 合作社贫困户成员占比：①5%以下□　　②5%~10%□　　③10%~20%□　　④20%~30%□　　⑤30%以上□

5. 合作社主要经营产业类别：①粮食作物□　　②蔬菜□　　③水果□　　④中药材□　　⑤干果□　　⑥其他_____

6. 合作社经营规模：①100 亩以下□　　②100~300 亩□　　③300~500 亩□　　④500~1 000亩□　　⑤1 000亩以上□

7. 合作社理事长教育水平：①未读书□　　②小学□　　③初中□　　④高中□　　⑤大专及以上□

8. 合作社理事长是否为兼职：①兼职□　　②全职□

9. 合作社是否有专业技术人员：①有□　　②无□

10. 合作社技术培训频率：①每年 1 次□　　②每年 2~3 次□　　③每年 4~5 次□　　④每年 6~9 次□　　⑤每年 10 次以上□

二、农业科技需求意愿

1. 合作社是否需要农业科技：①非常需要□　　②较为需要□　　③一般□　　④不太需要□　　⑤完全不需要□

2. 您是否满意目前的科技扶贫工作：①非常满意□　　②基本满意□　　③一般□　　④比较不满意□　　⑤非常不满意□

3. 合作社对农业科技的需求内容：

1）是否对优良种子有需求　①有□　　②无□

2）是否对栽培新技术有需求　①有□　　②无□

3）是否对病虫害绿色防控技术有需求　①有□　　②无□

4）是否对机械化技术有需求　①有□　　②无□

5）是否对农产品加工技术有需求　①有□　　②无□

6）是否对农业生产管理、生产组织技术有需求　①有□　　②无□

4. 合作社农业技术需求类型：①纯公益性□　　②半公益性□　　③纯商业性□

5. 当前合作社农业科技来源：①合作社自有技术人员□　　②当地农技部门□　　③科研单位□　　④相关龙头企业　⑤其他_____

6. 您认为制约合作社科技水平的因素主要有（可多选）：①科技人员数量不足□　　②缺乏农业科技经费□　　③科技引进或合作成本过高□　　④优质品种、技术引进渠道不通畅□　　⑤社员意愿不强□　　⑥其他_____

附件5　农业科技精准扶贫机制研究调研问卷（农户）

问卷填写说明：请在所选择选项后的"□"内划"√"，或者在横线上填适当的文字、数据；除特别说明外，问题回答为单选。

被访问者所在地点：_____（区、市、县）_____（镇、乡）_____（村）

一、个人及家庭基本情况

1. 您的民族：①汉族□　②少数民族□
2. 您的年龄：①16～44岁□　②45～60岁□　③60岁以上□
3. 您家庭人口数量：①1～3人□　②3～5人□　③5人以上□
4. 您家庭常年外出务工数量①1人□　②2人□　③3人以上□
5. 您家中高中及以上学历的人口有：①0人□　②1人□　③2人□　④3人以上□
6. 您家庭劳动力情况：①0人□　②1人□　③2人□　④3人以上□
7. 家庭人均收入情况：①2 300元以下□　②2 300～5 000元□　③5 000～10 000元□　④10 000元以上□
8. 家庭主要收入来源（可多选）：①农业种植□　②外出务工□　③政府扶持或救助□　④经商□　⑤其他_____
9. 家庭农业生产种养殖主要类型（可多选）：①传统粮食作物种植□　②经济作物种植□　③生猪养殖□　④牛、羊等大牲畜□　⑤禽类□　⑥水产□　⑦其他_____
10. 你是否加入了农民专业合作社：①参加□　②未参加□
11. 您是否接受过农业科技指导和培训：①接受过□　②未接受过□

二、对农业科技精准扶贫的认识

1. 您是否了解当前政府精准扶贫的政策：
①十分了解□　②了解□　③不了解□　④完全不知□
2. 您认为当地政府是否重视农业科技扶贫：
①非常重视□　②重视□　③一般□　④不太重视□
3. 您对农业科技是否有需求：
①非常需要□　②需要□　③一般□　④不需要□
4. 您对农业科技的需求主要体现在哪些方面（可多选）：
①优良种子、种畜□　②栽培、养殖技术□　③生产组织方式和模式□　④新机械、新装备□　⑤精深加工□　⑥其他_____
5. 目前您的农业科技知识来源（可多选）：①当地农技部门□　②农业科研单位和农业大学□　③龙头企业和专合组织□　④大户和种植能手□　⑤书本和杂志□　⑥互联网□　⑦电视□　⑧其他_____
6. 您获得过哪种农业科技扶贫的支持（可多选）：①派驻科技干部的指导□　②政府主办的农业技术培训□　③政府免费发放的优良种子、种畜□　④农业专家的指导和支持□　⑤当地合作社科技支持□　⑥当地农业科技型企业支持和培训□　⑦当地农技人员的现场指导□　⑧其他_____
7. 您最喜欢那种农业科技扶贫的支持：①派驻科技干部的指导□　②政府主办的农业技术培训□　③政府免费发放的优良种子、种畜□　④农业专家的指导和支

持□　　⑤当地合作社科技支持□　　⑥当地农业科技型企业支持和培训□　　⑦当地农技人员的现场指导□　　⑧其他_____

8. 您是否满意目前的科技扶贫工作：①非常满意□　　②基本满意□　　③一般□　　④不满意□

9. 您认为目前农业科技扶贫存在哪些问题：_____
_____